SERVICE

RUBRIKEN

DEUTSCHLAND HEISST SIE WILLKOMMEN

Adi Kemmer
Herausgeber

Deutsche Regionen, liebe Leserinnen und Leser, stehen bei Reisemobilisten hoch im Kurs – nicht nur für Wochenend-Tripps, sondern auch für längere Touren. Das hat mehrere Gründe: Zum einen bietet Deutschland äußerst vielseitige Landstriche mit herrlichen Küsten, großen Seenlandschaften, tiefgründigen Wäldern, mit Wiesen und Heiden, weitläufigen Hügelketten und beliebten Bergregionen. Zum anderen lassen sich zahllose kulturelle Schätze bergen, in den urbanen Ballungsräumen ebenso wie auf dem so genannten flachen Land. Auch kulinarisch hält Deutschland fast überall Herausragendes bereit. Es hat sich viel getan im Land. Ganz entscheidend aber ist für uns Reisemobilisten nicht zuletzt die gute Infrastruktur. Binnen zwei Jahrzehnten ist ein flächendeckendes Netz mit Reisemobil-Stellplätzen entstanden, das Vorbild sein kann für ganz Europa. Ganz gleich, ob Sie lieber einen einfachen Übernachtungsplatz oder einen komfortablen Reisemobilhafen suchen – die Auswahl ist beeindruckend. Apropos: Bei so vielen Attraktionen, wie Deutschland sie bietet, muss bei 30 Touren eine rigorose Auslese erfolgen. Ausgangspunkt waren Reisereportagen aus *promobil,* die wir gründlich überarbeitet und um viele neue Stellplatz-Infos aus der aktuellen *promobil*-Datenbank erweitert haben. Generell verzichten wir dabei ganz bewusst auf Ziele, die zwar landschaftlich und kulturell reizvoll, in Sachen Stellplatzangebot aber eher dürftig sind. Herausgekommen ist eine äußerst attraktive Mischung aus bekannten und weniger vertrauten Regionen und Städten. Eine allzeit gute Fahrt wünscht Ihnen im Namen des ganzen Teams

IN EIGENER SACHE

DER STELLPLATZ-FÜHRER FÜR IHR HANDY

Die Stellplatz-App von *promobil* ist ein Riesenerfolg. Mehr als 67 000 iPhone-Besitzer nutzen das Programm! In der Zwischenzeit präsentierte *promobil* die nächste Entwicklungsstufe: Die aktuelle Version *mobillife plus* wurde konsequent auf noch mehr Nutzwert ausgelegt. Sparen Sie sich mit der Offline-Funktion teure Roaming-Gebühren im Ausland, und finden Sie trotzdem bequem den nächsten Stellplatz. Ihre persönliche Bestenliste erstellen Sie mit der Favoriten-Funktion. Ebenso individuell können Sie die Suchkriterien definieren und selbst entscheiden, welche Stellplätze und Servicepartner angezeigt werden sollen. Diese und zahlreiche weitere Funktionen erhalten Sie mit der neuen Version *mobillfe+* für nur 4,99 Euro im App-Store.

AUSGEWÄHLT:

30 MOBILTOUREN

&

475 STELLPLATZ-TIPPS

FÜR SIE UNTERWEGS VON DER NORDSEE BIS IN DEN ALPENRAUM

Unsere Autoren und Fotografen haben für Sie Deutschland im Reisemobil neu entdeckt.

Joachim Negwer ist seit mehr als zwei Jahrzehnten einer der wichtigsten Reise-Journalisten in Deutschland. Er war unter anderem Chefredakteur des ADAC-Reisemagazins und schreibt und fotografiert seit langem schon für *promobil.* Für dieses Touren-Buch fotografierte er auf Rügen, in Dresden, Thüringen, im Markgräfler Land und am Bodensee, in der Südpfalz und in Oberbayern.

Thomas Zwicker ist seit vielen Jahren als Reisejournalist unterwegs und überzeugter Reisemobilist mit einem Faible für Deutschland. Er war unter anderem stellvertretender Chefredakteur des ADAC Reisemagazins. In diesem Touren-Buch stammen die informativen Reportagen über Ostfriesland, die Schlei, Berlin, Köln, Düsseldorf und das Bayerische Thermenland von ihm.

Thomas Cernak ist seit 1992 freier Jounalist und Fotograf. Er arbeitet seit Jahren für die Reiseteile von *promobil-* und CARAVANING, sowie für viele Zeitungen, Zeitschriften und Fachmagazine. Im Auftrag von *promobil* reiste er 2008 mit der Camp-Challenge in 80 Tagen um die Welt. Für dieses Touren-Buch war er mit seinem Reisemobil im Odenwald, im Taubertal und in Oberschwaben unterwegs.

Martina Sörensen liebt das Reisen – neben ihrer großen Zuneigung zu Kanada schätzt sie besonders die deutschen Gefilde. Sie lernte ihr journalistisches Handwerkszeug bei der Cross Media Redaktion in Buchholz. Für diese Ausgabe verfasste die gebürtige Norddeutsche unter anderem die Reportagen über Nürnberg, Magdeburg, Bremen und über das heimatliche Hamburg.

Hans-Jürgen Hess gehört zu den Pionieren der Stellplatzszene in Deutschland. Bereits vor 20 Jahren, als er noch Sprecher des Herstellerverbandes war, gab er einen ersten Stellplatzführer heraus. Gemeinsam mit seiner Frau Adel ist er für *promobil*-Recherchen unterwegs, betreut die Redaktion der Stellplatz-Atlanten und zeichnet auch für die Stellplatz-Tipps dieser Ausgabe verantwortlich.

Adel Hess, Reisemobilistin aus Passion, betreut für *promobil* gemeinsam mit Hans-Jürgen Hess die Stellplatz-Datenbank, den Sonderteil Mobillife und die Stellplatz-Atlanten. Tagtäglich aktualisiert sie mit ihrem Team alle Angaben zu den Stellplätzen in Deutschland und ganz Europa, wobei sie auch alle Hinweise aus der Leserschaft von *promobil* verfolgt. Mehr dazu auf promobil.de.

IMPRESSUM

Hallwag SPECIAL EDITIONS

promobil

Verlag und Kartografie:
Hallwag Kümmerly + Frey AG,
CH-3322 Schönbühl-Bern in Kooperation
mit Motor Presse Stuttgart GmbH & Co. KG,
Leuschnerstraße 1, 70174 Stuttgart;
Postfach, 70162 Stuttgart

Geschäftsführung: Peter Niederhauser

Herausgeber: Adi Kemmer

Autoren: Michael Adler, Thomas Cernak, Dieter Danziger, Adel Hess, Hans-Jürgen Hess, Adam Hiemenz, Peter Höri, Ulrich Kohstall, Anne Mandel, Jessica Mintelowsky, Joachim Negwer, Stefan Nink, Annette Rübesamen, Bernd Schiller, Martina Sörensen, Edda Welfenstein, Sophia Wolf, Thomas Zwicker

Fotos: Michael Adler, Thomas Cernak, fotolia, Hans-Joachim Hess, Karin Jähne, Sven Krieger, Joachim Negwer Silke Tokarski

Art Direction: Steffen Zink

Layout/DTP/Produktion:
Sandra Krzepicki (Ltg.), Eva-Silya Jeske-Munk, Karin Maier, Thomas Paape

Schlussredaktion: Erika Kemmer (Ltg.)

Redaktionsanschrift:
promobil, 70162 Stuttgart,
Telefon 07 11/182-24 61,
E-Mail: buecher@promobil.de

Leitung des Geschäftsbereichs Adi Kemmer

Herstellung: Thomas Eisele

Druck: Stürz GmbH, 97080 Würzburg

DIE PERFEKTE WOCHE IN OSTFRIESLAND

DICHT HINTERM DEICH liegen die kleinen Fischerorte an der ostfriesischen Küste – willkommen zur Mobil-Tour durch eine Region, in der Hektik und Stress Fremdwörter sind.

Fotos: Silke Tokarski, Thomas Zwicker

Ein Schiff wird kommen: im Hafen von Neuharlingersiel. Kleines Bild: Richtung Deich geht's schnurgeradeaus.

Gut geschützt: Manch alte Häfen liegen ein Stück weg vom Meer, wie hier Carolinensiel.

> Zweimal innerhalb von 24 Stunden zieht sich die Nordsee diskret zurück, was zur Folge hat, dass wir bei Ebbe fein im Watt waten können – die Füße werden dabei gut massiert.

Die schmale, schnurgerade Landstraße zwischen sattgrünen Wiesen und Feldern ist plötzlich versperrt. Ein paar kräftige Kerle stehen mitten auf dem Asphalt, einer lässt gerade eine schwere Gummikugel die Piste entlangjagen. „Achtung Boßelspiele" hatte uns eine Kurve zuvor ein Verkehrsschild gewarnt, der Gasfuß wurde also zur Vorsicht schon mal gelupft. Von der angrenzenden Weide schauen ein paar Schafe gespannt zu, wie Ostfrieslands Spitzensportler dem hiesigen Nationalspaß frönen. „Lat hüm susen", ruft einer, und die Kugel saust wieder los. Wir halten zur Vorsicht an.

Beim Boßeln (gesprochen mit langem ooh) geht es darum, das schwere Geschoss mit möglichst wenig Würfen über eine bestimmte Distanz rollen zu lassen. Es gibt Hunderte Vereine, die „Ostfrisia" heißen oder „Fresenmout", Meisterschaften austragen und dann als Sieger am Montag groß in der Zeitung stehen. „He löpt noch", sie rollt noch, warnt uns ein Spieler, als wir vorsichtig der Kugel hinterherfahren. Dann wird freundlich gewinkt, Reisemobil-Urlauber sind gerne gesehen in dieser eigenwilligen Region.

Sie ahnen schon, dass in Ostfriesland manches ganz anders ist als im Rest der Republik. Auf der pfannkuchenflachen Halbinsel zwischen Wilhelmshaven und Emden (die höchste Erhebung misst knapp 25 Meter) gibt es wenig Hektik und Stress, dafür urige Orte und Städtchen, weite Felder und Wiesen, Windmühlen und endlos lange Deiche. Und einen schönen Fischerhafen nach dem anderen, die wie Perlen den Küstensaum zieren – jeder mehr als nur einen kurzen Stopp wert.

Dicke Freunde: Ostfrieslands Schafe grasen frei auf den weiten Deichwiesen.

Da stehen wir nun auf einem traumschönen Stellplatz direkt am Meer – und das Meer ist nicht da. Zweimal innerhalb von 24 Stunden zieht sich die Nordsee diskret zurück, um bis zu vier Meter sinkt und steigt der Meeresspiegel bei Ebbe und Flut, als Folge der Anziehungskräfte von Erde, Mond und Sonne sowie der Flieh- und der Trägheitskraft. Was zur Folge hat, dass wir

Solides Handwerk: Im Bernstein Huus im Heilbad Esens wird liebevoll Schmuck hergestellt.

Beste Aussicht: Emden mit Feuerschiff und Landesmuseum am Ratsdelft mitten im Stadtzentrum.

Schönes Gemäuer: Das Rathaus von Jever mit Renaissance-Fassade wurde anno 1621 erbaut.

Historische Seefahrt: Im engen Hafenbecken von Carolinensiel liegen fein restaurierte Museumsschiffe vertäut, Kutter und Fähren ankern meerwärts in Harlesiel.

NORDSEEKRABBEN FRISCH VOM KUTTER

Sie sind klein, schmecken ein bisschen nussig und werden am besten direkt vom Kutter gekauft: die Nordseekrabben, von den Friesen Granat genannt. Während der Fangfahrt werden sie noch an Bord in Salzwasser gekocht, wobei sie ihre rote Farbe annehmen. Wenn Sie an der Mole von Neuharlingersiel, Greetsiel und Co die ungepulten Leckerbissen (600 g um 4 Euro) direkt für die Reisemobilküche kaufen, winkt ein Gaumenschmaus, und Sie tun auch noch etwas für die Umwelt. Ein großer Teil des Krabbenfangs wird nämlich tiefgekühlt per Lkw quer durch Europa gekarrt, um dann in Marokko gepult zu werden. Dank billiger Arbeitskraft dort gilt das als lohnende Sache, die Ökobilanz freilich ist verheerend. Immerhin wird ein Teil des Fangs direkt in Neuharlingersiel durch Pulmaschinen geschält – es ist also anzunehmen, dass dem Belag Ihres Krabbenbrots im Restaurant die weite Afrikareise erspart blieb.

Kleine Leckerbissen: Krabben werden tonnenweise von Ostfrieslands Kuttern gefischt.

bei Ebbe wunderbar im Watt waten können, die Füße werden dabei von Schlick und Algen massiert und manchmal auch von kleinem Meeresgetier gepikst. Das ist eine sehr friedliche Sache, und man kann sich kaum vorstellen, dass die See zur Zeit der Herbst- und Winterstürme zerstörerische Kräfte entwickeln kann – ohne die knapp neun Meter hohen Deiche wäre in Ostfriesland schon lange Land unter.

Das Meer prägt die Ostfriesische Küste. Angefangen bei Wilhelmshaven, größte Stadt mit rund 100 000 Einwohnern, die vor knapp 150 Jahren unter Kaiser Wilhelm I. im großen Stil schachbrettartig als Marinestützpunkt angelegt wurde. Marine prägt bis heute das Stadtbild, allerdings soll der neue Jade-Weser-Port auch Jumbo Carrier unter den Containerschiffen abfertigen können, und man setzt verstärkt auf Tourismus. So nächtigen wir königlich hoch oben auf dem Stellplatz Fliegerdeich mit Blick über die Meeresbucht Jadebusen, Strandkörbe auf grüner Deichwiese zu »

Ein Bild von einer Stadt: Jever wurde erstmals 1158 urkundlich erwähnt, hier der Blick vom barocken Schlossturm.

Heute ein Pils: Das gläserne Brauhaus ist Quelle für Jevers Traditionsbier.

In der Ruhe liegt die Kraft: aufpassen, dass die Nordsee zurückkommt.

Barocke Schönheit: Pause im Park von Wasserschloss Gödens.

DER STRANDKORB

Sie sind Windschutz, Schattenspender und schützen sogar bei kleinen Regenschauern: Strandkörbe sind von unseren Meeresküsten nicht wegzudenken. Was 1882 vom Hofkorbmacher Wilhelm Bartelmann in Warnemünde erfunden wurde, gilt heute an Nord- und Ostsee als unverzichtbar. Längst wurden die Materialien haltbarer, die Stoffe wetterfest. Gut 70 000 Körbe warten in der Saison auf Mieter, für Tagespreise ab 7 Euro zu haben und sogar vorab online zu buchen – die Nachfrage ist groß.

Foto: Beckie/Fotolia

Sand in Sicht: Strandkorb als feste Burg für den Urlaub.

Füßen, in Laufweite Attraktionen wie Marinemuseum und Oceanis-Unterwasserwelt – damit ist die Stadt ein guter Stopover auch bei norddeutschem Nieselwetter. Zumal nahebei der Ort Jever mit schöner Altstadt und Traditions-Bierbrauerei oder das barocke Wasserschloss Gödens locken, das inmitten eines großen Parks zu den Prunkbauten Frieslands zählt.

Die wahren Perlen aber sind die kleinen Krabbenkutterhäfen. Carolinensiel etwa, mit knarrenden Museumsschiffen im Sielhafen; Cafés ringsum in teilweise denkmalgeschützten Häusern bieten zum Pharisäer (Kaffee mit Rum) den besten Blick. Das alte Hafenbecken liegt weit im Land, über die zwei Kilometer lange Harle-Promenade spaziert man zum neuen Harlesieler Außenhafen am Meer, von wo aus die Fährschiffe nach Wangerooge ablegen. Einen traumschönen Stellplatz gibt's hier direkt an der Mole, und abends stellen wir unseren Campingstuhl auf die Deichkrone und genießen den Sonnenuntergang.

Ein paar Kilometer weiter dann Neuharlingersiel, hier ankern die Krabbenkutter noch direkt im engen, idyllischen Sielhafen und verkaufen fangfrisches Meeresgetier von Bord. Nebenan liegt der lange, wie meist an der Festlandküste künstlich aufgeschüttete Sandstrand – noch schöner badet man nur auf den vorgelagerten Inseln (rechte Seite), die sich hervorragend für einen Tagesausflug eignen.

Über Orte wie Esens mit Bernstein-Schmiede, Norden samt seinen historischen Bauten und Museen sowie den schönen Fischerort Greetsiel landen wir schließlich in Emden. Die zweitgrößte Stadt der Region (rund 52 000 Einwohner) bietet Seehafen, Universität, Kunsthalle – und Otto Waalkes, der als Schauspieler, Sänger und Komiker Weltruhm erlangte. „Ich bin stolz auf mein Ostfriesland", hat er einmal gesagt, und das war überhaupt nicht als Witz gemeint – wir können ihn bestens verstehen.

Thomas Zwicker

OSTFRIESLAND KOMPAKT bitte umblättern >>>

Zwischen Deich und Meer: feiner Sand unweit des Hafens von Neuharlingersiel.

Ostfriesische Inseln: Sand und Sonne satt

Sie haben Traumstrände, Dünen und verwunschene Orte: Die sieben großen Ostfriesischen Inseln locken mit günstigen Rückfahr-Fährtickets – ideal für einen Tagesausflug vom Festland ohne Mobil.

1 BORKUM Rund 26 Kilometer weißer Sandstrand, ein lebhafter Hauptort und als einzige Insel der Kette echtes Hochseeklima: Borkum hat viel zu bieten. Auf einer vorgelagerten Düne aalen sich oft Seehunde. Per Autofähre (2 Std.) und Katamaran (1 Std.) ab Emden, Flugtaxi 15 Min. www.borkum.de

2 JUIST Diese Insel ist lang und manchmal nur ein paar hundert Meter schmal, darum ist der Strand nie weit weg. Es gibt keine Autos, dafür Pferdekutschen und Seehunde auf den Sandbänken. Per Fähre (90 Min., stark tidenabhängig) und Lufttaxi (5 Min.) ab Norddeich, günstige Kombipreise. www.juist.de

3 NORDERNEY Als einst mondänste der Ostfriesischen Inseln hat Norderney schöne Gründerzeitbauten, dazu 80 km Wanderwege und viel Strand. Autofähren starten tagsüber fast stündlich ab Norddeich (ca. 60 Min.), das Reisemobil bleibt aber besser auf dem Parkplatz am Festland. www.norderney.de

4 BALTRUM Auf dem kleinsten Eiland der Inselkette sind Autos verboten und selbst Fahrräder meist Fehlanzeige, Gepäck wird per Handkarren befördert. Zu Fuß ist der kleine Ort schnell erkundet, dann geht's ab an den Strand. Fähren ab Neßmersiel (ca. 30 Min., stark tidenabhängig). www.baltrum.de

5 LANGEOOG Vom Hafen zuckelt erst mal das Inselbähnchen zum Hauptort, auch Langeoog ist autofrei. Es warten schöne (Strand-)Wanderungen, ein markanter Wasserturm, Schifffahrtsmuseum. Problemlose, gezeitenunabhängige An- und Abreise per Fähre (ca. 30 Min.) ab Bensersiel. www.langeoog.de

6 SPIEKEROOG Es gibt keine Autos, keinen Flugplatz, nicht mal einen Fahrradverleih. Nur eine historische Pferdebahn holpert über die grüne Insel, deren Wittdün (Weiße Düne) mit 24,1 m über N.N. die höchste natürliche Erhebung Ostfrieslands ist. Fähre (40 Min.) ab Neuharlingersiel. www.spiekeroog.de

7 WANGEROOGE Auch auf Wangerooge, zweitkleinstes der Eilande, geht es zunächst per Inselbahn vom Hafen durch Salzwiesen zum Hauptort – direkt dahinter beginnt dann der Strand, ideal für Tagesurlauber. Per Schiff (ca. 50 Min.) oder blitzschnell mit dem Flieger (5 Min.) ab Harlesiel. www.wangerooge.de

Fotos: 1 Thomas Gasparini, 2 Gemeinde Juist, 3 Anne Katrin Figge/Fotolia, 4 Zwicker, 5 Design_5D/Fotolia, 6 Nordseebad Spiekeroog GmbH, 7 Kurverwaltung Wangerooge

OSTFRIESLAND KOMPAKT

Infos | Tipps | Adressen

SEHENSWERTES

Waloseum: Wie hören sich Walgesänge an? Wie tief kann ein Wal tauchen? Und wie kommt so ein Riese ins Wattenmeer? All das wird im Waloseum beantwortet und noch mehr. Nebenan liegt eine Seehundstation. Eintritt 5 Euro, Kinder 3 Euro.

26506 Norden, Osterloogerweg 3, Telefon 04931/8919, www.waloseum.de

Riesiger Meeresbewohner: Pottwalskelett im Waloseum.

Ostfriesisches Teemuseum: Tee gehört zu Ostfriesland wie Ebbe und Flut, ist Nationalgetränk noch vor Grog und Pharisäer. Im Alten Rathaus von Norden gibt's alles zur nationalen und internationalen Teekultur, dazu Teezeremonien. Eintritt 4 Euro, Kinder 1,50 Euro.

26506 Norden, Am Markt 36, Info: Telefon 04931/12100, www.teemuseum.de

Exponate aus vielen Ländern: Ostfriesisches Teemuseum.

Automuseum Nordsee: Als „Zeitreise in die Vergangenheit" lockt dieses Automuseum bei Norden. Alte Autos und Spielzeug, nicht immer edel, aber meist urig. Eintritt 4,50 Euro, Kinder 2 Euro. Biergarten.

26506 Norden, Ostermarscher Straße 29, Tel. 04931/9187911, www.automuseum-nordsee.de

Bietet auch Wattwanderungen: Nationalpark-Haus Greetsiel.

Nationalpark-Haus: In einer alten Scheune am Hafen ist das schöne Nationalpark-Haus Greetsiel untergebracht, das vom NABU-Verband Niedersachsen und der Gemeinde Krummhörn geführt wird. Von Anfang April bis Ende Oktober kann man sich hier über Natur, Fischerei und andere Belange der Region informieren. Eintritt frei. In der Nähe liegen Greetsiels berühmte Windmühlen.

26736 Greetsiel, Schatthauser Weg 6, Tel. 04926/2041, www.nationalparkhaus-greetsiel.info

Oceanis: Deutschlands einzige virtuelle Unterwasser-Forschungsstation präsentiert sich als Top-Attraktion von Wilhelmshaven. Trockenen Fußes schwebt man vermeintlich in 100 Meter Tiefe und erfährt dort alles über die Geheimnisse des Meeres. Per Oceanis-Jet geht es dann virtuell zurück ans Tageslicht. Eintritt Erlebniswelten, 3D-Attraktion und 5D-Show: 14 Euro.

26382 Wilhelmshaven, Bontekai 63, Telefon 04421/755055, www.oceanis.de

Mit Filmen, Fühlboxen und virtueller Animation: Oceanis.

INFORMATION

Anfahrt: Am besten reist man an via A 29 nach Wilhelmshaven oder über die A 31 bis Emden. Ostfriesland selbst ist von einem Netz oft schmaler, aber guter Straßen durchzogen. Infos gibt's z. B. Montag bis Samstag bei Wilhelmshavens Tourist-Information.

26382 Wilhelmshaven, Bahnhofplatz 1, Telefon 04421/913000, www.wilhelmshaven-touristik.de

KUNSTHALLE EMDEN

Die wohl wichtigste Kulturstätte Ostfrieslands liegt in Emden: 1986 baute „Stern"-Gründer Henri Nannen seiner Heimatstadt ein Haus für seine Sammlung der Kunst des 20. Jahrhunderts. Der deutsche Expressionismus und die Malerei der Neuen Sachlichkeit sind ein Herzstück der Anlage, neben Werken aus dem Kreis des „Blauen Reiters" (z. B. August Macke), der „Brücke"-Künstler (Emil Nolde) und der „Neuen Wilden" lockt auch eine Auswahl russischer Kunst der Glasnost-Zeit. Später kam eine Schenkung des Münchner Galeristen Otto van de Loo hinzu, und das Museum wurde erweitert. Es gibt zudem Malschule, Gastronomie und einen Shop. Täglich außer montags geöffnet, Eintritt 8 Euro, Jugendliche 6 Euro. www.kunsthalle-emden.de

Lockt jährlich rund 100 000 Besucher an: die renommierte Kunsthalle Emden.

STELLPLÄTZE

26603 AURICH
Stellplatz Alter Bahnhof

Gebührenfreier Stellplatz für 10 Mobile. P+R-Parkplatz für Pkw, Busse und Reisemobile. Ebener, gepflasterter Untergrund, beleuchtet. 200 m bis zum Stadtzentrum. Ganzjährig nutzbar.

Standort: Emder Straße (B 210), GPS 53°28'16"N/07°28'12"O, Verkehrsverein Aurich, Telefon 04941/4464, www.aurich-tourismus.de

26487 BLOMBERG
Stellplatz auf dem Dorfplatz

Gebührenfreier Stellplatz für 20 Mobile. Ausgewiesenes Areal im Ortskern. Ebener, mit Rasengittersteinen befestigter Untergrund. Wenig Schatten, beleuchtet. Ganzjährig nutzbar. Sani-Station. Strom: 1 Euro. Wasser: 1 Euro. Entsorgung: 1 Euro.

Standort: Hauptstraße, GPS 53°34'38"N/07°33'30"O, Tourist-Info, Telefon 04975/919315, www.holtriem.de

26553 DORNUM
Stellplatz am Schützenplatz

Gebührenpflichtiger Stellplatz für 30 Mobile auf einem ausgewiesenen Bereich. Ebenes, ruhiges Gelände auf Wiese und Pflaster

Dornum: das große Stellplatz-Gelände auf dem Schützenplatz.

in zentraler Lage zum Ortskern. Ganzjährig nutzbar. Holiday-Clean-Anlage. 5 Euro pro Nacht und Mobil. Kurtaxe: 4 Euro/Fahrzeug.

Strom (6 Anschlüsse): 1 Euro/ 8 Std. (max. Anschlussleistung 1,8 kW). Wasser: 1 Euro/100 Ltr.

Standort: Hamwehr,
GPS 53°38'54"N/07°25'25"O,
Gemeinde Dornum,
Telefon 04933/91890,
www.dornum.de

26723 EMDEN

Stellplatz Alter Binnenhafen

Gebührenpflichtiger Stellplatz für 40 Mobile. Reservierter Parkstreifen zwischen der Marina und der Straße sowie weitere Stellflächen auf dem Parkplatz dahinter. 7 Euro pro Nacht und Mobil. Strom (36 Anschlüsse): 50 Cent/kWh, Wasser: 50 Cent/50 Ltr., Entsorgung: 50 Cent. Ganzjährig.

Standort: Am Eisenbahndock,
GPS 53°21'49"N/07°12'31"O,
Telefon 0160/3624744,
www.ag-ems.de

26427 ESENS

Stellplatz am Schützenplatz

Gebührenpflichtiger Stellplatz für 20 Mobile. Reservierter Bereich im hinteren Teil des sehr großen Geländes. Ebene Stellflächen auf Pflaster, teilweise mit Gras bewachsen. Ruhige Lage, etwa 500 m vom Stadtzentrum entfernt. Kein Schatten, beleuchtet. Info-Tafel. Maximale Aufenthaltsdauer: 2 Nächte. Ganzjährig nutzbar. 4 Euro pro Nacht und Mobil. Kurtaxe: 2,50 Euro pro Person ab 18 Jahren. Kinder ab 6 Jahre: 1,10 Euro inkl. Kurkarte.

Standort: Am Schützenplatz,
GPS 53°38'21"N/07°36'35"O,
Kurverein Nordseeheilbad
Telefon 04971/9170,
www.bensersiel.de

Esens: der Stellplatz für zwei Nächte auf dem Schützenplatz.

26532 GROSSHEIDE

Stellplatz am Moormuseum

Gebührenfreier Stellplatz für 6 Mobile. Parkplatz für Pkw und Reisemobile. Ebener, gepflasterter Untergrund, teilweise schattig. Sehr ruhig gelegen, Spielplatz. Max. Aufenthalt: 2 Nächte. Ganzjährig nutzbar.

Standort: OT Berumerfehn,
Kirchweg 1,
Tourist-Information,
GPS 53°33'39"N/07°20'46"O,
Telefon 04936/918925,
www.grossheide.de

Großheide: Stellplatz für zwei Nächte am Kompaniehaus.

26759 HINTE

Ferienhaus Am Wiesengrund

Gebührenpflichtiger Stellplatz für 3 Mobile. Ausgewiesenes Gelände für Reisemobile. Landschaftlich schön und auch ruhig gelegen, grasbewachsener Untergrund, leicht uneben. Ganzjährig nutzbar. 3,50 Euro pro Person in der 1. Nacht, danach 3,50 Euro. Strom: 3 Euro. Hund: 1 Euro.

Standort: OT Abbingwehr,
Klosterweg 11,
GPS 53°26'28"N/07°14'42"O,
Telefon 04925/451

26441 JEVER

Stellplatz am Sportzentrum

Gebührenpflichtiger Stellplatz für 10 Mobile am Sportzentrum. Ebener, gepflasterter Untergrund. Geringe Entfernung zum Zentrum und zum Freibad. Ganzjährig nutzbar. Anmeldung an der Tankstelle Henn, Wittmunder Straße. Holiday-Clean-Anlage. 8 Euro pro Nacht und Mobil inkl. einer Wertmarke für Strom oder Wasser.

Standort: Jahnstraße,
GPS 53°34'38"N/07°53'27"O,
Stadt Jever,
Telefon 04461/71010,
www.stadt-jever.de

26736 KRUMMHÖRN

Reisemobilhafen Greetsiel

Gebührenpflichtiger Stellplatz für 55 Mobile. Reserviertes Gelände hinter dem Großparkplatz am Ortseingang. Ebener, geschotterter Untergrund. Ganzjährig nutzbar. ST-SAN-Anlage. 10 Euro pro Nacht und Mobil inkl. Kurtaxe. Strom (40 Anschlüsse): 1 Euro/ 8 Std. V+E: 2 Euro.

Standort: OT Greetsiel,
Mühlenstraße,
GPS 53°29'50"N/07°06'06"O,
Greetsiel Touristik,
Telefon 04926/91880,
www.greetsiel.de

26506 NORDEN

Wohnmobilhafen Norddeich

Gebührenpflichtiger Stellplatz für 44 Mobile. Reserviertes, parzelliertes und begrüntes Gelände. Gepflasterter, leicht abschüssiger Untergrund. Kein Schatten, beleuchtet. Geringe Entfernung zum Ortszentrum, Strand und Hafen. Max. Aufenthalt: 3 Tage. Ganzjährig nutzbar. Sani-Station. 10 Euro pro Nacht und Mobil inkl. Kurtaxe für 2 Personen, V+E, 20 Min. Aufenthalt zum Duschen im Ocean Wave, 50 % Ermäßigung im Ocean Wave und im Norddeicher Freibad. Weitere Person: 3 Euro. Strom (48 Anschl.): 1 Euro/2 kWh.

Standort: OT Norddeich, am Ocean Wave, Itzendorfer Straße,
GPS 53°36'35'N/07°09'24"O,
Telefon 04931/986320,
www.wohnmobilhafen-norddeich.de

Norddeich: der vorbildliche Stellplatz am Ocean Wave.

26434 WANGERLAND

Stellplatz am Yachthafen

Gebührenpflichtiger Stellplatz für 22 Mobile. Ausgewiesener gepflasterter Bereich auf dem Hafenparkplatz. Ganzjährig nutzbar. Silver-S-Anlage mit Bodeneinlass. 10 Euro pro Nacht und Mobil inkl. Strom, Entsorgung, Dusche und WC. Kurtaxe: 2,90 Euro/Erwachsener (April– Oktober) wird am Platz kassiert. Wasser: 1 Euro. Hund: 3,10 Euro. Zufahrtsschranke.

Standort: OT Horumersiel
Zum Hafen,
GPS 53°40'58"N/08°01'17"O,
Wangerland-Touristik GmbH,
Telefon 04426/w987170,
www.wangerland.de

26382 WILHELMSHAVEN

Stellplatz Fliegerdeich West

Gebührenpflichtiger Stellplatz für 58 Mobile auf dem Deich am Jadebusen. Großes, gepflastertes Areal mit 2 markierten Parkreihen, nach vorne leicht abschüssig. Maximaler Aufenthalt: 24 Std. 25 Cent/Std. in der Saison. Ganzjährig nutzbar.

Standort: Fliegerdeich West,
GPS 53°30'36"N/08°07'41"O,
Telefon 04421/913000,
www.wilhelmshaven-touristik.de

26409 WITTMUND

Stellplatz Harlesiel

Gebührenpflichtiger Stellplatz für 54 Mobile direkt am Fährhafen von Harlesiel. Preis pro Mobil

Harlesiel: großer Stellplatz auf der Mole an der Hafeneinfahrt.

inkl. Dusche, V+E 10 bis 12 Euro, Strom 3 Euro, plus Kurtaxe. Saison 15. März bis 31. Oktober.

GPS 53°42'30"N/07°48'32"O
Telefon 04464/949398,
www.harlesiel.de

1 ROLAND, RATHAUS, MUSIKANTEN

Gute Gesellschaft: Der St.-Petri-Dom blickt auf den Rathausmarkt, vor ihm das Haus der Bürgerschaft.

Der Esel sprach zu seinen vierbeinigen Gesellen: „Etwas Besseres als den Tod kannst du überall finden." Und so machte er sich mit dem Hund, der Katze und dem Hahn auf nach Bremen, um dort Stadtmusikant zu werden. Davon zeugt heute die schöne Bronzestatue an der Westseite des Bremer Rathauses. Im Märchen wird zwar nicht davon berichtet, ob die vier jemals ankamen, aber warum sie nach Bremen wollten, lässt die prachtvolle Optik des Rathauses durchaus erahnen.

Es gilt als eines der bedeutendsten Bauwerke der Gotik und Weserrenaissance mit prächtigen Arkadenbögen und symbolträchtigen Figuren in der Fassade. Das Rathaus zählt zum Welterbe der Unesco, genau wie ein weiteres wichtiges Wahrzeichen der Stadt: der Roland auf dem Rathausplatz gegenüber dem Dom. Die rund sechs Meter hohe Statue steht dort schon seit 1404 als Symbol der Freiheit und Unabhängigkeit Bremens. Direkt in seiner Blickrichtung liegt dann der St.-Petri-Dom, oder auch schlicht „Bremer Dom" genannt. Die fast 1000-jährige Basilika ist die älteste Kirche der Stadt, von der Aussichtsplattform auf dem Südturm bietet sich ein schöner Ausblick über die Dächer.

Übrigens: Der Esel ist heute ein handfester Wunsch-Erfüller mit einer goldenen Nase und stets polierten Vorderbeinen. Die muss man nämlich berühren, damit die Bitte auch in Erfüllung geht.

5 GUTE GRÜNDE FÜR BREMEN

HANSESTADT MIT HERZ Man merkt Bremen seine glanzvolle Geschichte an – zusammen mit der Herzlichkeit der Bewohner ergibt das ein ideales Ziel für einen Wochenend-Trip. Praktisch: Sehenswürdigkeiten wie Rathaus, Hafen und Schnoorviertel sind gut zu Fuß zu erreichen.

Text: Martina Sörensen

2 AUF ZU NEUEN UFERN

Schön ist es, eine Hafenstadt zu sein – und selbst wenn die großen Zeiten des Seehandels im Bremer Stadthafen aus dem 12. Jahrhundert längst vorbei sind, ist hier noch allerhand los. Denn natürlich ist Wasser vor der Haustür ein magischer Anziehungspunkt für Gäste und Einheimische. Die Uferpromenade namens Schlachte ist eine beliebte Vergnügungsmeile mit netten Terrassen der Restaurants am Kai, wo Gäste bei einem kühlen Beck's (dem Bremer Lokal-Bier) dem Treiben ringsum bequem zuschauen können. Der Name Schlachte leitet sich übrigens nicht vom Metzgerwesen, sondern vom niederdeutschen „slait" (schlagen) ab und bezieht sich auf die in den Boden gerammten Pfahlbefestigungen am Ufer. Das Hauptaugenmerk des Seehandels und Schiffsverkehrs konzentriert sich aber mittlerweile auf Bremerhaven; Bremen setzt heute auf Forschung und Wissenschaft. Aber da die Schwestern einen Zwei-Städte-Staat bilden, bleibt alles in der Familie.

DER BESONDERE TIPP

Schwesterstadt an der Nordsee

Fürs Meer-Gefühl sollten Sie der Seestadt Bremerhaven rund 60 Kilometer nördlich einen Besuch abstatten. Interessant sind etwa das Deutsche Auswandererhaus, die vielen Museumsschiffe und der Zoo am Meer. **www.bremerhaven.de**

Die 5. Bremer Jahreszeit: Der Roland feiert beim berühmten Volksfest Freimarkt gerne mit. Rechts der Bremer Hafen.

Die Mischung macht's: die Alte Feuerwache und das Kaffeequartier.

3 DIE NEUE ÜBERSEESTADT

Historische Speicher, Museen, eine Marina, Geschäfte und Terrassen am Ufer – was für Hamburg die HafenCity ist, wird in Bremen die Überseestadt. Die Weser war stets von Versandung bedroht, so dass die Überseeschiffe zunehmend Bremerhaven anfuhren und der Stückgut-Hafen der Überseestadt schließlich aufgegeben wurde. Auf rund 300 Hektar Gesamtfläche wachsen heute in rasantem Tempo attraktive Wohn- und Arbeitswelten am Wasser, mit Restaurants, Event-Locations, der Hochschule für Künste und dem Hafenmuseum im Speicher XI. Die Marina Europahafen heißt Sportboote willkommen, ein 25 000 Quadratmeter großer Park zur Erholung im Grünen wird ab 2012 realisiert. 2025 soll die Überseestadt in ihrer ganzen Pracht erstrahlen. Die Weserpromenade und Flaniermeile Schlachte wurde um 250 Meter von der Innenstadt bis ins maritime Quartier verlängert – damit auch die neue „Stadt in der Stadt", wie so vieles Schöne in Bremen, bequem zu Fuß zu erreichen ist. www.ueberseestadt-bremen.de

4 GANZ SCHÖN LEBENDIG – DER SCHNOOR

Anfangs weiß man gar nicht, wo man zuerst hinschauen soll: Auf die zauberhaften, windschiefen Fachwerk-Häuschen aus dem 15. bis 19. Jahrhundert? In die kleinen Galerien und originellen Lädchen, in denen es Kunst für alle Geschmäcker gibt? Oder in die Geschäfte mit dem typisch nordischen Schnickschnack vom Schietwetter-Teepott bis zum hochprozentigen Küstennebel? Der Bremer Schnoor ist ein mittelalterliches Gängeviertel; früher wurde hier Schnoor (Norddeutsch: Schnur) hergestellt, also Seile und Taue, und dazu noch Ankerketten für die Schiffe im Bremer Hafen. Heute ist es der reine Genuss, durch die kopfsteingepflasterten Gassen zu schlendern, um nach Belieben ein-, zweimal oder auch öfter Rast vor den Schaufenstern oder in den Cafés und Restaurants zu machen.

Das Geschichten-Haus macht die einstige Lebenswelt der Bremer besonders lebendig: Im alten St.-Jakobus-Packhaus im Schnoor gewähren Menschen in historischen Kostümen Einblicke in 300 Jahre Bremer Vergangenheit. Und natürlich sind auch hier die mutigen Stadtmusikanten in allen Varianten anzutreffen. Das Schnoorviertel ist jedenfalls kein Revier zur eiligen Erkundung – zu schön ist die Atmosphäre, und noch schöner sind die vielen Details. Lassen Sie sich also genug Zeit.

Märchenhafter Zeitvertreib: die Stadtmusikanten vor dem Geschichten-Haus.

Eine hübsche Bleibe fürs Kulturgut: das Institut für Niederdeutsche Sprache im Schnoor.

5 WISSENSCHAFT ZUM ANFASSEN

Futuristisch außen, spannend im Inneren: das Universum macht Wissenschaft zum Abenteuer.

Ist das ein Wal oder ein gestrandetes Raumschiff? Das Mitmach- und Wissenschaftsmuseum Universum ist ein Hingucker, über den man erst einmal nachdenken muss, und genau das ist auch der Sinn der Sache. Es mangelt hier nicht an farbenfrohen Knalleffekten – so „wächst" etwa hinter Glas ein veritabler Mini-Tornado, sogar ein Erdbeben-Sofa gibt es. Im Science Center können Besucher an rund 250 Mitmach-Exponaten Spannendes und Überraschendes zu den Themen Mensch, Erde und Kosmos entdecken. Dazu gibt es Sonderveranstaltungen wie das „Dinner im Dunkeln". Diverse Wechsel-Ausstellungen warten in der kubischen SchauBox, außerdem 25 Mitmach-Stationen im EntdeckerPark. www.universum-bremen.de

BREMEN KOMPAKT

ANREISE Aus dem Norden und Westen über die A 1, von Osten zum Beispiel über die A 2 und von Süden über die A 7 bis Bremer Kreuz.

SEHENSWERTES
Böttcherstraße Die Fußgängergasse vom Marktplatz zur Weser lockt mit ungewöhnlicher Architektur zwischen Expressionismus und traditionellen Backsteinbauten. Viele Läden, Werkstätten und Restaurants lohnen einen Besuch. Tipp: das Paula Modersohn-Becker Museum mit Arbeiten der Künstlerin in der Böttcherstraße 6. www.pmbm.de

Vegesack Der Stadtteil etwas außerhalb des Zentrums hat viel maritimes Flair. Etliche historische Boote liegen hier im Hafen, wie etwa der Dreimaster „Deutschland", ein ehemaliges Schulschiff, das auch besichtigt werden kann. www.schulschiff-deutschland.de

AUSKUNFT Mehr Infos gibt es bei der Touristik-Zentrale Bremen, Findorffstraße 105, 28215 Bremen, Telefon 0421/3080010, und im Internet unter www.bremen-tourismus.de

STELLPLATZ-TIPPS

28195 BREMEN
Stellplatz Am Kuhhirten

Gebührenpflichtiger Stellplatz für 70 Mobile. Ruhige Lage auf der Weserinsel Werder. Ebenes und geschottertes großzügiges Areal unter alten hohen Bäumen. Sanitärgebäude, Gasservice. Die Innenstadt und das Weserstadion sind zu Fuß in 15 Minuten erreichbar. Ganzjährig nutzbar. Bodeneinlass. 10 Euro pro Nacht und Mobil inkl. Entsorgung und Müllgebühr. Strom: 50 Cent/1 kWh. Wasser: 1 Euro/100 Ltr., 10 Cent/10 Ltr. Dusche: 1 Euro/5 Minuten. Schlüsselpfand für das Sanitärgebäude (Ausgabe während der Bürozeiten).

Standort: Kuhhirtenweg,
GPS 53°03'55"N/08°49'08"O,
Hans und Regina Bahrenburg,
Mobil 0173/9850092,
www.stellplatz-bremen.de

Bremen: der große Reisemobilhafen Am Kuhhirten.

Camping am Stadtwaldsee

Gebührenpflichtiger Stellplatz für 20 Mobile vor dem Campinggelände. Ebene Parzellen auf Rasengittersteinen. Relativ ruhige Lage hinter einem Lärmschutzwall. Beleuchtet. Bushaltestelle zur Innenstadt. Max. Aufenthalt: 1 Nacht von 17 bis 12 Uhr. Ganzjährig nutzbar. Holiday-Clean-Anlage. Hauptsaison Juli–August: 10 Euro pro Nacht und Mobil inklusive aller Personen. Nebensaison: 9 Euro. Sanitäranlage mit Dusche und WC: 18 Euro pro Mobil in der HS bzw. 16 Euro in der NS. Strom (20 Anschlüsse): 60 Cent/kWh.

Standort: Hochschulring 1,
GPS 53°06'52"N/08°49'59"O,
Telefon 0421/8410748,
www.camping-stadtwaldsee.de

Bremen: Stellplatz vor den Toren des Campings am Stadtwaldsee.

Stellplatz Bremer Schweiz

Gebührenpflichtiger Stellplatz für 8 Mobile. Angelegtes, parzelliertes Gelände in einem Wäldchen. Ebener Untergrund, teilweise Rasen, teilweise Schotter. Ruhige und zentrumsnahe Lage. Clubs sind willkommen. Ganzjährig nutzbar. ST-SAN-Anlage. 3 Euro pro Mobil und 24 Std. Strom (8 Anschl.): 1 Euro/8 Std. Wasser: 1 Euro/100 Ltr. Münzautomaten.

Standort: OT Burglesum, Im Pohl,
GPS 53°10'03"N/08°41'45"O,
Förderverein Reisemobil-Tourismus,
Telefon 0421/790300,
Mobil 0179/ 5389704,
www.lesum.de/vereine/fv_reisemobile

Bremen: der ruhig gelegene Stellplatz im OT Burglesum. »

Fotos: Martina Sörensen, WFB Wirtschaftsförderung Bremen GmbH, Universum Bremen, BTZ Bremer Touristik-Zentrale

STELLPLATZ-TIPPS

Wohnmobil Oase Bremen

Bremen: Das Hanse-Hotel bietet auch Stellplätze an.

Gebührenpflichtiger Stellplatz für 10 Mobile am Hanse-Komfort-Hotel. Leicht abschüssiger, befestigter Rasenuntergrund. WC, Info-Material, Tageszeitung kostenfrei. Frühstück im Hotel 5 Euro/Person. Anmeldung: Rezeption. Ganzjährig. 13 Euro pro Nacht und Mobil inkl. Strom und Abwasser. Wasser: 2 Euro. Dusche: 1,50 Euro. Sauna: 5 Euro. Waschmaschine und Trockner gegen Gebühr.

Standort: OT Hastedt,
Schoosterborn 7,
GPS 53°04'03"N/08°51'47"O,
Telefon 0421/790300,
www.wohnmobiloase-bremen.de

Stellplatz Maritime Meile

Gebührenpflichtiger Stellplatz für 5 Mobile in direkter Nähe zum Museumshafen. Markierte Stellfläche auf dem asphaltierten Parkplatz am Stadtgarten an der Weser. Restaurants und Läden in der Umgebung. Ganzjährig. ST-SAN-Anlage. 5 Euro pro Nacht und Mobil. Strom: 1 Euro/8 Std. Wasser: 1 Euro/80 Ltr.

Standort: OT Vegesack,
Schulkenstraße,
GPS 53°10'22"N/08°36'32"O,
Sabine Rosenbaum,
Telefon 0421/6695441,
www.stellplatz-maritime-meile.de

WEITERE STELLPLÄTZE

27305 BRUCHHAUSEN-VILSEN
Reisemobilplatz Vilsen

Gebührenpflichtiger Stellplatz für 45 Mobile. Aufwendig gestalteter, ebener, geschotterter Platz und Wiesenfläche in schöner und ruhiger Lage zwischen Bruchhausen und Vilsen. Beleuchtet, Mülleimer und WC vor Ort. Einkaufsmöglichkeiten 50 m. Historischer Ortskern 500 m. Ganzjährig nutzbar. ST-SAN-Anlage. 4 Euro pro Nacht und Mobil inkl. Strom und 2-Euro-Gutschein für div. Restaurants. Wasser: 1 Euro/100 Ltr.

Standort: OT Vilsen,
Bollenstraße 9,
GPS 52°49'34"N/08°59'43"O,
Tourismus-Service,
Telefon 04252/930050,
www. bruchhausen-vilsen.de

Vilsen: Der Stellplatz liegt neben der Museumsbahn.

Forsthaus Heiligenberg

Gebührenfreier Stellplatz für 2 Mobile. Einkehr obligatorisch. Parkplatz für Pkw und Reisemobile. Ganzjährig nutzbar.

Standort: Heiligenberg 3,
GPS 52°48'14"N/08°59'34"O,
Familie Brüning,
Telefon 04252/93200,
www.forsthaus-heiligenberg.de

27749 DELMENHORST
Reisemobilhafen Delmenhorst

Gebührenfreier Stellplatz für 8 Mobile. Ausgewiesener Bereich am Rand eines Großparkplatzes an der Parkanlage Graft. Großzügig bemessene Parzellen mit ebenem, gepflastertem Untergrund. Zentrale Lage. Kostenlose Parkausweise bei der Tourist-Info. Für Clubtreffen lässt sich der Parkplatz erweitern. Ganzjährig, außer bei Veranstaltungen. Bodeneinlass. Strom: 1 Euro/kWh.

Standort: An den Graften,
GPS 53°02'49"N/08°37'23"O,
Stadtmarketing,
Telefon 04221/992299,
www.stadtmarketing-delmenhorst.de

Delmenhorst: Der ausgewiesene Stellplatz liegt im Zentrum.

Hotel-Restaurant Thomsen

Gebührenfreier Stellplatz für 5 Mobile. Einkehr obligatorisch. Asphaltierter Parkplatz für Pkw und Reisemobile hinter der Hotelanlage. Ganzjährig nutzbar.

Standort: Bremer Straße 186,
GPS 53°03'11"N/08°39'44"O,
Olaf Thomsen,
Telefon 04221/9700,
www.hotel-thomsen.de

28879 GRASBERG
Stellplatz am P&R-Parkplatz

Gebührenfreier Stellplatz für 10 Mobile im Anschluss an einen P&R-Parkplatz im Ortszentrum. Untergrund aus Schotterrasen. Supermarkt und Gastronomie unmittelbar angrenzend. Regionalbuslinie 630 nach Bremen. Ganzjährig nutzbar. Strom, Wasser gegen Gebühr.

Standort: Wörpedorfer Straße,
GPS 53°11'03"N/08°59'03"O,
Gemeinde Grasberg,
Telefon 04208/91750,
www.grasberg.de

27729 HAMBERGEN
Stellplatz am Festplatz

Gebührenpflichtiger Stellplatz für 20 Mobile auf einem Teil des Festplatzes im Ortszentrum. Anlaufstelle am Stellplatz ist der Kiosk – hier gibt es den Schlüssel für den Stromkasten. Der Ort eignet sich gut als Ausgangspunkt für Radtouren. Ganzjährig. 3,50 Euro pro Nacht und Mobil inklusive Nebenkosten.

Standort: Langenend,
GPS 53°18'40"N/08°49'25"O,
Tourist-Information,
Telefon 04793/7813,
www.hambergen.de

27367 HELLWEGE
Stellplatz Eichenhof

Gebührenpflichtiger Stellplatz für 2 Mobile. Sehr ruhige Lage an einem Bauernhof. Pony reiten, Fahrradverleih, Kanutouren, Liegewiese mit Spielgeräten, Fußballtore und Aufenthaltsraum mit Tischtennis, Billard, Fußballkicker auf dem Hof. Frühstücks- oder Brötchenservice sowie hauseigene Produkte. Reservierung erwünscht. Ganzjährig nutzbar. 20 Euro pro Nacht und Mobil inkl. 4 Personen, Strom, Dusche, WC.

Standort: Am Goldanger 10,
GPS 53°04'19"N/09°13'47"O,
Susanne Heitmann,
Telefon 04264/83990,
www.pensioneichenhof.de

27308 KIRCHLINTELN
Stellplatz am Kleberhof

Gebührenpflichtiger Stellplatz für 7 Mobile in ruhiger Hoflage am bewirtschafteten Ferienbauernhof. Untergrund aus Schotterrasen, von hohen Bäumen beschattet. Aufenthaltsraum, Brötchenservice. Ganzjährig nutzbar. 10 Euro pro Nacht/Mobil, Strom, Wasser und Dusche.

Standort: OT Deelsen,
Scharnhorster Weg 1,
GPS 52°57'21"N/09°18'29"O,
Familie Wurth,
Telefon 04236/1746,
www.raeubersruh.de

Deelsen: der familienfreundliche Stellplatz am Kleberhof.

27809 LEMWERDER
Reisemobilhafen Lemwerder

Gebührenpflichtiger Stellplatz für 50 Mobile. Ausgewiesenes und angelegtes Gelände an der Zufahrt zur Tennishalle. Untergrund geschottert. Bouleplatz, Grillplatz und Pavillon. Restaurant in der Tennishalle. Ganzjährig. 3 Euro pro Mobil/24 Std. Parkautomat. Strom: 1 Euro/8 Std.

Standort: Peter-Baxmann-Platz, GPS 53°09'27"N/08°37'02"O, Gemeinde Lemwerder, Telefon 0421/673939, www.lemwerder.de

Lemwerder: der Reisemobilhafen ist eine gute Adresse.

Ehemaliger Vulkanparkplatz

Gebührenfreier Stellplatz für 5 Mobile auf dem Deich direkt an der Weser. Ebener Pflasteruntergrund. Zufahrt über die Industriestraße. Ganzjährig nutzbar.

Standort: Industriestraße, GPS 53°10'12"N/08°36'01"O, Gemeinde Lemwerder, Telefon 0421/673939, www.lemwerder.de

28870 OTTERSBERG
Stellplatz am Sportzentrum

Gebührenfreier Stellplatz für 3 Mobile. Ausgewiesener Bereich auf gepflastertem Untergrund, am Ortsrand nahe der Wümme. Gaststätte 200 m entfernt, 500 m bis zum Ortszentrum. Ganzjährig.

Standort: Fährwisch, GPS 53°06'25"N/09°08'13"O, Flecken Ottersberg, Telefon 04205/31700, www.flecken-ottersberg.de

28876 OYTEN
Knaus Campingpark Oyten

Gebührenpflichtiger Stellplatz für 10 Mobile. Separater Reisemobilhafen mit Schotterbelag. Restaurant und Badesee am Platz. Saison: April–Oktober. Ab 12 Euro pro Nacht und Mobil inklusive Sanitärnutzung. Strom: 70 Cent/kWh oder 3 Euro pauschal.

Standort: Oyter See 1, GPS 53°02'47"N/09°00'13"O, Telefon 04207/2878, www.knauscamp.de

27356 ROTENBURG/W.
Stellplatz am Weichelsee

Gebührenpflichtiger Stellplatz für 20 Mobile. Markiertes Areal auf dem Parkplatz unmittelbar am Badestrand. Ebener, befestigter Untergrund. Gastronomie im StrandHouse, montags und dienstags abends geschlossen. Stadtzentrum knapp 2 km. Ganzjährig nutzbar, bei Veranstaltungen auf dem Gelände evtl. Einschränkungen. 2,50 Euro pro Tag und Mobil inklusive Ver- und Entsorgung. Strom: 2,50 Euro. Dusche und Anmeldung in der Strand-House-Gastronomie.

Standort: OT Wümme, Bremer Straße, GPS 53°07'04"N/09°23'08"O, Platzwart Ulli Schorpp, Mobil 0173/4128933, www.weichelsee.de

28816 STUHR
Family Camping Wienberg

Gebührenpflichtiger Stellplatz für 3 Mobile auf einer ebenen, festen Wiese vor dem Campinggelände. Restaurant, Kiosk und Freibad auf dem Platz. Ganzjährig nutzbar. 8 Euro pro Nacht und Mobil. Strom (3 Anschl.): 60 Cent/kWh. V+E: 3 Euro. Sanitärbenutzung: 5 Euro/Mobil. Dusche: 1 Euro. Freibad: 2,50 Euro/Person ab 14 Jahre, Kinder 1,50 Euro.

Standort: Zum Steller See 83, GPS 53°00'38"N/08°41'23"O, Gerd Maier, Telefon 04206/9191, www.camping-wienberg.de

27412 TARMSTEDT
Stellplatz Grabau

Gebührenpflichtiger Stellplatz für 15 Mobile bei einer Halle für landwirtschaftliche Maschinen im Ortszentrum. Ebener, geschotterter Untergrund. Gaststätten und Einkaufsmöglichkeiten 500 m. Ganzjährig nutzbar. 6 Euro pro Nacht und Mobil inklusive V+E. Strom nach Verbrauch. V+E für Durchreisende: 2 Euro.

Standort: Bahnhofstraße 34, GPS 53°13'27"N/09°05'13"O, Margret Grabau, Telefon 04283/8018

Tarmstedt: Der ebene Stellplatz liegt im Ortszentrum.

27321 THEDINGHAUSEN
Stellplatz am Schloss Erbhof

Gebührenfreier Stellplatz für 8 Mobile, auf einem separaten Areal am Schloss Erbhof ausgewiesen. Ebener, geschotterter Untergrund. Blick auf den 11 ha großen Baumpark. Info-Tafel und WC am Platz. Der Ortskern mit Gastronomie und Einkaufsmöglichkeiten ist in 2 Minuten erreicht. Ganzjährig nutzbar. Strom (8 Anschl.): 1 Euro/6 Std. Wasser: 1 Euro/10 Minuten

Standort: Braunschweiger Straße 1, GPS 52°57'43"N/09°01'48"O, Tourist-Information, Telefon 04204/8822, www.thedinghausen.de

27283 VERDEN/ALLER
Stellplatz Reeperbahn

Gebührenfreier Stellplatz für Mobile auf dem Parkplatz Reeperbahn an der Aller. Max. Aufenthalt: 24 Std. Ein spezieller Reisemobilplatz in der Conrad-Wode-Straße ist im Bau. Ganzjährig nutzbar.

Standort: Reeperbahn, GPS 52°55'20"N/09°13'35"O, Tourist-Information, Telefon 04231/12371, www.verden.de

28844 WEYHE
Stellplatz Freizeitwelt Dreye

Gebührenfreier Stellplatz für 3 Mobile am Handelsbetrieb für Camping- und Gartenzubehör im Gewerbepark Dreye-West. Markierter Bereich auf dem Betriebsgelände. Ganzjährig nutzbar. Strom auf Anfrage.

Standort: OT Dreye, Mittelwendung 23, GPS 53°00'55"N/08°52'23"O, Manuela Pöllnitz, Telefon 04203/720, www.freizeitwelt-dreye.de

27726 WORPSWEDE
Stellplatz beim Hallenbad

Gebührenfreier Stellplatz für 6 Mobile auf dem Parkplatz beim Hallenbad am Ortsrand. 5 Gehminuten ins Zentrum des historischen und traditionsreichen Künstlerdorfs mit zahlreichen gemütlichen und uriger Cafés und Restaurants. Ganzjährig.

Standort: In de Wischen 1?, GPS 53°?3'42"N/08°54'54"O, Worpsweder Touristik, Telefon 04792/935820, www.worpswede.de

27404 ZEVEN
Mobile Freizeit Cziossek

Gebührenfreier Stellplatz für 20 Mobile. Ausgewiesene Fläche des Firmengeländes. Ebener, befestigter Untergrund im Hof und ebenes Wiesengelände mit befestigten Stellflächen. Grillplatz mit Picknickecke. Brötchenservice, Gasflaschenverkauf, Zubehörshop, Werkstatt. Ganzjährig nutzbar. Strom, Wasser gegen Gebühr.

Standort: OT Aspe, Zum Hochkamp 2, GPS 53°?6'42"N/09°17'34"O, Telefon 04281/957580, www.freizeit-ag.de

Zeven: der Stellplatz bei Mobile Freizeit Cziossek.

Freie Fahrt: Die Straßen an der Schlei sind oft ruhig und leer, hier unterwegs am nördlichen Ufer des Meeresarms.

Schöner wohnen: Anwesen in Lindau; viele der reetgedeckten Häuser dienen wohlhabenden Großstädtern als Feriendomizil.

Boot und Bett: Der Reisemobil-Stellplatz von Schleswig befindet sich direkt am Hafen.

DAS BESONDERE ZIEL

DIE SCHLEI

DIE SCHLEI sieht aus wie ein Fluss, ist aber eine schöne Bucht der Ostsee und bietet von allem etwas mehr: mehr Natur, mehr Ruhe und Genuss – und dazu eine Kneipe nur für Seeleute.

Kneipe in Kappeln: die TV-Serie „Der Landarzt" machte das rote Hotel Aurora berühmt.

Außen schlagen Leinen lautstark an Masten, der Wind hat aufgefrischt. Vor dem Fenster wiegen sich Segelboote am Pier, der Hafen von Schleswig ist gleichzeitig Stellplatz für Reisemobile mit Extra-Sternchen für gute Lage und Flair. Frische Seeluft streicht über die Haut, aus der Gaststätte am Kai schimmert noch warmes Licht. Wir haben dort gut zu Abend gegessen und lassen uns nun sanft vom Ostseewind in den Schlaf schaukeln.

Am nächsten Morgen hängen frische Brötchen an der Reisemobiltür, Hafenmeister Harald Eschen hat ein Herz für seine Gäste, egal ob die per Yacht angereist sind oder auf eigener Achse. Von der Autobahn Hamburg–Flensburg hierher zum westlichsten Zipfel der Schlei ist es ein Katzensprung. Und da liegt sie nun, gelassen und silbrig schimmernd im Morgendunst: mit 42 Kilometern längste Förde an Deutschlands Ostseeküste, zwischen 120 Meter und 4,2 Kilometer breit und fernab jeglichen Trubels, zumindest jetzt in der Nebensaison. Eingebettet in eine wellige, liebliche Landschaft, wirkt sie mal wie ein Fluss, mal wie ein See, und doch: „Du bist die Meerestochter selbst, von Götterlaune ausgespielt ins Land", hat der niederdeutsche Dichter Ludwig Hinrichsen (1872–1957) aus Kappeln in seiner „Hymne auf die Schlei" geschrieben.

Eine tauschöne Winzigkeit Meer also zwischen Wiesen, Wäldern und sanften Hügeln, von den Gletschern der Eiszeit geformt. Dazwischen leuchtrote Dächer der Gutshöfe, schick restaurierte reetgedeckte

Die „Schleiperle" im Ort Arnis: Das Holzhaus steht auf 57 Pfählen im Wasser.

Voller Durchblick:
Der St.-Petri-Dom ist das markante Wahrzeichen von Schleswig.

Im gemütlichen Hafen von Maasholm schaukeln Sport- und Fischerboote, außerdem ist hier ein Seenot-Rettungskreuzer stationiert.

Häuser reicher Großstädter, Windmühlen, romanische Feldsteinkirchen. Und jede Menge Bilderbuchdörfer, so wie die Schleswiger Fischersiedlung Holm, nur ein paar Minuten vom Stellplatz am Hafen entfernt. Eine Reihe von Puppenstubenhäusern mit Rosenbüschen vor den „Klöndören" (geteilte Türen, durch deren geöffnete obere Hälfte man gut ein Schwätzchen halten kann) ziehen sich um den alten kreisrunden Friedhof; die letzten aktiven Fischer und die restliche Bevölkerung von Holm bilden noch heute eine verschworene Solidargemeinschaft.

Wir fahren auf kleinen gewundenen Straßen an den Gestaden der Schlei entlang. Alles liegt nah beieinander, alles ist bequem und gemütlich auf einem Wochenendausflug erreichbar. Und wenn auch die Natur mit ihren Nooren (einstige Gletscherseen) und leuchtenden Rapsfeldern im Mai der große Star der Region ist, so gibt es doch viel Sehenswertes am Wegesrand. Den St.-Petri-Dom, Wikinger Museum Haithabu und Schloss Gottorf (siehe unten) in Schleswig zum Beispiel. Die antike Straßen-Eisenbahn-Klappbrücke bei Lindaunis. Arnis, kleinster Ort Deutschlands mit 350 Einwohnern, feinen Werften und Restaurants, oder das komplett unter Denkmalschutz stehende Dorf Sieseby. Und Kappeln kurz vor der offenen Ostsee: mit Dampfeisenbahn, Raddampfer à la Mississippi, einer Windmühle namens Amanda, Heringszaun (uralte Fisch- »

Schaufelrad des Ausflugdampfers „Schlei Princess", hinten die Klappbrücke von Kappeln.

ZWISCHENSTOPP SCHLOSS GOTTORF

Gut in Form: Die heutige Fassade von Schloss Gottorf stammt vornehmlich aus der Renaissance.

Die größte Schlossanlage von Schleswig-Holstein war im 13. Jahrhundert eine eher bescheidene Wasserburg, die nach und nach zum prächtigen Anwesen ausgebaut wurde. Das Prunkschloss ist heute Sitz des Archäologischen Landesmuseums und des Landesmuseums für Kunst und Kulturgeschichte und beherbergt eine der bedeutendsten Sammlungen Nordeuropas. Höhepunkt unter den Exponaten aus 120 000 Jahren Menschheitsgeschichte ist unter anderem das Nydamschiff, ein etwa 1700 Jahre altes Wikingerboot.
Schloss Gottorf, 24837 Schleswig, Telefon 04621/8130, Di.–So. ab 10 Uhr geöffnet, im Sommer auch Mo. www.schloss-gottorf.de.

Fünfzehn Minuten vor jeder vollen Stunde öffnet sich die alte Straßen-Eisenbahn-Brücke bei Lindaunis; sie wurde 1926 gebaut und knarrt schon gewaltig in allen Fugen.

Die meisten Windmühlen der Region sind gut in Schuss, hier eine Schönheit am Nordufer.

fangvorrichtung) und Fernsehkneipe aus dem TV-Dauerbrenner „Der Landarzt" ist die 10 000-Einwohner-Stadt so etwas wie das touristische Zentrum der Region.

Der Wind hat weiter aufgefrischt, auf dem Stellplatz von Maasholm nahe der offenen Ostsee orgelt er um die Reisemobile. Auch hier am Fischer- und Yachthafen steht man gut mit Blick aufs Wasser, die Restaurants im Ort servieren deftige Kost.

Die östlichste Kneipe der Schlei ist allerdings nur per Boot zu erreichen. Zur „Giftbude" auf der Lotsen-Halbinsel führen weder Weg noch Steg, dort spinnen Segler ihr Seemannsgarn. Wasser schöpft die Giftbude übrigens aus dem eigenen Brunnen, der Kaffee schmeckt daher schon mal etwas salzig – die Schlei ist eben kein Fluss, sondern eine echte Tochter des Meeres.

Thomas Zwicker

Viele Wege führen zu kleinen Schlei-Buchten, die fast überall und für jeden zugänglich sind.

SCHLEI KOMPAKT

Infos | Tipps | Adressen

ANREISE Über die A 7 Hamburg–Flensburg zur Abfahrt Schleswig/Jagel, dann über die B 75/76 Richtung Dom zu Schleswigs Stadthafen, der ein guter Ausgangspunkt für die Schlei-Tour ist. Kleine Sträßchen führen rund um den Meeresarm, die Ufer werden durch Klappbrücken in Lindaunis und Kappeln sowie durch kleine Fähren verbunden.

SEHENSWERTES Bei Schleswig locken unter anderem das **Wikinger Museum Haithabu** (Haddeby, Telefon 04621/8130, Di.–So. ab 10 Uhr geöffnet, im Sommer auch Mo.) und die große **St.-Johannis-Klosteranlage** in Holm (Telefon 04621/24236, Führung nach Anmeldung). Das **Dorfmuseum Brodersby** zeigt liebevoll Altes aus der Region (Telefon 04622/564). Von Schleswig, Kappeln und Maasholm kann man schöne **Bootstouren** unternehmen. Drehorte der ZDF-Serie **„Der Landarzt"** sind ausgeschildert.

Schnell mal rüber: bei Arnis ist die Schlei nur 250 Meter breit.

RESTAURANTS Rund um die Schlei gibt es tolle Lokale, hier zwei Beispiele. Das traditionelle **Ringelnatz** (Schleswig, Fischbrückstraße 3, Telefon 04621/25588, Mo.–Sa. ab 17 Uhr) serviert u.a. Mediterranes und dicke Steaks. Im hölzernen Pfahlbau **Zur Schleiperle** (Arnis, Strandstraße, Telefon 04642/2085, April–Okt. täglich außer Mo. ab 11 Uhr) gibt es zum Beispiel heimische Fischgerichte.

AUSKUNFT In Schleswig: Plessenstraße 7, Telefon 04621/850056. In Kappeln: Mühle Amanda, Schleswiger Straße 1, Telefon 04642/4027. www.schlei-region-ostsee.de.

Gern mal rein: gutes Essen und Kleinkunst im Ringelnatz.

Karte: Hallwag

STELLPLATZ-TIPPS

24866 BUSDORF
Autohof Wikingerland

Gebührenfreier Stellplatz für 5 Mobile auf dem Autohof an der A 7, wenige Kilometer vor der dänischen Grenze. Markierter Bereich auf dem gepflasterten Parkplatz. Ganzjährig nutzbar. Strom, V+E gegen Gebühr.

Standort: Wittgenstein 2,
GPS 54°28'39"N/09°32'41"O,
Herr Sörensen,
Telefon 04621/30310,
www.autohof-wikingerland.de

24340 ECKERNFÖRDE
Stellplatz Grüner Weg

Gebührenpflichtiger Stellplatz für 46 Mobile. Reservierter Teil eines Pkw-Großparkplatzes, durch Grünstreifen mit Büschen und Bäumen aufgelockert und zur Bundesstraße hin abgeschirmt. Ebener, gepflasterter Untergrund. Maximale Aufenthaltsdauer: 24 Stunden. Ganzjährig. Sani-Station. 1 Euro pro Std. (von 9–18 Uhr, sonst gebührenfrei). Maximalgebühr: 9 Euro pro Tag. Strom: 50 Cent/kWh. Wasser: 1 Euro/ 100 Ltr. Entsorgung: 1 Euro.

Standort: Grüner Weg,
GPS 54°27'54"N/09°50'10"O,
Eckernförder Touristik,
Telefon 04351/71790,
www.ostseebad-eckernfoerde.de

Eckernförde: Büsche und Bäume umgeben den Platz.

24395 GELTING
Jachthafen Wackerballig

Gebührenpflichtiger Stellplatz für 15 Mobile auf dem Parkplatz vor der Marina. 2 für Reisemobile reservierte Parkstreifen etwa 100 m neben dem Sportboothafen. Asphaltierte Fahrspur, nicht ganz ebene Stellflächen mit Rasen bzw. Schotterrasen. Wenig Schatten, beleuchtet. Saison: März bis November. Bodeneinlass. 9,50 Euro pro Nacht und Mobil inklusive Strom (15 Anschlüsse) Ver- und Entsorgung. Dusche: 50 Cent.

Standort: OT Wackerballig,
Strandweg,
GPS 54°45'21"N/09°52'41"O,
Gemeinde Gelting,
Telefon 04643/183221,
www.ferienlandostsee.de

24960 GLÜCKSBURG
Ostseecamp

Gebührenpflichtiger Stellplatz für 50 Mobile auf einer Wiese vor dem Campinggelände, direkt an der Flensburger Förde. April–15. Oktober. 17–21 Euro pro Nacht und Mobil inklusive Strom, V+E.

Standort: OT Holnis,
An der Promenade 1,
GPS 54°51'27"N/09°35'28"O,
Telefon 04631/622071,
www.ostseecamp-holnis.de

24991 GROSSSOLT
Stellplatz Nördliche Ziele

Gebührenpflichtiger Stellplatz für 13 Mobile auf einer ebenen Wiesenfläche am Ortsrand. Saison: März–November. Bodeneinlass. 10 Euro pro Nacht und Mobil inklusive V+E. Strom (13 Anschlüsse): 2 Euro. Dusche: 50 Cent/3Min.

Standort: OT Mühlenbrück,
Flensburger Straße 20,
GPS 54°42'31"N/09°31'20"O,
Sabine Witt,
Telefon 04633/8575

24376 HASSELBERG/OSTSEE
Stellplatz Oehe-Draecht

Gebührenpflichtiger Stellplatz für 10 Mobile vor dem Campingplatz Oehe-Draecht in der Kieler Bucht. Ruhige Lage, direkt interm Deich. Saison: April–September. 13 Euro pro Nacht und Mobil inklusive 2 Personen, Strom, Müllentsorgung und Dusche.

Standort: Drecht,
GPS 54°42'59"N/09°59'23"O,
Telefon 04642/6124,
www.oehe-draecht.de

24376 KAPPELN
Stellplatz am Aral-Autohof

Gebührenfreier Stellplatz für 10 Mobile. Parkplatz für Pkw und Reisemobile zwischen Tankstelle und Filiale einer Fast-Food-Kette. Gepflasterter, etwas abschüssiger Untergrund. Ganzjährig nutzbar. Strom, V+E: 5 Euro.

Standort: OT Ellerberg,
Eckernförder Straße,
GPS 54°39'25"N/09°56'40"O,
Markus Dierk,
Telefon 04642/81008

24977 LANGBALLIG
Campingplatz Langballigau

Gebührenpflichtiger Stellplatz für 20 Mobile vor dem Campinggelände. Für Reisemobile reserviertes Areal. Ebener, geschotterter Untergrund. Kein Schatten, beleuchtet. Ganzjährig nutzbar. 10 Euro pro Nacht und Mobil inklusive V+E. Strom: 2 Euro. Hund: 1 Euro. Nutzung der Sanitäranlage: 1,50 Euro/Person.

Standort: OT Langballigau,
Strandweg 3,
GPS 54°49'20"N/09°39'36"O,
Telefon 04636/308,
www.campingplatz-langballigau.de

24404 MAASHOLM
Stellplatz am Seglerhafen

Gebührenpflichtiger Stellplatz für 60 Mobile. Weitläufiges Gelände in der Nähe zur Ostsee. Ebener Untergrund, teils Schotter, teils Rasen. Ruhige Lage, kein Schatten. Ganzjährig nutzbar. Bodeneinlass. 10 Euro pro Nacht und Mobil. Strom: 2 Euro.

Standort: Uleweg
GPS 54°40'59"N/09°59'40"O,
Platzwart, Telefon 04642/965068,
Gemeinde Maasholm,
Telefon 04642/6021,
www.maasholm.de

24837 SCHLESWIG
Stellplatz am Schlei-Park

Gebührenpflichtiger Stellplatz für 100 Mobile. Großzügig parzelliertes Areal auf Schotterrasen direkt an der Schlei. Saison: April bis Oktober. ST-UNI-Anlage und Bodeneinlass. 10 Euro pro Nacht und Mobil inkl. 2 Personen. Strom (45 Anschlüsse): 1 Euro/8 Std. Wasser: 1 Euro/100 Ltr. Dusche: 1 Euro.

Standort: Zuckerstraße 2,
GPS 54°31'11"N/09°35'51"O,
A. und N. Wölfinger,
Telefon 04621/306286,
www.schlei-park.de

Schleswig: der weitläufige Stellplatz im Schlei-Park.

24966 SÖRUP
Badeanlage am Südensee

Gebührenpflichtiger Stellplatz für 5 Mobile an der Badeanlage am Südensee. Während der Badesaison können die Toiletten benutzt werden. Der Untergrund ist aus Sand. Im Sommer hat ein Kiosk am Platz geöffnet. Ganzjährig nutzbar. V+E im Sanitärgebäude der Badeanlage. 4 Euro pro Nacht und Mobil inklusive V+E.

Standort: Seeweg,
GPS 54°42'42"N/09°39'55"O,
Bürgerbüro,
Telefon 04635/29600,
www.soerup.de

24972 STEINBERG
Campingplatz Nordstern

Gebührenpflichtiger Stellplatz für 10 Mobile vor dem Campinggelände, auf einem ausgewiesenen Platz auf Schotterrasen. Ganzjährig. Holiday-Clean-Anlage. 6 Euro pro Nacht und Mobil. Strom: 2 Euro. Nutzung der Sanitäranlagen 4 Euro pro Person. Hund: 1 Euro.

Standort: OT Norgaardholz,
Nordstern 1,
GPS 54°47'07"N/09°47'56"O,
Familie Brieskorn,
Telefon 04632/7406,
www.campingplatz-nordstern.de

Mehr Freizeit!

Kümmerly+Frey

www.swisstravelcenter.com

Reisemobile herzlich willkommen: im Hintergrund die Rickmer Rickmers, unten die legendären Landungsbrücken.

DIE PERFEKTE WOCHE IN

HAMBURG

DIE SCHÖNE IM NORDEN Schnuppern Sie Hafenluft, schlendern Sie über die berüchtigte Reeperbahn und lernen Sie die quirlige Metropole Hamburg näher kennen – ein traumhaftes Ziel für eine Tour mit dem Reisemobil.

Tradition und Moderne: Großsegler „Rickmer Rickmers" und Überseedampfer „Cap San Diego" vor der wachsenden Elbphilharmonie.

So beginnt ein perfekter Morgen in Hamburg: Mit dem Schrei einer Möwe, dem Wummern von Schiffsdieseln, sonorem Dampfertuten. Wer die Nase zur Tür des Reisemobils heraussteckt, riecht schwere Hafenluft und ein wenig frische Meeresbrise. Irgendwo brüllt ein Dockarbeiter unverständliche Worte (wahrscheinlich „op Platt", dem norddeutschen Dialekt), und auf der anderen Elbseite dröhnt schweres Metall, wenn einer der vielen Container auf das nächste Schiff nach Übersee verladen wird. So kann das gehen auf diesem toll gelegenen Stellplatz direkt am Hamburger Hafen, links die berühmten Landungsbrücken, rechts die historische Fischauktionshalle und (zur schönen Jahreszeit) der hippe Beachclub Strand Pauli gleich vis-à-vis.

Die Richtungsangaben stimmen natürlich nur, wenn man auf die Elbe schaut – aber ehrlich, wer tut das nicht? Die ersten Passagierboote tuckern zur Hafenrundfahrt, dazwischen flitzen im Minutentakt Lotsenboote vorbei, um ihre gewichtigen Gäste aus Ecuador, Japan und anderen Ecken der Welt in Empfang zu nehmen. Ohne die Lotsen findet in den schmalen Hafenbecken kein Ozeanriese an seinen Liegeplatz. Überhaupt muss man auf den nächsten turmhohen „Pott" nicht lange warten. Für richtige Seemanns-Atmosphäre gibt es derweil einen Kaffee in einer Kneipe am Hamburger Berg, gern auch mit einem deftigen Frühstück. Am Wochenende kommt übernächtigtes Volk dazu von der nahen Vergnügungsmeile Reeperbahn, das mit dem Feiern nicht fertig geworden ist. Oder das gerade auf dem Fischmarkt einen eingelegten Hering gegen das Morgengrauen danach vernascht hat.

Für einen ersten Eindruck von Hamburg taugt am besten eine Hafenrundfahrt oder die Tour mit der Hadag-Fähre vom Sandtorhöft neben der wachsenden Elbphilharmonie, leicht zu Fuß vom Stellplatz erreichbar.

Mit diesem Linienboot fährt man bis Övelgönne, um dem Museumshafen einen Besuch abzustatten. Von dort geht es zu Fuß am Elbstrand weiter bis zur Strandperle: Sie ist Hamburgs erster Beachclub, und das schon lange, bevor es den Begriff überhaupt gab, nämlich seit 1973 – ein absolutes Muss für Gäste und Hamburger gleichermaßen. Nirgendwo sonst ist die Stadt maritimer als hier: Bei einem Bier oder einem Glas Wein barfuß im Sand sitzen, dem Plätschern der Wellen lauschen und die großen „Pötte" vor der Kulisse der riesigen Kräne des Containerterminals vorbeiziehen sehen, da spürt man etwas vom Wesen und Werden der Hansestadt.

Natürlich lohnt später ein Besuch der benachbarten HafenCity, wo avantgardistische Neubauten in den Himmel wachsen. Die berühmte Party- und Rotlichtmeile Reeperbahn, ebenfalls nur ein paar Schritte vom Stellplatz entfernt, ist tagsüber eher farblos, ein klarer Fall für Nachtschwärmer. Bunter und multikulturell wird es im Sternschanzenviertel, schnell per U-Bahn erreicht. Oder man spaziert erst einmal zum „Michel", der St.-Michaelis-Kirche, die über dem Hafen thront. Von dort geht es weiter in die Innenstadt, zur Binnen- und Außenalster. Und es gibt noch so viel mehr in Hamburg zu sehen – eine kleine Auswahl der Glanzlichter finden Sie auf den folgenden Seiten.

Martina Sörensen

HAMBURGS GLANZLICHTER bitte umblättern >>>

BEST OF HAMBURG-MUSEEN

Für jeden Geschmack Ob es wohl an dem angeblichen „Schietwetter" liegt, dass Hamburg so viele spannende Kunst- und Kulturtempel hat? Angefangen mit den anschaulich präsentierten Ausstellungen im Museum für Völkerkunde am Rothenbaum bis zur Hamburger Kunsthalle neben dem Hauptbahnhof, die einen Bogen vom Mittelalter bis zur zeitgenössischen Kunst spannt. Etwas weiter elbwärts liegt das Museum für Kunst und Gewerbe mit seinen Sammlungen der Antike und den Wechsel- und Dauerexponaten der angewandten Kunst. Dazu gibt es großartige Stiftungen wie das Bucerius-Forum am Rathausmarkt. Und natürlich sind da noch die speziellen und teils kuriosen Ausstellungen, vom Erotic Art Museum über das Beatlemania, Spicy's Gewürzmuseum bis zum Deutschen Zusatzstoffmuseum – die Bandbreite ist groß. Infos unter www.hamburg.de

Für Freunde der internationalen Fotokunst: die Deichtorhallen.

Neue Architektur, neue Wohnwelt, neue Perspektiven: Die Magellan-Terrassen enstanden mit dem Neubau der HafenCity – mit Blick auf die Elbphilharmonie.

Wertvolle Fracht: Mehr als 7000 Containerschiffe aus aller Welt laufen jedes Jahr in den Hamburger Hafen ein.

Hamburg macht Musik: Musicals sind wahre Publikumsmagneten, wie zum Beispiel der „König der Löwen".

Bester Blick auf die Elbe: der Stellplatz an der Hafenstraße.

DAS DÜRFEN SIE NICHT VERPASSEN

» HAMBURGS GLANZLICHTER – DIE BESTEN TIPPS

1 LANDUNGSBRÜCKEN

Fernweh und Aufbruchstimmung Die Atmosphäre der ehemaligen Anlegestelle für Überseeschiffe hat sich bis heute erhalten. Hier starten heute die Hafenrundfahrten, der Katamaran nach Helgoland und der „Mississippidampfer" Louisiana. Ganz entspannt kann man ein paar Treppenstufen höher dem Treiben von oben zuschauen. Gleich neben den Landungsbrücken liegt der Alte Elbtunnel. Den sollten Sie auf jeden Fall durchqueren, egal ob zu Fuß oder per Fahrrad – mit knarrenden Aufzügen geht es hinab in die Tiefe. Praktisch: Vom Reisemobilstellplatz zu den Landungsbrücken sind es nur ein paar wenige Schritte am Elbufer entlang.

Sehnsuchtspunkt St.-Pauli-Landungsbrücken: Der erste Dampfer legte hier im Jahr 1839 an.

2 ÖVELGÖNNE

Elbe de luxe Das Flussufer zwischen dem Museumshafen und Neumühlen ist ein reizvolles Ausflugs- und Erholungsziel der Hamburger. Am Strand wird gegrillt oder gesonnt, in den umliegenden Restaurants rustikal bis gehoben getafelt, und auf den Strandliegen der Beachclubs genießt man Kaffee oder einen Prosecco. Die Promenade wird von vielen Lotsen- und Kapitänshäuschen gesäumt – echt malerisch.

Der Museumshafen in Övelgönne: Hafenstimmung mit beinahe südländischem Flair.

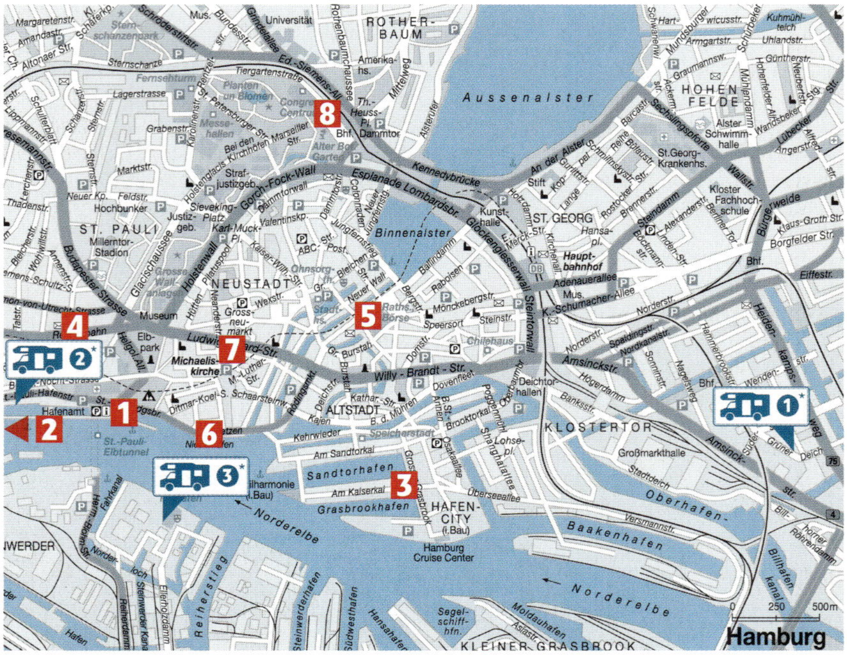

*Eine detaillierte Beschreibung dieser und weiterer Stellplätze finden Sie auf der nächsten Seite.

Karte: Hallwag

Die historische Speicherstadt bekommt mit der HafenCity einen schicken Nachbarn.

3 HAFENCITY UND SPEICHERSTADT

Stahl, Glas und avantgardistische Formenvielfalt – Hamburgs schönste begehbare Großbaustelle ist die ständig wachsende HafenCity. Besonders reizvoll ist der Kontrast zu den hohen Backsteinfassaden der historischen Speicher- und Handelshäuser, zwischen denen sich Fleete und Kanäle durchziehen. Gehandelt wird hier noch immer, besonders mit Kaffee – wussten Sie, dass fast jede der aromatischen Bohnen in Deutschlands Kaffeekännchen hier Zwischenstation gemacht hat? Über allem thront die Elbphilharmonie. Mittlerweile hat sie richtig Form angenommen, auch wenn sie nach wie vor jeden Kostenvoranschlag weit übertrifft und damit zu Hamburgs unberechenbarsten Bauwerken gehört – ein Wahrzeichen wird sie also ganz sicher.

Zeigt ihre Pracht nur bei Nacht: die Reeperbahn.

4 DIE HEISSE MEILE

Heißes Pflaster Sie möchten die Amüsiermeile Reeperbahn auf besondere Art erleben? Gern! Tagsüber führt der Künstler Fiete Frahm seine Gäste durchs Erotic Art Museum, abends präsentieren die Damen der Burlesque-Bar „Queen Calavera" gut gelaunt die Kunst des Ausziehens – im charmanten Stil der Fifties. www.eroticartmuseum.de, www.queencalavera.de

5 HANSEATENPRUNK

Hamburger Rathaus Da kann man sich als Bürgermeister nur auf die Arbeit freuen: Der Regierungssitz von Senat und Bürgerschaft präsentiert mit viel Gold und Pracht den Stolz der nordischen Metropole. Die Architektur zeigt diverse Stile von Renaissance bis Barock – und das mit Blick auf die Binnenalster. Aber auch von innen gibt es für Besucher einiges zu sehen: den dem Handel und der Seefahrt gewidmeten Kaisersaal, den Großen Festsaal mit seinen Wandgemälden oder die säulengeschmückte Diele gleich hinter dem Haupteingang. Hier finden regelmäßig Ausstellungen statt. Im nicht minder prächtigen, reich dekorierten Innenhof steht der bronzene Brunnen der Hygieia, der Göttin der Gesundheit.

Ein Platz in der ersten Reihe: das Hamburger Rathaus.

Familienbande: Die Galionsfigur zeigt das Enkelkind des Reeders Rickmers.

6 PRIMA PÖTTE

Schiffsmeldungen Jedes Mal, wenn eines der beiden Hamburger Vorzeigeschiffe gerade im Dock zur Überholung ist, wirkt der Hafen seltsam kahl. Die grün-weiße Dreimastbark Rickmer Rickmers und das weiß-rote Frachtschiff Cap San Diego sind schöne Museumsschiffe, die ihren Ruhestand vom Dienst auf hoher See an der Hafenlinie verbringen. Die Cap San Diego ist das größte noch fahrtüchtige Museumsschiff der Welt – und einmal im Jahr heißt es für die ehrenamtliche Crew: Leinen los und die Elbe hinunter! Die weit über 100 Jahre alte Rickmer Rickmers liegt seit 1983 hier am Kai, sehr zur Freude aller Großsegler-Freunde. Und, nein, es ist überhaupt nicht egal, welches der Schiffe Sie besuchen. Die Antwort kann nur lauten: Besuchen Sie beide. www.capsandiego.de, www.rickmer-rickmers.de

7 UNSER MICHEL

Das Gesicht der Stadt Es gibt viele Sakralbauten aller Glaubensrichtungen in Hamburg, allein fünf Hauptkirchen, die fest ins Stadtbild gehören – aber es gibt nur eine, die liebevoll „Michel" genannt wird. Der barocke Prachtbau der St.-Michaelis-Kirche am Hafen ist für die Hamburger eines der wichtigsten Wahrzeichen der Stadt, etwa wie Miss Liberty für die New Yorker. Besuchen sollten Sie die Krypta samt Geheimgang, und der Aufstieg auf den Turm belohnt mit fantastischer Aussicht. Wunderschön sind auch die Konzerte und Choräle: Der Michel bietet auch noch eine tolle Akustik – im Winter spielt hier die Musik sogar ganz romantisch bei Kerzenschein.

Michel mit Musik: Immer um 21 Uhr spielt der Turmbläser.

Eine Oase mitten in der Metropole: der Botanische Garten Planten un Blomen.

8 PLANTEN UN BLOMEN

Hamburg sieht grün Im Herzen der Stadt, am Fuß des Funkturms hinter dem Dammtorbahnhof, liegt der 47 Hektar große Botanische Garten in den Alten Wallanlagen. Man flaniert durch terrassenförmig angelegte Themengärten, guckt auf einen Sprung in den Schaugewächshäusern vorbei oder entspannt bei einer Teezeremonie im Japanischen Garten, der als größter seiner Art in Europa gilt. Im Sommer genießt man abends die Wasserspiele mit musikalischer Untermalung. www.bghamburg.de

AUSFLÜGE IN DIE UMGEBUNG

» RUND UM HAMBURG – SEHENSWERTES UND NATUR

Weckt die Sehnsucht nach dem Meer: der Hafen von Niendorf an der Ostsee.

MEHR MEER!

Ostsee Die Wahl fällt schwer, wenn gleich zwei Meere innerhalb einer Autostunde zu erreichen sind. Im Grunde ist es eine Temperamentsfrage: Zur Rechten liegt die Ostsee mit ihren sanften Wellen und flachen Sandstränden, zur Linken breitet sich die rauere Nordsee mit Deichen, Dünen und einsamen Marschlanden aus. Diesmal empfehlen wir einen Törn Richtung Ostsee zum Urlaubsort-Klassiker Niendorf. Im Gegensatz zum etwas mondäneren Timmendorfer Strand hat sich Niendorf seinen beschaulichen Fischerdorf-Charme bewahrt, mit breitem Sandstrand und hübscher Uferpromenade. Wildromantisch ist auch die Steilküste am Brodtener Ufer östlich des Ortes. Auf dem Rückweg empfiehlt sich außerdem ein kleiner Zwischenstopp in Hamburgs kleiner Hanseschwester, der Marzipanstadt Lübeck mit ihrem zauberhaften alten Zentrum.

Ausflug mitten in der Stadt: Die Alster ist ein Nebenfluss der Elbe.

ALSTERSCHIPPERN

Bootstouren Der Titel heißt zwar „Ausflugsziele", doch diesmal wollen wir Sie gar nicht so weit weg lotsen. Wie wäre es mit einer Kanutour auf der Alster und ihren Seitenarmen? Dann können Sie die Prachtvillen der Hamburger Pfeffersäcke mal von hinten bestaunen. Oder Sie fahren mit einem Ausflugsdampfer über die Elbarme bis Bergedorf – eine malerische Tour. www.alstertouristik.de

Prachtstück: der Flur des Atelierhauses.

KUNSTSTÄTTE BOSSARD

Begehbares Kunstwerk Mitten im Wald hat das Ehepaar Bossard auf drei Hektar ein Kunst-Ensemble aus Gärten, Skulpturen, Malerei und Architektur erschaffen. Führungen gibt es zum Beispiel für den Kunsttempel oder den Edda-Saal. www.bossard.de

FREILICHTMUSEUM AM KIEKEBERG

Anfassen erlaubt Das Mitmach-Museum in den Schwarzen Bergen südlich von Hamburg vermittelt anschaulich, wie die Bewohner der Lüneburger Heide einst lebten und arbeiteten. In über 30 historischen Gebäuden wird heute noch geschmiedet, gewebt und Brot gebacken wie bis in die 1950er Jahre, Mitmach-Workshops inklusive. Die vierbeinigen Bewohner sind besondere Nutztierrassen, zum Beispiel Pommersche Gänse, Ramelsloher Blaubeine oder Bunte Bentheimer Schweine – sehenswert nicht nur für Kinder. www.kiekeberg-museum.de

Glückliche Schafe im Freilichtmuseum Kiekeberg.

Bunte Pracht, so weit der Blick reicht: Apfelblüte im Alten Land.

DAS ALTE LAND

Der Duft von Apfelblüten Die Elbmarschen am Südufer des Flusses sind seit über 150 Jahren ein Land des Obstes, vorwiegend der Apfel- und Kirschbäume. Dazwischen liegen, durchzogen von Flüssen und kleinen Deichen, so malerische Dörfchen wie Jork mit schönen Häusern in einem typischen Fachwerkstil. Das Alte Land eignet sich prima für einen Fahrradausflug – quer durch die Plantagen oder oben auf dem Elbdeich.

STELLPLATZ-TIPPS

Info & Stellplätze

INFORMATION

Mehr Tipps und Interessantes finden Sie auf der offiziellen Internet-Seite von Hamburg Tourismus, zum Beispiel Tourenvorschläge und Events. Eine der Tourist-Infos liegt auch am Hafen.

St. Pauli Landungsbrücken, zwischen Brücke 4 und 5, 20359 Hamburg, Telefon 040/30051300, www.hamburg-tourism.de

STELLPLÄTZE

Hamburg: Wohnmobilhafen mit guter Verbindung zum Zentrum.

20097 HAMBURG

Wohnmobilhafen-Hamburg ❶

Gebührenpflichtiger Stellplatz für 60 Mobile am Betriebshof der Roten Doppeldecker. Markierte Stellflächen auf ebenem, geschottertem Untergrund, beleuchtet. Zentrumsnah, Verkehrskulisse und S-Bahn hörbar. McDonald's und Tankstelle mit Shop angrenzend, Bäcker in unmittelbarer Nähe. 20 Gehminuten bis zur Altstadt, 3 Minuten zur S-Bahn. 17–19 Euro pro Nacht und Mobil inkl. Strom, Ver- und Entsorgung sowie Dusche, je nach Wochentag und Saison. V+E für Durchreisende: 3 Euro. Ganzjährig nutzbar.

Standort: Grüner Deich 8, GPS 53°32'36"N/10°01'37"O, Telefon 040/30091890, www.wohnmobilhafen-hamburg.de

Parkplatz am Strand Pauli ❷

Gebührenpflichtiger Stellplatz für 20 Mobile direkt an der Elbe, zwischen Fischmarkt und Landungsbrücken. Ebener, betonierter Untergrund, nachts beleuchtet. Sonntagmorgens Fischmarkt nebenan. 13,50 Euro pro Nacht und Mobil am Wochenende, sonst 8,50 Euro. Ganzjährig nutzbar.

Standort: St. Pauli Hafenstraße, GPS 53°32'46"N/09°57'41"O, Telefon 040/230120

Wohnmobilplatz Hamburg Hafen-Musical ❸

Ab Frühjahr 2012: Gebührenpflichtiger Stellplatz für 50 Mobile beim Musicalhaus König der Löwen im Hafen. Ebener, gepflasterter Untergrund, nachts beleuchtet. 15 Euro pro Nacht und Mobil inklusive Entsorgung. Strom (50 Anschlüsse): 50 Cent/0,6 kWh. Wasser: 1 Euro/100 Ltr., 10 Cent/10 Ltr. Ganzjährig nutzbar.

Standort: Norderelbstraße 6, GPS 53°32'24"N/09°58'19"O, Mobil 01578/9670755, www.wohnmobilplatz-hamburg.de

Wohnmobilhafen Hamburg Süd

Gebührenpflichtiger Stellplatz für 80 Mobile an der Elbstrand-Badestelle an der Süderelbe. Untergrund Asphalt und Schotterrasen. Tourist-Info, Sanitäranlage am Platz, Bushaltestelle 5 Min. Massive Lärmbelästigung durch Zugverkehr. 12 Euro pro Nacht und Mobil. Strom 1 Euro/kWh. Wasser: 1 Euro/100 Ltr. Ganzjährig.

Standort: Finkenrieker, Hauptdeich 5, GPS 53°28'29"N/10°00'05"O, Mobil 01577/4505514, www.wohnmobilplatz-hamburg.de

Hamburg-Wilhelmsburg: der Stellplatz an der Süderelbe.

WEITERE STELLPLÄTZE

25355 BARMSTEDT

Stellplatz Badewonne

Gebührenpflichtiger Stellplatz für 5 Mobile am Frei- und Hallenbad. Für Reisemobile reservierter Teil eines Parkplatzes. Ebener, asphaltierter Untergrund. Schlüssel im Hallenbad. Ganzjährig. 5 Euro pro Nacht und Mobil inklusive Strom, V+E.

Standort: Seestraße 12, GPS 53°47'08"N/09°45'53"O, Stadtwerke, Telefon 04123/68170 und 681841

22885 BARSBÜTTEL

Stellplatz am Gasthof Willinghus

Gebührenpflichtiger Stellplatz für 3 Mobile. Gasthof-Parkplatz für Pkw und Reisemobile. Ganzjährig nutzbar. 10 Euro pro Nacht/Mobil.

Standort: OT Willinghusen, Alte Dorfstraße 14, GPS 53°33'44"N/10°12'20"O, Telefon 040/6685E585

21244 BUCHHOLZ/NORDHEIDE

Campingplatz Holm-Seppensen

Gebührenpflichtiger Stellplatz für 10 Mobile auf einer separaten Wiese, an den Campingplatz angrenzend. Ganzjährig. 10 Euro pro Nacht und Mobil. Strom: 2 Euro. Dusche, V+E auf dem Campingplatz gegen separate Gebühr.

Standort: OT Holm-Seppensen, Weg zum Badeteich 20, GPS 53°16'57"N/09°52'36"O, Telefon 04187/6115, www.campingplatz-nordheide.de

Buchholz: In der ersten Reihe ist der Seeblick inklusive.

21614 BUXTEHUDE

Stellplatz am Schützenplatz

Buxtehude: der zentrale Stellplatz auf dem Schützenplatz.

Gebührenfreier Stellplatz für 30 Mobile im Stadtzentrum. Fast ebener, geschotterter Untergrund. Ganzjährig nutzbar. Bei Großveranstaltungen ist der Platz teilweise gesperrt. Holiday-Clean-Anlage. Strom (18 Anschl.): 1 Euro/kWh. Wasser: 10 Cent/10 Ltr.

Standort: Gensler Weg, GPS 53°28'17"N/09°41'43"O, Stadtinformation, Telefon 04161/501297, www.buxtehude.de

Stellplatz am Pfingstmarktplatz

Gebührenfreier Stellplatz für 40 Mobile an der B 73. Fast ebener gepflasterter Untergrund. Imbiss und öffentliches WC am Platz. Gastronomie und Läden 300 m. Ganzjährig nutzbar. Ausnahme: Je eine Woche vor und nach Pfingsten gesperrt. Sani-Station. Wasser: 1 Euro/100 Ltr. Entsorgung: 1 Euro. Dusche: 2 Euro.

Standort: OT Neukloster, Cuxhavener Straße, GPS 53°28'48"N/09°38'07"O, Stadtinformation, Telefon 04161/501297, www.buxtehude.de

Neukloster: Der Stellplatz ist auch für große Mobile geeignet. »

STELLPLATZ-TIPPS

21423 DRAGE/ELBE
Reisemobilplatz Stover Strand

Drage: der maritime Stellplatz Stover Strand am Elbufer.

Gebührenpflichtiger Stellplatz für 100 Mobile direkt am Elbufer neben einem Bootshafen in ruhiger Lage am Ende der Zufahrtsstraße. Fester Rasenuntergrund, breite befestigte Wege. Sanitäranlage, Lebensmittelladen und Restaurant auf dem anschließenden Campingplatz. Bootsvermietung. Ganzjährig. Holiday-Clean-Anlage. 12 Euro pro Nacht und Mobil. Strom: 50 Cent/kWh. Dusche: 50 Cent. WLAN: 2 Euro/Std.

Standort: OT Stove,
Stover Strand 10,
GPS 53°25'29"N/10°17'33"O,
Camping Stover Strand,
Telefon 04177/430,
www.camping-stover-strand.de

21502 GEESTHACHT
Stellplatz Alter Schiffsanleger

Gebührenfreier Stellplatz für 8 Mobile auf einem Parkplatz direkt an der Elbe. Asphaltierter Untergrund. Maximaler Aufenthalt: 3 Tage. Ganzjährig nutzbar.

Standort: Elbuferstraße 35,
GPS 53°25'33"N/10°22'45"O,
Tourist-Info,
Telefon 04152/836258,
www.tourismus.geesthacht.de

21720 GRÜNENDEICH
Stellplatz am Fähranleger

Grünendeich: Eine Schnellfähre pendelt nach Hamburg.

Gebührenpflichtiger Stellplatz für 10 Mobile im Deichvorland. Für Reisemobile reservierter Teil mit 2 gegenüberliegenden Parkstreifen zwischen einem Parkplatz und einem Bolz- und Spielplatz. Lage direkt an der Elbe. Naturboden, wenig Schatten, beleuchtet. Kiosk und Imbissbuden. Ganzjährig. 10 Euro pro Mobil/24 Std.

Standort: Elbdeich/Fährstraße,
GPS 53°34'22"N/09°37'54"O,
Samtgemeinde Lühe,
Telefon 04142/8990,
www.luehe-online.de

21635 JORK
Stellplatz am Festplatz

Jork: der große und zentrumsnahe Stellplatz am Festplatz.

Gebührenfreier Stellplatz für 80 Mobile. Parkplatz für Pkw und Reisemobile. Ruhige Lage im Zentrum. Ebener, gepflasterter Untergrund. Sanitärgebäude am Platz. Ganzjährig nutzbar mit Ausnahme bei Veranstaltungen.

Standort: Am Fleet,
GPS 53°31'50"N/09°40'46"O,
Tourismusverein,
Telefon 04162/914755,
www.mein-altes-land.de

Stellplatz am Yachthafen

Gebührenfreier Stellplatz für 12 Mobile direkt am Elbdeich. Ebener, erdiger Untergrund. Café Möwen Nest auf dem Deich, mit Blick auf den Yachthafen, die Elbe und die Obstplantagen. Etwa 3 km bis zum Ortskern Jork. Ganzjährig nutzbar. Schlüssel für Sanitäranlage im Cafe Möwen Nest.

Standort: OT Neuenschleuse,
Neuenschleuse,
GPS 53°33'14"N/09°40'07"O,
Tourismusverein,
Telefon 04162/914755,
www.mein-altes-land.de

Jork: der Stellplatz am Yachthafen vor dem Elbdeich.

Stellplatz an Stubbe's Gasthaus

Gebührenpflichtiger Stellplatz für 7 Mobile. Ruhige Lage am Gasthaus, in einer Schleife des Elbe-Zuflusses Lühe. Geschotterter, oder mit Rasengittersteinen befestigter Untergrund, beleuchtet. Liegewiese und Feuerstelle. Ganzjährig nutzbar. 8 Euro pro Nacht und Mobil. Strom (7 Anschlüsse): 2 Euro.

Jork: Der Stellplatz an Stubbe's Gasthaus liegt an der Elbe.

Standort: OT Lühe, Lühe 46,
GPS 53°34'07"N/09°38'00"O,
Maren Stubbe,
Telefon 04142/2535,
www.stubbes-gasthaus.de

22929 KASSEBURG
Stellplatz an Haase's Heuhof

Gebührenpflichtiger Stellplatz für 15 Mobile am Landgasthof. Untergrund aus Schotter und Wiese. Spiel- und Sportflächen am Platz von Donnerstag bis Sonntag. Restaurant samstags und sonntags geöffnet, Frühstück auf Anfrage. Ganzjährig nutzbar. 10 Euro pro Nacht und Mobil. Strom und Dusche: 5 Euro. Wasser: 1 Euro.

Standort: Tannenweg 5,
GPS 53°33'19"N/10°24'29"O,
Hartmut Haase,
Telefon 04154/82486,
www.haasesheuhof.de

25451 QUICKBORN
Raststätte Holmmoor-Ost

Gebührenfreier Stellplatz für 2 Mobile. Parkplatz mit asphaltiertem Untergrund. Ganzjährig nutzbar.

Standort: A 7 Richtung Flensburg,
GPS 53°42'53"N/09°56'21"O,
Mövenpick-Marché,
Telefon 04106/4848

Raststätte Holmmoor-West

Gebührenfreier Stellplatz für 10 Mobile. Asphaltierter Untergrund. Ganzjährig nutzbar.

Standort: An der A 7 Richtung Hamburg,
GPS 53°43'10"N/09°56'18"O,
Mövenpick-Marché,
Telefon 04106/79960

21224 ROSENGARTEN
Wildpark-Camping

Gebührenpflichtiger Stellplatz für 72 Mobile auf dem Parkplatz des Wildparks im Regionalpark Rosengarten. Durch Baumreihen unterteiltes Areal auf Wiese und Schotter. Saison: April–Oktober, täglich, außer an Sonn- und Feiertagen, in den Sommerferien auch sonntags. 15 Euro pro Nacht und Mobil inkl. Strom, Dusche, V+E sowie 3-Euro-Gutschein zum Eintritt in den Wildpark.

Standort: OT Vahrendorf,
Am Wildpark 1,
GPS 53°26'30"N/09°53'14"O,
Telefon 040/81977470,
www.wildpark-camping.de

21682 STADE
Stellplatz Am Schiffertor

Gebührenpflichtiger Stellplatz für 79 Mobile. Durch Büsche und Bäume parzelliertes und geschottertes Gelände in der Nähe des Stadeums. Zentrumsnah neben einem Wohngebiet. Beleuchtet. Brötchenservice und touristische Informationen; ca. 5 Min. zu Fuß bis zu Innenstadt. Ganzjährig nutzbar. Holiday-Clean-Anlage. 8,50 Euro pro Nacht und Mobil inklusive Entsorgung. Strom: 50 Cent/kWh. Wasser 1 Euro/80 Ltr.

Stade: der große, parzellierte Stellplatz am Schiffertor.

Standort: Schiffertorstraße 21,
GPS 53°36'10"N/09°28'00"O,
Telefon 04141/409170,
www.stade-tourismus.de.
Stellplatztelefon 04141/408797

22946 TRITTAU

Stellplatz Trittau

Trittau: die kostenlosen Stellplätze vor dem Schwimmbad.

Gebührenfreier Stellplatz für 5 Mobile im Ortszentrum vor dem beheizten Freibad. Leicht abschüssiger, gepflasterter Untergrund, beleuchtet. Sehenswerter, beschaulicher Ortskern. In der 3. August-Woche ist der Platz gesperrt, sonst ganzjährig.

Standort: Zum Schützenplatz,
GPS 53°36'39"N/10°24'29"O,
Trittauer Ortsmarketing,
Telefon 04154/80790,
www.trittau.de

25436 UETERSEN

Stellplatz am Stichhafen

Gebührenfreier Stellplatz für 4 Mobile. Großzügig angelegte Parzellen auf einer ebenen Wiese in rustikaler Hafenumgebung. 500 m bis zum Zentrum. Ganzjährig.

Standort: Ziegelei,
GPS 53°40'47"N/09°40'05"O,
Stadt Uetersen,
Telefon 04122/7140,
www.uetersen.de

Uetersen: der großzügig parzellierte Platz am Stichhafen.

22880 WEDEL

Stellplatz am Festplatz

Gebührenpflichtiger Stellplatz für 20 Mobile, auf dem Festplatz am Marktmeisterhäuschen ausgewiesen. Untergrund aus Schotterrasen. Kombibad Badebucht gegenüber. 10 Minuten Fußweg zum Ortszentrum. Maximaler Aufenthalt: 3 Tage. Bei Veranstaltungen auf dem Festplatz können Reisemobile dort nicht stehen, sonst ganzjährig. ST-SAN-Anlage. 6 Euro pro Nacht und Mobil. Strom (12 Anschl.): 1 Euro/8 Std. Wasser: 1 Euro/80 Ltr.

Wedel: der ausgewiesene Stellplatz am Festplatz.

Standort: Am Freibad,
GPS 53°34'44"N/09°41'47"O,
Stadt Wedel, Telefon 04103/7070,
www.wedel.de

21423 WINSEN/LUHE

Stellplatz am Festplatz P 23

Winsen: Der Großparkplatz dient auch als Stellplatz.

Gebührenfreier Stellplatz für 6 Mobile. Ausgewiesener Bereich eines zentrumsnahen Großparkplatzes. Nicht ganz ebener, befestigter Untergrund. Kein Schatten, beleuchtet. Ganzjährig nutzbar. V+E an der Kläranlage Laßrönner Weg.

Standort: Bleiche,
GPS 53°21'54"N/10°12'44"O,
Stadt Winsen,
Telefon 04171/6570,
www.winsen.de

Freizeit-Center Albrecht

Gebührenfreier Stellplatz für 11 Mobile am Gelände eines Handelsbetriebes im Gewerbegebiet an der Autobahn-Ausfahrt Winsen-Ost. Ebener, gepflasterter Untergrund. Camping-Zubehörshop, Werkstatt. Ganzjährig. Wasser: 1 Euro, Entsorgung: 2 Euro.

Standort: OT Luhdorf,
Porschestraße 15,
GPS 53°20'10"N/10°13'11"O,
Telefon 04171/601650,
www.freizeit-mobil-erleben.de

Stellplatz an Grube's Fischerhütte

Gebührenfreier Stellplatz für 5 Mobile auf dem Parkplatz im Hof des Fischrestaurants an der Elbe. Einkehr obligatorisch. Ebener, fester Naturboden, nachts beleuchtet. Gastronomie, Fischräucherei und Ladenverkauf. Max. Aufenthalt: 1 Nacht. Ganzjährig nutzbar.

Standort: OT Hoopte,
Hoopter Elbdeich 32,
GPS 53°23'42"N/10°10'17"O,
Telefon 04171/601850,
www.grubes-fischerhuette.de

Stellplatz Green Eagle Golf

Winsen: Die Stellplätze mit Aussicht auf die Golfanlage.

Gebührenfreier Stellplatz für 15 Mobile auf einer ebenen Fläche neben der Golfanlage, mit Blick auf den Golfcourse. Golfen obligatorisch. Feingeschotterter Untergrund. Golfanlage mit 3 Plätzen, Golfodrom, Clubhaus mit Beach, Duschen und Toiletten. Restaurant mit Terrasse. Schnupperkurs jeden Samstag von April bis Oktober. Ganzjährig nutzbar.

Standort: OT Luhdorf,
Radbrucher Straße 200,
GPS 53°19'22"N/10°13'40"O,
Hanna Junker,
Telefon 04171/782241,
www.greeneagle.de

Technik, die Freude macht: Reisemobil auf der Meiningenbrücke zwischen Zingst und Barth.

Kleine Tierschau: Souvenir-Shop an der Seebrücke von Prerow.

Starkwind am Bodden: Kiter machen ihre Schirme klar am Strand beim Hafen von Dierhagen.

Fotos: Joachim Negwer

DIE PERFEKTE WOCHE AUF

DARSS UND ZINGST

DER DARSS mit seinen Nachbar-Halbinseln Fischland und Zingst hat sich viel Ursprünglichkeit bewahrt. Das zog schon vor hundert Jahren Künstler und Lebenskünstler an, neuerdings kommen immer mehr Strandläufer, Wellnessurlauber und Feinschmecker.

Der schönste Ort für einen Abendspaziergang: Am Strand von Ahrenshoop, rechts das Windflüchterhaus.

Schöner Ausblick am Saaler Bodden: Segelboote und Fischerhäuschen im Hafen von Althagen.

Ein Sommermorgen auf dem Darß, frisch und farbenprächtig. Tautropfen hängen im Schilf und glitzern in der frühen Sonne. An der Westküste, zwischen der Steilküste am Hohen Ufer und dem Leuchtturm am Darßer Ort, ziehen die Jogger und Walker ihre Bahnen. In der Feld- und Wiesenlandschaft und in den Vorgärten der Reetdachhäuser von Wieck, Born und Prerow leuchten Bauernblumen. Ein Seeadler lässt sich von einer milden Brise über den Himmel schleppen, und quer durch den Märchenwald im Zentrum der Halbinsel streben die ersten Ausflügler dem Strand entgegen.

Ein, zwei Stunden später, und in den Kaffeegärten und auf den Terrassen der Fischrestaurants werden die Tische gedeckt, und auch die Maler rücken mit ihren Staffeleien aus den Ateliers in die Sonne. Wir sind mit dem Fahrrad unterwegs. Der Wind weht aus Osten und treibt uns dem Prerow-Strom entgegen, der die Halbinseln Darß und Zingst ein Stück weit

FRISCH AUS DEM RAUCH

Liebhaber rustikaler Küche kommen auf den drei Halbinseln so gut und so vielfältig auf ihre Kosten wie anspruchsvolle Gourmets. Und oft genug sind die Urlauber beides in einem: lieben heute den am Morgen angelandeten und gleich darauf geräucherten Fisch, zum Beispiel am gemütlichen Hafen von Prerow (Foto) oder am Anleger von Althagen am südlichen Ortsrand von Ahrenshoop. Und am nächsten Tag freuen sich dieselben Genießer auf die verfeinerte mecklenburgisch-pommersche Regionalküche, etwa in der „Guten Stube" unterm Reetdach des Haferland-Hotels im stillen Boddendorf Wieck oder im neuen „Künstlerquartier Seezeichen" in Ahrenshoop, das wiederum eher die Freunde modern gestalteter Restaurants anspricht.

Jeden Tag um die Mittagszeit frisch aus dem Rauch: Am Kiosk im Hafen von Prerow gibt's auch Stremellachs und Schillerlocken.

Fast wie am Mississippi: Der Dampfer „River Star“ legt am Hafen von Prerow zur Bodden-Tour ab.

Kilometerlange Sandstrände an der Ostsee: Aus der Vogelperspektive zeigt sich die ganze Pracht.

Abstecher ins wenig bekannte Vorland: etwa nach Schloss Schlemmin mit märchenhaftem Park.

Schutz-Zone 1 im Nationalpark Vorpommersche Boddenlandschaft: Der Leuchtturm Darßer Ort ist zu Fuß und mit der Pferdekutsche zu erreichen.

trennt. Zu dem Trio an der Ostseeküste Mecklenburg-Vorpommerns gehört auch das Fischland im Westen mit Wustrow, einem alten Hafen und einem Ortskern, der von Kapitänshäusern und Strohdachkaten geprägt wird.

Auf dem Friedhof der Prerower Kirche lässt sich die maritime Vergangenheit dieser dem Meer zugewandten Landschaften studieren: Windjammer schmücken Grabsteine, und auf manchen Kreuzen wird der Männer gedacht, die für immer draußen geblieben sind. Auch im Gotteshaus erinnern Schiffsmodelle an die große Zeit der Seefahrer, die aus Vorpommern einst ins Baltikum und bis nach Übersee gesegelt sind. Die Ursprünge der schönen Backsteinkirche stammen aus der Zeit nach dem 30-jährigen Krieg, als diese Region für 167 Jahre zum großen Schwedenreich gehörte. Die Halbinseln Fischland,

Unterwegs wird es immer wieder deutlich: Fischland, Zingst, Darß – die drei Halbinseln sind drei Kontinente. Jeder führt sein Eigenleben und ist ganz anders als der Nachbar.

Darß und Zingst haben sich viel Ursprüngliches bewahrt, vor allem in Prerow, in Wustrow und erst recht im Künstlerdorf Ahrenshoop, dem bekanntesten Ort der Region. Die Kate auf dem Hohen Ufer und die vom Wind gebeugten Bäume davor sind zum Wahrzeichen für den Darß geworden. Das alte Reetdachhaus war schon früh eines der beliebtesten Motiv für jene Maler, die hier vor genau hundert Jahren eine Künstlerkolonie begründeten.

Der Keramiker Friedemann Löber gehört zu den alteingesessenen Kreativen im Dorf. Er töpfert im 450 Jahre alten „Dornenhaus“, nicht weit vom Althagener Hafen entfernt, und er freut sich, dass immer neue Künstler die Geschichte der Kolonie fortschreiben. Zu den Zugezogenen gehört Lutz Gerlach aus Berlin: Pianist, Komponist und Initiator der Konzertreihe „Naturklänge“. Und auch Rainer Dörner ist „eingewandert“, schon vor Jahrzehnten. Seine Bilder, seine Plastiken, zu bewundern im idyllischen „Atelier Zur Katze“, zeugen von Weisheit und Lebensfreude.

Drei Halbinseln, drei Kontinente. Jeder führt ein Eigenleben, ganz anders als der Nachbar. Zum Beispiel Zingst, die östlichste der ungleichen Schwestern. Sechs Seiten Wellness, sechzehn Seiten Einkaufstipps, dazu Hinweise auf Abenteuer in der Nacht und in der Natur: Das alles verspricht ein lokaler „Reise-Verführer“, der damit die vielen Facetten dieses Seebades umreißt. Dabei war es um die Mitte des 19. Jahrhunderts, als der Prerow- »

Schön und düster: Fisch-Skulptur von Bildhauer Tobias Bork im Hafen von Barth.

Hier leuchtet der Bernstein: In Ribnitz-Damgarten gibt es ein interessantes Museum.

Des Fischers Freud': Die klassischen Zeesenboote fahren mit Urlaubern auf Bodden-Tour.

Strom noch bis zur Ostsee reichte, der abgeschiedenste Teil dieser Region, eine Insel am Ende der Welt.

Gegenüber, auf dem Festland, liegt Barth. Auch so ein Ort voller Geschichten und Geheimnisse. Sie handeln zum Beispiel von einer vor Jahrhunderten versunkenen Stadt, deren Kirchenglocken angeblich zuweilen noch gut zu hören sind. Seit zehn Jahren nennt sich Barth Vineta-Stadt, nach dem sagenhaften Atlantis des Nordens, das hier gelegen haben soll. Hochmütig und gottlos soll diese Stadt gewesen sein, so reich, dass die Mädchen ihr Garn auf goldenen Spindeln spannen. So kam, was kommen musste: Gott strafte die zügellose Stadt und ließ sie bei der nächsten Sturmflut untergehen.

Heute ist Barth ein liebenswerter Flecken, und nur noch die großen Holzfische auf der Kaimauer reißen ihr Maul auf. Der Bildhauer Tobias Bork hat sie geschnitzt und mit ihnen den großen Platz am Hafen aufgewertet. Von Barth aus starten viele Urlauber über schmale Straßen ins reizvolle, wenig bekannte Vorland.

Nach Schlemmin zum Beispiel. Dort steht ein Schlosshotel, wie es Honeymooner lieben, in einem Park, in dem sich alle Märchen der Gebrüder Grimm verfilmen ließen. Verlaufen mag man sich zwischen den alten Bäumen, verlieren wie überall in diesem Ländchen südlich der Bundesstraße 105, wo schon die Dorfnamen die Fantasie auf Reisen schicken: Katzenow, Obermützkow, Zarnewanz ...

Zurück nach Norden, durchs Tal der Recknitz wieder der Ostsee entgegen. Links, im Westen, liegt Mecklenburg, das Ostufer gehört seit alters her zu Pommern, war also auch mal Teil des Schwedischen Reiches. In Ribnitz-Damgarten endet unsere Entdeckungsreise. Es ist eine kleine Stadt, die seit 1950 der Bindestrich zusammenhält. Die eine, Ribnitz an der Recknitz, war und ist gut mecklenburgisch, die andere, Damgarten, immer noch stolz auf ihre Pommern-Vergangenheit. Schließlich haben sie aber trotzdem gemeinsam Geburtstag gefeiert, den 775. die eine, den 750. die andere.

Bernd Schiller

HUNDERT JAHRE KUNST IN AHRENSHOOP

Das kleine, aber nicht zu übersehende blaue Haus im Zentrum von Ahrenshoop ist die Keimzelle des heute so berühmten Künstlerdorfes auf dem Darß. Vor hundert Jahren, im Sommer 1909, ließ der Maler Paul Müller-Kaempff hier sein Atelier einrichten, aus dem später der sogenannte Kunstkaten wurde, bis heute (und auch zu DDR-Zeiten) eine Galerie mit namhaften Ausstellungen.

Auch das Künstlerdorf lebt: ein gutes Dutzend Maler, Bildhauer und Keramiker arbeitet das ganze Jahr in teilweise malerischen Werkstätten. Zu den bekanntesten und renommiertesten Ahrenshooper Originalen gehört Rainer Dörner, der in seinem „Atelier Zur Katze" malt und fröhliche Skulpturen schafft.

Tipp für Spurensucher: Auf dem kleinen Friedhof neben der Schifferkirche liegen auch Künstler der ersten Ahrenshooper Generation begraben. Info: Kunstkaten Ahrenshoop, Strandweg 1, 18347 Ahrenshoop, www.kunstkaten.de

Leuchtend blau und interessant: der Kunstkaten in Ahrenshoop

Lebens-Künstler: Rainer Dörner vor dem „Atelier zur Katze".

DARSS KOMPAKT bitte umblättern >>>

Traumstrände und blühende Türen

Überraschend vielfältig ist das Angebot zwischen Ostseestrand und Boddengewässern: Lange Strände, lebhafte Seebäder, idyllische Dörfer und ein spannendes Museum für das Gold des Meeres.

1 DIERHAGEN Von diesem Dorf am westlichen Eingang zu den drei Halbinseln, über Wustrow und Ahrenshoop bis zum Zingst, zieht sich ein feinsandiger Strand an der Ostseeseite über gut 43 Kilometer hin, mal top-gepflegt und mit Strandkörben möbliert, mal ganz natürlich belassen.

2 AHRENSHOOP Dieser bekannteste Ort auf dem Darß bietet alles in einem: Da ist das lebhafte Seebad und das eher stille Künstlerdorf, gerade 100 Jahre alt geworden, da sind die vielen kuscheligen Winkel zwischen Meer und Bodden und da ist die vielseitigste Gastronomie aller Orte in der Region.

3 PREROW Blühende Blumen und Sonnensymbole auf zahlreichen Haustüren, zum Beispiel in der Langen Straße, sind typisch für dieses Dorf im Herzen des Darß. Lohnend auch die backsteinerne Seefahrerkirche, der Hafen auf der Boddenseite und eine Kutschenfahrt zum Leuchtturm.

4 ZINGST 270 Meter ragt hier die Seebrücke in die Ostsee, gesäumt von Kunstwerken. Das Seeheilbad ist einerseits betriebsam, lässt aber auch viel Raum für Entdecker, zum Beispiel auf Fahrradtouren zur verwunschen wirkenden Sundischen Wiese im Osten.

5 BARTH Vom Hafen in diesem freundlichen Städtchen auf dem Vorland starten im Herbst die Boote zur Kranich-Beobachtung in den Gewässern zwischen Barth und Rügen. Geheimtipp am Stadtrand: ein wunderschöner Garten mit Kräutern, Blumen und Gräsern, die in der Bibel beschrieben sind.

6 RIBNITZ-DAMGARTEN Nirgendwo an der Küste wird der Kult um das Gold des Meeres, einer von vielen Namen für den Bernstein, so lustvoll gepflegt wie in Ribnitz. Hinter den dicken Mauern eines ehemaligen Klosters zeigt ein Museum die schönsten Stücke des baltischen Bernsteins.

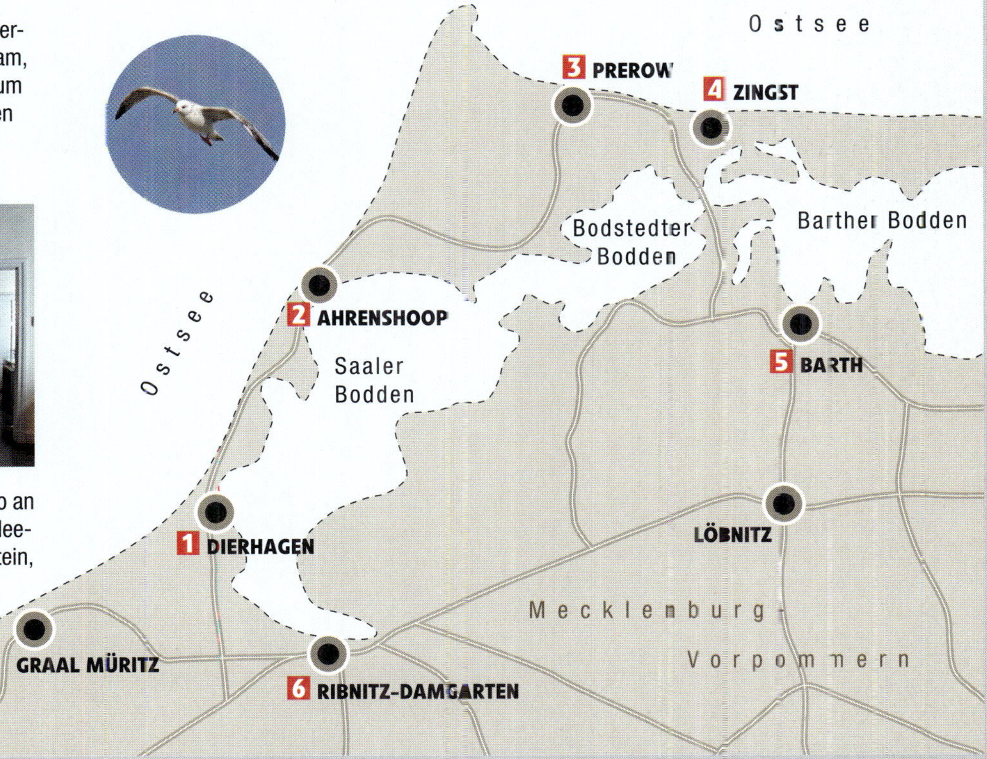

DARSS KOMPAKT

Infos | Tipps | Adressen

CAMPING

Wellnesscamp Düne 6: Platz am Rand des Nationalparks „Vorpommersche Boddenlandschaft" mit großem Wellnessbereich. Sauna, Schwimmbad, Solarium und Fitnessraum vorhanden.

Inselweg 9, 18374 Zingst,
Telefon 038232/17617,
www.wellness-camp.de

In der Düne: besonderes Naturerlebnis am Strand von Prerow.

Regenbogen-Camp Prerow: Der Platz liegt sensationell, direkt in den Dünen am Meer. SB-Markt, Bäckerei und Campingshop.

Bernsteinweg 4–8, 18375 Prerow,
Telefon 038233/331 oder 276,
www.regenbogen-camp.de

RESTAURANTS

Drei mal gut essen: das „Haferland" im Boddendorf Wiek.

Haferland: Das Reetdach-Hotel bietet gleich 3 Möglichkeiten, zu schlemmen: Im Restaurant „Bajazzo" zaubert Lars Jahnke vegetarische Feinschmecker-Küche auf hohem Niveau, in der „Guten Stube" stehen regionale Spezialitäten auf der Karte und in der gemütlichen Keller-Kneipe „Fass" kommt Rustikales auf blank gescheuerte Tische.

Bauernreihe 5, 18375 Wieck,
Telefon 038233/680,
www.hotelhaferland.de

Künstlerquartier Seezeichen: Küchenchefin Michaela Rielmann hat sich in kurzer Zeit mit ihrer feinen regionalen Küche einen Namen gemacht. Serviert wird im Restaurant „Silhouette", im Cafe Seezeichen und ganz oben, mit bester Aussicht, auf der Barterrasse.

Dorfstraße 22, 18347 Ahrenshoop,
Telefon 038220/67970,
www.seezeichen-hotel.de

Teeschale: Das gemütliche Café im historischen Ambiente eines über 160 Jahre alten Katens ist eine Institution in Prerow. Oft wird im Garten fröhliche Musik zu hausgemachtem Kuchen serviert.

Waldstraße 50, 18375 Prerow,
Telefon 03 82 33/6 08 45,
www.teeschale.de

Bequem zum Leuchtturm: mit der Kutsche an den Darßer Ort.

Mitten in Zingst: die Kneipe „Zum Alten Rettungschuppen".

ANREISE/INFO

Über die A 20 entweder von Westen (Rostock) oder von Osten (Stralsund) auf die B 105. Bei Klockenhagen/Dierhagen Richtung Wustrow abbiegen (Achtung Radarfallen) oder bei Barth Richtung Zingst. An Wochenenden sollte man viel Zeit einplanen. Die B 105 ist stark befahren; die Straßen auf den Halbinseln sind schmal und außerorts mit Geschwindigkeitsbegrenzungen eingeschränkt.

Informationen:

Tourismusverband Fischland-Darß-Zingst, Barther Straße 31,
18314 Löbnitz,
Telefon 038324/6400,
www.fischland-darss-zingst.de

■ LANDLUFT VON ANNO DAZUMAL

Wie haben die Leute auf dem Lande früher gewohnt, gearbeitet, gefeiert? Was für Vieh haben sie gehalten, wie haben sie sich gesund erhalten? Das Freilichtmuseum Klockenhagen beantwort diese und andere Fragen in sehr lebendiger Weise. Das „Dorf" liegt auf dem Weg von der B 105 zu den Halbinseln Fischland und Darß. Die ältesten Häuser, die aus 18 mecklenburgischen Dörfern zusammengetragen wurden, stammen aus dem 17. Jahrhundert. Nicht nur Kinder haben Spaß an dem alten Kaufmannsladen und erst recht an den vielen Hoftieren, vom Sattelschwein über das Rauwollige Pommersche Landschaf bis hin zu allerlei Federvieh. Im Kräutergarten ist für und gegen fast alles ein Kraut gewachsen. Über 200 Arten sorgen für Gesundheit und Genuss. Täglich vom 1. April bis 31. Oktober von 9 bis 17 Uhr geöffnet. www.freilichtmuseum-klockenhagen.de

Wie das Leben früher war: Im Dorf des Freilichtmuseums Klockenhagen.

STELLPLÄTZE

18211 BÖRGERENDE
Ferien-Camp Börgerende

Gebührenpflichtiger Stellplatz für 20 Mobile. Separates Gelände für Reisemobile vor der Schranke. Geschotterte Fahrspur, zu beiden Seiten befestigte, ebene Wiese. Ruhige, strandnahe Lage. Saison: Anfang April bis Ende Oktober. 29 Euro pro Nacht und Mobil inkl. 2 Personen, Strom, V+E sowie Dusche in der Hauptsaison, 21 Euro in der Nebensaison.

Standort: OT Rethwisch,
Deichstraße 16,
GPS 54°09'09"N/11°53'59"O,
Telefon 038203/81126,
www.ostseeferiencamp.de

18181 GRAAL-MÜRITZ
Parkplatz Zur Seebrücke

Gebührenpflichtiger Stellplatz für 12 Mobile in strandnaher Lage. Ganzjährig nutzbar. 15 Euro pro Mobil und 24 Stunden, Kurtaxe 2 Euro. Max. Aufenthalt 3 Tage.

Standort: Seebrücke,
GPS: 54°15'28"N/12°14'44"O,
Info: Telefon 038206/7030,
www.graal-mueritz.de

18069 LAMBRECHTSHAGEN
Ferienhof Dubberke

Gebührenpflichtiger Stellplatz für 10 Mobile auf einem Wiesengelände am Hof. Sanitärhaus vorhanden. Ganzjährig nutzbar. 10 Euro pro Nacht und Mobil inklusive Strom und Wasser. Dusche: 1 Euro/Person.

Standort: OT Sievershagen,
Alt Sievershagen 16,
GPS 54°06'42"N/12°02'07"O,
Telefon 0381/7680046,
www.ferienhof-mv.de

18184 MANDELSHAGEN
Gutshof Cordshagen

Gebührenpflichtiger Stellplatz für 10 Mobile auf dem Anwesen in einem kleinen Weiler. Untergrund aus Schotter und Rasengittersteinen. Saison: April bis September. 7 Euro pro Nacht und Mobil inkl. 2 Personen. Jede weitere Person

Mandelshagen: Natur und Ruhe auf dem Gutshof Cordshagen.

1 Euro. Strom: 1 Euro/3 kWh. Wasser: 1 Euro/100 Ltr. Entsorgung: 1 Euro. Dusche: 1 Euro/Person/Tag. Entsorgung für Durchreisende: 3 Euro.

Standort: OT Cordshagen,
Gutshof 1,
GPS 54°08'30"N/12°19'57"O,
Gerhard Pabst,
Telefon 038224/44252

18442 NIEPARS
Stellplatz am Naturcamping Zu den zwei Birken

Gebührenpflichtiger Stellplatz für 10 Mobile. Ausgewiesenes, befestigtes Areal in einem Ferienhausgebiet. Ganzjährig nutzbar. Bodeneinlass. 7,50 Euro pro Nacht und Mobil inklusive Ver- und Entsorgung. Person ab 17 Jahre: 4 Euro. Kinder von 3–16 Jahre 3 Euro. Strom: 3 Euro. Hund: 2,50 Euro.

Standort: OT Duvendiek,
Dorfstraße 12c,
GPS 54°20'12"N/12°55'52"O,
Peter Leupold,
Telefon 038321/60128,
www.ostseelandurlaub.de

18375 PREROW
Stellplatz Fuchsberg

Gebührenpflichtiger Stellplatz für 20 Mobile auf dem Parkplatz am Strandzugang 22, ein Kilometer außerhalb des Ortes. Höchstparkdauer 24 Stunden. Ganzjährig. 15 Euro pro Nacht.

Standort: Bäderstraße
GPS 54°26'20"N/12°36'20"O,
Telefon 038233/6100,
www.ostseebad-prerow.de

18311 RIBNITZ-DAMGARTEN
Stellplatz Gänsewiese

Gebührenfreier Stellplatz für 10 Mobile auf einem öffentlichen Parkplatz in Seenähe. Die Plätze sind nicht gekennzeichnet. Leicht abschüssiger, gepflasterter Untergrund. WC-Häuschen tagsüber geöffnet. Stadtzentrum und Hafen sind 500 m entfernt. Ganzjährig nutzbar.

Standort: OT Ribnitz, Am See 50,
GPS 54°14'42"N/12°25'22"O,
Stadtinformation,
Telefon 03821/2201,
www.ribnitz-damgarten.de

Ribnitz-Damgarten: öffentlicher Parkplatz auch für Reisemobile.

18055 ROSTOCK
Stellplatz am Stadthafen

Gebührenpflichtiger Stellplatz für 25 Mobile auf einem öffentlichen Parkplatz im Stadtzentrum, direkt am Ufer der Warnow. Ebener, asphaltierter Untergrund, beleuchtet. Ganzjährig nutzbar. 1 Euro pro Mobil/Std. von 8–20 Uhr, nachts gebührenfrei.

Standort: Warnowufer,
GPS 54°05'33"N/12°08'00"O,
Touristinformation,
Telefon 0381/3812222,
www.rostock.de

18057 ROSTOCK-WARNEMÜNDE
Stellplatz am Passagierkai

Gebührenpflichtiger Stellplatz für 30 Mobile auf dem Parkplatz am Passagierkai. Ganzjährig nutzbar. Fahrzeuge ab 2,20 Meter Höhe: 1 Euro/Std. tagsüber. 21 bis 7 Uhr: 1,50 Euro/Std.

Standort: Am Passagierkai
GPS 54°10'26"N/12°05'34"O,
Telefon 0381/3500,
www.rostock-port.de

18317 SAAL
Stellplatz Hafen Neuendorf

Gebührenpflichtiger Stellplatz für 20 Mobile auf einem großen, naturbelassenen Wiesenfläche, direkt am Saaler Bodden. Sehr ruhige, idyllische Lage. Imbiss am

Neuendorf: schöner Wiesenstellplatz am kleinen Hafen.

Platz, Restaurant in Saal 3 km. Saison: April–Oktober. 10 Euro pro Nacht und Mobil inklusive Strom (20 Anschlüsse) und Wasser.

Standort: OT Neuendorf,
Hafenweg 8, Hafenmeister,
GPS 54°20'06"N/12°31'41"O,
Mobil 0160/9029179,
www.amt-barth.de/saal.htm

18439 STRALSUND
Stellplatz Rügenbrücke

Gebührenpflichtiger Stellplatz für 60 Mobile auf dem Reisemobilplatz hinter dem Caravan-Center Dahnke. Eingezäuntes Grundstück zwischen dem Firmengelände und der Schnellstraße. Ebener, gekiester, teilweise begrünter Untergrund, beleuchtet. Info-Tafel am Platz. Autogeräusche von der B 96 hörbar. Ganzjährig nutzbar. 12 Euro pro Nacht und Mobil inkl. Strom. Wasser: 1 Euro. Entsorgung: 1 Euro.

Standort: Werftstraße 16,
GPS 54°18'12"N/13°06'02"O,
Telefon 03831/293915,
www.caravan-center-dahnke.de

Stralsund: der große Stellplatz neben dem Firmengelände.

18519 SUNDHAGEN
Yachthafen Stahlbrode

Gebührenpflichtiger Stellplatz für 15 Mobile im Hafengelände am Strelasund. Gepflasterter Untergrund. Brötchenservice. Ganzjährig nutzbar. 5 Euro pro Nacht und Mobil. Strom und Wasser nach Verbrauch. Dusche: 2 Euro.

Standort: OT Stahlbrode,
Am Sund 7,
GPS 54°14'00"N/13°17'17"O,
Nicole Lasch,
Telefon 038328/650005,
Mobil 0172/1763266,
www.yachthafen-stahlbrode.de

18347 WUSTROW
Stellplatz Fischländer Hafen

Gebührenpflichtiger Stellplatz für 10 Mobile. Leicht unebener, befestigter Untergrund. Maximale Aufenthaltsdauer: 24 Std. Ganzjährig. 25 Cent pro Mobil und Std. Tagesticket maximal 4 Euro.

Standort: Hafenstraße,
GPS 54°20'40"N/12°23'55"O,
Kurverwaltung,
Telefon 038220/251,
www.ostseebad-wustrow.de

18374 ZINGST
Reisemobilhafen Freesenbruch

Gebührenpflichtiger, beleuchteter Stellplatz für 40 Mobile in Strandnähe. Einrichtungen des angeschlossenen Campingplatzes

Zingst: der große Reisemobilhafen ist eine gute Adresse.

können genutzt werden. Ganzjährig. Hochsaison: 12 Euro pro Nacht/Mobil, Erwachsener 8, Kind 5 Euro.

Standort: Seestraße West,
GPS 54°26'30"N/12°39'39"O,
Familie Frank,
Telefon 038232/15786,
www.camping-zingst.de

DIE PERFEKTE WOCHE AUF DER

INSEL RÜGEN

RÜGEN – Deutschlands größte Insel – ist ein Urlaubskontinent: Kreideküste und Boddenwelten, Traumstrände und Wälder, aus denen Schlösser leuchten. Traditionsreiche Seebäder, die schönsten Alleen, viel Kultur und Abwechslung.

Fotos: Joachim Negwer

Die Selliner Seebrücke, die schönste auf Rügen, ist zu einer Landmarke für die ganze Insel geworden.

Rügen hat viele Gesichter: lebhafter Betrieb in den Seebädern, stille Straßen in verträumten Dörfern und die klassische Seebäderarchitektur in Sellin, Binz und Göhren.

Binz: Wo früher die feinen Herrschaften aus Berlin flanierten, herrscht heute ungezwungenes Urlauberleben.

Da sitzen wir nun zu zweit in der Grotte eines Wellness-Zentrums, von Kopf bis Fuß kreideweiß eingeschlämmt. Warmer Regen von der Decke und tropischer Dampf von allen Seiten hüllen uns ein und lassen die Schlacken langsam bröckeln. Danach ein Tässchen Sanddorntee im Ruheraum, gefolgt von einer sanften Massage mit gehärtetem Harz aus der Ostsee, „... im Bernstein liegt die Kraft ...", das jedenfalls hat der Katalog versprochen.

Gleich drei Dinge, die gut tun, die typisch sind für Rügen und die es so authentisch und so konzentriert nur auf Deutschlands größter Insel gibt: die Kreide aus dem Fels der Ostküste, aus der die Stubbenkammer mit dem Königsstuhl als markantestes Symbol ragt; der Sanddorn, der in den letzten Jahren in Mode gekommen ist und den die Urlauber in vielfältigen Produkten nach Hause tragen: als Marmelade, Saft oder Seife; und schließlich jenes fossile Harz, der Bernstein, die Tränen des

WENN DER ROLAND ÜBER RÜGEN RAST

„Rügensche Kleinbahn" heißt offiziell das fauchende und schnaufende Relikt aus guten alten Eisenbahnzeiten. Aber wie viel fröhlicher hört es sich doch an, in den Rasenden Roland einzusteigen. Warum der Nostalgiezug vom Volksmund so getauft wurde, weiß heute niemand mehr genau. Immerhin verbindet das Bähnchen schon seit 1895 die fürstliche Residenz Putbus mit dem Seebad Göhren. Zwischendurch hält es in Binz, Sellin und Baabe, auf Wunsch aber auch mal in Beuchow, Posewald oder beim Jagdschloss Granitz. Die Gesamtstrecke ist 24 Kilometer lang. Die Tour mit der legendären Schmalspurbahn, die im Gepäckwagen auch Fahrräder mitnimmt, dauert etwa eine Stunde. Vor gut hundert Jahren war der Roland als Theaterzug unterwegs, holte Kurgäste aus Binz ab, um sie ins Theater nach Putbus zu bringen. Sogar ein Speisewagen wurde angehängt. Heute kann man in diesem Stil im Lokal der Binzer Kleinbahn speisen.

Dampft das ganze Jahr über mehrmals täglich über die Insel: der Rasende Roland.

Bernstein: In Sellin ist den legendären „Tränen des Meeres“ ein sehenswertes kleines Museum gewidmet.

Die Wittower Fähre überquert die Engstelle zwischen Breetzer Bodden und Passower Strom.

Gehört zum Urlaubsspaß: Fisch, frisch aus dem Rauch, zünftig auf die Hand.

Kap Arkona: Karl Friedrich Schinkel, Preußens Stararchitekt, baute 1827 den eckigen Turm; der Nachbar stammt von 1905.

Meeres, die in vielen Werkstätten zu Schmuck verfeinert werden, sowohl klassisch als auch kreativ-modern.

Kreide ist ein Stichwort, das zu Rügen gehört wie Kap Arkona, wie die Bäderarchitektur, wie die alten Alleen, deren schönste Abschnitte sich auf der gut ausgeschilderten Alleenstraße mühelos finden lassen. Es sind die Vermächtnisse aus der Kreidezeit, die jeder Rügengast gesehen haben muss und die vor fast 200 Jahren Caspar David Friedrich zu seinem wohl berühmtesten Bild „Kreidefelsen auf Rügen“ inspiriert haben. Im Nationalparkzentrum Königsstuhl werden die Naturwunder multimedial und spannend erklärt. In Klementelvitz, gar nicht weit vom Fährhafen Sassnitz, wird sogar noch immer Rügens weißes Gold abgebaut.

Mehr Vielfalt bietet keine andere Insel in Deutschland: familienfreundliches und fröhliches Badeleben, urige Eisenbahn-Abenteuer, kulinarische und kulturelle Genüsse aller Art.

Der Jasmund, zu dem die berühmten Stubbenkammern gehören, ist einerseits die meistbesuchte Region auf der Insel. Und andererseits, gleich hinter den Kreidefelsen, ist dieser kleinste deutsche Nationalpark ein stilles, hügeliges Gebiet mit ausgedehnten Buchenwäldern, mit Mooren und zahlreichen geschützten Pflanzen und Tieren.

Fast so weiß wie die Kreide leuchten auch die meisten Villen, deren Bäderarchitektur ebenfalls zu einem Merkmal auf Rügen geworden ist. Fast immer prägen hölzerne Veranden und Balkone, mit filigran geschmiedetem Eisen verziert, die Fassaden in Binz, Sellin und Göhren. Jugendstil ist oft zu erkennen, nicht selten sogar eine orientalisch anmutende Ornamentik. Wie Perlen reihen sich die Seebäder an der südlichen Ostküste: das sympathisch-mondäne Binz, dessen Strandsichel sich an die Bucht Prorer Wiek schmiegt, das etwas ruhigere Sellin, zwischen dem gleichnamigen See und der Ostsee gelegen, allein die Seebrücke lohnt den Abstecher in diesen Ort, schließlich Baabe und Göhren, gemütliche Stationen des Rasenden Rolands und Tore zur Halbinsel Mönchgut mit ihren verträumten Dörfern, ihren Bauerngärten und ihren originellen Museen (drücken Sie doch »

Das Radwegenetz ist abseits der großen Straßen gut ausgebaut.

Gehört zum eindrucksvollsten Landschaftserlebnis in Norddeutschland: die Kreidefelsen von Jasmund, vor 70 Millionen Jahren entstanden. Der Königsstuhl (re.) ist Hauptattraktion der Küste.

DIE WEISSE STADT

Putbus nennt sich gern Rügens „Kulturhauptstadt", dieses Ensemble aus Schloss, Schlosspark, dem runden Platz namens Circus und dem tempelähnlichen Theater aus dem Jahre 1821. Dort stehen Konzerte, Musicals und heitere Stücke auf dem Spielplan. Die weiße Stadt wurde zu Beginn des 19. Jahrhunderts vom Fürsten Wilhelm Malte I. zur klassizistischen Residenz ausgebaut, die auch heute noch die Besucher beeindruckt.

Im Zentrum von Putbus: Der kreisrunde Platz trägt den Namen Circus.

Neben Stränden mit buntem Sport- und Aktivangebot finden Ruhesuchende auch leicht stille Buchten, vor allem an der Westküste.

in Middelhagen mal wieder die Schulbank...). Naturfreunden wird sich im Herbst, im September und Oktober, ein ganz besonderes Schauspiel bieten, das wohl niemanden kalt lässt: Am Großen Jasmunder Bodden schweben jeden Abend in der Dämmerung tausende und abertausende Kraniche von ihren Rast- und Futterorten bei Sagard ein, um sich einen Schlafplatz zu suchen. Tipp: vom kuscheligen Dörfchen Breege auf der Halbinsel Wittow aus mit der „Wappen von Breege" (Reederei Kipp) behutsam den Spyker See ansteuern, staunen und in aller Ruhe fotografieren.

Rügen: gerade mal so groß wie Berlin und doch ein Kontinent. Welten liegen zwischen dem Kibitzer Bodden und der Kulturstadt Putbus, mit der sich ein Fürst vor 200 Jahren ein Denkmal gesetzt hat. Keine andere Insel zeigt so unterschiedliche Facetten: hier, nördlich von Binz, der gespenstische Koloss von Prora, da, am Großen Jasmunder Bodden, das fröhliche Störtebeker-Spektakel, das jeden Sommer Zigtausende zur Freilichtbühne Ralswiek lockt. Und in den vielen ursprünglich gebliebenen Fischerdörfern der Hochgenuss für die Zünftigen: der frische Fisch am Kai von Waase im „wilden Westen" der Insel, das beste Fischbrötchen auf Torsten Bierbachs Kutter im Hafen von Lauterbach an der Ostseite. Es schaukelt sanft auf seiner dicken „Berta", die Möwen kreischen, die Wolken ziehen.

Morgen ist auch noch ein Tag. Zum Beispiel für Entdeckungen in den schönen alten Backsteinkirchen, an den versteckten Naturstränden der zerfaserten Boddenküsten, bei den aufwendig renovierten Herrenhäusern oder in Doris Teutenbergs märchenhaftem Apfelgarten in Alt-Reddevitz. Das liegt irgendwo zwischen Having und der Hagenschen Wiek, jedenfalls mindestens so weit weg vom Alltag wie die Kreidegrotten im Wellness-Spa.

Bernd Schiller

RÜGEN KOMPAKT bitte umblättern >>>

Entdeckungen zwischen Kap und Stralsund

Seebäder mit Flair und gepflegte Strände im Osten, alte Dorfkirchen, stille Winkel und eine wildromantische Boddenküste im Westen und Süden, Naturwunder in zwei Nationalparks, Herrenhäuser mit großer Geschichte und ein Hauptstädtchen voller Charme.

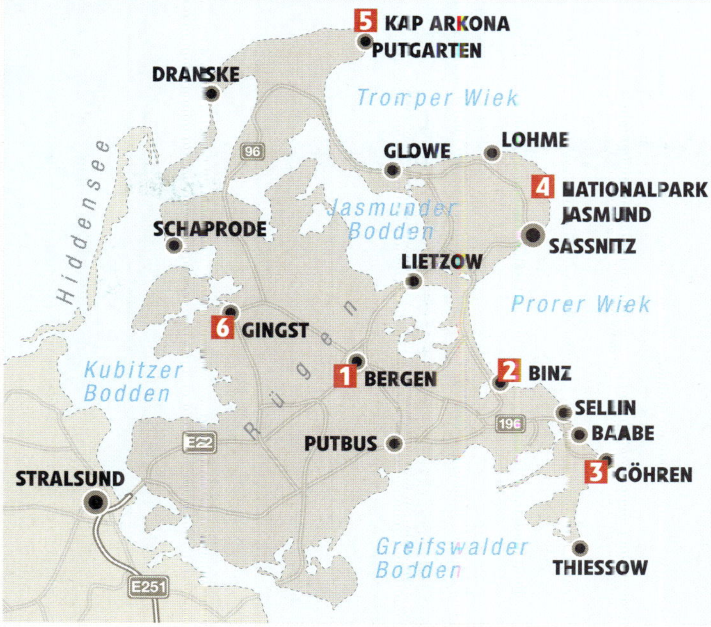

1 BERGEN Hier schlägt das geografische, politische und administrative Herz der Insel. Das Städtchen (17 000 Einwohner) trägt seinen Namen durchaus zu Recht – hügelig im gemütlichen Stadtkern und ein echtes Highlight am Stadtrand: Auf dem Rugard-Gipfel (91 Meter) lohnt der Ernst-Moritz-Arndt-Turm Aufstieg und Ausblick.

2 BINZ Rügens größtes Seebad ist auch das vielfältigste: prächtig in den Zeugnissen der alten Bäderarchitektur, zum Teil mondän an der Promenade, klassisch im Bereich der 370 Meter langen Seebrücke, kuschelig in der zweiten Reihe und sehr grün in der Umgebung, in der das Jagdschloss Granitz ein schönes Wanderziel bietet.

3 GÖHREN Dieses Seebad, beschaulicher als Sellin und Binz, punktet mit gleich zwei Stränden: im Norden der „feine" Abschnitt mit Kurpark und Seebrücke, im Süden ein Naturstrand, an den es die stillen Genießer zieht. Göhren ist Tor zur reizvollen Halbinsel Mönchgut mit dem Lotsenturm von Thiessow am äußersten Südostzipfel.

4 NATIONALPARK JASMUND Die Kreideküste, die den waldreichen Nationalpark zur See hin abschließt, gehört zu den wichtigsten Motiven für eine Reise nach Rügen. Der 118 Meter hohe Königsstuhl ist zum Wahrzeichen der Insel geworden. Vor allem von der Wasserseite bieten sich großartige Ausblicke auf das Weltnaturerbe.

5 KAP ARKONA Die Nordspitze mit ihren beiden Leuchttürmen gehört zu den Muss-Ausflugszielen auf Rügen. Der kleinere Turm, ein viereckiger Schinkelbau von 1829, hat 75 Jahre lang Dienst getan, der größere (36 Meter hoch) stammt von 1902. Im Bilderbuchdorf Vitt (30 Einwohner) unterhalb vom Kap kommen Fotografen auf ihre Kosten.

6 GINGST Zu Unrecht ist der Westteil der Insel mit seinen großen Ländereien und Herrenhöfen kaum bekannt. Gingst, mehrfach als schönstes Dorf der Insel gekürt, ist der ideale Ausgangsort für Entdeckungen im Westen, die bis auf die Insel Ummanz führen sollten. Aus dem Ort ragt St. Jacobi, Rügens zweitgrößte Kirche, heraus.

Fotos: Bernd Schiller (3), DZT (1)

RÜGEN KOMPAKT

Infos | Tipps | Adressen

CAMPING

Regenbogen-Camp Göhren: Mehr als 400 Stellplätze. Komfortabler Fünf-Sterne-Platz im Südosten, umgeben von schönen Stränden. Wellnessbereich. 37,50 Euro pro Nacht und Mobil für 2 Personen plus Kurtaxe und Strom.

Ort: 18586 Göhren/Rügen, Am Kleinbahnhof, GPS 54°20'06"N/13°44'04"O, www.regenbogen-camp.de

Regenbogen-Camp Göhren: direkt am schönen Sandstrand.

RESTAURANTS

Urig: frischer Fisch vom Kutter, zum Beispiel in Lauterbach.

Lohme: Nirgendwo lässt sich der Sonnenuntergang mit Blick auf Kap Arkona besser genießen als auf der Terrasse des Restaurants im Panorama-Hotel an der nordöstlichen Steilküste. Hausherr Matthias Ogilvy ist ein Philosoph des Alltags.

18551 Lohme, An der Steilküste 8, Telefon 038302/9110, www.lohme.com

Bergen: Das nostalgisch eingerichtete Restaurant Kontor, das zum renommierten Kaufmannshof gehört, serviert feine regionale Spezialitäten.

18528 Bergen, Bahnhofstraße 6–8, www.kaufmannshof.de

SEHENSWERTES

Der Koloss von Prora, faszinierend-schreckliches Relikt.

Prora: Die für 20 000 Urlauber geplante Ferienfabrik der Nazis wirkt nach wie vor beklemmend auf die meisten Besucher.

18609 Prora, Proraer Chaussee

Jagdschloss Granitz: Ein lohnendes Wanderziel von Binz aus oder ein Etappenziel bei der Fahrt mit dem Rasenden Roland. Höhepunkt: die Besteigung des Turms (154 Stufen). Kein anderes Schloss in Mecklenburg-Vorpommern hat mehr Besucher als dieser einstige Jagdsitz des Fürsten zu Putbus. Mai–September tgl. von 9–18 Uhr geöffnet, im Winterhalbjahr Di–So 10–16 Uhr.

www.granitz-jagdschloss.de

Störtebeker-Festspiele in Ralswiek: Das alljährliche Spektakel um die berühmt-berüchtigten Seeräuber aus dem Mittelalter wird von Juni bis Anfang September auf einer großen Freilichtbühne geboten.

www.stoertebeker.de

Herrenhäuser wie Streu bei Schaprode prägen den Westen.

INFORMATION

Anreise aus Westen über die A 20, aus Süden/Osten über die A 1. Vor der Rügenbrücke lohnt ein Stopover in Stralsund: schöne Altstadt, spannendes Ozeanarium.

Auskunft:
Tourismuszentrale Rügen, Bahnhofstraße 15, 18528 Bergen, Telefon 03838/80770, www.ruegen.de

■ AUSFLUG NACH HIDDENSEE

„Hiddenseee ist eines der lieblichsten Eilande, nur stille, stille, dass es nicht etwa ein Weltbad werde ..." Das wünschte sich Gerhart Hauptmann vor über 100 Jahren. Dieser Dichter war es, der Rügens kleine Schwester auf die touristische Landkarte gebracht hat. Schon Jahre bevor er 1912 den Nobelpreis für Literatur bekam, verbrachte er Sommer für Sommer auf dem „Söten Länneken", wie die Hiddenseer ihr Paradies nennen. Heute kann es an Sommerwochenenden tagsüber schon mal voll werden. Gerhart Hauptmann ist auf Hiddensee begraben, sein Haus ist heute Museum und Kulturzentrum. Die drei Inseldörfer werden von Schaprode und im Sommer auch von Stralsund aus mit Fähren und Wassertaxis angelaufen.

Den stillen Zauber von Hiddensee erlebt man zum Beispiel in der Heideregion.

STELLPLÄTZE

18528 BERGEN
Wohnmobilhafen Rügen

Gebührenpflichtiger Stellplatz für 20 Mobile. Ebener Platz auf Rasengittersteinen und Betonplatten. Großzügige Parzellen, durch Blumenkübel unterteilt. Ganzjährig nutzbar. 12 Euro pro Nacht und Mobil inkl. 2 Erwachsene, 1 Kind, Strom (20 Anschlüsse), V+E. Dusche: 50 Cent/3 Min.

Standort: Tilzower Weg 32a, GPS 54°24'09"N/13°25'41"O, Kay Theen, Tel. 03838/404255, www.caravanstellplatz-ruegen.de

18609 BINZ OSTSEEBAD
Wohnmobil-Oase Rügen

Gebührenpflichtiger Stellplatz für 145 Mobile auf Wiese, Schotter und Beton, der Platz liegt zwischen dem Kleinen Jasmunder Bodden und der Ostsee. Saison: April bis Oktober. 10 Euro pro Nacht und Mobil, von Juni bis August 13 Euro.

Standort: Proraer Chaussee 60, GPS 54°26'53"N/13°33'41"O, Ralph und Irene Pfeifer, Telefon 01577/4283715, www.wohnmobiloase-ruegen.de

Binz-Prora: die großzügig parzellierten Stellplätze.

18556 DRANSKE
Caravancamp Ostseeblick

Gebührenpflichtiger Stellplatz für 70 Mobile. Angelegtes Areal direkt an der Ostseeküste. Befestigte Fahrspur, ebene Wiesenparzellen, teils Schatten. Beheizte Sanitärhäuser. Saison: April bis Anfang

November. Hauptsaison: 6,70 Euro pro Nacht und Mobil. Erwachsene: 5,50 Euro. Kinder: 2,20 Euro. Nebensaison: 4,70 Euro pro Nacht und Mobil. Erwachsene: 3,50 Euro. Kinder: 1,70 Euro. Strom: 2 Euro. Dusche: 50 Cent. Hund: 2 Euro.

Standort: Seestraße 39 a,
GPS 54°37'44"N/13°13'22"O,
Herr Jahnke, Tel. 038391/8196,
www.caravancamp-ostseeblick.de

Stellplatz Luigi's Caravan

Gebührenpflichtiger Stellplatz für 30 Mobile. Wiesengelände vor einem Wald, 600 m bis zur Nordküste. Saison: 15. März–Oktober. Hauptsaison: 24,90 Euro pro Nacht und Mobil inkl. 2 Personen, Strom, V+E. Zwischensaison: 17,90 Euro. Nebensaison: 13,90 Euro jeweils plus Tourismusabgabe.

Standort: OT Nonnevitz,
Nonnevitz 9,
GPS 54°40'05"N/13°18'17"O,
Thomas Ehm,
Telefon 038391/89488,
www.ruegen-holiday-fun.de

Wohnmobilhafen Küstencamp

Gebührenpflichtiger Stellplatz für 15 Mobile, auf einem separaten Areal vor dem Campinggelände ausgewiesen. Fein geschotterter Untergrund, beleuchtet. 15 Euro pro Nacht und Mobil inkl. 2 Erwachsene und Haustiere, Ver- und Entsorgung, Dusche. 14 Euro in der Vor- und Nachsaison. Strom (12 Anschlüsse): 2,90 Euro.

Standort: Nonnewitz 23,
GPS 54°39'46"N/13°16'10"O,
Mark Großefeld,
Telefon 038391/939070,
www.kuestencamp-ruegen.de

18569 GINGST
Stellplatz Ferienhof Haidhof

Gebührenpflichtiger Stellplatz für 20 Mobile auf dem Campinggelände am Ferienhof. Ebener Wiesenuntergrund. Ruhige Lage, von Wiesen umgeben. Ganzjährig nutzbar. 6 Euro pro Nacht und Mobil. Personen: 4 Euro. Kinder bis 12 Jahre: 2 Euro. Strom: 2 Euro. Wasser: 1 Euro. WC-Entsorgung: 2,50 Euro. Dusche: 1 Euro.

Standort: OT Haidhof, Haidhof 2,
GPS 54°26'53"N/13°15'36"O,
Familie Wolf, Tel. 038305/344,
www.rwolf.de

Gingst: die ebenen Wiesenstellplätze auf dem Haidhof.

18551 LOHME
Stellplatz am Dorfladen

Gebührenpflichtiger Stellplatz für 15 Mobile. Ausgewiesenes Gelände im Ort, von Hecken umfriedet. Untergrund Schotter mit Rasen. Modernes Sanitärgebäude mit münzbetriebener Waschmaschine und Trockner. Bistro und Getränkemarkt im Dorfladen. Fahrradverleih, auch Kinderfahrräder. Ganzjährig nutzbar. 12 Euro pro Nacht und Mobil. Strom (15 Anschlüsse): 1 Euro/12 Std. Dusche: 2 Euro/ 5 Min. WC: 50 Cent. Kurtaxe: 75 Cent/Erwachsener.

Standort: Dorfstraße 9,
GPS 54°34'57"N/13°36'49"O,
Sabine Knöpfle,
Telefon 038302/88557

Stellplatz am Königsstuhl

Gebührenpflichtiger Stellplatz für 40 Mobile auf einem separaten Bereich am Rand des beschrankten Großparkplatzes im Grünen. Ebener, teils gepflasterter, teils geschotterter Untergrund, wenig Schatten. Ganzjährig nutzbar. 8 Euro pro Mobil und 24 Std. Strom: 2,50 Euro für 24 Std. Wasser: 1 Euro. Entsorgung: 2 Euro. Dusche: 1 Euro.

Standort: OT Hagen,
Stubbenkammerstr. 57,
GPS 54°33'44"N/13°37'35"O,
Touristik Lohme
Telefon 038302/88855,
www.lohme.de

Lohme: der große separate Stellplatz beim Königsstuhl.

18574 POSERITZ
Gasthaus-Hotel Lindenkrug

Gebührenfreier Stellplatz für 10 Mobile. Einkehr obligatorisch. Ebener Untergrund aus Beton. WC-Benutzung, Stromanschluss gegen Gebühr. Ganzjährig nutzbar.

Standort: Lindenstraße 27,
GPS 54°18'03"N/13°16'34"O,
Frank Ihlefeld,
Telefon 038307/251,
www.lindenkrug-poseritz.de

18581 PUTBUS
Im-Jaich Wasserferienwelt

Gebührenpflichtiger Stellplatz für 17 Mobile. Ausgewiesener und markierter Teil eines Parkplatzes im Yachthafen. Ebener, geschotterter Untergrund. Ganzjährig nutzbar. Keine Chemie-Entsorgung. Hauptsaison: 15 Euro pro Nacht und Mobil inklusive Strom und Wasser. Nebensaison: 13 Euro. Dusche: 1 Euro. Waschmaschine: 3 Euro. Trockner: 2 Euro.

Standort: OT Lauterbach,
Am Yachthafen 1,
GPS 54°20'34"N/13°30'16"O,
Telefon 038301/8090,
www.im-jaich.de

18556 PUTGARTEN
Stellplatz am Ortseingang

Gebührenpflichtiger Stellplatz für 30 Mobile. Ebener asphaltierter Untergrund. Zentrale Lage zur verkehrsberuhigten Zone. Ganzjährig. 5 Euro pro Nacht und Mobil inkl. Wasser.

Standort: Dorfstraße,
GPS 54°40'16"N/13°24'28"O,
Tourismusgesellschaft
Kap Arkona,
Telefon 038391/4190,
www.kap-arkona.de

Putgarten: Stellplätze auf dem Großparkplatz beim Kap Arkona.

18546 SASSNITZ
Stellplatz am Stadthafen

Gebührenpflichtiger Stellplatz für 15 Mobile, auf dem Parkplatz am Hafen. Gepflasterter Untergrund, beleuchtet. Aussichtsreiche Lage an der Kaimauer. Ganzjährig. Tagesgebühr: 1,50 Euro pro Stunde und Mobil von 7–20 Uhr, Höchstsatz 10 Euro. Nachtgebühr: 8 Euro (Parkscheinautomat)

Standort: Hafenstraße,
GPS 54°30'51"N/13°38'45"O,
Hafenmeister,
Telefon 038392/661570,
www.stadthafen-sassnitz.de

18569 SCHAPRODE
Caravanplatz Seehof

Gebührenpflichtiger Stellplatz für 30 Mobile. Leicht abschüssiges Wiesengelände auf einem Ferienbauernhof mit Blick auf Hiddensee. Fahrradverleih, Grillplätze. Saison: Ostern bis Oktober. 7 Euro pro Nacht und Mobil inkl. V+E, Personen ab 14 Jahren 4,50 Euro.

Standort: Seehof Nr. 5,
GPS 54°32'37"N/13°08'37"O,
Frank Voigt,
Telefon 038309/1437,
www.caravanplatz-seehof.de

18586 SELLIN OSTSEEBAD
Reisemobilhafen Sellin

Stellplatz für 50 Mobile. Komfortable Plätze auf Schotter mit Rasenflächen. Einfahrt bis 20.30 Uhr, danach Anmeldung per Telefon. Saison: 15. März bis 15. Januar. 12 Euro pro Nacht und Mobil inklusive 2 Personen

Standort: Kiefernweg 4b,
GPS 54°22'18"N/13°42'06"O,
Telefon 038303/92770,
www.reisemobilhafen-ruegen.de

5 GUTE GRÜNDE FÜR DIE PRIGNITZ

FELDER, WÄLDER UND HEIDE, dazwischen eine Vielzahl kleiner Wasserläufe, das Ganze eingerahmt von Müritz, Kyritzer Seen und Elbe: Hier ist Hektik noch ein Fremdwort, hier kann man noch durchatmen und die Weite genießen. Und das Beste: Die Prignitz gehört dank guter Stellplätze zu den attraktivsten Regionen für Reisemobilurlauber.

Text: Edda Welffenstein, Fotos: Roman Bauer, Tourismusverband Prignitz/Prokopy/Bein/Corporate Art

1 NATURERLEBNIS IM BIOSPHÄRENRESERVAT

Wenigstens ein Gutes hatte die ehemalige deutsch-deutsche Grenze: Die weiten Auen an der Elbe waren praktisch unzugänglich, blieben unzerstört und dienten seltenen Tier- und Pflanzenarten als Rückzugsgebiet. Hier finden sich auf engstem Raum Arten, die ganz unterschiedliche Lebensbedingungen benötigen.

Das 533 Quadratkilometer große Biosphärenreservat Flusslandschaft Elbe-Brandenburg erstreckt sich am östlichen Elbufer entlang zwischen dem mecklenburgischen Dömitz im Nordwesten und Quitzöbel im Südosten. Sehr lohnend ist ein Besuch im Storchendorf Rühstädt. Über 40 Brutpaare kehren alljährlich in den kleinen Ort zurück. Ebenfalls ein Muss: die Naturwachtstationen Rühstädt und Burg Lenzen. www.biosphaerenreservat-flusslandschaft-elbe.brandenburg.de

Die äußerst artenreiche Mittelelbe ist Deutschlands einziger Sandstrom. Alles über „Weltenbummler Adebar" erfährt man im Storchendorf Rühstädt.

2 HÜBSCHE HISTORISCHE ALTSTÄDTE

Gemütliche Städtchen mit dicken, roten Backsteinbauten und mit schmuck gepflegten mittelalterlichen Stadtzentren gefällig? Da kann die Prignitz aufwarten.

Nehmen wir zum Beispiel Wittstock an der Dosse, flächenmäßig die drittgrößte Stadt Deutschlands und obendrein mit einer über 1000-jährigen Geschichte. Die in Deutschland einzigartige Backstein-Stadtmauer ist mit zweieinhalb Kilometer Länge fast vollständig erhalten. Ebenfalls aus Backsteinen errichtet: die Kirche St. Marien aus dem 13. Jahrhundert, deren Turm bestiegen werden kann. Auf dem Gelände der alten Bischofsburg lohnt ein Besuch des Museums „Dreißigjähriger Krieg" und des Ostprignitzmuseums.

Aber auch Perleberg prunkt mit einem historischen Stadtkern mit Fachwerkhäusern, großem Markt mit sandsteinerner Rolandsfigur von 1546, Backstein-Rathaus und spätgotischer St.-Jacobi-Kirche, deren Turm gleichfalls bestiegen werden kann. Am romantischsten erkundet man die Altstadt per Stocherkahn auf der Stepenitz.

Ein mächtiger romanischer Dom verpflichtet zum Besuch der Hansestadt Havelberg, die mittelalterliche Wallfahrtskirche (rechts) zum Stopp in Bad Wilsnack. Keinesfalls versäumen sollte man Wittenberge mit seinem wunderlichen neobarocken Rathaus, dem gotischen Steintor (Foto oben), dem Kultur- und Festspielhaus und der hübschen Elbpromenade.

DER BESONDERE TIPP

Pilgerfest Bad Wilsnack: Die Wunderblutkirche, Wahrzeichen des Kurortes, war lange Zeit das bekannteste Wallfahrtsziel im Norden Europas. Alljährlich erinnert im Spätsommer das traditionelle Pilgerfest mit einem attraktiven Programm an die große Vergangenheit der Stadt. **www.wunderblutkirche.de**

Jedes Jahr im Juni wird auf der Plattenburg (oben) zum mittelalterlichen Spektakel geladen. Links: Burg Putlitz.

3 BURGEN UND SCHLÖSSER

Das Adelsgeschlecht der Gans Edlen Herren zu Putlitz spielte im Mittelalter eine bedeutende Rolle bei der Kolonisierung und Christianisierung der Prignitz.

Ihren Spuren folgen kann man zum Beispiel auf der „Gänsetour" von Wittenberge via Kreuzburg, Seddin, Wolfshagen, Helle, Mansfeld, Putlitz, Nettelbeck, Porep, Stepenitz nach Meyenburg und Freyenstein. Die rund 80 Kilometer lange Strecke lässt sich auf Fahrradwegen, aber auch gemütlich mit dem Reisemobil erkunden. Putlitz (Foto oben) mit Burghof, Burgberg, Bergfried, Kirche, Gutshaus und Fachwerkrathaus ist der Stammsitz der Familie, in Wolfshagen besaß sie ein Barockschloss (heute das Museum „Landadel und Porzellan"), in Meyenburg ein Schloss im Stil der Neorenaissance (heute Modemuseum). Ein Abstecher führt nach Freyenstein mit Schloss und mittelalterlicher Burganlage (www.freyenstein.de).

Die älteste erhaltene Wasserburg Norddeutschlands, die Plattenburg, findet sich bei Bad Wilsnack. Der Kamin im Rittersaal der Burg ist eine urige Kulisse für die regelmäßigen Konzerte an den Wochenenden (www.die-plattenburg.com).

4 WEITE, STILLE UND ERHOLUNGSWERT

Spiel mit Wind und Wellen: Segelboote, die über die Kyritzer Seenkette gleiten.

DER BESONDERE TIPP

Kuren und Wellness: Genießen Sie das Thermalbad in Bad Wilsnack mit vier Thermal-Heilwasserbecken, Edelstein-Meditationsgrotte, acht Saunen, zwei Dampfbädern, Hamam und Gradierwand. Und Stellplatz davor. **www.kristall-therme-bad-wilsnack.de**

Bloß keine Hektik: Die Prignitz zählt zu den am dünnsten besiedelten Gebieten Deutschlands.

Nach dem Mauerfall wanderten aus der Prignitz viele Menschen in die Großstädte ab. Heute zählt die flachwellige Feld- und Wiesenlandschaft mit Wäldern und Auen zu den am dünnsten besiedelten Regionen Deutschlands: rund 43 Einwohner pro Quadratkilometer – im deutschen Durchschnitt sind es fast sechsmal so viele.

In der Weite dieser Landschaft kann man fern aller Hektik und Betriebsamkeit noch zur Ruhe finden. Kein Wunder auch, dass Urlauber hier gern gesehene Gäste sind, zumal die Region sich als touristisches Ziel erst noch etablieren will.

Erholungsuchende genießen das Thermalbad in Bad Wilsnack. Kulturell Interessierte finden ein erstaunliches Angebot von der Lesung bis zum Konzert (www.prignitzsommer.de). Für Abwechslung sorgen zum Beispiel der Tierpark Perleberg, die Filzschauwerkstatt Lenzen oder eine Kanutour auf Elbe und Stepenitz. www.brandenburgs-blauer-norden.de, www.freizeit-park-wittenberge.de

5 RADELN ZWISCHEN ELBE UND MÜRITZ

Begegnung zwischen Stahlross und Drahteseln: Prignitz-Radler und Museums-Schmalspurbahn „Pollo". www.pollo.de

Die „Gänsetour" ist schon erwähnt (Seite 38), aber es gibt noch viel mehr Möglichkeiten, in der Prignitz zu radeln: den Elberadweg, die Naturerlebnisroute, die Tour Brandenburg, die Bischofstour, den Mecklenburgischen Seenradweg, den Altmarkrundkurs, den Elbe-Müritz-Rundweg. Der Tourismusverband verweist auf ein 170 Kilometer langes, gut ausgebautes Radwegenetz mit hervorragender Ausschilderung und Rastplätzen. Übrigens: Wer ein echtes Pferd dem Drahtesel vorzieht, findet ein teils ebenfalls ausgeschildertes Reitwegenetz vor sowie einen Fernreitweg zwischen den Gestüten Neustadt/Dosse und Redefin.

PRIGNITZ KOMPAKT

Infos | Tipps | Adressen

ANREISE Aus Richtung Berlin und Hamburg via A 24 bis Ausfahrt 19 bzw. 16; aus Süddeutschland via Magdeburg, B 189; aus Westdeutschland via Wolfsburg, B 248, 190.

RESTAURANT-TIPP „Kniepermeile" in Pritzwalk: Knieperkohl mit Speck, Eisbein oder Kohlwurst gilt als „Nationalgericht" der Region. Zu haben zum Beispiel im Deutschen Haus, Havelberger Str. 15, 16928 Pritzwalk, Telefon 03395/304216, www.deutsches-haus-pritzwalk.de, weitere Knieper-Gaststätten und Kohlproduzenten in Pritzwalk und Umgebung unter www.pritzwalk-info.de

AUSKUNFT Tourismusverband Prignitz e.V., Großer Markt 4, 19348 Perleberg, Telefon 03876/30741920, E-Mail info@dieprignitz.de, www.dieprignitz.de

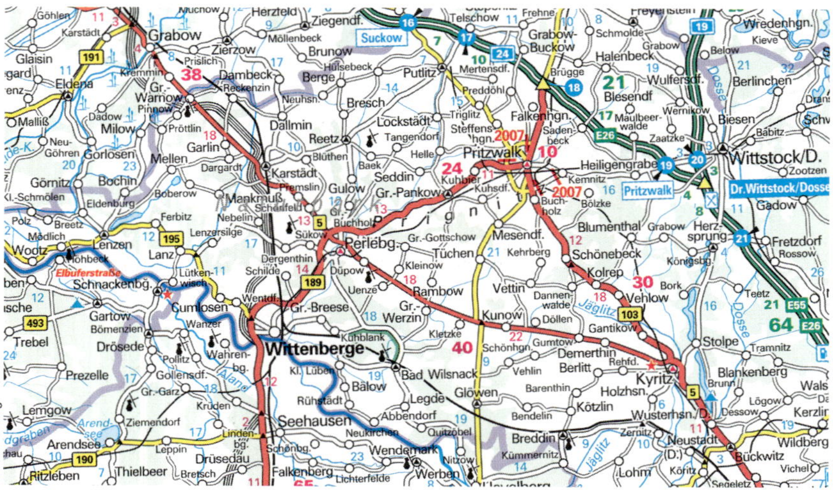

Karte: Hallwag

STELLPLATZ-TIPPS

19336 BAD WILSNACK
Stellplatz Kristall-Therme

Gebührenpflichtiger Stellplatz für 18 Mobile an der Therme. Gastronomie, Brötchenservice. Ganzjährig. 10 Euro/Nacht und Mobil. Kurtaxe. Rabatt pro Mobil und Tag: 5 Euro auf den Thermen-Eintritt. Strom (18 Anschlüsse): 1 Euro/2 kWh. Wasser: 1 Euro/80 Ltr. Dusche bei Thermenbesuch.

Standort: Am Kähling 1,
GPS 52°57'47"N/11°57'01"O,
Telefon 038791/80880,
www.kristalltherme-bad-wilsnack.de

19348 BERGE
Stellplatz am Dorfgemeinschaftshaus

Gebührenfreier Stellplatz für 3 Mobile, in der Ortsmitte ausgewiesen und beschildert. Gepflasterter Untergrund. Die Nutzung der Sanitäranlagen im Dorfgemeindehaus ist kostenlos, muss aber telefonisch angemeldet werden. Ganzjährig nutzbar. Bodeneinlass an Klärgrube. Strom und Wasser noch gebührenfrei.

Standort: OT Muggerkuhl,
Dorfstraße 8,
GPS 53°15'42"N/11°54'15"O,
Dorfclub Muggerkuhl,
Mobil 0162/4946615

Berge-Muggerkuhl: Stellplatz am Dorfgemeinschaftshaus.

16928 GROSS PANKOW
Stellplatz Groß Woltersdorf

Gebührenpflichtiger Stellplatz für 5 Mobile. Kommunales, offenes Campinggelände an einem Naturbadesee. Befestigte Plätze auf Schotterrasen mit Heckeneinpflanzung. Saison: März bis Oktober. 5 Euro pro Nacht und Mobil inklusive V+E. Person: 3 Euro inklusive Dusche. Strom (5 Anschlüsse): 30 Cent/kWh.

Standort: OT Groß Woltersdorf, Dorfstraße 5, GPS 53°04'57"N/12°09'20"O, Heimat- und Kulturvereinigung, Telefon 03395/302694, www.wahrberge.de

19357 KARSTÄDT
Ferienhof Schörfke

Gebührenpflichtiger Stellplatz für 2 Mobile, beschildert und beleuchtet. Untergrund aus Schotterrasen, von Büschen eingefasst. Ruhige Lage. Ganzjährig. 8 Euro pro Nacht und Mobil inklusive Strom (2 Anschlüsse), Ver- und Entsorgung. Dusche: 2 Euro.

Standort: OT Klein Warnow, Siedlung 5, GPS 53°14'10"N/11°40'32"O, Dorothea und Eckhard Schörfke, Telefon 038788/50813, www.pferdehofschoerfke.de

16866 KYRITZ
Stellplatz Wässering

Gebührenfreier Stellplatz für 5 Mobile, auf einem PKW-Parkplatz markiert. Gepflasterter Untergrund, beleuchtet. Zentrale Lage am historischen Stadtkern. Ganzjährig nutzbar.

Standort: Graf-von-der-Schulenburg-Straße, GPS 52°56'29"N/12°24'02"O, Tourismusverein Kyritz, Telefon 033971/52331, www.kyritz.de

19309 LENZEN
Stellplatz Haus am See

Gebührenpflichtiger Stellplatz für 20 Mobile am Rudower See. Untergrund Rasengittersteine/Wiese. Gastronomie vor Ort. Einlass für motorfreie Boote. 2 km bis zum Stadtzentrum. Ganzjährig. 8 Euro pro Nacht und Mobil inklusive Strom und Wasser.

Standort: Rekener Straße 1, GPS 53°05'51"N/11°29'31"O, Telefon 038792/80542, www.lenzenelbe.de

16845 NEUSTADT/DOSSE
Stellplatz am Amt

Gebührenfreier Stellplatz für 4 Mobile am Rathaus. Stündlicher Regionalexpress nach Berlin vom Bahnhof gegenüber. Ganzjährig nutzbar.

Standort: Bahnhofstraße 8, GPS 52°51'08"N/12°27'00"O, Stadt Neustadt, Telefon 033970/95212, www.neustadt-dosse.de

19348 PERLEBERG
Stellplatz Sophienstraße

Gebührenfreier Stellplatz für 2 Mobile auf einem öffentlichen Parkplatz im Zentrum. Untergrund aus Betonsteinen, beleuchtet. Ganzjährig nutzbar.

Standort: Sophienstraße, GPS 53°04'50"N/11°51'44"O, Stadtinformation, Telefon 03876/612259, www.stadt-perleberg.de

Perleberg: Zwei Reisemobile dürfen in der Stadtmitte stehen.

19336 PLATTENBURG
Gasthof Zum alten Quitzow

Gebührenfreier Stellplatz für 10 Mobile am traditionsreichen Gasthof in der Dorfmitte. Einkehr obligatorisch. Parkplatz für Pkw- und Reisemobile auf einer Wiese hinter dem Gasthof ruhig gelegen. Warme Küche täglich bis 22 Uhr. Ganzjährig nutzbar. Mittelalter-Mahl im Ritterkeller zu festen Terminen, für Gruppen auf Voranmeldung.

Standort: OT Kletzke, Dorfstraße 58, GPS 52°59'45"N/12°03'15"O, Familie Prokop, Telefon 038796/40263, www.um-alten-quitzow.de

16949 PUTLITZ
Stellplatz am Jungfernsteg

Gebührenfreier/gebührenpflichtiger Stellplatz für 2 Mobile auf dem Kirchplatz im Ortszentrum. Mit Rasengittersteinen befestigter Untergrund. Öffentliche WC-Anlage am Platz. Festplatz auf einer freien Wiese angrenzend. Ganzjährig nutzbar. Bis 3 Tage gebührenfrei. 10 Euro pro Nacht und Mobil ab dem 4. Tag.

Standort: Jungfernsteg, GPS 53°15'02"N/12°02'23"O, Infothek, Telefon 033981/80202, www.amtputlitz-berge.de

19322 RÜHSTÄDT
NABU-Besucherzentrum

Gebührenfreier Stellplatz für 8 Mobile auf dem Besucherparkplatz. Untergrund aus Rasengittersteinen, von hohen Bäumen beschattet. Ganzjährig nutzbar.

Standort: Neuhausstraße 9, GPS 52°55'03"N/11°52'13"O, Telefon 038791/98022, www.amt-badwilsnack-weisen.de

19322 WEISEN
Stellplatz am Biotop

Gebührenpflichtiger Stellplatz für 8 Mobile am Ortsrand Nähe Sportplatz. Untergrund aus planiertem Straßenrecycling, beleuchtet. Saison: April bis Oktober. 5 Euro/ Nacht und Mobil inkl. V+E.

Standort: Heinrich-Heine-Straße 4, GPS 53°01'08"N/11°46'49"O, Prignitzer Landmarkt, Herr Schröder, Tel. 03877/72922

Weisen: die Stellplätze am Biotop nahe dem Sportplatz.

19322 WITTENBERGE
Sportbootanger Nedwighafen

Gebührenpflichtiger Stellplatz für 15 Mobile am Sportboothafen im Deichvorland. Der Untergrund ist gepflastert. Ganzjährig nutzbar, außer bei Hochwasser. Für Strom und V+E beim Hafenmeister melden. 5 Euro pro Nacht und Mobil. Strom (10 Anschlüsse): 70 Cent/kWh. Wasser: 70 Cent. Entsorgung: 2,60 Euro Dusche: 2 Euro/Person.

Standort: Elbstraße 65, GPS 52°59'27"N/11°44'41"O, Hafenmeister, Telefon 0150/12013029, www.freizeit-park-wittenberge.de

Wittenberge: die Stellplätze am Nedwighafen, Elbstraße.

16909 WITTSTOCK/DOSSE
Waldgaststätte Daberbach

Gebührenpflichtiger Stellplatz für 3 Mobile. Separate Stellfläche auf fester Wiese, ruhig in der Wittstocker Heide gelegen. Ganzjährig nutzbar. 5 Euro pro Nacht und Mobil, bei Einkehr gebührenfrei.

Standort: OT Alt Daber, Alt Daber 12a, GPS 53°12'21"N/12°30'04"O, Christian Breuer, Telefon 03394/441363, www.zum-daberbach.de

16868 WUSTERHAUSEN/D.
Stellplatz an der Dossehalle

Gebührenpflichtiger Stellplatz für 3 Mobile, am Parkplatz der Dossehalle ausgewiesen. Untergrund aus fester Wiese, beleuchtet. Ganzjährig. Entsorgung ohne Chemie. 5 Euro pro Nacht und Mobil inklusive Strom (3 Anschlüsse), Ver- und Entsorgung.

Standort: Zur Dossehalle 6, GPS 52°53'36"N/12°27'54"O, Gemeinde Wusterhausen, Telefon 033979/8770, www.wusterhausen.de

DIE PERFEKTE WOCHE IN BERLIN

DIE SCHÖNSTEN MUSEEN und Galerien, die größten Parks, das bunteste Nachtleben: Berlin ist eine Metropole der Superlative. Zudem gibt es viele gute Stellplätze fürs Reisemobil – und reichlich Ziele für Ausflüge in die Natur.

Boom-Viertel Mitte: Berlins gute Stube mit Museumsinsel, im Hintergrund grüßt der Fernsehturm.

Zählt zu den Wahrzeichen der Stadt: Das Brandenburger Tor am Pariser Platz markierte einst die Grenze zwischen Ost- und Westberlin.

Berlin ist der Superlativ unserer Republik: rund dreieinhalb Millionen Einwohner, weit über 5000 Kilometer (oft holprige) Stadtstraßen, 16 000 Hektar Parks und Wälder, vier Universitäten. Dazu Modezentrum des Landes, Stadt mit den meisten Selbstständigen, Darling der Kreativen. Das Spree-Athen hat Theater und Museen ohne Ende, Galerien an jeder Ecke und: keine Sperrstunde, bei einer gefühlten Million Kneipen. Arm, aber sexy sei die Hauptstadt der Bundesrepublik Deutschland, so heißt es, unsere einzige Metropole von Weltformat. Die stets einen genussvollen Besuch wert ist.

Für das Reisemobil gibt es dabei erfreulich viele Stellplätze im Stadtgebiet. Zwar hat die superzentrale Anlage im Szeneviertel Kreuzberg seit Kurzem geschlossen. Die Internationale Reisemobilstation Berlin-Mitte aber liegt fast ebenso günstig: Von der U-Bahn-Station Reinickendorfer Straße direkt nebenan fährt man nur wenige Minuten zum Alexanderplatz, ins Regierungsviertel, zum Reichstag und Brandenburger Tor. Nachteil: An Wochenenden sind die 50 Stellplätze oft schnell besetzt, wer nicht rechtzeitig kommt, bleibt außen vor. Zum Glück gibt es Ausweichmöglichkeiten in den Stadtteilen Tegel, Spandau und Köpenick, die zwar ein wenig weiter vom Zentrum entfernt, aber ebenfalls gut angebunden sind.

Besonders reizvoll für DDR-Nostalgiker ist dabei der Stellplatz Köpenicker Hof im ehemaligen Ostteil der Stadt: Auf einem alten Fabrikgelände finden 30 Reisemobile Platz, die Sanitäranlagen im urigen Gemäuer sind teils noch renovierungsbedürftig, aber wer einen Sinn für außergewöhnliche Orte hat, der kann sich hier wohlfühlen. Zumal die Altstadt von Köpenick ihren Charme hat und die City per S-Bahn in rund 30 Minuten erreicht ist.

Und hier gibt es endlos viel zu sehen und zu erleben – Berlin sei „mehr ein Weltteil als eine Stadt“, hat Dichter Jean Paul schon anno 1800 gestaunt. Da glitzern die breiten, geradlinigen Boulevards Ku'damm und Unter den Linden mit ihren Prachtbauten. Locken Museumsinsel neben Humboldt-Universität und Dom, der Alexanderplatz mit Fernsehturm, Weltzeituhr und Rotem Rathaus, Reichstag, Brandenburger Tor, die modernen Regierungsgebäude, Potsdamer Platz, Gendarmenmarkt, die Hackeschen Höfe. In Ruhezonen wie Schloss Charlottenburg und den Grüngürteln entlang der Spree, Parks und Seen wird ausgeruht – die Stadt besteht zu einem Drittel aus Grünfläche, mehr als 2500 öffentliche Anlagen und 400 000 Straßenbäume sorgen für gute Berliner Luft. Kaufhäuser à la KaDeWe und Galeries Lafayette lassen die Kreditkarte qualmen, der Friedrichstadt-Palast gilt als größtes Revuetheater Europas.

Und dann brummt da noch das knisternde Nachtleben. „Drink ick noch eenen? Mein Magen sagt ja, mein Kopp sagt nee. Mein Kopp is klüger als mein Magen. Und der Klügere gibt nach. Also drink ick noch eenen!“ Gedankengut von Heinrich Zille, das von 6500 Berliner Kneipen, Bars und Restaurants liebevoll gepflegt wird, in manchen rund um die Uhr. Viele Argumente für einen Besuch in der Hauptstadt – einige ihrer wichtigsten Highlights zeigen wir auf den folgenden Seiten.

Thomas Zwicker

BERLINS GLANZLICHTER bitte umblättern >>>

FÜNFTGRÖSSTE KONGRESS-STADT DER WELT

Als wichtigster Messestandort in Deutschland und Kongress-Stadt Nummer eins wird Berlin in diesem Segment nur noch von Wien, Paris, Barcelona und Singapur übertrumpft, jeden Monat finden diverse Veranstaltungen statt. Das Kongresszentrum ICC und 26 Messehallen mit 160 000 m² Gesamtfläche machen die Anlage zu einem der größten Ausstellungs-Areale weltweit. Direkt neben den historischen Tribünen der alten Autorennstrecke Avus gelegen, lohnt das Gelände einen Besuch schon wegen des zugehörigen Funkturms, im Volksmund „Langer Lulatsch“ genannt. Die 146,78 Meter hohe, dem Pariser Eiffelturm nachempfundene Stahlfachwerkkonstruktion hat eine Panoramaplattform und ein Restaurantgeschoss, wo man aussichtsreich speisen kann. Ein weiteres Highlight der Messe ist der rund 10 000 m² große Sommergarten, der nicht nur als Ausstellungsfläche, sondern auch als Ruhezone beliebt ist. www.messe-berlin.de

Zentral gelegen – Messegelände mit Funkturm.

Ein Platz an der Sonne: Capital Beach Club an der Spree in der Nähe vom Kanzleramt.

Sprung nach vorn: Skulptur „Wir sind das Volk“ am Uferweg vor dem Innenministerium.

Relikt von gestern: Künstler aus aller Welt machen Teile der alten Mauer zur East Side Gallery.

Wie spät ist es in New York? Die Weltzeituhr auf dem Alexanderplatz gibt Auskunft.

DAS DÜRFEN SIE NICHT VERPASSEN

» BERLINS GLANZLICHTER – DIE BESTEN TIPPS

1 REICHSTAG

Zu den wichtigsten Sehenswürdigkeiten in der Hauptstadt gehört das Reichstagsgebäude. Um den Prunkbau von 1894 rankt sich große Geschichte. Vom Balkon am Westportal wurde 1918 die Republik ausgerufen, der „Reichstagsbrand" im Februar 1933 zerstörte Plenarsaal und Kuppel, seit 1990 hält hier der Deutsche Bundestag seine Sitzungen ab. Markantes Wahrzeichen ist heute die von Sir Norman Foster entworfene, 800 Tonnen schwere gläserne Kuppel samt Aussichtsplattform, für deren Besichtigung man oft lange anstehen muss. Zugang hat man auch vom feinen Dach-Restaurant Käfer gleich nebenan. www.bundestag.de, www.feinkost-kaefer.de

Prunkbau mit gläsernem Top: Für eine Besichtigung der Reichstagskuppel muss man oft anstehen.

2 BRANDENBURGER TOR

Ein Wahrzeichen der Stadt ist das Brandenburger Tor am Ende des Boulevards Unter den Linden. Der 1791 unter König Friedrich Wilhelm II. vollendete frühklassizistische Bau markierte einst die Grenze zwischen Ost- und Westberlin und gilt als Symbol der deutschen Einheit. Zum Reichstag und den modernen Bauten des Parlamentsviertels sind es von hier aus nur ein paar Schritte. www.brandenburgertor.de

Vier Pferde ziehen den Wagen der Siegesgöttin Viktoria: Quadriga auf dem Brandenburger Tor.

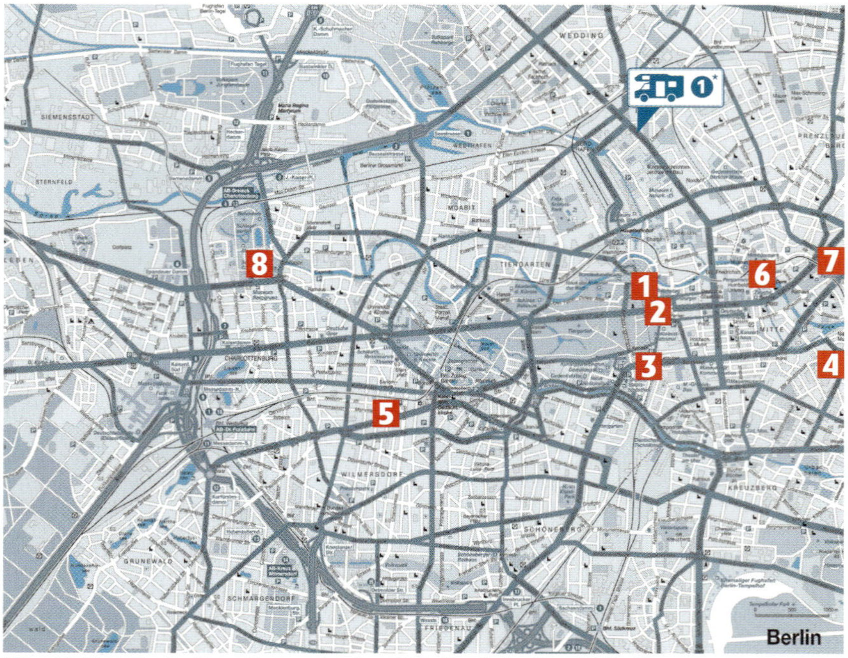

Karte: Hallwag

*Eine detaillierte Beschreibung dieses und weiterer Stellplätze finden Sie auf Seite 43.

Futuristisches Dach: Sony Center am Potsdamer Platz.

3 POTSDAMER PLATZ

Einst „Dreiländereck" zwischen sowjetischem, britischem und amerikanischem Sektor, später durch die Mauer geteiltes Grenzgebiet, gilt der Potsdamer Platz heute als Berlins neue Mitte mit einem Ensemble teils avantgardistischer Hochhäuser. Aus der „größten Baustelle Europas" erwuchsen die sieben gläsernen Türme des Sony Centers mit IMAX-Kino, Filmmuseum und mehr, deren rund 4000 Quadratmeter großes Forum von einem segelartigen Schirmdach überspannt wird. Ringsum liegen markante Bauten wie der BahnTower, das im New Yorker Backsteinstil entworfene Kollhoff-Hochhaus und der 70 000 Quadratmeter umfassende Daimler-Chrysler-Komplex mit Theatern und einem großen Spielcasino – absolut sehenswert. www.berliner-potsdamerplatz.de

„Wachsen lassen“: eines von rund 100 Kunstwerken der Galerie.

4 EAST SIDE GALLERY

Ein Stück Berliner Mauer an der Spree in Berlin-Friedrichshain kommentiert die politischen Veränderungen zur Zeit der Wende. Auf 1316 Metern haben 118 Künstler aus 21 Ländern ihre Werke verewigt – damit ist die East Side Gallery die wohl längste dauerhafte Open-Air-Ausstellung der Welt. www.eastsidegallery-berlin.de

Open-Air-Kunst: Die East Side Gallery zieht sich entlang der Mühlenstraße.

5 KURFÜRSTENDAMM

Lässige Eleganz, Weite, ein Hauch von Boheme – all das macht einen Boulevard wie den Kurfürstendamm (kurz Ku'damm) aus. Die vierspurige Straße mit breitem Mittelstreifen, wilhelminischem Fassadenprunk, hohen Platanen, festlichen Kandelabern, altertümlichen Kiosken, vielen Cafés und Hotels bildet den Rahmen für müßige Flaneure; Gedächtniskirche und Café Kranzler sind markante Eckpunkte. Aktionen wie die große Ausstellung von rund 140 unterschiedlich bemalter Berliner Bären als Symbol für Toleranz und Frieden bieten einen zusätzlichen Reiz. Zwar hat Berlins zweiter großer Boulevard Unter den Linden längst nachgezogen, gelten andere Stadtteile mittlerweile als schicker – ein Bummel über den Ku'damm bereitet aber nach wie vor großes Vergnügen. www.kurfuerstendamm.de

Bis zu zwei Meter hoch, 50 Kilogramm schwer: die „Buddy Bären“ auf dem Ku'damm.

Zählt zu den wichtigsten Kirchenbauten der Republik: Berliner Dom.

6 MUSEUMSINSEL/DOM

Die Nordseite der Spreeinsel im Zentrum der Stadt gehört zu den wichtigsten Museumskomplexen der Welt und seit 1999 zum Kulturerbe der Unesco. Fünf Museen bieten große Sammlungen – hier kann man ganze Tage verbringen. Altes und Neues Museum glänzen mit Exponaten der Antikensammlung und der Vor- und Frühgeschichte, die Alte Nationalgalerie zeigt Werke des 19. Jahrhunderts, im Bode-Museum findet man bedeutende Relikte byzantinischer Kunst, Skulpturensammlungen und ein Münzkabinett, und in den drei Flügeln des Pergamonmuseums ist unter anderem vorderasiatische und islamische Kunst zu bewundern. Den südlichen Abschluss der Museumsinsel bildet der mächtige Berliner Dom von 1905, der direkt an den Boulevard Unter den Linden angrenzt. www.museumsinsel-berlin.de

7 FERNSEHTURM

Das höchste Bauwerk Deutschlands steht direkt am Alexanderplatz: Der Fernsehturm misst 368 Meter bis zur Antennenspitze und zählt mit rund einer Million Besucher jährlich zu den beliebtesten Sehenswürdigkeiten der Republik. Der 1969 fertiggestellte Koloss hat in 203 Meter Höhe eine Panoramaetage und direkt darüber ein schönes Drehrestaurant, zwei Lifts bringen Besucher in 40 Sekunden hoch. Seekrankheit muss dort niemand befürchten – bei Starkwind schwingt das Turmcafé maximal um 15 Zentimeter zur Seite. Zur Livemusik wird man freundlich mit Speis und Trank versorgt und genießt dazu einen formidablen Rundblick. www.tv-turm.de

Gut speisen auf 200 Meter lichter Höhe: Fernsehturm.

8 SCHLOSS CHARLOTTENBURG

Preußens Pracht und Gloria findet sich in den Prunkbauten von Schloss Charlottenburg, Berlins mächtiger Hohenzollernresidenz. Im einstigen Sommersitz der Königin Sophie Charlotte ist heute eine große Ausstellung französischer Malerei zu bewundern, außerdem beherbergt das Belvedere eine schöne Porzellansammlung. Der große, prächtige Schlosspark war der erste Barockgarten nach französischem Muster in Deutschland – ein wunderbarer Ort zum Ausruhen und Verweilen. www.spsg.de

Zeigt die herrschaftliche Pracht des 17. und 18. Jahrhunderts: Schloss Charlottenburg.

AUSFLÜGE IN DIE UMGEBUNG

» RUND UM BERLIN – SEHENSWERTES UND NATUR

Schippert gemächlich durch Potsdams Gewässer: das Dampfschiff Gustav.

POTSDAM

Berlins Nachbargemeinde, Hauptstadt des Landes Brandenburg, gilt als eine der schönsten Städte der Republik. Einst Schauplatz großer Politik und Geschichte, kann sie heute mit dem üppigsten Schloss- und Park-Ensemble nördlich der Alpen glänzen. Publikumsmagneten sind das Schloss Sanssouci, Sommerresidenz von Friedrich II., und das Schloss Cecilienhof als Schauplatz der berühmten Potsdamer Konferenz. Es gibt aber noch vieles mehr zu entdecken – das Russische, Holländische und das Weber-Viertel etwa, den Filmpark Babelsberg, die Naturerlebniswelt „Biosphäre“, den Volkspark auf dem ehemaligen BUGA-Gelände, oder man macht eine Schiffstour über die Havel. Prima: Potsdam ist ab Berlin gut per S 7 erreichbar – und das Reisemobil bleibt bequem auf dem Stellplatz zurück. www.potsdam.de

Badespaß nur eine kurze Fahrt von der City entfernt: Großer Müggelsee.

MÜGGELSEE

Mit einer Wasserfläche von rund 750 Hektar zählt der östlich von Berlin gelegene Große Müggelsee zu den beliebtesten Gewässern der Region. Sei es zum Baden, Bootfahren, zu einem Besuch des Museums Wasserwerk oder des Modellparks und Kletterwalds in der näheren Umgebung – der Müggelsee ist stets einen Tagesausflug wert. www.am-Mueggelsee.de

Viel Ruhe und Natur im Nordosten: Uckermark.

UCKERMARK

In direkter Nachbarschaft zu Mecklenburg-Vorpommern und Polen, rund 80 Kilometer von Berlin entfernt, liegt die Uckermark, eine der am dünnsten besiedelten Regionen der Republik. Mit über 500 Seen, großen Wäldern, Feldern, Wiesen und Mooren finden Naturfreunde hier ihr Paradies. www.tourismus-uckermark.de

HAVELLAND

Ein paar Kilometer auf der B 5 Richtung Nordwesten gefahren, und schon ist das schöne Havelland erreicht. Ortschaften wie Nauen, Rathenow oder Werder mit ihren historischen Stadtkernen lohnen einen Besuch, und im Dorf Ribbeck steht ein Nachfahr von Theodor Fontanes legendärem Birnbaum direkt neben der Kirche von 1722. Kulturfreunde können sich auf die Spuren großer Geister wie Fouqué, Einstein und Lilienthal begeben, es gibt mehr als 30 Museen und alte Adelssitze wie Schloss Paretz oder Caputh – sehenswert. Zudem lockt ein ausgedehntes Fluss- und Seensystem mit reicher Flora und Fauna. www.havelland-tourismus.

Lockt zum Wasserwandern und Ausruhen: Rathenow.

KÖPENICK

Ganz im Südosten Berlins liegt der Stadtteil Köpenick. Mit der S 1 ist man ab Zentrum in rund 30 Minuten dort, oder man wählt gleich einen der Stellplätze als Quartier. Köpenick pflegt eine ganz eigene mittelalterliche Stadttradition und hat schöne Sehenswürdigkeiten – das markante Rathaus von 1905 etwa mit der berühmten Geschichte vom „Hauptmann von Köpenick“ oder das Schloss auf der Dahme-Insel. www.info-koepenick.de

Der „Hauptmann von Köpenick“: Bronze-Statue am Eingang des Rathauses.

STELLPLATZ-TIPPS

Info & Stellplätze

INFORMATION

Berlin Tourist Info: Im Erdgeschoss des modernen Hauptbahnhofs, direkt in den Einkaufspassagen, berät das zentrale Info-Büro zu Veranstaltungen, Rundfahrten und mehr. Zweigstellen gibt es am Ku'damm 22 und am Brandenburger Tor.

Hauptbahnhof, Europaplatz, 10557 Berlin, geöffnet täglich 8–22 Uhr, www.visitberlin.de

STELLPLÄTZE

12557 BERLIN-KÖPENICK

Wohnmobil- & Yachthafen Fährhaus Wendenschloss

Gebührenpflichtiger Stellplatz für 15 Mobile. Reservierter Bereich auf Kiesel und Rasen auf einem niveauvollen, komfortablen Platz mit mediterranem Flair am Ufer der Dahme. Im Bistro Hafenbaude gibt es bis 21 Uhr warme Gerichte. Grillecke und sanitäre Einrichtungen vorhanden. Der Bäcker ist 50 m entfernt. Straßenbahn zur Innenstadt 100 m. Reservierung ab 5 Tage möglich oder am Tag der Anreise ab 8 Uhr anrufen. Ganzjährig nutzbar. 16 Euro pro Nacht und Mobil inkl. 2 Erwachsene (Kinder gratis), Ver- und Entsorgung. Weiterer Erwachsener: 3 Euro. Strom: 3 Euro. Dusche: 50 Cent. Sauna und WLAN gegen Gebühr.

Standort: Müggelbergallee 1, GPS 52°25'07"N/13°35'14"O, Rainer Löber, Telefon 030/65474425, E-Mail info@charter-berlin.de, www.reisemobilstellplatz-berlin.de

Köpenick: die Stellplätze beim Fährhaus Wendenschloss.

Stellplatz Marina Wendenschloss

Gebührenpflichtiger Stellplatz für 10 Mobile auf dem Gelände der BWSG Marina Wendenschloss am Ufer der Dahme. Ebener Untergrund aus Wiese und Beton. Gaststätte und Grillplatz. 2 Supermärkte in unmittelbarer Nähe. ÖPNV-Anschluss. Saison: April bis Oktober. 13 Euro pro Nacht und Mobil inkl. Strom (8 Anschlüsse) und Wasser. Dusche: 1 Euro.

Standort: Wendenschlossstraße 350–354, GPS 52°25'31"N/13°35'10"O, Telefon 030/6513415, E-Mail info@bwsg-berlin.de, www.bwsg-berlin.de

Köpenick: die Stellplätze an der Marina Wendenschloss.

Wohnmobilplatz Köpenicker Hof

Gebührenpflichtiger Stellplatz für 30 Mobile auf zwei ausgewiesenen Bereichen. Untergrund aus Asphalt, Kopfsteinpflaster, Schotter oder Rasen. DVB-T am Platz. 300 m zur S-Bahn Richtung Zentrum. Ganzjährig. Bodeneinlass. 10–14 Euro pro Nacht und Mobil je nach Fahrzeuglänge, inklusive 2 Personen, WC, Ver- und Entsorgung. Fahrzeug mit Anhänger: 16 Euro. Mehrpreis von 3 Euro bei mehr Platzbedarf wegen ausgefahrener Markise und Nutzung von Campingmöbeln. Weitere Person: 2 Euro. Kind: 1 Euro. Strom: 1 Euro Grundgebühr – 50 Cent/kWh. Dusche: 1 Euro/5 Min.

Standort: Stellingdamm 15, GPS 52°27'33"N/13°35'06"O, Köpenicker Hof, Telefon 030/65015042, E-Mail info@0700stellplatz.de, www.0700stellplatz.de

Köpenick: Der Wohnmobilpark am Stellingdamm ist beliebt.

13353 BERLIN-MITTE

Reisemobilstation Berlin-Mitte 1

Gebührenpflichtiger Stellplatz für 50 Mobile. Separater eingezäunter Reisemobilplatz im Stadtzentrum. Untergrund aus Pflaster, Schotterrasen oder geteert. Cafés und Restaurant zu Fuß erreichbar. Fahrradweg führt am Platz vorbei. 250 m zur U-Bahn. Ganzjährig nutzbar. Bodeneinlass. 17 Euro pro Nacht und Mobil inkl. 2 Personen, Strom, Ver- und Entsorgung. Mobile über 9 Meter Länge: 19 Euro. In den Ferien 19 bzw. 21 Euro. Weitere Person: 2 Euro.

Standort: Chausseestraße 82, GPS 52°32'17"N/13°22'20"O, Ramona Seller und Peter Gesell, Telefon 030/46797549, E-Mail reisemobilstation@web.de, www.reisemobilstation.com

Berlin-Mitte: Das Herz der Stadt schlägt gleich nebenan.

13587 BERLIN-SPANDAU

Reisemobilhafen Berlin

Gebührenpflichtiger Stellplatz für 180 Mobile. Großzügig bemessenes Gelände abseits der Durchgangsstraßen. Im vorderen Teil befestigte Wiese, dahinter großer, gepflasterter Bereich. Nachts ausgeleuchtet. Fluglärm von 6.45–22 Uhr. Kurzer Fußweg zu Supermarkt und Restaurants. Bushaltestelle zur Innenstadt ist 100 m entfernt. Ganzjährig nutzbar. Bodeneinlass. 13 Euro pro Nacht und Mobil inklusive 2 Personen, Strom, V–E, Sanitärbenutzung. Dusche extra. Weitere Person ab 10 Jahre: 3 Euro.

Standort: Askanierring 70, GPS 52°33'09"N/13°12'01"O, Gerd Brand und Susanne Tomaszewski, Telefon 030/35506074, Mobil 0172/3821953, E-Mail info@womotreff.de, www.womotreff.de

Spandau: Der größte Stellplatz Berlins nimmt 180 Mobile auf.

Stellplatz der Marina Lanke

Gebührenpflichtiger Stellplatz für 20 Mobile am Westufer der Havel. Ebener, asphaltierter Untergrund. Fahrradverleih, Brötchenservice. Sanitärgebäude mit Waschmaschine und Trockner. Hafen-Bistro. Saison: Mai bis 15. Oktober. 1,50 Euro pro Meter Länge des Mobils und Nacht. Erwachsene: 3,50 Euro. Kinder 4–16 Jahre: 2,50 Euro. Hund: 2 Euro. Strom, V+E, Dusche inklusive.

Standort: Scharfe Lanke 109, GPS 52°30'11"N/13°11'15"O, André Jäger, Telefon 030/36200912, E-Mail andre.jaeger@marina-lanke.de, www.marina-lanke.de

Spandau: Stellplatz bei der Marina Lanke an der Havel. »

Fotos: Silke Tokarski, Thomas Zwicker, Wolfgang Scholvien, iStock/TommL, Tourismusverband Havelland, www.tkt-berlin.de, Tourismus Marketing Uckermark GmbH, Weiße Flotte

STELLPLATZ-TIPPS

13509 BERLIN-TEGEL
Wohnmobil-Park Berlin

Gebührenpflichtiger Stellplatz für 90 Mobile. Reisemobilhafen mit geschotterten Fahrwegen und naturnahen, unterfütterten Stellflächen. Online-Reservierung empfohlen. Sanitärgebäude mit Waschmaschine und Trockner. Gastronomie und Supermarkt in der Nähe. Relativ ruhige Lage, kein Fluglärm. Der Platz ist videoüberwacht, beleuchtet und in der Saison ganztägig betreut. Ganzjährig. ST-UNI-Anlage. 9–20 Euro pro Nacht und Mobil, je nach Platzgröße und Saison. 2 Personen und Kinder bis 16 Jahre inklusive. Jede weitere Person: 2 Euro. Strom: 3 Euro (3 A) oder 85 Cent/kWh (16 A). Hund: 1 Euro. Nutzung des Sanitärgebäudes: 4 Euro/Mobil. Dusche: 1 Euro/4 Min.

Standort: Waidmannsluster Damm 12–14,
GPS 52°35'44"N/13°17'21"O,
Platzwart & Hotline 0176/99552500,
Telefon 030/20166333,
E-Mail info@stellplatz-berlin.de,
www.stellplatz-berlin.de

Berlin-Tegel: der Stellplatz im gestalteten Wohnmobilpark.

WEITERE STELLPLÄTZE

15537 GOSEN-NEU ZITTAU
Stellplatz der Fischerei Löcknitz

Gebührenpflichtiger Stellplatz für 3 Mobile auf einer Wiese im Löcknitztal. Ruhige, abgeschiedene Lage, 1 km vom Ort entfernt. Ab 2 Tage Aufenthalt ist auch ein Stellplatz in Erkner am Dämmeritzsee mit Steg und Angelkahn, aber ohne Strom, möglich. Anmeldung erforderlich. Ganzjährig. 10 Euro pro Nacht und Mobil inkl. Strom und Wasser.

Gosen-Neu Zittau: Stellplatz an der Fischerei Löcknitz.

Standort: Alter Fischweg 1,
GPS 52°23'53"N/13°44'02"O,
Peter Meng,
Telefon 03362/821100,
www.fischerei-loecknitz.de

16556 HOHEN-NEUENDORF
Stellplatz am Motel Havelidyll

Gebührenpflichtiger Stellplatz für 15 Mobile auf einer Wiesenfläche direkt an der Havel am südlichen Stadtrand. Ebener, naturbelassener Untergrund, von Wiesen und Wäldern umgeben. Saison: April–Mitte November. 15 Euro pro Nacht und Mobil inklusive Strom, V+E.

Standort: OT Havelhausen,
Havelhausener Brücke 1,
GPS 52°43'18"N/13°15'04"O,
Ronny Müller,
Telefon 03301/530077,
www.havelidyll.de

14669 KETZIN
Restaurant & Café An der Fähre

Gebührenpflichtiger Stellplatz für 3 Mobile. Ebenes Wiesengelände direkt an der Havel, ruhig und im Grünen. Ganzjährig nutzbar. 5 Euro pro Nacht und Mobil, wird bei Verzehr angerechnet.

Ketzin: die Stellplätze bei der Gaststätte an der Havelfähre.

Standort: An der Fähre 1,
GPS 52°27'50"N/12°51'20"O,
Jana Zeine,
Telefon 033233/80632,
www.an-der-faehre.de

Stellplatz am Gutshof Havelland

Gebührenpflichtiger Stellplatz für 40 Mobile am Hotel-Restaurant. Reserviertes Wiesengelände hinter dem Hof. Warme Küche bis 22 Uhr, Frühstücksbüfett nach Anmeldung. Ganzjährig, außer vom 23.–27. Dezember. 8 Euro pro Nacht und Mobil. Strom und Wasser: 3 Euro. Dusche: 2,50 Euro/Person.

Standort: OT Falkenrehde,
Potsdamer Allee 30,
GPS 52°29'55"N/12°55'21"O,
Telefon 033233/870,
www.gutshof-havelland.de

Stellplatz am Ferienhof Havelblick

Gebührenpflichtiger Stellplatz für 5 Mobile am Ferienhof an der Havel. Befestigte Stellfläche bei den Bootsliegeplätzen mit Zeltwiese und eigener Badestelle. Gastronomie in der Nähe. Ganzjährig. 13 Euro pro Nacht und Mobil inklusive 2 Personen. Weitere Person: 4,50 Euro. Strom: 2 Euro. V+E: 2 Euro. Müllgebühr: 2,50 Euro.

Standort: Fischerstraße 8,
GPS 52°28'25"N/12°50'29"O,
Jörg Neumann,
Telefon 033233/20257,
www.ferienhof-havelblick.de

15711 KÖNIGS WUSTERHAUSEN
Ferienanlage Am Sandberg

Königs Wusterhausen: die Stellplätze der Ferienanlage.

Gebührenpflichtiger Stellplatz für 15 Mobile in einer Ferienanlage. Untergrund aus festem Sandboden. Ruhige Lage in einer Waldlichtung. 4 Bade- und Angelseen, Einkaufszentrum und Restaurants in der Nähe. Ganzjährig. 8 Euro pro Nacht und Mobil inklusive V+E. Strom: 2 Euro.

Standort: OT Zeesen,
Spreewaldstraße 48,
GPS 52°15'20"N/13°39'19"O,
Familie Fritzsche,
Telefon 03375/525423,
Mobil 0163/8276765, www.ferienanlage-am-sandberg.de

14641 NAUEN
Stellplatz am Landgut Borsig

Gebührenfreier Stellplatz für 5 Mobile an einem historischen Landgut am Groß Behnitzer See. Einkehr im Restaurant Seeterrassen oder Spende ist erwünscht. Warme Küche Di–Do bis 17 Uhr, Fr–So bis 21.30 Uhr. Ganzjährig.

Standort: OT Groß Behnitz,
Behnitzer Dorfstraße 29,
GPS 52°34'57"N/12°44'11"O,
Telefon 033239/208060,
www.landgut-aborsig.de

Stellplatz am Schloss

Gebührenfreier Stellplatz für 2 Mobile. Markierter Bereich auf einem Parkplatz im Ort, in direkter Nachbarschaft zu Schloss Ribbeck und der Gaststätte Fontane. Untergrund aus Rasengittersteinen. Ganzjährig nutzbar.

Standort: OT Ribbeck,
Theodor-Fontane-Straße,
GPS 52°37'30"N/12°45'9"O,
Stadtinformation,
Telefon 03321/408285,
www.nauen.de

16515 ORANIENBURG
Schlosshafen Oranienburg

Oranienburg: der schön angelegte Stellplatz am Schlosshafen.

Gebührenpflichtiger Stellplatz für 15 Mobile direkt am Ufer der Havel. Ebener, gepflasterter, teils auch asphaltierter Untergrund, beleuchtet. Durch Grünstreifen, Büsche und Bäume parzelliert.

Wohnwagen sind erlaubt. Ganzjährig nutzbar. 10 Euro pro Nacht und Mobil. Strom (16 Anschlüsse): 50 Cent/kWh. Wasser: 1 Euro/ 80 Ltr. Entsorgung: 2 Euro. Dusche: 50 Cent/5 Minuten

Standort: Rungestraße 47,
GPS 52°45'30"N/13°14'18"O,
Telefon 03301/203135,
Mobil 0171/5552013,
www.oranienburg-erleben.de

14469 POTSDAM
Stellplatz am Krongut Potsdam

Gebührenpflichtiger Stellplatz für 11 Mobile an einer denkmalgeschützten Ausflugs- und Veranstaltungsstätte mit dem rustikalen Restaurant Brauhaus, Kunsthandwerkstätten und Ateliers sowie einer Parkanlage mit Rosengarten. Ebener Untergrund aus Beton. Historische Innenstadt Potsdam 2 km. Ganzjährig nutzbar. 10 Euro pro Mobil/24 Std.

Standort: OT Bornstedt,
Potsdamer Straße 198,
GPS 52°24'47"N/13°01'44"O,
Apcoa Autoparking,
Telefon 0711/947910,
www.apcoa.de

15345 REHFELDE
Stellplatz Alt Werder

Rehfelde: der ländliche Stellplatz auf festem Wiesen-Sandboden.

Gebührenpflichtiger Stellplatz für 5 Mobile, im hinteren Teil eines ehemaligen Bauernhofs am Feldrand angelegt. Fester Sandboden mit Grasnabe. Kleintiergehege und Obstwiese angrenzend. Gastronomie und Läden in Rehfelde 2 km. Für Gruppen erweiterbar auf 10 Stellplätze. Ganzjährig nutzbar. 6 Euro pro Nacht und Mobil inklusive V+E. Strom: 2,50 Euro. V+E für Durchreisende: 2,50 Euro.

Standort: OT Werder, Alt Werder 8,
GPS 52°31'14"N/13°56'25"O,
Karsten Lamm,
Mobil 0170/2907030, www.
wohnmobilstellplatz-alt-werder.de

15562 RÜDERSDORF
Stellplatz am Museumspark

Rüdersdorf: der Stellplatz vor dem Museumspark.

Gebührenfreier Stellplatz für 10 Mobile ohne markierte Stellflächen, auf dem Großparkplatz vor dem Museumspark. Etwas abschüssige Fläche aus Rasengittersteinen. Ruhige, abends einsame Waldrandlage. Ganzjährig. Holiday-Cleany-Anlage. Strom (2 Anschl.): 50 Cent/kWh. Wasser: 50 Cent/100 Ltr.

Standort: Heinitzstraße,
GPS 52°28'26"N/13°46'38"O,
Gemeinde Rüdersdorf,
Telefon 033638/850,
www.ruedersdorf.de

15566 SCHÖNEICHE
Stellplatz Schöneiche

Gebührenfreier Stellplatz für 2 Mobile in unmittelbarer Nähe zur B 1, Anschluss zur Berliner Innenstadt und der Autobahn A 10. Ausgewiesene Fläche auf einem gepflasterten Parkstreifen. Gaststätte mit Dusche und WC ist 50 m, das Ortszentrum 3 km entfernt. Ganzjährig nutzbar.

Standort: August-Borsig-Ring,
GPS 52°29'48"N/13°42'05"O,
Gemeinde Schöneiche,
Telefon 030/64958486,
www.schoeneiche-bei-berlin.de

16348 WANDLITZ
Hotel-Restaurant Seeschloss

Gebührenfreier Stellplatz für 8 Mobile. Einkehr obligatorisch. Parkplatz, für kurze Mobile auf dem gepflasterten Pkw-Parkplatz, für Dickschiffe auf dem Schotterplatz am Seeufer. Ruhige Lage am Ortsrand. Ganzjährig nutzbar.

Standort: OT Lanke,
Am Obersee 6,
GPS 52°45'36"N/13°33'27"O,
Herr Zimmler,
Telefon 03337/2043,
www.seeschloss-lanke.de

Wandlitz-Lanke: grüne Stellplatz-Idylle am Seeschloss.

14542 WERDER/HAVEL
Stellplatz Unter den Linden

Werder: Der geschotterte Stellplatz liegt direkt am Havelufer.

Gebührenpflichtiger Stellplatz für 30 Mobile. Ebener, geschotterter Platz auf einem reservierten Teil des Parkplatzes direkt am Wasserwander-Rastplatz. Zentrale, aber ruhige Lage. Areal beleuchtet. Sitzbänke am Uferweg, Toilettenhaus vor der Anlage. Ganzjährig nutzbar, außer vom 20. April bis 10. Mai. 6,50 Euro pro Nacht und Mobil. Strom: 50 Cent/kWh.

Standort: Unter den Linden 4,
GPS 52°22'41"N/12°56'13"O,
Herr Kahlo, 0171/4010206,
www.hogab.de

Stellplatz am Yachthafen Ringel

Gebührenpflichtiger Stellplatz für 3 Mobile im Hafengelände, direkt unter der Autobahnbrücke. Ebener, geschotterter Untergrund, nachts beleuchtet. Boots- und Fahrradverleih, Hafenshop mit Brötchenservice auf dem Gelände. Mehrere Restaurants ab 2 km. Saison: 15. April–15. Oktober. 10 Euro pro Nacht und Mobil inklusive Wasser, Dusche Müllentsorgung. Strom: 1 Euro. Entsorgung: 5 Euro.

Standort: OT Töplitz,
An der Havel 38,
GPS 52°25'02"N/12°55'05"O,
Hafenmeister Uwe Krüger,
Telefon 033202/60217,
Mobil 0172/3888104,
www.marina-ringel.de

Werder-Töplitz: die ebenen Stellplätze der Marina Ringel.

16356 WERNEUCHEN
Country Camping Tiefensee

Gebührenpflichtiger Stellplatz für 64 Mobile im Reisemobilhafen vor dem Campinggelände. Freier Zugang zur Badestelle mit Liegewiesen. Für Reisemobile reserviertes, parzelliertes Areal. Ebener Untergrund mit Schotter und Gras. Info-Tafel, Sitzbänke am Platz. Kein Schatten, beleuchtet. Restaurant mit Brötchen- und Frühstücksservice. Ganzjährig. 14 Euro pro Mobil und 24 Std. inklusive Strom (51 Anschlüsse), V+E. Zehnerkarte: 120 Euro. Dusche: 50 Cent/ 4 Min. Hund: 1,50 Euro.

Standort: OT Tiefensee,
Schmiedeweg 1,
GPS 52°40'51"N/13°50'55"O,
Felix Voß,
Telefon 033398/90514,
www.country-camping.de

Tiefensee: der Reisemobilhafen vor dem Country Camping.

1 DER MAGDEBURGER DOM

Geschichtsträchtig: Der Magdeburger Dom gilt als der erste gotische Kathedralbau in Deutschland.

Stattlich und ehrwürdig thront der Magdeburger Dom über der Elbe und wacht über die Altstadt: Seit mehr als 800 Jahren prägt der gotische Sakralbau die Skyline. Wer nun aber meint, dass es sich dabei nur um einen Ort stiller Andacht handelt – weit gefehlt. Im Magdeburger Dom geht es äußerst lebendig zu.

Unter seinen lichten Gewölben kommen nicht nur Gemeindemitglieder gern zusammen. Kunstinteressierte bewundern die alten Säulen in der Apsis oder die Skulpturen der Klugen und Törichten Jungfrauen, Geschichtsinteressierte besichtigen das Grab Kaiser Ottos des I., der Magdeburg einst zu seiner Lieblingsstadt erklärte. Der Dom ist seit der Reformation Bischofskirche der Evangelischen Kirche in Mitteldeutschland, religionsübergreifende Begegnungen und Gottesdienste gehören hier fest ins Programm. Die jüngsten Kirchgänger müssen nicht mehr still in der Bank sitzen, sondern gehen parallel zur „großen" Predigt in den Kindergottesdienst. Seit 2009 finden im September die Domfestspiele statt, mit Theater und viel Musik – sie gehören schon jetzt zu den Event-Klassikern der Region.

Eine tolle Idee, die ganz neue Einblicke schafft: Von September bis April wird alle 14 Tage freitags um 22 Uhr eine Nachtführung durch den Dom angeboten. Bitte warm anziehen – und eine Taschenlampe mitbringen! www.magdeburgerdom.de

5 GUTE GRÜNDE FÜR MAGDEBURG

ELBSCHÖNHEIT Die Landeshauptstadt Sachsen-Anhalts verzaubert mit ihrem gelassenen, großstädtischen Flair, einer bewegten Geschichte sowie mit stattlicher Architektur – und zählt zudem zu den grünsten Metropolen Deutschlands. Damit ist die einstige Hansestadt und Kaiserresidenz ein besonders reizvolles Ziel für den Wochenendausflug im Reisemobil.

Text: Martina Sörensen

2 SCHIFFFAHRT AUF DER ELBE

Eine der schönsten Möglichkeiten, Magdeburg zu entdecken, ist der Blick vom Wasser aus – bei einem Törn auf der Elbe. Auf seinem Weg vom Riesengebirge bis zur Mündung in Cuxhaven zieht der majestätische Strom an zahlreichen Sehenswürdigkeiten vorbei, mehr als 300 Kilometer verläuft die Elbe durch Sachsen-Anhalt – und auch durch Magdeburg. Die Weiße Flotte der Stadt bietet zahlreiche Touren an, von der einstündigen Rundfahrt bis hin zur Halbtagestour. Besonders spannend ist der Besuch eines gigantischen Wasserstraßenkreuzes: Die 918 Meter lange Trogbrücke unmittelbar nördlich der Landeshauptstadt führt den Mittellandkanal direkt über die Elbe. Superpraktisch: Ein schöner Stellplatz fürs Reisemobil befindet sich direkt neben der Anlegestelle. www.weisseflotte-magdeburg.de

DER BESONDERE TIPP

Otto-von-Guericke-Museum Spannende Einblicke ins Werden und Wirken des Magdeburger Forschers Otto von Guericke, Begründer der Vakuumtechnik und Meteorologie, gibt es in der historischen Lukasklause. Der Erfinder ersann unter anderem die praktische Luftpumpe fürs Fahrrad! **www.uni-magdeburg.de**

Parade-Panorama: ein Dampfer der Weißen Flotte vor dem Dom; rechts die Skulptur des Erfinders Otto von Guericke.

Links: der Elbauenpark mit dem Jahrtausendturm, rechts der Venustempel im Rotehornpark.

3 VIELE GRÜNE INSELN

Wer sich in Magdeburg in freier Natur bewegen möchte, der hat es nie weit. Es gibt viele Parks, die zum Projekt Gartenträume Sachsen-Anhalt gehören, einem Netzwerk historischer Grünanlagen im ganzen Land. Dazu gehört auch eine der liebsten Freizeitanlagen der Stadt: Im weitläufigen Rotehornpark können sich Jogger, Familien und Erholungsuchende tummeln, ohne sich dabei auf die Füße zu treten. Der zwischen 1874 und 1930 angelegte Stadtpark, durch den auch der Elberadweg führt, ist die größte Einrichtung des Gartenträume-Projekts.

Zum Bootfahren oder zur beschaulichen Rast eignet sich hier der Adolf-Mittag-See – vom Restaurant am Ufer bietet sich ein wunderbarer Ausblick auf Park, Gewässer und Venustempel. Zur Bundesgartenschau 1999 hatte Magdeburg eine weitere grüne Oase erhalten: den Elbauenpark mit dem weithin sichtbaren, spiralig gewundenen Jahrtausendturm. Weitere Attraktionen sind das Schmetterlingshaus, das Wildgehege, die Sommerrodelbahn und viele Events mit Musik, Kunst und Kultur wie das beliebte Elbauenfest. www.gartentraeume-sachsen-anhalt.de

4 SCHÖNE STADTSPAZIERGÄNGE

Sehenswertes: der Magdeburger Reiter (li.) und das Kloster Unserer Lieben Frau.

Starten Sie am besten am Alten Markt mit dem Standbild des „Magdeburger Reiters“ davor, das Kaiser Otto darstellen soll. Ähnlich prägend für das Stadtbild Magdeburgs wie der Dom ist das romanische Kloster-Ensemble Unserer Lieben Frau im Domviertel weiter südlich. Erbaut wurde es im 11. und 12. Jahrhundert, heute beherbergen die ehrwürdigen Mauern das städtische Kunstmuseum. Sie sollten dann auf jeden Fall durch die Hegelstraße flanieren, sie gilt als eine der schönsten Straßen der 230 000-Einwohner-Stadt – und erinnert mit ihren stuckverzierten Fassaden gar ein wenig an Paris. Wer nachspüren möchte, wie prächtig Magdeburg einst überall war, spaziert etwas südlich außerhalb des Altstadtkerns in Richtung Hasselbachplatz. Dieses gut erhaltene Viertel wird von beeindruckenden Gründerzeithäusern geprägt – und dank vieler Restaurants und Bars können Sie den Tag hier ganz wunderbar ausklingen lassen. www.magdeburg-tourist.de

Gründerzeit-Charme: opulente Stuckfassaden an den Häusern am Hasselbachplatz.

5 HUNDERTWASSERS ZITADELLE

Organische Formen, bunte Farben, viel Pflanzen: Gebäude von Hundertwasser.

Da steht sie, weithin leuchtend am Breiten Weg in der Nähe des Domviertels – und es ist schwer vorstellbar, dass an Stelle dieses bunten, verspielten Gebäudes hier einst ein grauer Plattenbau stand. Die „Grüne Zitadelle“ ist eines der letzten und größten Bauwerke des Künstlers und Architekten Friedensreich Hundertwasser. Um seinen Stil zu beschreiben, braucht es wohl ganze Bücher: es gibt vielerlei Farben, Pflanzen und organische Formen, wobei man sich fragt, ob in dieser Zitadelle auch nur eine einzige gerade Wand existiert. Am besten erkunden Sie das Gesamtkunstwerk im Rahmen einer Führung. Übrigens: Ein paar wenige Wohnungen in dieser Anlage freuen sich noch auf neue Bewohner. www.gruene-zitadelle.de

MAGDEBURG KOMPAKT

ANREISE Von Westen und Osten kommend am besten über die A 2, von Süden zum Beispiel über Halle auf der A 14, von Stuttgart etwa über die A 9. Von Norden über die A 7, ab Hannover dann auf die A 2.

SEHENSWERTES
Kulturhistorisches Museum Das schöne Museum erzählt und illustriert Magdeburgs bewegte Geschichte mit Bildern, Möbeln, Kunsthandwerk, Grafiken und Ausgrabungsstücken. www.khm-magdeburg.de

Gruson-Gewächshäuser 3000 Pflanzenarten aus fünf Kontinenten beherbergen die zehn Schauhäuser der Anlage. Sie liegt am wunderschönen Klosterbergegarten, den Sie gleich danach besuchen sollten. www.gruson-gewaechshaeuser.de

AUSKUNFT Mehr Infos und Prospekte gibt es bei der Magdeburg Marketing Kongress und Tourismus GmbH, Ernst-Reuter-Allee 12, 39104 Magdeburg, Telefon 0391/19433, www.magdeburg-tourist.de

STELLPLATZ-TIPPS

39104 MAGDEBURG
Stellplatz an der Anlegestelle

Gebührenpflichtiger Stellplatz für 20 Mobile auf Kopfsteinpflaster am Elbufer. An 2 Sonntagen im Monat findet hier der Fischmarkt statt, deshalb Sperrung von 6–18 Uhr (Termine erfragen). Max. Aufenthalt: 3 Tage. Ganzjährig. 5 Euro pro Aufenthalt.

Standort: Petriförder 1,
GPS 52°08'01"N/11°38'55"O,
Magdeburger Weiße Flotte,
Telefon 0391/5328890,
www.weisseflotte-magdeburg.de

WEITERE STELLPLÄTZE

39288 BURG
Stellplatz am Bootshaus

Gebührenpflichtiger Stellplatz für 4 Mobile auf dem Gelände der Wassersportfreunde. Plätze auf Schotterrasen hinter einem Tor, jederzeit erreichbar. Anmeldung in der Hafenschänke täglich ab 16 Uhr. Saison: April–Oktober. 10 Euro pro Nacht und Mobil inklusive Strom und Müllentsorgung. Dusche und WC: 1 Euro/Person. Wasser: 2 Euro/100 Ltr.

Standort: Am Kanal 20 A,
GPS 52°16'59"N/11°50'52"O,
Telefon 03921/3740,
www.wsf-burg-segeln.de

39326 HOHENWARSLEBEN
Stellplatz am Euro Rast Park

Gebührenpflichtiger Stellplatz für 10 Mobile auf dem Parkplatzgelände für Busse am Autohof. Ebener Untergrund aus Rasengittersteinen. Shop, Sanitäranlage, Waschmaschine/Trockner, Fitnessraum und Spielplatz vorhanden. Ganzjährig. 5 Euro pro Nacht und Mobil. Inklusive Ver- und Entsorgung. Dusche: 2,50 Euro.

Standort: Zum Rautler,
GPS 52°10'31"N/11°29'42"O,
Telefon 039204/5950,
http://eurorastpark.de

39291 MÖCKERN
Stellplatz Waldbad Theeßen

Gebührenpflichtiger Stellplatz für 3 Mobile auf dem Gelände des Naturbadesees, 2 km außerhalb des Ortes. Wiesenuntergrund zwischen Bäumen. Saison: 15. Mai–15. September. 10 Euro pro Nacht und Mobil inklusive Wasser. Person ab 14 Jahre: 2,60 Euro. Kind: 1,60 Euro jeweils inklusive Freibadnutzung. Ab 3 Übernachtungen 2 Euro pro Nacht und Mobil. Person ab 14 Jahre: 5,20 Euro. Kind: 3,20 Euro. Strom: 50 Cent/Person.

Standort: OT Theeßen,
Krüssauer Weg 4,
GPS 52°15'15"N/12°02'42"O,
Günter Perrey,
Telefon 039223/238,
www.moeckern-flaeming.de

39218 SCHÖNEBECK/ELBE
Wassersportzentrum Henning

Gebührenpflichtiger Stellplatz für 16 Mobile. Ebene Plätze auf Wiese und Rasengittersteinen auf einer Landzunge an der Elbe. Slipstelle für Boote. Vermietung von Kanadiern und Fahrrädern. Imbiss am Platz. Saison: April–Oktober. Ab 5 Euro pro Nacht und Mobil inkl. V+E. Person: 3,60 Euro. Strom (6 Anschlüsse): 2 Euro.

Standort: OT Frohse,
Burgwall 2a–2b,
GPS 52°02'23"N/11°42'31"O,
Familie Henning,
Telefon 0391/4082435,
Mobil 0171/9961640,
www.wsz-henning.de

gesellschaft Sachsen-Anhalt: Michael Bader, Juraj Liptak

DIE PERFEKTE WOCHE IN DRESDEN

SCHÖNHEIT IM OSTEN Gefällt uns, wie das Reisemobil ganz lässig vor der Semperoper steht. Aber parken darf es hier natürlich nicht, und die wunderbare Barockstadt an der Elbe entdeckt man eh besser zu Fuß. Ein Rundgang.

Momentaufnahme: Die Dresdner Stadtsilhouette samt Elbe im besten Licht.

Barocker wird's in Deutschland nirgendwo: Wasserspiele vor dem berühmten, in der Altstadt gelegenen Zwinger.

Nostalgisch: ein historischer Raddampfer auf der Elbe.

Fantasievolle Architektur: die Kunsthofpassage im Dresdner Szeneviertel Äußere Neustadt.

Die Dresdner Frauenkirche besitzt auch viel innere Schönheit – und ist deshalb oft Konzertsaal.

Mit Sicherheit das berühmteste Haus am Platz: Die weltbekannte Frauenkirche erstrahlt nach dem Wiederaufbau seit 2005 wieder in altem Glanz

Und dann steht man am frühen Abend mitten auf dem berühmtesten Platz Dresdens und weiß nicht, wohin man zuerst schauen soll: zur Semperoper, die jetzt zur blauen Stunde schon fürstlich illuminiert ist. Oder hinüber zum Residenzschloss, das vor ein paar Jahren erst seinen alten Glanz zurückbekommen hat. Zur Kathedrale, zum Italienischen Dörfchen, zur Altstädter Wache? Allesamt sind das herrliche alte Gebäude von Rang und Namen, und die Elbe ist auch nicht weit. Wir schlendern noch ein wenig am großen Fluss entlang, schauen auf die Stadt und verschieben das große Elbflorenz-Besichtigungsprogramm lieber auf morgen. Das Reisemobil parkt auf dem Wohnmobilstellplatz am Blüherpark, da können wir nach dem Abendessen – irgendwo in den Altstadtgassen – zu Fuß zurückgehen.

Das ist also Dresden, gut 500 000 Einwohner, sächsische Landeshauptstadt, an der weiten Elbe gelegen, barock-mediterrane Architektur, die mit einer gewissen zurückhaltenden Größe aufs Wasser blickt. Stark zerstört noch im Februar 1945. Die Wunden im Stadtbild werden nie ganz heilen, aber so vieles ist restauriert, rekonstruiert, wieder aufgebaut worden. Seit 2005 vervollständigt nun auch wieder die Frauenkirche die einzigartige Kulisse dieser weit im Osten Deutschlands gelegenen sehr barock-üppigen Stadtschönheit.

Das historische Zentrum Dresdens liegt am linken Elbufer – von der anderen Seite aus kann man die wunderbare Silhouette bewundern und Pläne schmieden. Erst ein Besuch im Zwinger, in dessen weitläufigem barockem Innenhof im Sommer manchmal lauschige Serenadenkonzerte gegeben werden und in dessen Sempergalerie die berühmten Alten Meister, allen voran Rafaels „Sixtinische Madonna", auf Bewunderer warten? Oder steigen wir zuerst der Frauenkirche aufs Dach – pardon: auf die barocke Kuppel – und genießen den Rundumblick? Wollen wir die Schätze der Wettiner im Grünen Gewölbe bewundern? Im 18. Jahrhundert ließ August der Starke, einer der kunstsinnigsten Könige der Sachsen, die Schatzkammer im Residenzschloss zu einer Kunstsammlung umgestalten.

Ein ungewöhnliches Museum ist auch das Deutsche Hygiene-Museum mit seiner Dauerausstellung „Abenteuer Mensch". Es liegt, wie auch die sehenswerte Gläserne Manufaktur von VW, unweit des Großen Gartens, der längst ein Freizeitparadies zum Joggen, Radeln und Bootfahren auf dem kleinen Carolasee geworden ist.

Auch die Elbe lässt sich natürlich gut vom Wasser aus erleben – etwa an Bord eines der Schaufelraddampfer, die hier verkehren. Klar, dass das Schiff auch unter dem Blauen Wunder durchfährt, Dresdens berühmtester Brücke – neben der geplanten Waldschlösschenbrücke, wegen der Dresden seinen Welterbe-Status von der Unseco aberkannt bekommen hat.

Vergessen wir die Querelen um die Elbquerung, wechseln wir noch einmal die Seite und schlendern durch die Äußere Neustadt, das Szeneviertel mit seinen kleinen Läden und seinem Studentenflair. Hier kann man nicht nur angenehm den Tag verbringen, sondern ihn auch vorzüglich in die Nacht hinein verlängern.

Julia Berg

DRESDENS GLANZLICHTER bitte umblättern >>>

AUCH FÜRS AUGE: PFUNDS MOLKEREI

Mehr als ein Milchladen Pfunds Molkerei gehört zu den touristischen Sehenswürdigkeiten Dresdens – kann also sein, dass Sie hier auch mal Schlange stehen müssen. Macht aber nichts, denn zu gucken und zu staunen gibt es in dem angesagten Milchladen der Molkerei an der Bautzner Straße garantiert genug. Das historistische Geschäft entstand 1891 und wurde innen mit künstlerischen, im Stil der Neorenaissance gestalteten Fliesen von Villeroy & Boch ausgestattet. Bei Pfunds kann man feine Käsespezialitäten in großer Auswahl erstehen. Und weil nicht alles Käse ist, was man aus Milch machen kann, gibt es hier auch noch andere Spezialitäten mit Milch. Doch: Auch Grappa und Konfitüre können dazu gehören. Probieren! www.pfunds.de

Pfunds Molkerei: Handbemalte Fliesen zieren den Käseladen.

DAS DÜRFEN SIE NICHT VERPASSEN

» DRESDENS GLANZLICHTER – DIE BESTEN TIPPS

1 GRÜNES GEWÖLBE

Gleich zwei Schatzkammern sind es, die das Residenzschloss präsentiert – das Historische und das Neue Grüne Gewölbe. In beiden gibt es wahre Schätze zu entdecken, wobei das Historische Gewölbe eine Rekonstruktion der Schatzkammer von August dem Starken (1670–1733) ist, während die Stücke im Neuen Gewölbe zeitgemäß gezeigt werden. Preziosen aus Gold, Email und Edelsteinen, aus Elfenbein, ja gar aus Kokosnüssen und Straußeneiern breiten sich vor dem staunenden Auge aus. Dazu wertvolle Arbeiten des Dresdner Hofjuweliers Dinglinger. Für das Historische Grüne Gewölbe sollte man Tickets am besten schon vorher online buchen.

Schön ausgestellt: Auf Schatzsuche muss im Residenzschloss niemand mehr gehen.

2 ALBRECHTSBERG

Er war zwar der jüngste Bruder der preußischen Könige Wilhelm I. und Friedrich Wilhelm IV., aber weil Prinz Albrecht nicht standesgemäß heiratete, war er bei Hof nicht mehr erwünscht. In Dresden baute er sich einen würdigen Trost: Schloss Albrechtsberg, das heute für Events vermietet wird. Auch Konzerte und individuelle Führungen sind möglich. Schöner Park! www.schloss-albrechtsberg.de

Der Säulengang von Schloss Albrechtsberg: ein wunderbarer Rahmen für Veranstaltungen.

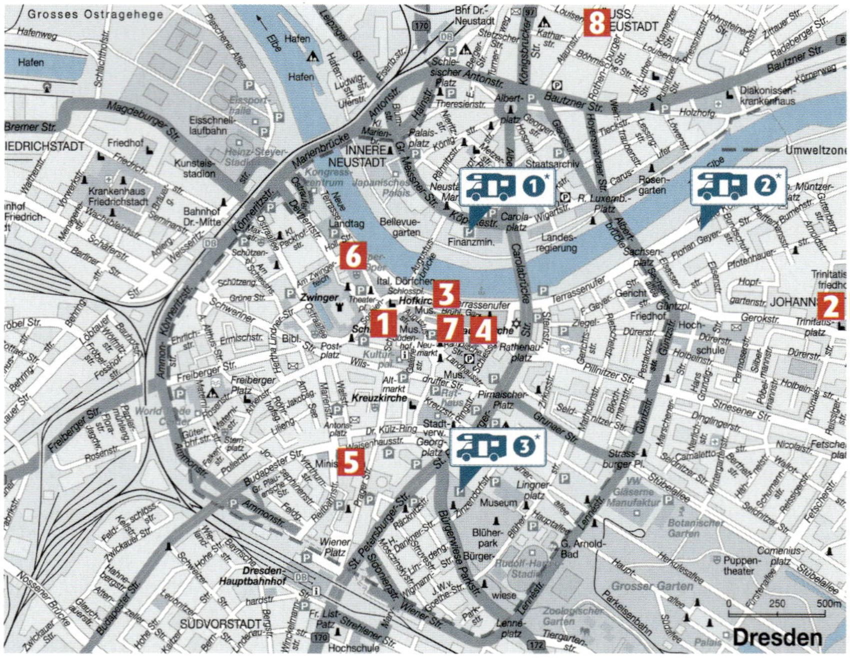

Karte: Hallwag

*Eine detaillierte Beschreibung dieser und weiterer Stellplätze finden Sie auf der nächsten Seite.

Aussichtsmeile Dresdens: die Brühlsche Terrasse mit ihren berühmten historischen Gebäuden.

3 BRÜHLSCHE TERRASSE

Eine Freitreppe mit 41 Stufen führt vom Schlossplatz hinauf auf die Brühlsche Terrasse an der Elbe. 500 Meter ist sie lang, bis zu 200 Meter breit, und weil man von hier aus so eine vornehm-großartige Aussicht hat, heißt die Terrasse auch „Der Balkon Europas". Von ihm aus überschaut man die Flussauen bis zur Neustadt und bis zu den Loschwitzer Höhen. Die Terrasse ist nach ihrem einstigen Besitzer benannt, dem Staatsminister Heinrich Graf von Brühl, der sie 1740 vom sächsischen Kurfürst Friedrich August II. geschenkt bekam, sie über die Jahre ausbaute, einen Garten errichten ließ – und der hier oben natürlich viele rauschende Feste feierte. Früher hatte man nur als Mitglied der adligen Gesellschaft Zutritt, heute gibt's keine Ausrede mehr: Hier oben unter schattigen Bäumen muss man einmal entlang flanieren.

4 ALBERTINUM

Mit einer einzigartigen Auktion brachten zeitgenössische Künstler 2002 ingesamt 3,4 Mio Euro zusammen – und machten damit den Weg frei für eine komplette Modernisierung des Albertinums, dem das Jahrhunderthochwasser schwere Schäden zugefügt hatte. Heute lohnt es mehr denn je einen Besuch: Die neuen Ausstellungssäle teilen sich die Galerie Neue Meister und die Skulpturensammlung – sie beherbergen Werke aus der Zeit von der Romantik bis in die Gegenwart in spektakulären Räumen. Im Innenhof finden Konzerte und Theateraufführungen statt. www.skd.museum

In neuem Licht: Das Albertinum.

5 CENTRUM-GALERIE

Auf vier Etagen und 52 000 Quadratmetern können Dresden-Urlauber seit 2009 in der gigantischen Centrum-Galerie an der Einkaufsmeile Prager Straße in über 100 Läden und Restaurants wetterunabhängig shoppen. Auch in der Altmarkt-Galerie, die gerade erweitert wird, findet man viele gute Läden. Etwas exklusiver geht's in der barocken Königstraße und am Neumarkt zu, da lohnt es sich auch, einfach mal von Boutique zu Boutique zu bummeln, zu schauen und zu genießen. Wer Szeneläden sucht, der ist in der Äußeren Neustadt (siehe unten) genau richtig.

Aus der neuen Shoppingwelt: In der Centrum-Galerie bleiben kaum Wünsche offen.

Semperoper: Bitte Plätze einnehmen, hier spielt gleich die Musik.

6 SEMPEROPER

Gottfried Sempers Prachtbau, nach dem Zweiten Weltkrieg originalgetreu wieder aufgebaut, gehört zu den wohl schönsten und renommiertesten Opernhäusern der Welt. Wunderbare Pracht, außen wie innen, macht einen Besuch der Sächsischen Staatsoper Dresden zum ganz besonderen Kulturgenuss. Klar, dass die ganz Großen der Musikszene hier gern auftreten – und das sollte man sich eigentlich nicht entgehen lassen. Zur Auswahl stehen Oper, Operette, Konzerte der Staatskapelle oder Ballett. Und wer doch keine Zeit hat, im langen Abendkleid „Tosca" oder „Die Zauberflöte" zu erleben, der bucht einfach eine Führung hinter die Kulissen der Semperoper. Zur Auswahl stehen verschiedene Themen. Wie wäre es zum Beispiel mit der Skandalführung? www.semperoper.de; www.semperoper-erleben.de

7 FRAUENKIRCHE

Auferstanden aus Ruinen ist sie und fügt sich als Dresdner Wahrzeichen wieder ins Stadtbild, als ob sie gar nicht gefehlt hätte. Dabei war die Ruine der Frauenkirche 60 Jahre lang ein Mahnmal mitten in der Stadt – am Morgen nach dem großen Luftangriff 1945 stürzte das barocke Prachtgebäude in sich zusammen. Nach der Wende wurde sie – auch dank Spenden aus aller Welt – wieder aufgebaut und am 30. Oktober 2005 feierlich eingeweiht. Heute ist die Frauenkirche, einst entworfen von George Bähr, wieder ein Ort der Andacht, aber auch der Versöhnung und Begegnung. Tipp: Erleben Sie die Frauenkirche bei einem Konzert oder einer Lesung. www.frauenkirche-dresden.de

Das Stadtbild ist wieder ganz – dank der Frauenkirche.

8 ÄUSSERE NEUSTADT

In dem gut erhaltenen Altstadtquartier, das längst unter Denkmalschutz steht, gibt's jede Menge Kneipen, Galerien, kleine nette Ateliers und Läden. Hier leben vor allem junge Leute, Familien und Künstler, und nachts ist schwer was los in der Äußeren Neustadt. Am besten lässt man sich einfach treiben und genießt das multikulturelle, szenige Flair des Viertels. Nicht verpassen sollten Sie die Kunsthofpassage an der Görlitzer Straße. Die fünf Innenhöfe des Häuser-Ensembles wurden künstlerisch gestaltet. Angesiedelt haben sich kleine Geschäfte sowie Bars und Cafes. www.kunsthof-dresden.de

Die Äußere Neustadt: Szeneviertel der Stadt.

AUSFLÜGE IN DIE UMGEBUNG

» RUND UM DRESDEN – SEHENSWERTES UND NATUR

Romantisch besonders bei Sonnenuntergang: Die Basteibrücke.

ELBSANDSTEINGEBIRGE

Wilde Schluchten, romantische Landschaften und eine bemerkenswerte Artenvielfalt sind die Hauptgründe für einen Besuch im Nationalpark Sächsische Schweiz, dem deutschen Teil des Elbsandsteingebirges. Mit 1200 Wanderrouten und über 17 000 Kletterwegen ist er eines der reizvollsten Wander- und Klettergebiete in Deutschland. Von der Basteibrücke hat man einen tollen Ausblick über die malerische Elblandschaft. Auf dem Weg dorthin liegt übrigens die Felsenbühne Rathen, eine der schönsten Naturbühnen Europas. Von Mai bis September kann man hier Klassisches und Zeitgenössisches erleben. Beim Goldschürfen, auf einer Märchenwanderung oder bei einem Besuch des Felslabyrinths in Langenhennersdorf erfahren Gäste mehr über die Geschichte dieser besonderen Gegend. www.saechsische-schweiz.de

Berühmte Kulisse: Hier wurden einst Szenen aus „Drei Nüsse für Aschenbrödel" gedreht.

MORITZBURG

15 km nordwestlich von Dresden schwimmt dieses barocke Jagd-Schloss inmitten des Schlossteichs. Besonderes Highlight: das Moritzburger Federzimmer aus dem 18. Jh. Über eine Mio. Federn sind hier verarbeitet und zieren Bett und Wandbehänge. Der idyllische Schlosspark mit anschließendem Friedewald bietet viel Raum für Erholung. www.schloss-moritzburg.de

Detailverliebt: Meißner Porzellanfigur.

MEISSEN

Deutschlands erster Schlossbau, die Meißner Albrechtsburg, thront über der Elbe und erhielt deshalb den Beinamen „sächsische Akropolis". Hier entstand um 1700 Europas erstes Porzellan. Wenn Sie zusehen möchten, wie's gemacht wird, besuchen Sie die Schauwerkstatt im „Haus Meissen". www.stadt-meissen.de

PILLNITZ

„Wohin man blickt, wird man von Schönheit trunken!", rief der preußische König Friedrich Wilhelm II. aus, als er 1791 in Pillnitz eintraf. Heute ist Pillnitz ein Stadtteil Dresdens. In einer mehr als 100-jährigen Bauzeit entstand ab 1721 die Pillnitzer Schlossanlage. Hier haben sogar Pflanzen Häuser! Die japanische Kamelie, eine botanische Sehenswürdigkeit, überwintert in einem fahrbaren Gewächshaus. Auf einer Fahrt mit einem der neun historischen Raddampfer der größten und ältesten Raddampferflotte Europas kann man die gewaltige Anlage und das herrliche Elbtal vom Wasser aus erkunden. www.schlosspillnitz.de

Der Schlossgarten: Ein Meisterwerk der Gartenkunst.

Im Grünen: Umgeben von Weinbergen liegt das Barockschloss Wackerbarth.

RADEBEUL

Cowboy und Indianer am Rande der Sächsischen Weinstraße: die Karl-May-Stadt Radebeul ist für die gleichnamigen Festspiele im Frühjahr bekannt. Wer besonderen Genuss zu schätzen weiß, besucht Schloss Wackerbarth, das erste europäische Erlebnisweingut. Nostalgisch wird es auf der Fahrt mit der 125 Jahre alten Schmalspurbahn, die den Spitznamen „Lössnitzdackel" trägt. www.radebeul.de

STELLPLATZ-TIPPS

Info & Stellplätze

INFORMATION

Alles über Dresden: Neben Infomaterial gibt's bei der Dresden Tourismus GmbH auch Service. Hier kann man u. a. Stadtführungen buchen, Audio-Guides leihen und Souvenirs kaufen.

Info: Dresden Tourismus, Schlossstraße 2, 01067 Dresden, oder: Wiener Platz 4, 01069 Dresden, Telefon 03 51/50 16 01 60, www.dresden.de/dtg/

STELLPLÄTZE

01067 DRESDEN

Stellplatz Wiesentorstraße ❶

Gebührenpflichtiger Stellplatz für 30 Mobile gegenüber dem Finanzministerium und in der Nähe der Augustusbrücke. Parkplatz für Pkw und Reisemobile in zentraler Lage zur Innenstadt, Fußweg über die Elbe. Wenig Rangierraum, da auch von Pkw stark frequentiert. Ebener, asphaltierter Untergrund mit Baumbestand. WC, Abfallcontainer. 14 Euro pro Mobil und 24 Std. (4 Euro Nachtgebühr + 10 Euro Tagesgebühr). Für Fahrzeuge über 6,80 m Länge: 16 Euro, über 8 m Länge: 20 Euro. Strom (14 Anschlüsse): 4 Euro (Oktober–April 5 Euro). V+E: je 2 Euro. WC-Nutzung gegen Gebühr. Ganzjährig nutzbar.

Standort: OT Innere Vorstadt, Wiesentorstraße, GPS 51°03'26"N/13°44'35"O, Telefon 0351/4967705, Mobil 0170/7187643, E-Mail hj.aegele@t-online.de

Dresden: der sehr zentrale Stellplatz an der Wiesentorstraße.

Stellplatz Sachsenplatz ❷

Gebührenpflichtiger Stellplatz für 100 Mobile. Ausgewiesener Großparkplatz auf Schotter und Rasen, umringt und leicht parzelliert durch hohe Bäume. Absolut zentrale Lage an der Albertbrücke, nur durch die Uferstraße von den Elbwiesen getrennt. 5 Gehminuten zur Schiffsanlegestelle der Elbdampfer am Terrassenufer, zu 2 Spielplätzen am Elbufer sowie Restaurants und Supermärkten. 10 Minuten bis zur Altstadt. Der Elberadweg führt am Platz vorbei. 10 Euro pro Nacht und Mobil inkl. Strom (25 Anschlüsse). Ganzjährig nutzbar.

Standort: OT Johannstadt, Käthe-Kollwitz-Ufer 4, GPS 51°03'25"N/13°45'35"O, Telefon 0351/4569460, www.wohnmobilstellplatz-dresden.de

Dresden: der große Stellplatz nahe der Innenstadt.

Stellplatz am Blüherpark ❸

Gebührenpflichtiger Stellplatz für 50 Mobile. Reservierter Teil eines Parkplatzes direkt im Zentrum, in der Nähe des Volksparks Großer Garten. Untergrund aus Asphalt, Schotter und Kies. 1 km bis zur Altstadt. Frühstück in der City-Herberge für 6,50 Euro. 14 Euro pro Nacht und Mobil. Strom (26 Anschl.): 3 Euro. Wasser: 1 Euro. Entsorgung: 1 Euro. Dusche: 2 Euro. Ganzjährig.

Standort: OT Seevorstadt-Ost, Zinzendorfstraße, GPS 51°02'39"N/13°44'37"O, Telefon 0351/4859900, www.cityherberge.de

Dresden: der Stellplatz am Blüherpark in Zentrumsnähe.

Stellplatz bei schaffer-mobil

Gebührenpflichtiger Stellplatz für 100 Mobile auf dem Betriebsgelände. Angelegtes Gelände mit fast ebenem Rasenuntergrund, durch Hecken und Sträucher abgeteilt. Auch für sehr große Fahrzeuge geeignet. Ruhige Lage mit freiem Blick ins Grüne. Kein Schatten, beleuchtet. Müllbehälter vorhanden. Straßenbahn und Busverbindung oder auf dem Elberadweg ins Stadtzentrum. Gastronomie und Einkaufszentrum in unmittelbarer Nähe. Reparaturwerkstatt für alle Fahrzeugtypen. Zeitungs- und Brötchenservice. 11 Euro pro Nacht und Mobil. Strom (100 Anschlüsse): 50 Cent/kWh. Wasser: 50 Cent/60 Ltr. Entsorgung: 1 Euro. Dusche: 50 Cent. Ganzjährig nutzbar.

Standort: Kötzschenbroder Straße 125, GPS 51°05'09"N/13°40'59"O, Telefon 0351/8374826, www.schaffer-mobil.de

Dresden: der Stellplatz von schaffer-mobil im OT Kaditz.

Stellplatz Knopf

Gebührenpflichtiger Stellplatz für 7 Mobile auf dem Privatgrundstück der Familie Knopf. Untergrund aus Schotterrasen. Die historische Innenstadt ist 6 km entfernt. 5 Euro pro Nacht für Mobile bis 6 m Länge, darüber 1 Euro Aufpreis. Strom (8 Anschl.): April–September 2 Euro, März + Oktober 3 Euro. Wasser: 2 Euro, Dusche 1,50 Euro. Saison: März bis Oktober.

Standort: OT Stetzsch, Meißner Landstraße 157, GPS 51°04'53"N/13°39'20"O, Telefon 0351/4520965

Dresden-Stetzsch: ganz privat im Garten bei Familie Knopf.

WEITERE STELLPLÄTZE

01640 COSWIG

Stellplatz Hauswald

Gebührenpflichtiger Stellplatz für 4 Mobile auf dem Privatgelände der Familie Hauswald in Ortsrandlage. Untergrund aus Wiese. Das Grundstück grenzt an die Nahverkehrs-Bahnlinie nach Dresden und Meißen. Nächster Gasthof und Lebensmittelladen 500 m. 5 Euro pro Nacht und Mobil. Strom: 1,50 Euro. Ganzjährig.

Standort: Steinbacher Weg 71, GPS 51°08'40"N/13°34'19"O, Telefon 03523/700483

Coswig: der kleine Stellplatz im Privatgarten am Ortsrand. »

Christoph Münch, Sylvio Dittrich, E+E, Frank Exß, Schloss Wackerbarth; Meissner Porzellan, Pfunds Molkerei, Semperoper Dresden/Matthias Creutziger, Zwinger Foto/Christoph Münch

STELLPLATZ-TIPPS

01665 DIERA-ZEHREN
Stellplatz Zum Zuessenhaus

Gebührenfreier Stellplatz für 10 Mobile auf dem großen Parkplatz am historischen Gasthaus. Ruhige und idyllische Lage direkt am Elbufer in Einzellage. Einkehr obligatorisch. Warme Küche durchgehend ab 11 Uhr, großer Biergarten. Ganzjährig nutzbar.

Standort: OT Kleinzadel, Elbstraße 10, GPS 51°11'42"N/13°25'09"O, Jens Böhm, Telefon 03521/406159, www.zuessenhaus.de

Kleinzadel: der Stellplatz am historischen Zuessenhaus.

Stellplatz der Wohnmobil-Vermietung Leonhardt

Gebührenpflichtiger Stellplatz für 5 Mobile auf dem teilweise umfriedeten und begrünten Firmengelände. Info-Tafel am Platz. Ganzjährig. 5 Euro pro Nacht und Mobil. Strom (5 Anschlüsse): 50 Cent/kWh. Wasser: 1 Euro. Entsorgung: 3 Euro.

Standort: OT Wölkisch, Zur Alten Schmiede 24, GPS 51°13'33"N/13°21'50"O, Familie Leonhardt, Telefon 035247/50017, Mobil 0171/2329673, www.wohnmobil-vermietung-leonhardt.de

01705 FREITAL
Stellplatz der Tischlerei Ihmann

Gebührenpflichtiger Stellplatz für 10 Mobile. Umzäuntes Gelände vor der Betriebsstätte einer Tischlerei. Je 5 Mobile stehen auf ebenem Rasen bzw. auf Asphalt. Waschmöglichkeit, Müllcontainer am Platz vorhanden. 5 Euro pro Nacht und Mobil. Strom: 1,50 Euro/kWh. Wasser: 1 Euro. Ganzjährig nutzbar.

Standort: OT Birkigt, Gitterseer Straße 38, GPS 51°00'42"N/13°40'52"O, Telefon 0351/642965, E-Mail info@tischlerei-ihmann.de

Freital: der ebene Stellplatz bei der Tischlerei Ihmann.

01900 GROSSRÖHRSDORF
Stellplatz am Freizeitpark LuxOase

Gebührenpflichtiger Stellplatz für 3 Mobile. Separater Platz auf Rasengittersteinen. Das gesamte Angebot des Campingplatzes kann genutzt werden. Animation und Sport im Freizeitpark, Wellnesslandschaft mit Sauna, Dampfbad und Massagen. Saison: März–Januar. 15,75–21,60 € pro Nacht und Mobil inklusive 2 Erwachsene, V+E, Dusche. Strom: 2,60 bis 2,90 Euro. Hund: 2,25 bis 3,15 Euro.

Kleinröhrsdorf: Stellplatz mit allem Komfort an der LuxOase.

Standort: OT Kleinröhrsdorf, Arnsdorfer Straße 1, GPS 51°07'13"N/13°58'48"O, Telefon 035952/56666, www.luxoase.de

01662 MEISSEN
Stellplatz am Freizeitbad

Meißen: Der Stellplatz liegt versteckt hinter dem Spaßbad.

Gebührenpflichtiger Stellplatz für 12 Mobile auf dem ehemaligen Freibadgelände neben dem Bad mit Saunalandschaft und Natursolebecken, in ruhiger Lage in parkähnlicher Landschaft. Untergrund aus fast ebenem Rasen. Das Gelände ist umzäunt und abgeschlossen, Schlüssel an der Badkasse von 10 bis 22 Uhr. Saison: April–Oktober. 5 Euro pro Nacht und Mobil. Strom: 2 Euro. Dusche: 1,50 Euro für 30 Min. Badbesuch. 10 % Ermäßigung auf Badbesuch. Hund: 2 Euro.

Standort: OT Bohnitzsch, Berghausstraße 2, GPS 51°10'28"N/13°29'55"O, Städtische Dienste Meißen, Telefon 03521/701130, E-Mail info@wellenspiel.de, www.wellenspiel.de

Stellplatz am Hotel Nassau

Meißen: der ruhige Stellplatz am Hotel Landhaus Nassau.

Gebührenpflichtiger Stellplatz für 15 Mobile in sehr ruhiger und grüner Umgebung. Ebener Untergrund aus Schotterrasen oder Asphalt. Restaurant am Platz, Brötchenservice nach Absprache. 3 km bis zur Altstadt, 450 m bis zum ONV. Ganzjährig. 4 Euro pro Nacht und Mobil. Strom: 2,50 Euro. Wasser: 2 Euro. Entsorgung: 2 Euro. Dusche extra.

Standort: OT Nassau, Nassauweg 1, GPS 51°10'18"N/13°31'03"O, Familie Langner, Telefon 03521/738160, E-Mail info@landhotels-meissen.de

01468 MORITZBURG
Stellplatz an Adams Gasthof

Moritzburg: Ausfahrt vom Stellplatz bei Adams Gasthof.

Gebührenpflichtiger Stellplatz für 10 Mobile. Parkplatz für Pkw und Reisemobile, Untergrund geschottert. Ruhige und begrünte Lage nahe am Schloss Moritzburg. Warme Küche bis 22 Uhr. Ganzjährig nutzbar. 5 Euro pro Nacht und Mobil, wird bei Einkehr in den Gasthof angerechnet.

Standort: Markt 9, GPS 51°09'44"N/13°40'36"O, Rainer Kretzschmar, Telefon 035207/99775, www.adamsgasthof.com

01796 PIRNA
Stellplatz Obervogelgesang

Pirna: Der Stellplatz vor dem Gasthaus liegt an der Elbe.

Gebührenpflichtiger Stellplatz für 6 Mobile auf dem Wiesengelände des Gasthofs an der Elbe. Gasthof im Sommer von Mittwoch bis Sonntag, im Winter von Freitag bis Sonntag geöffnet. Schöner Biergarten direkt am Elbufer. Ganzjährig nutzbar. 10 Euro pro Nacht und Mobil inklusive V+E. Strom: 3 Euro.

Standort: OT Obervogelgesang, Obervogelgesang 22, GPS 50°57'00"N/13°59'26"O, Walter Matzke, Telefon 03501/762588, www.elbe-schlauchbootverleih.de

01454 RADEBERG
Stellplatz am Hotel Sportwelt

Radeberg: Stellplatz auf dem Parkplatz des Hotels Sportwelt.

Gebührenfreier Stellplatz für 5 Mobile. Die Einkehr ins Restaurant Oliveto wird erwartet. Gemeinsamer Parkplatz für Pkw und Reisemobile. Ebener, mit Platten befestigter Untergrund. Ballsport, Sauna und Fitness-Studio gegen Gebühr. Ganzjährig nutzbar.

Standort: Am Sandberg 2, GPS 51°07'49"N/13°55'11"O, Telefon 03528/48800, www.hotel-sportwelt.de

Stellplatz Gaststätte Pechhütte

Radeberg: Stellplätze bei der Gaststätte Pechhütte.

Gebührenpflichtiger Stellplatz für 5 Mobile auf dem geschützten Parkplatz neben der Gaststätte mit Biergarten. Ebener Schotteruntergrund. Warme Küche bis 21 Uhr, montags Ruhetag. Ganzjährig. 5 Euro pro Nacht und Mobil, bei Einkehr kostenlos. Strom: 30 Cent/kWh.

Standort: OT Liegau-Augustusbad, Langebrücker Straße 132 GPS 51°08'09"N/13°52'29"O, Doris Witomsky Telefon 03528/447141, E-Mail witomskydresden@web.de

01445 RADEBEUL
Stellplatz Wassersportzentrum

Gebührenpflichtiger Stellplatz für 14 Mobile auf der Campingwiese am Bootshaus des Wassersportzentrums. 6 Euro pro Nacht und Mobil. Erwachsener: 4 Euro. Kinder bis 14 Jahre: 2,50 Euro. Strom: 2,50 Euro. Ganzjährig.

Standort: OT Kötzschenbroda, An der Festwiese 9, GPS 51°06'14"N/13°37'30"O, Telefon 0351/8386837, Mobil 0176/67032256, E-Mail info@bootshaus-radebeul.de, www.bootshaus-radebeul.de

Radebeul: die Stellplatzwiese am Bootshaus an der Elbe.

01471 RADEBURG
Stellplatz am Bauernhof Menzel

Radeburg: der Stellplatz auf dem Bauernhof Menzel.

Gebührenpflichtiger Stellplatz für 5 Mobile. Reservierte Wiese zwischen der Straße und einem Karpfenteich. Ebenes Wiesengelände am Ortsrand. Wenig Schatten. Ganzjährig nutzbar. 3 Euro pro Nacht und Person. Strom nach Verbrauch.

Standort: OT Volkersdorf, Moritzburger Straße 8, GPS 51°08'58"N/13°44'07"O, Familie Menzel, Telefon 035207/81776, E-Mail ferienhof-menzel@web.de

01454 WACHAU
Stellplatz Radeberger Reisemobile

Gebührenpflichtiger Stellplatz für 6 Mobile, angelegt auf dem Gelände des Handelsbetriebs mit Campingshop, Zubehör und Werkstatt. Untergrund aus Rasengitter und Wiese. Gastronomie und Lebensmittelläden in Radeberg 2,5 km. Ganzjährig. 7 Euro pro Nacht und Mobil. Strom: 2 Euro. Wasser: 1 Euro. Dusche: 2 Euro.

Standort: OT Feldschlösschen, Radeberger Straße 34a, GPS 51°08'13"N/13°54'58"O, Daniel Sperling, Telefon 03528/416869, www.radeberger-reisemobile.de

Wachau: beim Händler im Ortsteil Feldschlößchen.

01723 WILSDRUFF
Stellplatz bei Fritz Berger

Gebührenfreier Stellplatz für 5 Mobile im eingezäunten Firmengelände. Anreise nur zu den Geschäftszeiten möglich. Nachts sehr ruhige und sichere Lage. Ebener, gepflasterter Untergrund. Strom am Platz vorhanden. Den Schlüssel zum Zufahrtstor gibt es im Freizeitmarkt. Im Winter nur eingeschränkt nutzbar.

Standort: OT Kesselsdorf, Sachsenallee 8, GPS 51°02'04"N/13°35'04"O, Telefon 035204/68111, E-Mail fzm.kesselsdorf@fritz-berger.de

Foto: Robert Paul van Beets/Fotolia

Freunde für immer: Goethe und Schiller, hier in Bronze vor dem Nationaltheater in Weimar.

DIE PERFEKTE WOCHE IN

THÜRINGEN

Mal mit, mal ohne Rad: **ZWISCHEN ERFURT, WEIMAR UND JENA** kann man Kultur, städtisches Flair und Natur im Dreierpack genießen. Eine quicklebendige sommerliche Reisemobiltour durch Thüringen.

Fotos: Michael Adler

Gotisches Rathaus, kleiner Blumenmarkt – und wo geht's jetzt weiter? Weimar liegt am Radweg Thüringer Städtekette.

Ganz eindeutig kein Schokoladenwetter heute. Viel zu warm. Endlich ein stabiles Hoch über Deutschland – man kann morgens in die kurze Hose schlüpfen, ohne vorher aus dem Reisemobil zu klettern, um die Temperatur zu checken. Nehmen wir an, es sei halb elf Uhr, später wird die Hitze sich flirrend über die Stadt legen, jetzt geht es gerade noch so. Sie sitzen an einem Tischchen draußen vor dem Goldhelm-Werkstattcafé in der Erfurter Altstadt und nehmen den ersten Schluck Ingwerschokolade.

Alex Kühn, Chocolatier und Erfinder der Goldhelm-Schokolade (siehe Kasten rechts), muss diesen verzückten Gesichtsausdruck seiner Kunden kennen, er grinst zufrieden: So intensiv nach Schokolade und gleichzeitig würzig nach Ingwer kann ein Getränk doch gar nicht schmecken? Kann es doch, aber nur, wenn man sich mit

Kultur und Genuss – eine Pause im Residenz-Café. Hier kann man wunderbar ankommen, Weimar-Flair genießen und den Tag in aller Ruhe planen oder verbummeln, je nachdem ...

viel Leidenschaft und Können den süßen Seiten des Lebens widmet, wie eben Kühn. An Tagen wie heute hat der 36-Jährige Zeit, mit den Gästen zu plaudern – die Produktion ruht. Eine Klimaanlage lehnt der Mann ab. Auf der Krämerbrücke und ein Stückchen weiter hat der Schokokünstler seine beiden Läden mit Schokoladen-Spezialitäten, die mittlerweile Weltruf genießen.

Die Krämerbrücke ist die längste auf beiden Seiten bebaute Brücke Europas,

Ist er's auch? Er ist es. Goethe-Silhouette auf einem Weimarer Schaufenster.

und die Erfurter pflegen ihr Kleinod. Es wird genau ausgewählt, wer hier sein Geschäft eröffnen darf, und deshalb reihen sich hier nur nette Läden aneinander, die besondere Sachen und Erinnerungen anbieten. Es macht Spaß, sich nach dem Frühstück ins wuselige Leben auf der Brücke zu stürzen, um dann irgendwo in der Altstadt zu Mittag zu essen.

Darf's danach etwas Kultur sein? Der Domplatz mit seinen renovierten Fachwerkhäusern, Cafés und Restaurants ist wohl der schönste Platz der Thüringer Landeshauptstadt. Großzügig, weitläufig, von überall hat man den Mariendom und die Severikirche im Blick. Tauchen Sie für

Thüringer Spezialitäten I: ein kühles Köstritzer Schwarzbier in einem Altstadtcafé.

Nicht nur die Klassik: Aus Weimar kam auch das Bauhaus, das unser Kunstverständnis bis heute prägt.

Thüringer Spezialitäten II: Thüringer Klöße schmecken deftig zu Fleisch am besten.

Das ist ja mal nett: Radler auf Ruhebänken an der Thüringer Städtekette – das Schöne am Radeln ist ja der Wechsel der Disziplinen, mal nichts tun, mal in Kultur machen.

GOLDHELM: DIE SÜSSE SEITE DES LEBENS

Mit Rosa-Pfeffer-Schokolade fing alles an, heute führt der Mann eine Marke von Weltruf: Goldhelm-Schokolade. Alex Kühn kehrte vor sechs Jahren nach Erfurt zurück und begann, auf der Krämerbrücke Schokolade zu machen – mit Koriander, mit Chili, mit grünem Tee. Zum Löffeln, zum Trinken, um sie genussvoll als Praline auf der Zunge zergehen zu lassen. Mittlerweile gibt's einen zweiten Laden, das Werkstattcafé hinter der Krämerbrücke. Und Ihre Schokoladenphilosophie, Herr Kühn? Der 36-Jährige muss nicht lange nachdenken: Man muss die verschiedenen Aromen in die Schokolade bekommen – ohne dass der Geschmack der Kakaobohne übertüncht wird. Die importiert der Chocolatier zum Beispiel aus Venezuela und Trinidad. Die Schokodealer aus Erfurt machen im Sommer übrigens auch Eis. Krämerbrücke 12–14, Mo–Sa 10–19, So 10–18 Uhr. Werkstattcafé, Kreuzgasse 5, Mo–So 11–18 Uhr, www.goldhelm-schokolade.de

Viel Liebe zum Detail: Alex Kühn kreiert Erfurts beste Schokolade.

einen Moment der Einkehr und Kühle ein in die sakrale Welt Erfurts – und danach legen wir Ihnen einen Schatz ans Herz, den sogenannten Erfurter Schatz, der im Museum Alte Synagoge ausgestellt ist (siehe Seite 46). Zumeist sehr sehenswert sind auch die Ausstellungen in der Erfurter Kunsthalle, die in einem schick renovierten Altbau untergebracht ist.

Stabiles Sommerhoch? Da sollten Sie unbedingt Ihre Fahrräder dabeihaben und ein Stück radeln, etwa entlang der Thüringer Städtekette, die über 225 Kilometer von Stadt zu Stadt führt. Der Weg verbindet Eisenach im Westen mit Altenburg ganz im Osten des Bundeslandes. Stationen unterwegs: Gotha, Erfurt, Weimar, Jena und Gera. Von Erfurt bis Weimar sind es nur 30 Kilometer, der Weg durchquert wildromantische Schrebergärten, Felder und immer wieder ungeschminkte Dörfer und kühle Wälder.

So geht es bis nach Weimar. Dort können Sie sich einfach treiben lassen, »

Thüringer Sommerleben: Restaurants und Bars in der Jenaer Wagnergasse. Im Hintergrund sieht man den 133 Meter hohen Jentower. Ganz oben gibt's ein Restaurant und eine Aussichtsplattform.

Taugt auch für Shoppingpausen: Einkaufszentrum Goethe-Galerie in Jena.

Bei Goethe zu Hause: das Gartenhäuschen des Dichters im Park an der Ilm.

Jugendstil trifft auf Bauhaus: Gegensätze rund um den alten Angerbrunnen in Erfurt.

aber dann verpassen Sie so viel. Kehren Sie doch erst einmal im „Resi" ein. Das Residenz-Café am Grünen Markt hat eine lange Tradition und den Charme dabei nicht verloren. Hier kann man wunderbar ankommen, Weimar-Flair genießen – und in aller Ruhe den Tag planen oder verbummeln. Fragen müssen Sie sich nun: Gibt's mittags die Rostbratwurst vom Grill oder abends Thüringer Klöße mit Rindsroulade oder vielleicht beides? Was wollen Sie kulturell erleben: zum Park an der Ilm mit Goethes Gartenhäuschen radeln, Goethe- und Schillerhaus besuchen – oder in der Moderne bleiben und im Bauhaus-Museum Paul Klee und Lyonel Feininger nebst wohlbekannten Designklassikern begegnen? Beides lohnt sich.

Wer sich fit fühlt, radelt weiter durchs sommerlich-leichte, luftige Thüringen. Von Weimar aus sind Sie ganz lässig in drei Stunden in Jena, der jungen Wissenschaftsstadt Thüringens, die von Studenten geprägt ist. Oder Sie lassen es gemütlich angehen und machen mit dem Reisemobil Station in der dynamischen Zeissstadt.

Bester Startpunkt für die Erkundung ist hier eine flotte Fahrt nach oben: mit dem Lift auf den berühmten Jentower, den 133 Meter hohen Turm, ein Prestigeobjekt aus DDR-Zeiten. Von der Aussichtsplattform oben hat man eine herrliche Aussicht. Zu Ihren Füßen liegen unter anderem der Botanische Garten, das Zeiss-Planetarium und das Optische Museum.

Chinesisch, japanisch, indisch? Jena ist eine Stadt mit internationalem Flair. Wenn Sie hier bleiben und abends essen gehen, haben Sie die Wahl zwischen vielen Küchen. Wollen wir wetten? Am Ende entscheiden Sie sich wieder für Thüringer Klöße. Die passen auch bei stabilem Sommerhoch bestens. Und füllen die beim Radeln verlorenen Kalorien wieder auf.

Sophia Wolf

THÜRINGEN KOMPAKT bitte umblättern >>>

ERFURTER SCHATZ

Münzen, silbernes Tafelgeschirr, gotische Schmuckarbeiten und ein wertvoller jüdischer Hochzeitsring. Seit Ende 2009 ist der sogenannte Erfurter Schatz im Museum Alte Synagoge zu sehen. Die Fundstücke wurden Ende der 90er Jahre zufällig entdeckt und sind, wie die Ausstellungsräume auch, einzigartig. Vermutlich hat ein jüdischer Kaufmann die Sachen 1349 vor einem Pogrom vergraben. Die Synagoge gilt übrigens als älteste bis zum Dachstuhl erhaltene MItteleuropas. www.alte-synagoge.erfurt.de

Münzen aus dem Erfurter Schatz.

Thüringer Landidyll: Der Radweg zwischen Hermsdorf und Gera führt hier an der Weißen Elster entlang.

In Thüringen Stadtluft schnuppern

Sie liegen allesamt am „Radweg Thüringer Städtekette", lassen sich aber auch bestens per Reisemobil plus Rad oder Mobil solo erkunden: Eisenach, Gotha, Erfurt, Weimar, Jena, Gera – und ihre wichtigsten Sehenswürdigkeiten.

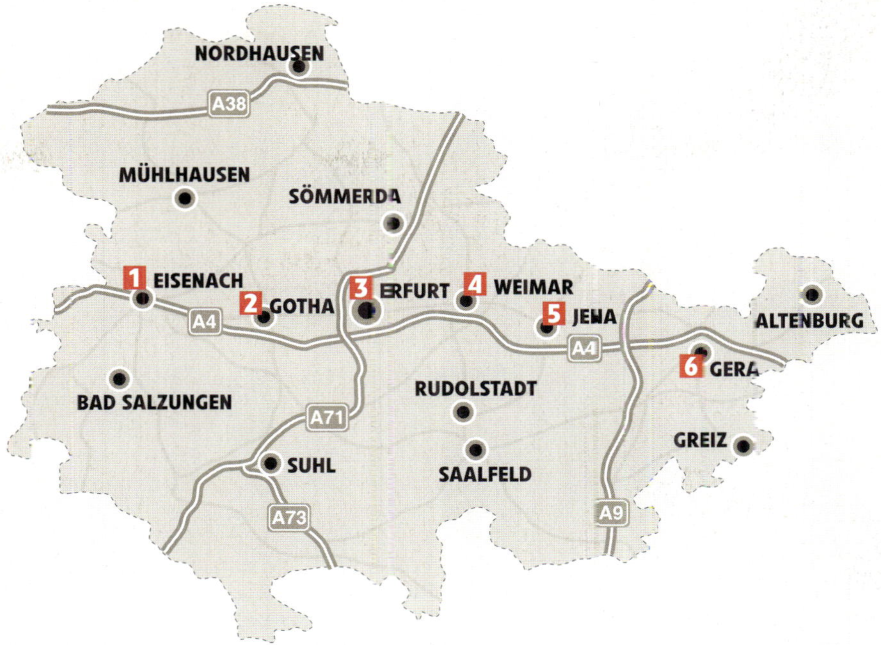

1 EISENACH Das Wahrzeichen der Stadt ist die Wartburg, die zum Unesco-Welterbe zählt. Aber die Geburtsstadt Johann Sebastian Bachs hat auch noch anderes zu bieten. Interessant ist das internationale Jazzarchiv oder das Museum „Automobile Welt Eisenach", das die Autobautradition Eisenachs zum Thema hat. www.eisenach.info

2 GOTHA Neben einem hübschen Häuserensemble rund um den Marktplatz hat Gotha mit Schloss Friedenstein die größte frühbarocke Schlossanlage Europas. Kleinod dort: das Ekhof-Theater, ältestes Schlosstheater der Welt, das im Sommer auch bespielt wird. Weitere Sehenswürdigkeit: der Englische Garten. www.gotha.de

3 ERFURT Die Landeshauptstadt ist das kulturelle, wirtschaftliche und politische Zentrum Thüringens. Geprägt ist die Stadt von alter Bausubstanz – schönen Häusern, Mariendom und Severikirche, Krämerbrücke und Augustinerkloster. Abends bummelt man von einem Platz zum nächsten. www.erfurt-tourismus.de

4 WEIMAR Die Stadt der Klassiker hat nicht nur Klassiker zu bieten: Hier lebten und arbeiteten Goethe, Schiller, Nietzsche und Liszt. Aber auch das Bauhaus wurde an der Ilm gegründet und hinterließ seine Spuren. Ansehen: Stadtschloss, Goethe- und Schillerhaus, Bauhaus-Museum, Park an der Ilm mit Goethes Gartenhäuschen. www.weimar.de

5 JENA Sie ist die Wissenschaftsstadt Thüringens, jung, lebendig, international, offen. In Jena sollte man auf den Jentower fahren, sich im Botanischen Garten entspannen, das Zeiss-Planetarium und das Optische Museum ansehen und dann wieder in die Klassik zurückkehren: Hier steht nämlich Schillers Gartenhaus. www.jena.de

6 GERA Der Altstadtkern mit seinen restaurierten Bürgerhäusern und Villen lohnt nicht nur bei schönem Wetter einen Café-Besuch. Sehenswert außerdem: das Otto-Dix-Museum mit vielen Werken des in Gera geborenen Künstlers und die Orangerie, die Kunst aus vielen Jahrhunderten zeigt. www.gera-tourismus.de

THÜRINGEN KOMPAKT

Infos | Tipps | Adressen

RESTAURANTS

Der Kloß-Knüller: Zum Güldenen Rade in Erfurt.

Zum Güldenen Rade: Wenn Sie echte Thüringer Klöße probieren wollen, sind Sie in diesem Restaurant richtig. Hier gibt es beste klassische Küche.

99084 Erfurt, Marktstraße 50,
Telefon 0361/5613506,
www.zum-gueldenen-rade.de

Alt-Weimar: Erstklassige internationale Gourmet-Küche mit thüringischen Anklängen. Der junge Chef Sten Fischer schaut auch mal im Gastraum vorbei.

99423 Weimar, Prellerstraße 2,
Telefon 03643/86190,
www.alt.weimar.de

SEHENSWERTES

Ganz und gar klassisch: das Weimarer Stadtschloss.

Wartburg: Wichtiges Wahrzeichen Thüringens – hier hat Martin Luther die Bibel übersetzt.

99817 Eisenach, Auf der Wartburg 1, Telefon 03691/5 00,
www.wartburg-eisenach.de

Bauhausmuseum Weimar: Die Dauerausstellung mit spannenden Exponaten zum Bauhaus in Weimar.

Am Theaterplatz, 99423 Weimar,
www.klassik-stiftung.de

Kunsthalle Erfurt: In dem schönen Patrizierhaus mit modernem Anbau präsentiert die Kunsthalle Erfurt Wechselausstellungen im Bereich Kunst und Design.

www.kunsthalle-erfurt.de

INFORMATION

200 Ausflugsziele kann man mit der Thüringen Card erleben, ohne Eintritt zu bezahlen. Darunter sind Burgen und Museen, Thermen und Zoos, Stadtführungen und mehr. Die 24-Stunden-Karte kostet 15 Euro, die Thüringen Card „3 in 365“ 35 Euro und die Thüringen Card „6 in 365“ 55 Euro.

Ganz knallig: Hibiskusblüte im Botanischen Garten in Jena.

Bei der Tourist-Information Thüringen gibt's unter anderem die Broschüre Kulturstädte mit vielen Tipps und Ideen für Städtetrips nach Weimar, Erfurt & Co. Auch mehrere Radbroschüren sind dort bestellbar.

Info: Telefon 0361/37420,
www.thueringen-tourismus.de

STELLPLÄTZE

99438 BAD BERKA
Stellplatz auf dem P 2

Gebührenfreier Stellplatz für 3 Mobile, auf einem separaten Bereich ausgewiesen. Gepflasterter, ebener Untergrund. Sani-Station. Strom: 1 Euro/3 Std. Wasser: 1 Euro/50 Ltr. Entsorgung: 1 Euro.

Standort: Bleichstraße,
GPS 50°53'56"N/11°17'04"O,
Kurverwaltung,
Telefon 036458/5790,
www.bad-berka.de

06567 BAD FRANKENHAUSEN
Stellplatz Autoservice Schulze

Gebührenpflichtiger Stellplatz für 50 Mobile. Sehr großes, fast ebenes und befestigtes Wiesengelände am Ende einer Sackgasse. Kaum Schatten, beleuchtet. Ruhige Lage im Grünen. Ganzjährig nutzbar. Holiday-Clean-Anlage. 5,50 Euro pro Nacht und Mobil. Kurtaxe: 1,50 Euro pro Erwachsener, Kinder bis 16 Jahre zahlen 75 Cent. Strom: 2 Euro. Wasser: 1 Euro/80 Ltr.

Standort: Bachmühlenweg 2,
GPS 51°21'19"N/11°05'28"O,
Harald Schulze,
Telefon 034671/63082

99947 BAD LANGENSALZA
Stellplatz an der Therme

Gebührenpflichtiger Stellplatz für 8 Mobile auf dem Parkplatz an der Friederiken-Therme. Angelegtes und ausgewiesenes Areal auf dem hinteren Teil des Großparkplatzes. Fast ebene, gepflasterte Fläche mit Grünstreifen. Ruhige Lage im Wohngebiet. Beleuchtet. Ganzjährig nutzbar. ST-SAN-Anlage mit Bodeneinlass. 2 Euro pro Nacht und Mobil. Kurtaxe ab der 2. Nacht: 1,20 Euro/Erwachsener. Strom: 1 Euro/10 Std. Wasser 1 Euro/10 Min.

Standort: Böhmenstraße 5,
GPS 51°06'54"N/10°38'45"O,
Touristinformation,
Telefon 03603/834424,
www.badlangensalza.de

36433 BAD SALZUNGEN
Stellplatz Am Haad

Gebührenpflichtiger Stellplatz für 40 Mobile in den Werra-Auen. Naturbelassenes, für Reisemobile reserviertes Gelände im Grünen. Geschotterter Zufahrtsweg, ebener Rasenuntergrund. Etwas Schatten, ruhige Lage außerhalb der Stadt. Ganzjährig nutzbar. Holiday-Clean-Anlage am Pumpwerk II in der Werrastraße, Tag und Nacht. 3 Euro pro Nacht und Mobil. Strom: 1 Euro/kWh.

Standort: Am Weinberg,
GPS 50°49'07"N/10°14'02"O,
Telefon 03695/693420,
www.keltenbad.de

99817 EISENACH
Wohnmobile Waldhelm

Gebührenpflichtiger Stellplatz für 8 Mobile im Gewerbegebiet Stregda-Ost. 7 Euro pro Nacht und Mobil inklusive V+E, Strom 3 Euro.

Standort: OT Stregda, Ringstraße 27,
GPS 51°00'08"N/10°19'36"O,
Info: Andreas Waldhelm,
Telefon 03691/610651,
www.wohnmobile-waldhelm.de

99084 ERFURT
Stellplatz Urbicher Kreuz

Gebührenfreier Stellplatz für 15 Mobile mit V+E, 7 km vor dem Stadtzentrum. Stadtbahn-Anschluss. Ganzjährig nutzbar.

Standort: Am Urbicher Kreuz
GPS 50°57'03"N/11°05'38"O,
www.erfurt-tourismus.de

99894 FRIEDRICHRODA
Stellplatz Ortlepp

Gebührenpflichtiger Stellplatz für 40 Mobile. Zwei für Reisemobile vorgesehene Areale: Nicht ganz ebenes Wiesengelände für 10 Mobile unmittelbar hinter dem ehemaligen Werksgebäude. Ruhige

Friedrichroda: Ruhig liegt der Stellplatz der Familie Ortlepp.

Lage, kein Schatten. Fast ebenes, betoniertes Gelände für 30 Mobile unterhalb dieses Parkplatzes. Grillplatz vorhanden. Ruhige und zentrale Lage. Ganzjährig. 5,50

Euro pro Nacht und Mobil inklusive V+E. Strom: 50 Cent/kWh.

Standort: Bahnhofstraße 32a,
GPS 50°51'38"N/10°34'31"O,
Telefon 03623/304582

98646 HILDBURGHAUSEN
Stellplatz Parkplatz P 5

Gebührenfreier Stellplatz für 3 Mobile. Großparkplatz für Pkw und Reisemobile in zentraler Lage zum Stadtkern. Für Reisemobile markierte Übernachtungsflächen, allerdings nur im Pkw-Format. Ebener, asphaltierter Untergrund. Ganzjährig nutzbar. V+E an der Kläranlage im OT Häselrieth.

Standort: Friedrich-Rückert-Straße,
GPS 50°25'32"N/10°43'23"O,
Tourist-Information,
Telefon 03685/40583,
www.hildburghausen.de

99768 ILFELD
Gasthof Brauner Hirsch

Gebührenpflichtiger Stellplatz für 10 Mobile. Terrassierte und gepflasterte, leicht abfallende Flächen. Beleuchtet. Sehr ruhige Lage in Waldnähe. Betriebsferien im Gasthof 14 Tage im April. Ganzjährig. 5 Euro pro Nacht und Mobil. Strom: 30 Cent/kWh.

Standort: OT Sophienhof,
Dorfstraße 42,
GPS 51°38'06"N/10°47'31"O,
Familie Kuche,
Telefon 036331/48144,
www.braunerhirsch-sophienhof.de

Ilfeld: der schöne Stellplatz am Gasthof Brauner Hirsch.

07629 REICHENBACH
Stellplatz Holzland-Freizeitcenter

Gebührenpflichtiger Stellplatz für 50 Mobile. Einkehr obligatorisch. Große betonierte Fläche in ruhiger Lage am Waldrand. Bei Ankunft bitte immer anmelden, im Winter tagsüber anrufen. Ganzjährig nutzbar. 7 Euro pro Nacht und Mobil, bei Verzehr von Hauptmahlzeiten kostenlos. Strom: 1,50 Euro. Wasser: 1 Euro. Entsorgung: 1 Euro. Dusche: 2 Euro/Person.

Standort: Eichenweg 1,
GPS 50°51'40"N/11°52'34"O,
Familie Heidlberger,
Telefon 036601/85321,
www.holzland-info.de

Reichenbach: Stellplätze an Heidlbergers Waldgasthaus.

07907 SCHLEIZ
Stellplatz am Zollhaus

Gebührenpflichtiger/gebührenfreier Stellplatz für 7 Mobile. Ausgewiesener Platz auf Pflaster oder Schotter, beleuchtet. Gasthof mit Terrasse in Einzellage vor Schloss Burgk. Ganzjährig nutzbar. 5 Euro pro Nacht und Mobil, bei Einkehr kostenlos. Strom: 2 Euro.

Standort: OT Möschlitz,
Burgker Straße 25,
GPS 50°33'18"N/11°44'05"O,
Helmut Völkel,
Telefon 03663/404540,
www.gasthof-spitzberg.de

Möschlitz: Die Stellplätze sind bei Einkehr kostenlos.

99706 SONDERSHAUSEN
Stellplatz Zur Windleite

Gebührenfreier Stellplatz für 5 Mobile auf dem Parkplatz P 7. Relativ kleiner Platz für Pkw und Reisemobile ohne markierten Übernachtungsbereich, etwas außerhalb der Innenstadt. Nach hinten durch Büsche und Bäume abgegrenzt. Ebener, gepflasterter Untergrund. Schautafel mit Stadtplan. Ganzjährig nutzbar. ST-SAN-Anlage. Strom und Wasser gegen Gebühr.

Standort: Hospitalstraße,
GPS 51°22'38"N/10°51'59"O,
Sondershausen-Information,
Telefon 03632/788111,
www.kyffhaeuser-tourismus.de

Sondershausen: der kleine Stellplatz in der Hospitalstraße.

99897 TAMBACH-DIETHARZ
Lohmühlenmuseum

Gebührenpflichtiger Stellplatz für 40 Mobile im Museumsgelände. Ebenes, gekiestes und eingezäuntes Areal. Rolltor öffnet mit Funkfernbedienung. Anmeldung im

Tambach-Dietharz: Stellplatz mit hohem Nostalgiefaktor.

Gasthaus Zur Lohmühle. Saison: Februar bis 1. Januar-Woche. 6 Euro pro Nacht und Mobil inkl. Strom, TV-Anschluss, V+E. Erwachsener: 4 Euro Kind: 2 Euro. Dusche: 1 Euro.

Standort: Lohmühle 4,
GPS 50°48'38"N/10°37'40"O,
Susanne Strobel,
Telefon 036252/46000,
www.lohmuehle.info

99438 WEIMAR
Stellplatz am Saunabad

Gebührenfreier Stellplatz für 10 Mobile beim Saunabad, ebener Untergrund, Besuch der Sauna oder der Gaststätte obligatorisch. 7 km vom Weimarer Stadtzentrum entfernt.

Standort: OT Legefeld,
In der Buttergrube 11,
GPS 50°56'08"N/11°17'10"O,
Info: Detlef Cygan,
Telefon 03643/953003,
www.saunabad-weimar.de

07937 ZEULENRODA-T.
Stellplatz Badewelt Waikiki

Gebührenfreier Stellplatz für 6 Mobile an der Sport- und Tropenbad-Anlage im OT Triebes. Ausgewiesener Bereich auf dem Pkw-Parkplatz auf Rasengittersteinen. Ganzjährig nutzbar. Strom und Wasser: 10 Euro. Bei Aufenthalt über 3 Tage ist 1 Badeintritt frei.

Standort: Am Birkenwege 1,
GPS 50°39'55"N/11°59'35"O,
Silke Kusturica,
Telefon 036628/7370,
www.badewelt-waikiki.de

Zeulenroda: reservierte Flächen auf dem Parkplatz der Badewelt.

DAS BESONDERE ZIEL
MÜNSTER

Stilles Wasser mit spezieller Geschichte: Ein Schwan machte den Aasee bekannt.

JEDE MENGE KULTUR, romantische alte Gassen, tolle Einkaufsmöglichkeiten – Münster hat viel zu bieten. Und außerdem einen schönen Stadtsee, um den sich eine rührende Tiergeschichte rankt.

Altes Schloss, neue Funktion: Im Anwesen von 1787 sitzt heute die Uni-Verwaltung.

Jeden Mittwoch gegen 12 Uhr erlebt der Wochenmarkt zu Füßen des münsterschen Doms seine heiße Phase. Geschäftsleute verbringen hier ihre Mittagspause, Studenten strömen aus der Uni herbei, um sich für die nächste Vorlesung zu stärken. Buntes Treiben, Marktschreier und der Klang der Kirchenglocken im Hintergrund – hier zeigt sich Münster von seiner quirligsten Seite.

Das Zentrum hat jede Menge Sehenswürdigkeiten zu bieten. Das Rathaus thront zentral auf dem Prinzipalmarkt, schräg gegenüber vom St.-Paulus-Dom, zu dessen Füßen mittwochs und samstags der Markt stattfindet. Der Prinzipalmarkt ist eine alte Kaufmannsstraße, die nach historischem Vorbild rekonstruierten Giebelhäuser sind charakteristisch für Münster. Hier gibt es eine ganze Reihe exklusiver Geschäfte, während man in den Seitenstraßen eher junge Modeshops findet. Ebenfalls am Prinzipalmarkt gelegen ist die Lambertikirche, von Kaufleuten einst als „Gegenkirche" zum bischöflichen Dom errichtet. Die Kirchen prägen das Stadtbild, nicht umsonst lautet ein münstersches Sprichwort: „Entweder es regnet oder die Glocken läuten – und wenn beides zusammenfällt, dann ist Sonntag."

Kulturell hat die Studentenstadt viel zu bieten: Am Hafen liegt etwa die bundesweit älteste Bühne, das „Wolfgang-Borchert-Theater", das insbesondere zeitgenössische Stücke aufführt. Direkt am Hauptbahnhof bietet das „GOP-Varieté" Shows mit internationalen Artisten. Eine architektonische Sehenswürdigkeit ist das barocke Fürstbischöfliche Schloss aus dem 18. Jahrhundert – heute residiert hier die Verwaltung der Universität.

Der große Aaseepark, 2009 zum „schönsten Park Europas" erklärt, verbin-

DER BESONDERE TIPP

Stadt der Radler
Die Münsteraner nennen ihre geliebten Fahrräder „Leezen", die man auch überall ausleihen kann. Nicht weniger als 40 Prozent der Fahrten auf Münsters Straßen werden radelnd zurückgelegt, es gibt zudem viele Veranstaltungen. Besonders reizvolle Strecke: die 4,5 Kilometer lange Promenade rund ums Zentrum auf alten Wallanlagen!

Spätgotischer Sakralbau: die Lambertikirche ragt weit über dem Prinzipalmarkt empor.

det das Stadtzentrum mit dem etwas außerhalb gelegenen Zoo, dem Naturkundemuseum und dem Planetarium.

Der Aasee selbst mit seinen Bootsverleihen wurde vor einigen Jahren durch eine Liebesgeschichte bundesweit bekannt: Petra, eine schwarze Schwanendame, hatte sich in ein großes weißes Tretboot in Form eines Schwans verliebt. Ihre einseitige Zuneigung währte zwei Jahre lang – dann hatte Petra es offenbar satt, dem Boot den Hof zu machen, und verließ den See. Seitdem warten die Münsteraner sehnsüchtig auf ihre Rückkehr.

Andrea Bracht

KONTAKT & INFO

Münster Information,
Heinrich-Brüning Straße 9,
Telefon 0251/4922710, Fax 0251/4927759,
E-Mail info@stadt-muenster.de,
www.muenster.de

Typisch Münster: Charakteristisch für das Stadtbild sind die markanten Giebelhäuser.

STELLPLATZ-TIPPS

48157 MÜNSTER
Stellplatz am Campingplatz

Gebührenpflichtiger Stellplatz für 18 Mobile. Angelegtes Areal zwischen hohen Bäumen vor dem Campinggelände, nahe am Ufer der Werse. Ebener Untergrund aus Schotterrasen mit geschotterter Fahrspur. Picknickplatz vorhanden. Gaststätte Wersetiger neben dem Campingplatz. Bushaltestelle 50 m, Stadtzentrum 5 km entfernt. Ganzjährig nutzbar. Seijsener-Anlage. 15 Euro pro Nacht und Mobil inklusive Strom, Müllentsorgung und 2 Personen mit Nutzung der Sanitäranlagen. Wasser: 50 Cent. Entsorgung: 1 Euro. Dusche 50 Cent.

Standort: Laerer Werseufer 7,
GPS 51°56'48"N/07°41'28"O,
Telefon 0251/311982,
www.campingplatz-muenster.de

Münster: der angelegte Stellplatz vor dem Campinggelände.

Stellplatz Albersloher Weg

Gebührenpflichtiger Stellplatz für 6 Mobile. Markierte Stellflächen auf einem ringsum begrünten Parkplatz an der äußeren Ringstraße unterhalb der Bahnlinie. Etwas unruhige, aber stadtnahe Lage. Altstadt 1 km. Ganzjährig nutzbar. 1 Euro/30 Min. (Mo–Do 13–21 Uhr, Fr+Sa 13–23 Uhr, sonn- + feiertags 11–21 Uhr). Nachts gebührenfrei.

Standort: Hafenstraße/Albersloher Weg,
GPS 51°57'08"N/07°38'10"O,
Westfalenfleiß, Telefon 0251/618000,
www.westfalenfleiss.de

WEITERE STELLPLÄTZE

48341 ALTENBERGE
Stellplatz am Sportzentrum

Gebührenfreier Stellplatz für 20 Mobile. Pkw-Parkplatz, keine markierten Flächen für Reisemobile. Ruhige Lage am Ortsrand. Gepflastertes oder as- »

Fotos: Andrea Bracht, Münster Marketing/Hermann Köhler (1), www.air-klick.de(1)

STELLPLATZ-TIPPS

phaltiertes, leicht abschüssiges Gelände. Das Ausrichten mit Keilen ist empfehlenswert. Ganzjährig nutzbar. Bodeneinlass. Wasser: 1 Euro/20 Ltr.

Standort: Sportzentrum,
GPS 52°03'19"N/07°28'10"O,
Gemeinde Altenberge,
Telefon 02505/8232,
www.altenberge.de

59387 ASCHEBERG
Stellplatz am Gasthaus Eickholt

Gebührenfreier Stellplatz für 5 Mobile. Die Einkehr ist obligatorisch. Für Reisemobile reservierter Teil eines Pkw-Parkplatzes. Eben, geschottert. WC-Benutzung möglich. Mittwochs Ruhetag. Ganzjährig nutzbar. Strom und Wasser: 3 Euro.

Standort: OT Davensberg,
Frieport 22,
GPS 51°49'17"N/07°35'45"O,
Familie Eickholt-Schütte,
Telefon 02593/7565,
www.gasthaus-eickholt.de

48727 BILLERBECK
Stellplatz am Freibad

Gebührenfreier Stellplatz für 4 Mobile. Parkplatz für Pkw und Reisemobile. Ebener, asphaltierter Untergrund. Ganzjährig nutzbar. Strom, Wasser am Automat.

Standort: Osterwicker Straße,
GPS 51°58'45"N/07°16'53"O,
Tourist-Information,
Telefon 02543/7373,
www.billerbeck.de

48249 DÜLMEN
Stellplatz Kapellenweg

Gebührenfreier Stellplatz für 5 Mobile am Sportzentrum Süd. Großzügig bemessener Parkplatz für Pkw und Reisemobile. Gepflasterter, leicht geneigter Untergrund. Ruhige Lage. Max. Aufenthalt: 72 Std. Ganzjährig.

Standort: Kapellenweg,
GPS 51°49'22"N/07°16'48"O,
Dülmen Marketing,
Telefon 02594/12345,
www.duelmen-marketing.de

Stellplatz Hüttendyk

Gebührenfreier Stellplatz für 6 Mobile auf einem separaten Teil am Parkplatz. Ebener, gepflasterter Untergrund mit hohen Bäumen. Relativ ruhige Lage. Sitzgruppe am Stellplatz. Fahrzeuge stehen in Längsrichtung parallel zur Zufahrt. Fußweg zur Innenstadt ca. 300 m. Ganzjährig. Strom: 1 Euro. Wasser: 1 Euro/80 Ltr.

Standort: Hüttendyk 10,
GPS 51°49'33"N/07°16'19"O,
Dülmen Marketing,
Telefon 02594/12345,
www.duelmen-marketing.de

Dülmen: Der stadtnahe Stellplatz ist gut ausgestattet.

Reisemobilstellplatz „düb“

Gebührenfreier Stellplatz für 7 Mobile auf dem Parkplatz des Freizeitbades „düb“. Untergrund aus Schotter und Rasengitter. 2 km bis zum Stadtzentrum. Ganzjährig nutzbar.

Standort: Nordlandwehr 99,
GPS 51°50'40"N/07°16'17"O,
Dülmen Marketing,
Telefon 02594/12345,
www.duelmen-marketing.de

Stellplatz Hausdülmen

Gebührenfreier Stellplatz für 7 Mobile in ruhiger Ortsrandlage am Sportplatz und Waldrand. Naturbelassener Wiesenuntergrund. 500 m bis Hausdülmen mit dem Restaurant Burgschenke, 4 km bis Dülmen. Ganzjährig.

Standort: OT Hausdülmen,
Sandstraße,
GPS 51°48'26"N/07°14'51"O,
Dülmen Marketing,
Telefon 02594/12345,
www.duelmen-marketing.de

Reisemobil Servicecenter

Gebührenpflichtiger Stellplatz für 4 Mobile auf dem Gelände des Handelsbetriebs im Industriegebiet Dernekamp. Untergrund aus Schotter und Pflaster. Ganzjährig. 5 Euro pro Nacht und Mobil, für Kunden kostenlos. Wasser: 50 Cent/50 Ltr.

Standort: OT Dernekamp,
Wierlings Hook 22,
GPS 51°49'30"N/07°19'07"O,
Telefon 02594/7825347,
ww.rsc-duelmen.de

48351 EVERSWINKEL
Stellplatz am Vitus-Bad

Gebührenfreier Stellplatz für 3 Mobile. Parkplatz für Pkw und Reisemobile. Ebener, gepflasterter Untergrund, beleuchtet. Ruhige Lage, 600 m außerhalb des Ortes. Größere Gruppen sind nach Anmeldung willkommen (Telefon 02582/88681). Einkaufsmöglichkeiten in 100 m, Gastronomie im Ort. Ganzjährig nutzbar. Strom (2 Anschl.): 50 Cent/kWh. Wasser: 50 Cent/100 Ltr.

Standort: Alverskirchener Straße 29,
GPS 51°54'43"N/07°47'26"O,
Verkehrsverein Everswinkel,
Telefon 02582/669313,
www.verkehrsverein-everswinkel.de

Everswinkel: Der Stellplatz am Vitus-Bad bietet guten Service.

48268 GREVEN
Marina Alte Fahrt Fuestrup

Gebührenpflichtiger Stellplatz für 90 Mobile. Angelegtes, großzügig bemessenes und begrüntes Gelände am Dortmund-Ems-Kanal. Stellflächen mit ebenen, unterschotterten Rasenstreifen. Schöne Lage neben dem Yachthafen, aber Verkehrslärm der Kreisstraße hörbar. Gaststätte mit Biergarten, Grillpavillon auf dem Gelände. Brötchenservice, Verkauf von Angelkarten und Gasflaschen, Fahrradverleih. Ganzjährig. 9,50 Euro pro Nacht und Mobil inkl. Müllabgabe und Entsorgung. 10er-Karte 5 Euro. Strom: 2 Euro. Wasser: 50 Cent/50 Ltr. Dusche: 50 Cent/ 4 Minuten. Waschmaschine: 2,50 Euro. Trockner: 1,50 Euro.

Standort: OT Fuestrup,
Fuestruper Straße 37,
GPS 52°02'42"N/07°41'06"O,
Klaus und Susanne Nowacki,
Telefon 02571/3896,
Mobil 0170/2383896,
www.yachthafen-fuestrup.de

Greven: der Stellplatz an der Marina Alte Fahrt Fuestrup.

48329 HAVIXBECK
Historisches Brauhaus Klute

Gebührenfreier Stellplatz für 4 Mobile. Einkehr obligatorisch. Parkplatz für Pkw und Reisemobile. Ebener, asphaltierter Untergrund. Wenig Schatten. Max. Aufenthalt: 1 Nacht. Ganzjährig.

Standort: Poppenbeck 28,
GPS 51°59'19"N/07°23'29"O,
Andreas Klute,
Telefon 02507/98390,
www.klutes.de

Stellplatz am Freibad

Gebührenfreier Stellplatz für 3 Mobile, auf dem Freibad-Parkplatz ausgewiesen. Ruhige Lage, asphaltierter, leicht abfallender Untergrund. Aufenthalt: maximal 3 Tage. Ganzjährig nutzbar.

Standort: Kardinal-von-Hartmann-Straße,
GPS 51°58'32"N/07°25'16"O,
Verkehrsverein Havixbeck,
Telefon 02507/7510,
www.touristik.havixbeck.de

48301 NOTTULN
Stellplatz am Wellenfreibad

Gebührenfreier Stellplatz für 10 Mobile, auf dem Pkw-Parkplatz ausgewiesen. Asphaltierter, ebener Untergrund, sehr ruhige Lage, wenige hundert Meter vom Ortskern entfernt. Ganzjährig.

Standort: Rudolf-Harbig-Straße,
GPS 51°55'28"N/07°20'38"O,
Tourist-Information,
Telefon 02502/9420,
www.nottuln.de

48346 OSTBEVERN
Stellplatz am Beverbad

Gebührenpflichtiger Stellplatz für 6 Mobile. Eben, mit Schotterrasen befestigt. Relativ ruhige Lage. Weitere Stellflächen für gut 10 Mobile stehen auf dem angrenzenden Parkplatz des Beverbads zur Verfügung. Ebener, asphaltierter Untergrund. Ganzjährig nutzbar. 10 Euro pro Nacht und Mobil inkl. Strom, V+E sowie einem Badbesuch für 2 Personen. Von 20 Uhr bis 9 Uhr für 1 Übernachtung kostenlos.

Standort: Hanfgarten 22,
GPS 52°02'11"N/07°50'36"O,
Tourist-Information,
Telefon 02532/9597252,
www.ostbevern.de

Ostbevern: der ganzjährig nutzbare Stellplatz am Beverbad.

Stellplatz am Gasthof Mersbäumer

Gebührenfreier Stellplatz für 3 Mobile. Einkehr obligatorisch. Für Reisemobile reservierter Teil eines Parkplatzes. Ebener, befestigter Untergrund. WC-Benutzung. Ganzjährig nutzbar.

Standort: Loburg 47,
GPS 52°02'34"N/07°52'30"O,
Telefon 02532/5180,
www.mersbaeumer.de

48720 ROSENDAHL
Wohnmobilplatz Darfeld

Gebührenfreier Stellplatz für 4 Mobile auf dem Parkplatz gegenüber der Reithalle. Ausgewiesenes Areal mit parzellierten Stellflächen, an eine Tennisanlage angrenzend. Eben, gepflastert. Ruhige Lage im Grünen. Weitere Mobile können auf der benachbarten Grünfläche stehen. Ganzjährig. Strom: 1 Euro/kWh.

Standort: OT Darfeld,
Sudetenstraße,
GPS 52°01'39"N/07°16'04"O,
Gemeinde Rosendahl,
Telefon 02547/770,
www.rosendahl.de

Rosendahl: Der Stellplatz ist bei Bedarf erweiterbar.

48336 SASSENBERG
Stellplatz Feldmark

Gebührenfreier Stellplatz für 3 Mobile auf einem öffentlichen Parkplatz vor dem Campingpark Münsterland. Ebener Untergrund aus Rasengittersteinen. Restaurant mit Brötchenservice am Platz. 2,5 km vom Ort entfernt. Maximaler Aufenthalt: 3 Nächte. Ganzjährig nutzbar. Wasser: 1 Euro/70 Ltr.

Standort: Zum Knapp/Feldmark,
GPS 52°00'12"N/08°03'49"O,
Stadt Sassenberg,
Telefon 02583/3090,
www.sassenberg.de

Sassenberg: 3 Plätze sind für Reisemobile reserviert.

Tankstelle Lietmann

Gebührenfreier Stellplatz für 2 Mobile, auf dem Gelände der Tankanlage markiert und beschildert. Imbiss und Kiosk am Platz. Maximaler Aufenthalt: 1 Nacht. Ganzjährig nutzbar. Wasser: 1 Euro/100 Ltr.

Standort: Carl-Benz-Straße 2,
GPS 51°58'56"N/08°03'08"O,
Stadt Sassenberg,
Telefon 02583/3090,
www.sassenberg.de

Sassenberg: der Stellplatz mit V+E an der Tankstelle.

48308 SENDEN
Stellplatz am Sportpark

Gebührenfreier Stellplatz für 7 Mobile. Ausgewiesener ebener Platz auf Rasengittersteinen. Freizeitbad in der Nähe. Zentral gelegen, nur wenige Meter vom Bürger- und Schlosspark und vom Dortmund-Ems-Kanal entfernt. Ganzjährig nutzbar.

Standort: Bulderner Straße,
GPS 51°51'22"N/07°28'37"O,
Tourist-Info,
Telefon 02597/699114,
www.senden-westf.de

48324 SENDENHORST
Stellplatz am Hallenbad

Gebührenfreier Stellplatz für 5 Mobile. Allgemein zugänglicher Parkplatz ohne markierte Übernachtungsflächen. Ebener, asphaltierter Untergrund. Ruhige und relativ zentrale Lage. Info-Tafel. Max. Aufenthalt: 3 Nächte. Ganzjährig. Strom, Wasser und Entsorgung: je 50 Cent.

Standort: Westtor 31,
GPS 51°50'34"N/07°49'02"O,
Tourist-Information,
Telefon 02526/303141,
www.sendenhorst.de

48291 TELGTE
Stellplatz am Dümmert

Gebührenfreier Stellplatz für 3 Mobile, in stadtnaher Lage an der Ems. Markierte Fläche auf einer naturbelassenen Wiese, beleuchtet und von hohen Bäumen umrandet. 600 m zum Stadtzentrum. Ganzjährig nutzbar. Strom: 1 Euro/1,5 kWh. Wasser: 1 Euro/120 Ltr.

Standort: Emstor,
GPS 51°59'06"N/07°47'29"O,
Tourismus + Kultur Telgte,
Telefon 02504/690100,
www.telgte.de

Telgte: idyllisch an der Ems und doch nah am Zentrum.

Waldschwimmbad Klatenberg

Gebührenfreier Stellplatz für 20 Mobile. Einfacher Parkplatz für Pkw und Reisemobile zwischen den Sportstätten und dem Waldbad am Stadtrand. Untergrund Asphalt. 1 km bis zur Innenstadt. Ganzjährig nutzbar.

Standort: Am Stadion/Waldweg,
GPS 51°59'34"N/07°47'14"O,
Tourismus + Kultur Telgte,
Telefon 02504/690100,
www.telgte.de

48231 WARENDORF
Stellplatz Bootshaus am Emssee

Gebührenfreier Stellplatz für 8 Mobile. Freie Platzwahl auf einem Parkplatz am nördlichen Seeufer. Gepflasterter Untergrund, ruhige Lage. NRW-Landgestüt 100 m, Stadtzentrum 400 m. Ganzjährig nutzbar. Strom: 50 Cent/kWh. Wasser: 1 Euro/100 Ltr.

Standort: Sassenberger Straße,
GPS 51°57'17"N/07°59'55"O,
Warendorf Marketing,
Telefon 02581/545400,
www.warendorf.de

DIE PERFEKTE WOCHE IM RUHRGEBIET

MODERNER, BUNTER, KREATIVER: Wer durchs Ruhrgebiet reist, erlebt oft sein grünes Wunder – und staunt darüber, dass zwischen Duisburg, Essen, Bottrop und Dortmund vieles ganz anders ist, als man denkt.

Freizeit-Revier: Der Leinpfad führt in einem 14-Kilometer-Rundkurs um den Baldeneysee.

Hier gibt's den Weitblick: Auf dem Förderturm des Bergbaumuseums in Bochum.

Immer wieder eine gute Idee: das Gasometer in Oberhausen zeigt tolle Ausstellungen.

Fotos: Jochen Tack

Weltkulturerbe Zeche Zollverein in Essen: links das Ruhrmuseum, rechts der Doppelbock.

Lebendiges Industriedenkmal: Der Duisburger Innenhafen ist ein Musterbeispiel für den Strukturwandel im Ruhrgebiet.

Industriecharme: Mountainbiker auf einem Schuttberg im Landschaftspark Duisburg.

Alles andere als antiquiert: die Rolltreppe der alten Kohlenwäsche im Ruhrmuseum.

Sommerliches Strandvergnügen gehört auch zum Ruhrpott, wie hier am Baldeneysee.

Natürlich muss eine Reise ins Ruhrgebiet mit der passenden Musik beginnen, aber klar muss sie das, deshalb sollte man die CD griffbereit haben, wenn am Horizont die ersten ... – jetzt würde man gerne „Schlote" schreiben, aber die gibt es hier ja kaum noch. Es gibt überhaupt nur sehr wenig von dem, was bisher immer gerne mit dem Ruhrgebiet in Verbindung gebracht wurde. Die meisten Zechen sind verschwunden beziehungsweise umgebaut, der Himmel ist nicht mehr grau, und Rauchsäulen sind auch nicht mehr zu sehen. Bochum aber ist noch da. Die Stadt, der Herbert Grönemeyer in den Achtzigern eine musikalische Liebeserklärung geschrieben hat, deren Text noch immer jeder hier auswendig kann und ihn bei den Heimspielen des VfL inbrünstig Richtung Rasen schmettert, ist eine gute erste Station. Und das Passieren des Bochumer Ortsschilds ein guter Moment, um die CD einzulegen: „Tief im Westen, wo die Sonne verstaubt", singt Grönemeyer, „ist es besser, viel besser, als man glaubt ..." Ach ja.

Vorurteile und Klischees: Vom ebenfalls ziemlich gebeutelten Ostfriesland einmal abgesehen gibt es in Deutschland keine Region, an der sie derart zäh kleben wie am Ruhrgebiet. Wer an das denkt, denkt an Kohlenpott, dem fallen Stahlwerke und Taubenzüchter und Männer mit verdreckten Gesichtern ein und all solche Dinge, der beschwört in Gedanken ein Land zwischen Schalke und Schimanski herauf, in dem die Menschen sich ausschließlich von Currywurst mit Pommes rot-weiß und Flaschenbier ernähren und die Wäsche auf der Leine schon wieder grau ist, bevor sie trocknen konnte.

> Wenn man abends im Biergarten nachzählt, kann es schon sein, dass man mehr Kaninchen und Eichhörnchen als Autos gesehen hat.

Im Ruhrgebiet angekommen, ist dann aber alles anders – grün. So grün, dass man bei seiner Tour durch das Revier vom ersten Tag an immer wieder den Eindruck hat, das Reisemobil-GPS habe einen versehentlich ins Sauerland dirigiert. Überall Parks! Überall Gärten! Überall Seen! Man kann hier komplette Urlaube an Sandstränden verbringen, kann Segeln lernen oder Windsurfen, Sandburgen bauen oder nur mit den Zehen im Sand buddeln.

Der Essener Baldeneysee ist so ein Vorzeigerevier für alle, die im Revier ein wenig Mittelmeeratmosphäre suchen, aber es gibt noch weitere: den Kemnader See in Bochum zum Beispiel oder den Duisburger Wolfsee, alle komplett mit Sandstrand und Surfern und Liegen, in denen gut gelaunte Menschen Cocktails trinken. Das ist noch so ein typisches

Shoppen und Staunen: Essens schicke Einkaufsmeile „Limbecker Platz" mitten in der City besticht mit moderner Architektur und trendigen Läden.

Die feuerrote Rolltreppe ist die längste in Deutschland: Ein Höhepunkt im Ruhrmuseum in der Zeche Zollverein in Essen.

Ruhrgebiets-Merkmal: Die Menschen hier sind aktiv. Sobald es das Wetter zulässt, sind sie draußen in der – ja, doch: Natur. Grün ist das Revier nämlich nicht bloß in seinen künstlich angelegten Parks und Gärten, sondern auch um und zwischen seinen Städten.

Oft wechseln Stadt und Land völlig unangekündigt, oft liegen zwischen stillgelegter Industrieanlage und dichtem Laubwald nur 30 Sekunden auf dem Rad. Besonders auffallend ist das entlang des Ruhr-Radwanderwegs, an dem das Revier beinahe idyllisch daherkommt mit seinen Fachwerkhäusern und Naturschutzgebieten. Wer hier die Räder vom Reisemobil nimmt, kann lange Tagestouren machen und niemals auch nur in die Nähe einer Innenstadt kommen. Wer dann gegen Abend irgendwo in einem Biergarten unter uralten Lindenbäumen sitzt und ernsthaft nachzählt, kann registrieren, dass er vermutlich mehr Kaninchen und Eichhörnchen gesehen hat als Autos.

Na also, geht doch: Schalke und Borussia ziemlich stolz und ziemlich nah.

In solchen Momenten lässt sich leicht vergessen, dass es auch ein anderes Ruhrgebiet gibt. Eines, dem seine lange, schwere Vergangenheit anzusehen ist, das mitgenommen wirkt, erschöpft, ausgelaugt. Solche Straßen, Viertel, Stadtansichten gehören zum Revier, und das Revier zeigt sie, ohne sich für sie zu schämen. Wie sonst vielleicht nur noch in Berlin liegen in Städten wie Essen oder Dortmund das Schöne und Nichtsoschöne nebeneinander, finden sich atemberaubend designte Bars neben gesichtslosen Siedlungshäusern, stehen architektonisch verwegene Museen neben Fabrikgebäuden mit zerbrochenen Fensterscheiben und bröckelndem Mauerwerk.

Im Revier hat das alles seinen Platz, weil das alles zum Revier gehört. Und von seiner Geschichte erzählt. Und wo wir gerade dabei sind: Auch für die Bewohner des Ruhrgebiets gilt, dass hier jeder sein Plätzchen findet. Menschen aus 170 Ländern wohnen zwischen Unna und Wesel. Es ist, als sei das Revier eine Art Open-Air-Experiment der Vereinten Nationen, die mal nachprüfen wollten, ob Multikulti auch außerhalb von New York funktionieren kann. Deswegen gibt es im Ruhrgebiet Hindi-Tempel und türkische Feinschmecker-restaurants, Spezialisten für armenische Küchenzutaten und natürlich auch Läden mit afrikanischen Gewürzen.

Die Ruhr hat der Region ihren Namen gegeben. Sie verbindet ihre Zentren, aber trotzdem war das Ruhrgebiet bis vor Kurzem keine wirkliche Einheit. Bis feststand, dass man Kulturhauptstadt Europas werden würde – da schlossen »

Für Sternengucker: Horizontal-Observatorium auf der Halde Hoheward in Herten.

Bergbaumuseum Bochum: Kleine Besucher üben sich als Bergleute.

Kunst-Licht: Aussichtsturm in Form einer Grubenlampe in der Dämmerung.

Begehbares Maskottchen: der Glaselefant als Wahrzeichen von Hamm.

sich die 53 Städte zwischen Wesel, Hamm, Hagen und Duisburg zusammen und überlegten, wie sie sich als zusammengehörende Metropole präsentieren könnten. Das Kulturhauptstadt-Jahr „Ruhr 2010" war ein Segen für die Region, für die Besucher sowieso. Die haben nämlich dadurch auch jetzt noch mehr Möglichkeiten, als man jemals während einer Reise abarbeiten kann. In Essen zum Beispiel. Da hat mit dem neuen Folkwang ein spektakuläres Museum eröffnet, das mit großartigen Ausstellungen über Malerei und Skulptur des 19. Jahrhunderts besticht. Seine Sammlungen waren während des Neubaus vorübergehend in der Villa Hügel untergebracht, dem ehemaligen Stammsitz der Krupp-Familie, der ebenfalls zu besichtigen ist.

In die Zeche Zollverein mit ihrem Ruhrmuseum und den Galerien und den Kunstwerkstätten muss man natürlich auch und ins Aalto-Musiktheater sowieso, und wenn man das alles gesehen hat, war man ja erst in Essen. Dann sollte man noch nach Dortmund, an einem Samstagnachmittag, zum Fußball. Nach Duisburg auch, an den Innenhafen, wo das Revier ein bisschen so tut, als sei es Amsterdam. Auf jeden Fall nach Recklinghausen und Gelsenkirchen und nach Oberhausen, ins Centro, mit 70 000 Quadratmetern eine der größten Shoppingmalls Europas.

Die verwöhnteste Stadt im Revier heißt Mülheim an der Ruhr: Mit keiner anderen haben es Geografie und Natur so gut gemeint. Ein Sommertag in Mülheim ist wie die Essenz eines perfekten Deutschland-Urlaubs, vor allem am Fluss, der sich hier sehr unentschlossen zeigt und in Schlaufen herumtrödelt, anstatt schnurstracks in Richtung Rhein zu fließen. Hier kann man wunderbar Rad fahren, spazieren oder picknicken oder auch mal überhaupt nichts tun, denn schließlich ist Urlaub.

Wenn man dann so auf seiner Decke im Gras sitzt, ein Eis isst und hinausschaut in eine Szenerie aus grünen Hügeln und Bäumen und vorbeifahrenden Ausflugsdampfern, dann merkt man, dass man schon die ganze Zeit einen Hit aus den Achtzigern im Kopf hat. Diesen Gassenhauer von Grönemeyer, einen, in dem es heißt, dass tief im Westen die Sonne verstaubt. Das würde der Herbert heute auch nicht mehr behaupten.

Stefan Nink

Grönemeyers Loblied auf die Wurst: „Kommse vonne Schicht, wat schönret gibt et nich als wie Currywurst."

BERGMANNSPARADEN

Sie gehören zur Identität des Ruhrgebiets wie die „Glück-auf!"-Begrüßungsformel: Bei den Bergmannsparaden (oder auch nur Bergparaden) wird ein Stück Reviergeschichte lebendig, das Besucher sonst meist nur noch in Museen und Ausstellungen erfahren können. Die 13 Bergmannschöre im Ruhrgebiet pflegen ihre Traditionen mit Hingabe, sie geben übers ganze Jahr zahlreiche Konzerte und Paraden. Wer die Bergleute in stolzer Knappenuniform marschieren sehen und singen hören möchte, findet unter www.bergmannschoere.de einen Überblick über alle Konzerte.

Stimmprobe auf der Halde: Bergleute des Bergwerks Prosper Haniel unter dem Gipfelkreuz in typischer Knappenuniform.

STELLPLATZ-TIPPS bitte umblättern ›

Ein Pott voller Überraschungen

Von gemütlichen Hafenrundfahrten. Von einem begehbaren Tetraeder. Von einer Kultur-Zeche mit großem Programm. Von Musicals, Theatern und von vielen grünen Parks.

1 DUISBURG vereint spannende Gegensätze am westlichen Rand des Ruhrgebiets. Die Stadt an Rhein und Ruhr setzt aufs Wasser – und eine fast maritime Atmosphäre. Auf den Seen im Stadtgebiet wird gesegelt und gerudert, es gibt Wasserskianlagen, Hafenrundfahrten und Yachtverleiher. Der Innenhafen mit seinen Promenaden, Museen und Restaurants ist ein wunderbares Beispiel dafür, wie man alter Industriearchitektur eine neue Bestimmung geben kann. **www.duisburg.de**

2 OBERHAUSEN und das benachbarte Bottrop beeindrucken im Doppelpack: Das größte Einkaufszentrum Europas! Die längste Indoor-Skipiste der Welt! Außerdem unbedingt besuchen: Oberhausens Gasometer, das Industriedenkmal mit seinen spannenden Ausstellungen. Und Bottrops Vergnügungspark Movie Park Germany sowie das Tetraeder, eine begehbare Stahlrohrkonstruktion auf einer ehemaligen Abraumhalde, die zum Wahrzeichen der Stadt geworden ist. **www.oberhausen.de**

3 ESSEN verzückt Kreative und Kunstliebhaber. Allein die Zeche Zollverein – ein Unesco-Weltkulturerbe – bietet tolles Programm. Und dann warten das neue Museum Folkwang, die Villa Hügel und im Dom einer der bedeutendsten Schätze der deutschen Vergangenheit. Wer anschließend noch Energie hat, darf sich auf eine vielfältige Jazz-, Klassik- und Theaterszene freuen. Und auf einige der schicksten Bars und besten Restaurants des Ruhrgebiets. **www.essen.de**

4 BOCHUM bietet nicht nur dem Vfl-Fußball die ganz große Bühne: Sein Schauspielhaus ist eines der besten in Deutschland. Seine Ruhrtriennale: das wichtigste Theaterfestival Europas. Und dann gibt es noch Musicals, Festspiele und viele andere Kulturveranstaltungen. Zur Region gehört auch das Emscher-Lippe-Gebiet, die grüne Lunge des Reviers: Hier warten 156 Kilometer Reitwege, 900 Kilometer Radfahrwege und 72 Kilometer Wasserstraßen. **www.bochum.de**

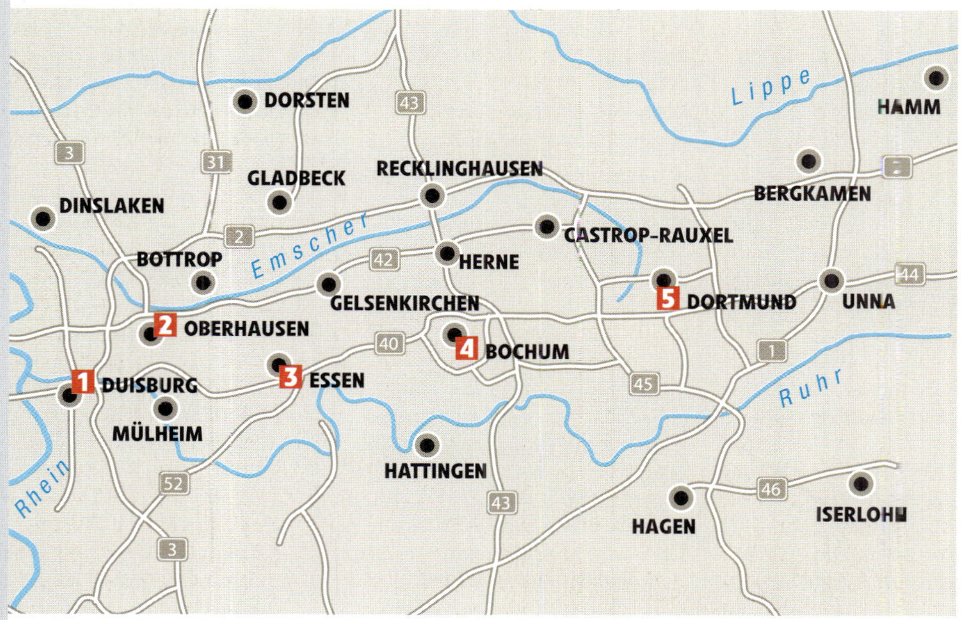

5 DORTMUND ist geschichtsträchtige Industriemetropole und Fußballstadt der Extraklasse. Museen gibt es ebenfalls einige und tolle Kneipen und schicke Restaurants sowieso. In der Nachbarschaft: Unna mit seinem weltweit einzigartigen „Zentrum für internationale Lichtkunst". Und Hagen, die offiziell „grünste Großstadt des Reviers". **www.dortmund.de**

STELLPLATZ-TIPPS

59192 BERGKAMEN
Stellplatz Marina Rünthe

Gebührenpflichtiger Stellplatz für 18 Mobile. Halbkreisförmig angelegter Platz in wunderschöner Lage inmitten des westfälischen Sportbootzentrums und nahe beim Naturschutzgebiet Beversee. Behindertengerecht ausgestattet. Öffentliche Toilette im Turmgebäude und Info-Terminal für Touristen. Abwechslungsreiche Gastronomie. Maximaler Aufenthalt: 3 Tage. Ganzjährig nutzbar. Holiday-Clean-Anlage an extra Fahrspur, Bodeneinlass. 7 Euro pro Nacht und Mobil. Strom: 50 Cent/kWh. Wasser: 1 Euro/80 Ltr., Parkscheinautomat.

Standort: OT Rünthe, Hafenweg 10A, GPS 51°38'29"N/07°38'35"O, Christiane und Detlef Göke, Mobil 0172/9722575, www.wohnmobilhafen-bergkamen.de

Bergkamen: der Wohnmobilhafen an der Marina Rünthe.

46244 BOTTROP
Movie Park Germany

Gebührenpflichtiger Stellplatz für 100 Mobile auf dem Camper-Parkplatz am Eingang zum Entertainment-Park. Ebener, gepflasterter Untergrund, relativ ruhige Lage, kein Schatten, beleuchtet. Keine V+E. Gebühren: 5 Euro pro Nacht und Mobil. Saison: Anfang April bis Oktober.

Bottrop: der Reisemobilstellplatz im Stadtteil Kirchhellen.

Standort: Warner-Allee 1, GPS 51°37'21"N, 06°58'16"O, Info: Telefon 02045/899715, www.moviepark.de

45711 DATTELN
Schnieder Mobile Freizeit

Gebührenfreier Stellplatz für 5 Mobile. Ausgewiesener Bereich neben dem Handelsbetrieb im Gewerbegebiet. Ebener, gepflasterter Untergrund. Ganzjährig nutzbar. Wasser: 1 Euro.

Standort: Bülowstraße 80, GPS 51°39'58"N/07°20'45"O, Telefon 02363/34503, www.schnieder-datteln.de

46282 DORSTEN
Reisemobilhafen An der Lippe

Gebührenpflichtiger Stellplatz für 38 Mobile. Reisemobilhafen zwischen Lippe, Wesel-Datteln-Kanal und dem Spaßbad Atlantis. Ebener, geschotterter Untergrund. Wenig Schatten, zentrale Lage zur Altstadt. Info-Tafel mit Prospektmaterial, Müllbehälter, 3 Picknick-Sitzgarnituren am Platz. Täglicher Brötchenservice zwischen 8.15 und 8.45 Uhr, auch an Sonn- und Feiertagen. Gebühren: 5 Euro pro Nacht und Mobil. Strom (16 Anschlüsse): 1 Euro/8 Std. Wasser: 1 Euro/10 Min. Duschen im Atlantisbad: 2 Euro/20 Min. Ganzjährig.

Standort: Zur Lippe, GPS 51°40'00"N/06°58'05"O, Info: WinDor, Tel. 02362/663461, www.win-dor.de

Dorsten: der neu angelegte Reisemobilhafen an der Lippe.

44369 DORTMUND
Mobilcamp Dortmund

Gebührenpflichtiger Stellplatz für 49 Mobile auf einer ehemaligen Tennisanlage am Rand des Revierparks Wischlingen. Betonierter, ebener Untergrund. Ruhige Lage. Areal eingezäunt und beleuchtet. Sat-Empfang wegen hoher Bäume nicht an allen Plätzen möglich. Für Clubtreffen geeignet. Komplette V+E mit Holiday-Clean-Anlage. Gebühren: 8 Euro pro Nacht und Mobil inkl. 2 Personen. Weitere Person: 3 Euro. Strom (30 Anschlüsse): 50 Cent/kWh. Dusche: 1 Euro. Ganzjährig nutzbar.

Standort: Wischlinger Weg 61, GPS 51°31'10"N, 07°23'58"O, Info: Wolfgang Meyer, Mobil 0172/2314834, www.wischlingen.de

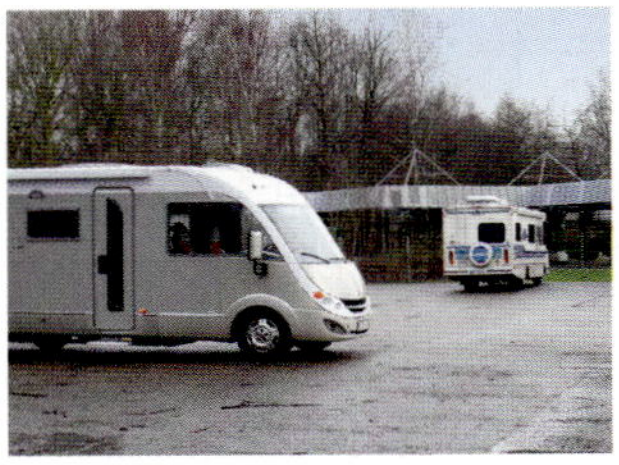

Dortmund: das Mobilcamp im Revierpark Wischlingen.

47137 DUISBURG
Landschaftspark Nord

Gebührenfreier Stellplatz für 5 Mobile auf dem Großparkplatz für Pkw und Busse. Ebener, asphaltierter Untergrund auf dem vorderen Teil des Parkplatzes, die hinteren Abschnitte sind eben und meist geschottert. Relativ ruhige Lage, ein Biergarten befindet sich gegenüber. Ganzjährig nutzbar.

Standort: OT Meiderich, Emscherstraße 71, GPS 51°29'02"N/06°46'50"O, Besucherzentrum, Telefon 0203/4291919, www.landschaftspark.de

Duisburg: der Stellplatz am Hochofen im Landschaftspark.

58730 FRÖNDENBERG/RUHR
Stellplatz am Rathaus

Gebührenfreier Stellplatz für 2 Mobile. Einfacher Parkplatz für Pkw und Reisemobile. Ebener, gepflasterter Untergrund. Aufenthalt nur von Freitag, 14 Uhr, bis Montag, 6 Uhr. Ganzjährig nutzbar.

Standort: Ruhrstraße 9, GPS 51°28'15"N/07°46'05"O, Stadtmarketing, Telefon 02373/976238, www.froendenberg.de

45883 GELSENKIRCHEN
Stellplatz Nienhausen

Gebührenpflichtiger Stellplatz für 22 Mobile. Auf Rasengittersteinen angelegtes Areal mitten im Parkgelände, umgeben von Wiesen und Teichen. Gastronomie am Platz. Ganzjährig nutzbar. EVA-Anlage. 7 Euro pro Nacht und Mobil. Strom: 1 Euro/2 kWh. Wasser: 1 Euro/80 Ltr.

Standort: OT Feldmark, Feldmarkstraße 201, GPS 51°30'06"N/07°03'48"O, Stellplatzbetreuung Andreas Reimann, Telefon 0178/6917383, www.nienhausen.de

45964 GLADBECK
Stellplatz Gladbeck

Gebührenfreier Stellplatz für 25 Mobile. Reservierter und beschrankter Parkstreifen am Rand eines Großparkplatzes. Ebener, mit Rasenpflaster befestigter Untergrund, Parkboxen für längere Mobile zu kurz. Info-Tafel an der Einfahrt zum Platz. Leichte Lärmbelästigung durch die nahe Autobahn möglich. V+E, aber ohne Strom. Ganzjährig nutzbar.

Standort: Bohmert-/Burgstraße, GPS 51°33'34"N/06°59'06"O, Telefon 02043/992737, www.gladbeck.de

www.promobil.de/ stellplaetze

Gladbeck: Die Barriere soll Pkw-Fahrer fernhalten.

58091 HAGEN
LWL-Freilichtmuseum Hagen

Gebührenfreier Stellplatz für 5 Mobile auf dem Parkplatz am Landesmuseum für Handwerk und Technik. Nachts sind die Schranken geschlossen, die Ein- und Ausfahrt ist dann nicht möglich. Saison: April bis Oktober.

Standort: Selbecker Straße,
GPS 51°20'06"N/07°28'36"O,
Telefon 02331/78070,
www.lwl-freilichtmuseum-hagen.de

45721 HALTERN AM SEE
Stellplatz Hullerner Straße

Gebührenfreier Stellplatz für 30 Mobile auf dem öffentlichen Parkplatz gegenüber dem Freizeitbad Aquarell. Ebener, gepflasterter Untergrund. Ganzjährig nutzbar. Strom: Gebühr nicht bekannt. Wasser: 1 Euro/100 Ltr.

Standort: OT Haltern-Mitte,
Hullerner Straße/Lippspieker
GPS 51°44'30"N/07°11'49"O,
Telefon 02364/933366,
www.haltern.de

59071 HAMM
Stellplatz am Maximare

Gebührenpflichtiger Stellplatz für 5 Mobile an der Erlebnistherme. Ausgewiesener Bereich mit geschottertem, ebenem Untergrund. Ruhige Lage am Rand des Kurparks und den Sportanlagen. Bei Nutzung der Familienkarte Aquawelt im Maximare wird die Stellplatzgebühr erstattet. Ganzjährig nutzbar. 3,80 Euro pro Nacht und Mobil inkl. Strom und Wasser. Schlüsselkaution: 35 Euro.

Standort: OT Bad Hamm,
Jürgen-Graef-Allee 2,
GPS 51°41'17"N/07°50'09"O,
Telefon 02381/8780,
www.maximare.com

Hamm: Stellplatz vor der Riesenrutsche am Freizeitbad.

45525 HATTINGEN
Stellplatz Roonstraße

Gebührenfreier Stellplatz für 2 Mobile auf einem Parkplatz in der Innenstadt markiert. Untergrund aus Asphalt. Mehrere Restaurants und Läden in unmittelbarer Nähe. Ganzjährig nutzbar. Holiday-Cleany-Anlage. Wasser: 50 Cent/40 Ltr.

Standort: Roonstraße 7,
GPS 51°24'06"N/07°11'02"O,
Telefon 02324/951395,
www.hattingen-marketing.de

59174 KAMEN
Reisemobile Brumberg

Gebührenfreier Stellplatz für 4 Mobile auf dem Gelände des Handelsbetriebs mit Werkstatt, Service und Shop. Ebener, gepflasterter Untergrund. Supermarkt 200 m. Ganzjährig nutzbar. Strom (4 Anschlüsse): 50 Cent/6 Std.

Standort: Herbert-Wehner-Str. 16,
GPS 51°35'20"N/07°38'43"O,
Telefon 02307/79825,
www.brumberg-reisemobile.de

47441 MOERS
Stellplatz am Freizeitpark

Gebührenfreier Stellplatz für 4 Mobile auf dem Parkplatz des Schlossparks mit Freizeiteinrichtungen. Ebener Untergrund aus Rasengittersteinen. 500 m bis zum Stadtzentrum mit Gastronomie und Einkaufsläden. Ganzjährig nutzbar. Wasser an der Tankstelle Krefelder Straße 10, Entsorgung im Klärwerk Moers-Gerdt.

Standort: Krefelder Straße,
GPS 51°26'49"N/06°37'00"O,
Telefon 02842/960350,
www.moers.de

45468 MÜLHEIM/RUHR
Stellplatz in den Ruhrauen

Gebührenfreier Stellplatz für 5 Mobile direkt am Ruhrtal-Radweg. Ausgewiesener Teil eines Parkplatzes in der Nähe der Ruhrauen. Nicht ganz ebener, gepflasterter Untergrund. Beleuchtet, wenig Schatten. Maximaler Aufenthalt: 3 Tage. Ganzjährig. Holiday-Clean-Alage am Hymer-Zentrum an der B 1.

Standort: OT Saarn,
Mintarder Straße
GPS 51°24'49"N/06°52'13"O,
Mülheimer Stadtmarketing,
E-Mail touristik@mst-mh.de,
Telefon 0208/9609642,
www.muelheim-ruhr.de

Mülheim-Saarn: markierter Stellplatz in den Ruhrauen.

46045 OBERHAUSEN
Stellplatz am Kaisergarten

Gebührenpflichtiger Stellplatz für 55 Mobile. Durch Hecken parzelliertes, beleuchtetes Gelände. Ebener Untergrund aus Schotterrasen, breite Fahrspuren. Die nahe Eisenbahnlinie ist zu hören,

Oberhausen: Der Stellplatz liegt neben der Bahnlinie.

sonst ruhig gelegen. Komplette V+E mit Bodeneinlass. Auch für große Fahrzeuge geeignet. Gebühren: 7 Euro pro Nacht und Mobil. Strom (24 Anschlüsse): 50 Cent/3 Std. Wasser: 1 Euro. Entsorgung: 1 Euro. Ganzjährig.

Standort: Am Kaisergarten,
GPS 51°29'13"N/06°51'19"O,
Telefon 0208/3770612,
www.ogm.de

45731 WALTROP
Gaststätte Zur Lohburg

Gebührenpflichtiger Stellplatz für 10 Mobile. Ebene, befestigte Wiese gegenüber der Gaststätte am Waldrand. März bis Oktober, im Winter auf Anfrage. 5 Euro pro Nacht und Mobil, Strom: 2 Euro.

Standort: OT Oberwiese,
Lohburger Straße 105,
GPS 51°36'22"N/07°20'56"O,
Telefon 02309/2286,
www.lohburg.de

Weitere Stellplatz-Tipps für das Ruhrgebiet gibt es im *promobil*-Stellplatz-Atlas Deutschland und im Internet unter www.promobil.de. Hier finden Sie auch die Geo-Daten für Navigationsgeräte.

58300 WETTER/RUHR
Stellplatz am Ringplatz

Gebührenfreier Stellplatz für 5 Mobile auf einem begrünten Pkw-Parkplatz an der Ruhr. Standflächen für Fahrzeuge bis max. 7,50 m Länge. Untergrund aus Rasenpflaster. Ganzjährig nutzbar.

Standort: OT Alt-Wetter,
Ringstraße,
GPS 51°22'55"N/07°23'55"O,
Telefon 02335/840188,
www.stadtmarketing-wetter.de

58454 WITTEN
Reisemobil-Center Josuweck

Gebührenfreier Stellplatz für 8 Mobile. Reservierter geschotterter Platz im Firmengelände. Ganzjährig nutzbar. Holiday-Clean-Anlage.

Standort: Pferdebachstraße 150
GPS 51°27'33"N/07°21'27"O,
Telefon 02302/18083,
www.josuweck.de

DIE PERFEKTE WOCHE IN DÜSSELDORF

AVANTGARDE UND TRADITION gehen in dieser Stadt Hand in Hand – nicht weit vom Medienhafen mit seiner futuristischen Architektur liegen die weltberühmte Königsallee und die beliebte Altstadt, bekannt als „längste Theke der Welt".

Glänzende Fassaden: die berühmten Gehry-Bauten im Medien-Hafen, im Hintergrund grüßt der Rheinturm.

Düsseldorf leuchtet: Nächtliche Skyline mit Rheinturm und der markanten Rheinkniebrücke, links zieht sich die schöne Uferpromenade entlang.

Behäbig wummern die Schiffsdiesel der Lastkähne, vom Fluss weht ein leichter Geruch von Öl, Hafen, Meer und Weite herüber. Leinen schlagen an Masten, Flaggen knattern im Wind, ruhig strömt der Rhein Richtung Nordsee. In Düsseldorf logieren wir mit dem Reisemobil erste Reihe Mitte auf dem Stellplatz Tonhalle/ Untere Rheinwerft, einem abgeteilten Areal des großen Parkplatzes direkt am Kai, der sich unmittelbar an die Rheinufer-Promenade anschließt. Die hohe Bruchsteinmauer und dicht belaubte Bäume sorgen für die optische Trennung zur viel befahrenen Joseph-Beuys-Uferstraße, der Bug des Mobils zeigt zum Fluss, quasi vom Bett aus kann man den Rheinschiffen nachwinken. Ein schönerer städtischer Stellplatz lässt sich kaum denken.

Zumal er einen weiteren Vorteil hat: Die berühmte Düsseldorfer Altstadt und viele weitere Sehenswürdigkeiten lassen sich von hier aus bequem zu Fuß erreichen. Ein paar Schritte am Kai entlang Richtung Süden spaziert, unter der Oberkasseler Brücke hindurch, und schon beginnt die Rheinufer-Promenade mit ihren Schiffsanlegern und endlos vielen Restaurants und Cafés. Eine breite Freitreppe, bei schönem Wetter dicht besetzt von Jugendlichen und Reisenden aus aller Welt, führt hoch zum pummeligen Schlossturm, der ein mit interaktiven Modulen ausgestattetes Schifffahrtsmuseum beherbergt – vom Restaurant Laterne in der Spitze des Turms aus gibt es bei Kaffee und Kuchen einen tollen Blick über Stadt und Strom.

Interessante Museen und großartige Ausstellungen zuhauf locken Besucher in die Landeshauptstadt Nordrhein-Westfalens. Die berühmte Kunstakademie etwa, lange Zeit von Malerfürst Markus Lüpertz dirigiert, Heine-Haus und -Institut, das Hetjens-Museum mit seiner weltweit einmaligen Keramiksammlung, Kulturtempel wie die Kunstsammlung K21 oder die Julia Stoschek Collection, Bühnen für großes Theater und Musik à la Schauspielhaus, Tonhalle und Deutsche Oper am Rhein – wer auf seiner Städtetour Kultur schnuppern will, ist in Düsseldorf goldrichtig.

Die rund drei Millionen Besucher pro Jahr (damit hat Düsseldorf etwa so viele Gäste wie Sylt) haben aber meist nicht nur Schöngeistiges im Sinn. Mit acht Lifestyle- und Modemessen und mehr als 1400 Firmen aus der Modebranche zählt die Rheinmetropole auch zur absoluten Weltspitze in Sachen Fashion – beste Voraussetzung für einen ausgedehnten Einkaufsbummel. Dabei locken natürlich in erster Linie die noble Königsallee (kurz Kö), aber auch andere feine Konsum-Adressen, etwa die schicken Schadow-Arkaden gleich nebenan oder die Shoppingmeile Lorettostraße in der Nähe des futuristisch-modernen Boomviertels MedienHafen.

Und dann ist da – ganz wichtig – noch eine andere Attraktion: Nur ein paar Gehminuten vom Reisemobilstellplatz entfernt beginnt die Düsseldorfer Altstadt mit ihrer enormen Dichte gemütlicher Kneipen, in denen gutes Altbier in Strömen fließt. Wenn dann die Sonne scheint, stehen Terrassen und Trottoirs blitzschnell voller Tische und Stühle – da kommt beinahe südländisches Flair auf. Mehr Infos zu einigen der wichtigsten Highlights der Stadt finden Sie auf den folgenden Seiten.

Thomas Zwicker

DÜSSELDORFS GLANZLICHTER bitte umblättern >>>

JAPANISCHE GEMEINDE

Nippon liegt am Rhein: Mit rund 6500 Menschen hat Düsseldorf hinter London und Paris die drittgrößte japanische Gemeinde unseres Kontinents. Seit mehr als 50 Jahren prägen Menschen aus Fernost das Bild der Stadt – die meisten von ihnen sind aus beruflichen Gründen als gut bezahlte Spezialisten mitsamt ihrer Familie an den Rhein gezogen, andere studieren an der Musikhochschule oder Kunstakademie. Rund um die Immermannstraße am Rand der Altstadt häufen sich japanische Feinkostläden, Design- und Möbelgeschäfte. Zudem gibt es die besten japanischen Restaurants der Republik, etwa das Nagaya (Klosterstraße 42, www.nagaya.de), das Fleisch der täglich massierten und mit Bier gefütterten Kobe-Rinder serviert. Spektakulär ist der alljährliche Japantag, der mit einem großen Feuerwerk über dem Rhein endet. www.japantag-duesseldorf-nrw.de

Farbenfroh: Am Japantag wird fernöstliche Lebensart zelebriert.

Ort großer Veranstaltungen: die Tonhalle, nur ein paar Meter vom Stellplatz am Kai entfernt.

Altstadt-Oasen: treue Stammgäste in der Traditionskneipe Uerige.

Die bewährte Zicke: mit Wänden voll alter Film- und Kunstplakate und Brötchen von Bäcker Hinkel.

Große Welle: Das Schauspielhaus am Gustav-Gründgens-Platz zählt zu den besten Theatern der Region.

DAS DÜRFEN SIE NICHT VERPASSEN

» DÜSSELDORFS GLANZLICHTER – DIE BESTEN TIPPS

1 RHEINUFER-PROMENADE

Deckel drauf und Schluss: Seit die Rheinuferstraße, täglich von mehr als 55 000 Autos befahren, unter die Erde verlegt wurde, hat Düsseldorf eine zweite Flaniermeile neben der Königsallee. Auf dem Dach des Tunnels entstand die Rheinufer-Promenade, die über knapp zwei Kilometer zwischen Oberkasseler- und Rheinkniebrücke entlang der Altstadtfront verläuft. Sie ist heute einer der Hauptanziehungspunkte für Urlauber dank ihrer vielen Schiffsanleger, Bars und Cafés. Man bummelt unter mehr als 600 Platanen, lauscht den Straßenmusikern auf den Treppenstufen zum Schlossturm – und genießt abends den tollen Sonnenuntergang über dem linksrheinischen Ufer.

Immer am Kai entlang: die Rheinufer-Promenade mit ihren vielen Schiffsanlegern und Restaurants.

2 RATHAUS

Zu den prunkvollsten Bauwerken inmitten der Altstadt zählt der Rathaus-Komplex, der den Marktplatz umschließt. Seine ältesten Gebäudeteile stammen von 1570, die Fassade blieb fast unverändert erhalten. Es gibt auch Führungen. Auf dem Platz vor dem Haupteingang dominiert die mächtige, vom Bildhauer Gabriel de Grupello geschaffene Reiterstatue des Kurfürsten Jan Wellem. www.duesseldorf-tourismus.de

Ruhiger Platz mitten im Trubel: Rathaus und Jan-Wellem-Statue, ringsum liegen die Kneipen.

Karte: Hallwag

*Eine detaillierte Beschreibung dieses und weiterer Stellplätze finden Sie auf der nächsten Seite.

Ganz schön schräg: die Gehry-Bauten im Medien-Hafen.

3 MEDIENHAFEN

Glitzernde Fassaden, mutige Konstruktionen internationaler Star-Architekten, coole Bars und Restaurants – der Medienhafen Düsseldorf zählt zu den attraktivsten Stadtvierteln der Metropole. Auf den Kaimauern des alten Handelshafens stehen avantgardistische Bauten, Kernstück ist der „Neue Zollhof" von Frank O. Gehry, in dessen mittlerem Block sich die äußeren Gebäudeteile widerspiegeln. Denkmalgeschütze Lagerhallen wurden restauriert und dienen nun als Bürofläche für die IT- und Medien-Branche. Abends treffen sich Anwohner, Büroangestellte, Urlauber und junge Leute in den Restaurants und Bars, als Feinschmeckermeile genießt der Medienhafen längst Kultstatus. Und zum Sonnenuntergang ist ein Fußmarsch entlang des Hafenbeckens besonders reizvoll. www.medienhafen.de

Alles frisch: kultiger Wochenmarkt Carlsplatz.

4 CARLSPLATZ

Zu den schönsten Märkten unseres Landes zählt der Carlsplatz, weithin für seine Spezialitäten bekannt. Täglich ab 8 Uhr (außer sonntags) werden heimisches Obst und Gemüse, feinste Backwaren, aber auch seltene Tee- und Kaffeesorten offeriert – da lässt sich die Küche des Reisemobils gut auffüllen. www.carlsplatz.net

5 KÖNIGSALLEE

Die Luxus-Einkaufsmeile der Landeshauptstadt, im Volksmund nur „Kö“ genannt, ist ein breiter, rund ein Kilometer langer Boulevard, in dessen Mitte zwischen hohen Bäumen der Stadtgraben fließt. An dieser Shoppingmeile reiht sich ein Nobelgeschäft an das andere, dazwischen liegen feine Straßencafés, die im Sommer gerne auch draußen servieren. In zweiter Reihe parken davor Ferrari, Porsche und Lamborghini, sehen und gesehen werden heißt die Devise. Wer Alternativen zu Chanel, Gucci, Prada & Co. sucht, muss nicht weit laufen – gleich um die Ecke wartet etwa die Schadowstraße mit Kaufhäusern und Arkaden, die ebenfalls ein feines Angebot führen.

Shoppingmeile mit Wohlfühl-Zonen: der Tritonbrunnen inmitten der Königsallee.

6 ALTSTADT-KNEIPEN

Längste Theke der Welt wird sie liebevoll genannt: Die Düsseldorfer Altstadt mit ihren vielen urigen Kneipen und Restaurants ist ein Hort rheinischen Frohsinns. In den oft verkehrsberuhigten Straßen reiht sich ein Lokal an das andere – „Ja sind wir im Wald hier, wo bleibt unser Altbier“ ist ein Ohrwurm, der gern gesungen wird. Bolkerstraße, Kurze Straße, Ratinger Straße & Co. sind Epizentren der Feierlust, Kneipen wie die Brauerei zum Schlüssel, die Zicke oder der Uerige, wo nur selbst gebrautes Bier serviert wird, haben Kultstatus. Viele Lokale servieren zudem solide, bodenständige Gerichte wie Senfrostbraten oder Ähzesupp (Erbsensuppe). Unter dem Motto „Kirchen, Kunst & Kneipen“ gibt es übrigens auch Altstadt-Führungen, die nicht nur die kulinarischen Genüsse berücksichtigen. www.duesseldorf-tourismus.de

Ein Lokal neben dem anderen: Altstadt, hier die Schneider-Wibbel-Gasse.

7 RHEINTURM

Ein Wahrzeichen der Stadt ist der Rheinturm, mit rund 240 Metern das höchste Gebäude Düsseldorfs und der zehnthöchste Fernsehturm unseres Landes. Er steht am östlichen Rand des MedienHafens und ist von der Altstadt aus gut zu Fuß zu erreichen. Vom Sockel des Turms führen zwei Aufzüge zum Bistro mit Aussichtsplattform und weiter zum Restaurant in 172,50 Meter Höhe, das sich einmal pro Stunde um die Turmachse dreht und dabei zauberhafte Blicke auf Stadt und Land bietet. Eine Besonderheit ist die Lichtskulptur an der Nordostseite des Turms – 39 übereinander angeordnete, beleuchtete Bullaugen zeigen sekundengenau die Zeit an. www.duesseldorf.de

Da staunste: Der Rheinturm ist stolze 240 Meter hoch.

Organische Architektur: Das Schauspielhaus lockt mit attraktivem Spielplan.

8 DÜSSELDORFER SCHAUSPIELHAUS

Die wichtigste Bühne dieser Region ist das Düsseldorfer Schauspielhaus, dessen wellenförmige, mit weißen Kunststoff-Paneelen verkleidete Fassade nachts eigenwillig illuminiert ist und als herausragendes Beispiel für organische Architektur gilt. Es ist unterteilt ins Haupthaus mit rund 900 Plätzen sowie ein Kleines Haus für etwa 300 Besucher. Intendant Staffan Valdemar Holm sorgt für den hochklassigen Spielplan – eine Top-Adresse für einen unterhaltsamen Abend. www.duesseldorfer-schauspielhaus.de

AUSFLÜGE IN DIE UMGEBUNG

» RUND UM DÜSSELDORF – SEHENSWERTES & NATUR

Schloss Benrath: als wär's ein Stück vom Zuckerbäcker.

SCHLOSS BENRATH

Für Kulturfreunde ist der schnelle Abstecher nach Schloss Benrath eine überaus lohnende Angelegenheit. Ein paar Kilometer südöstlich der Stadt gelegen, ist allein schon das 1755 unter Kurfürst Karl Theodor erbaute Anwesen mit seinen prunkvoll ausgestatteten Räumen und vielen Skulpturen eine Augenweide. Der kleine Fluss Itter speist einen Kanal, der gemeinsam mit dem traumschönen Schlosspark ein Ort für Mußestunden und auch Schauplatz großer Musikveranstaltungen ist. Zudem beherbergt das Anwesen drei wichtige Sammlungen: Die Museen für Europäische Gartenkunst, für Naturkunde sowie das Museum Corps de Logis bieten mit ihren liebevoll gestalteten Erlebnisräumen, einem Mini-Planetarium, Führungen und mehr reichlich Kurzweil für große und kleine Besucher. www.schloss-benrath.de

Fahren direkt ab Rheinufer-Promenade: die Schiffe der Weißen Flotte Düsseldorf.

SCHIFFSAUSFLÜGE

Die Weiße Flotte Düsseldorf verlockt zu geruhsamen Flussfahrten, etwa zu Tagesausflügen nach Köln, und fährt zudem im Linienverkehr zur ehemaligen Reichsstadt Kaiserswerth. Tagestouren ins mittelalterliche Zons und zum Duisburger Hafen offerieren auch die Dampfer der Köln-Düsseldorfer Rheinschiffahrt AG. www.weisseflotte-duesseldorf.de, www.k-d.de

Wassersport gut: Unterbacher See.

UNTERBACHER SEE

Viel Badespaß verspricht der Unterbacher See, rund 15 Kilometer westlich der Düsseldorfer Altstadt gelegen. Im Sommer ist das rund 85 Hektar große und bis zu 13 Meter tiefe Gewässer ein wahres Freizeitparadies mit Sandstränden, Bootsverleih, Rad- und Wanderwegen und Minigolf. www.unterbachersee.de

DUISBURGER HAFEN

Der größte Binnenhafen Europas mit 21 Becken, einer Wasserfläche von 180 Hektar und einem Gesamtumschlag von mehr als 80 Millionen Tonnen ist per Schiff oder mit dem Reisemobil ab Düsseldorf schnell erreicht – ein einfacher Stellplatz befindet sich direkt am Museum der Deutschen Binnenschifffahrt. Dort am Duisburger Innenhafen locken nicht nur Yachten, Hafenrundfahrten und Candle-Light-Dinner an Bord, sondern auch eine der attraktivsten Gastronomiemeilen Duisburgs. Außerdem ist es von hier nur ein kurzer Fußweg zu etlichen Kaufhäusern, Museen und sogar zur Spielbank der Stadt. www.duisburg.de

Drehpunkt für den Handel: der Duisburger Hafen.

MUSEUM INSEL HOMBROICH

In einer Park- und Auenlandschaft in Neuss-Holzheim, ein paar Fahrminuten südwestlich von Düsseldorf, liegen versteckt zehn skulpturenartige Bauten, entworfen vom Künstler Erwin Heerich. In diesem außergewöhnlichen Ambiente sind u. a. Werke von Norbert Tadeusz, Constantin Brancusi und Paul Cèzanne ausgestellt. Allein der Bummel durch den Park ist ein Genuss, zur Stärkung gibt es eine Cafeteria. www.inselhombroich.de

Außergewöhnliche Location, eigenwillige Kunst: Museum Insel Hombroich.

STELLPLATZ-TIPPS

Info & Stellplätze

INFORMATION

Die Tourist-Information in der Altstadt bietet täglich von 10 bis 18 Uhr Infos zu Sehenswürdigkeiten, Gastronomie, Rundfahrten, Führungen und verkauft zudem Eintrittstickets und Souvenirs. Viele gute Infos auf der Website.

Marktstr./Ecke Rheinstr., 40213 Düsseldorf, Tel. 0211/17202840, www.duesseldorf-tourismus.de

STELLPLÄTZE

40213 DÜSSELDORF

Stellplatz Rheinterrasse/ Tonhalle 1

Gebührenpflichtiger Stellplatz für 30 Mobile. Gekennzeichneter Teil eines Pkw-Parkplatzes am Rhein. Gepflasterter, etwas holpriger Untergrund. Ganzjährig. Teilsperrung während der Frühjahrskirmes und anderen Großveranstaltungen. Reservierungen sind nicht möglich. Holiday-Clean-Anlage auf dem Gelände des Großmarktes, Ulmenstraße. 2 Euro pro Mobil/Std., Höchstsatz: 12 Euro für 24 Std.

Standort: Robert-Lehr-Ufer 1, GPS 51°14'26"N/06°46'08"O, Verkehrswacht Parkplatz, Telefon 0211/5867070, www.parkservice24.de, Düsseldorf Marketing, Telefon 0211/172020, www.duesseldorf-tourismus.de

Stellplatz am Messeparkplatz P1

Düsseldorf: Der riesige Platz ist Kult beim Caravan-Salon.

Gebührenpflichtiger Stellplatz für 3500 Mobile, davon 800 Plätze mit Strom. Ebene Rasenstreifen, durch Bäume beschattet. Bitte beachten: Das Caravan Center ist nur zu bestimmten Veranstaltungen geöffnet. Keine Reservierung. 12–30 Euro pro Nacht und Mobil inklusive V+E sowie Nutzung der Sanitäranlage.

Standort: Am Staad, GPS 51°16'11"N/06°43'28"O, Telefon 0211/4560135, www.messe-duesseldorf.de oder auf der Homepage der jeweiligen Messeveranstaltung.

WEITERE STELLPLÄTZE

40699 ERKRATH

Stellplatz Düsseldorf/Erkrath

Erkrath: Der Stellplatz liegt vor den Toren Düsseldorfs.

Gebührenpflichtiger Stellplatz für 6 Mobile. Gepflasterter Parkplatz neben einer Halle, auf dem Gelände der Albert Bollenhoff GmbH im Industriegebiet. Einkaufsmöglichkeiten und Gastronomie 300 m. Ganzjährig. 6 Euro pro Nacht und Mobil inkl. Strom. Wasser: 1 Euro.

Standort: OT Unterfeldhaus, Heinrich-Hertz-Straße 18, GPS 51°11'54"N/06°55'00"O, Telefon 0211/253436, www.womo-duesseldorf-erkrath.de

42579 HEILIGENHAUS

Stellplatz im Zentrum

Gebührenfreier Stellplatz für 3 Mobile. Parzellierte Stellfläche auf einem Parkplatz im Stadtzentrum, in grüner Lage. Ebener Untergrund aus Schotter. Ganzjährig.

Standort: Bahnhofstraße, GPS 51°19'43"N/06°58'25"O, Telefon 02056/130, www.heiligenhaus.de

Heiligenhaus: die parzellierten Stellplätze im Stadtzentrum.

40807 METTMANN

Stellplatz am Seibelparkplatz

Gebührenfreier Stellplatz für 5 Mobile auf einem Parkplatz oberhalb der Mettmanner Innenstadt. Ganzjährig nutzbar.

Standort: Seibelstraße, GPS 51°15'19"N/06°58'56"O, Stadt Mettmann, Telefon 02104/980 21, www.mettmann.de

41068 MÖNCHENGLADBACH

Stellplatz bei Camping-Krings

Mönchengladbach: der separate Stellplatz bei Camping-Krings.

Gebührenfreier Stellplatz für 3 Mobile. Separates Areal am Firmengelände. Ebener, gepflasterter Untergrund. Stellflächen mit unterschiedlicher Tiefe. Sitzgruppe, Info-Tafel mit Stadtplan. Maximale Aufenthaltsdauer: 2 Nächte. Ganzjährig nutzbar. V+E im eingezäunten Gelände nur während der Öffnungszeiten

Standort: Monschauer Straße 12–32, GPS 51°11'43"N/06°24'40"O, Telefon 02161/300633, www.camping-krings.de

Stellplatz Schloss Wickrath

Gebührenfreier Stellplatz für 10 Mobile am Rand der Schlossparkanlage. Parkstreifen am Schlossgraben entlang, gegenüber vom großen Pkw-Parkplatz. Untergrund aus Schotter mit Wiesendurchwuchs. 2 km bis zum Zentrum Wickrath. Autogeräusche der A 61 hörbar. Maximaler Aufenthalt: 2 Tage. Ganzjährig nutzbar.

Standort: OT Wickrath, Neukircher Weg, GPS 51°07'44"N/06°25'16"O, Stadtmarketing, Telefon 02161/25241 , www.mgmg.de

Mönchengladbach: der Stellplatz am Schloss Wickrath

45468 MÜLHEIM/RUHR

Stellplatz in den Ruhrauen

Gebührenfreier Stellplatz für 5 Mobile direkt am Ruhrtal-Radweg. Ausgewiesener Teil eines Parkplatzes in der Nähe der Ruhrauen. Nicht ganz ebener, gepflasterter Untergrund. Beleuchtet, wenig Schatten. Maximaler Aufenthalt: 3 Tage. Ganzjährig. Holiday-Clean-Alage am Hymer-Zentrum an der B 1.

Standort: OT Saarn, Mintarder Straße, GPS 51°24'49"N/06°52'13"O, Mülheimer Stadtmarketing, Telefon 0208/9609642, www.muelheim-ruhr.de

Landhaus Dicken am Damm

Mülheim: der Stellplatz beim Restaurant Dicken am Damm. »

Fotos: Silke Tokarski/Thomas Zwicker, Düsseldorf Tourismus, Duisburger Hafen AG, Unterbacher See, Stiftung Insel Hombroich/Tomas Riehle

STELLPLATZ-TIPPS

Gebührenfreier Stellplatz für 5 Mobile auf einem einfachen, ebenen Schotterparkplatz gegenüber dem Restaurant mit Biergarten. Dahinter Felder und Wiesen. Einkehr obligatorisch. Die Küche liefert täglich bis 22 Uhr warme Gerichte. Fluglärm ist zu hören. Ganzjährig nutzbar.

Standort: OT Saarn,
Mintarder Straße 139,
GPS 51°23'44"N/06°53'29"O,
Bela Jankovics,
Telefon 0208/481969,
www.dicken-am-damm.de

41460 NEUSS
Stellplatz an der Jever Skihalle

Gebührenfreier Stellplatz für 30 Mobile. Terrassierter Parkplatz für Pkw und Reisemobile, obere Parkreihen für Mobile am besten geeignet. Ebener, geschotterter Untergrund. Ruhige, zentrale Lage im Grünen, außerhalb der Innenstadt. Ganzjährig nutzbar.

Standort: OT Grefrath,
An der Skihalle 1
GPS 51°10'24"N/06°38'54"O,
Allrounder Winter World,
Telefon 02131/12440,
www.allrounder.de

Neuss: der Reisemobilstellplatz an der Jever Skihalle.

GS Reisemobil-Service

Gebührenfreier Stellplatz für 2 Mobile. Übernachtungsplatz auf dem Firmengelände nach Anfrage. Zubehörshop und Werkstatt für alle Marken und Hersteller (Mo–Do 8–17 Uhr, Fr bis 15 Uhr). Ganzjährig nutzbar.

Standort: OT Am Schlachthof/Barbaraviertel, Scharnhorststraße 5,
GPS 51°12'48"N/06°41'18"O,
Heike und Gregor Scheu,
Telefon 02131/3834880,
www.gs-reisemobile.de

42653 SOLINGEN
Stellplatz am Brandteich

Gebührenfreier Stellplatz für 10 Mobile auf einem öffentlichen Parkplatz beim Feuerwehrhaus am Ortsrand. Hohe Bäume säumen den asphaltierten Platz. Mehrere Gaststätten in der Nähe. Spielplatz hinter der Feuerwehr. Maximaler Aufenthalt: 1 Nacht. Ganzjährig nutzbar.

Standort: OT Gräfrath, Brandteich,
GPS 51°12'41"N/07°04'20"O,
Tourist-Info, Telefon 0212/2903601, www.solingen.de

47918 TÖNISVORST
Stellplatz am Sportgelände

Gebührenfreier Stellplatz für 5 Mobile am westlichen Ortsrand in ruhiger Lage. 1 km bis zur Ortsmitte von Vorst. Ganzjährig nutzbar.

Standort: OT Vorst,
Parkplatz am Sportplatz,
GPS 51°18'02"N/06°25'04"O,
Kulturshop Tönisvorst,
Telefon 02151/994295,
www.toenisvorst.de

42551 VELBERT
Stellplatz Saubrücke

Gebührenfreier Stellplatz für 6 Mobile. Separater, ruhig gelegener Parkplatz, umgeben von den Parkanlagen des Herminghausparks. Das Stadtzentrum ist 1 km entfernt. Ganzjährig nutzbar. Holiday-Clean-Anlage. Strom: 50 Cent/kWh. Wasser: 1 Euro/100 Ltr.

Standort: Zur Mühlen,
GPS 51°20'27"N/07°01'49"O,
Velbert Marketing,
Telefon 02051/605521,
www.velbert.de

Velbert: Der Stellplatz an der Saubrücke liegt im Grünen.

Stellplatz am Nizzabad

Gebührenfreier Stellplatz für 3 Mobile. Gepflasterter Pkw-Parkplatz. Max. Aufenthaltsdauer: 3 Nächte. Ganzjährig nutzbar.

Standort: OT Langenberg,
Nizzatal 4,
GPS 51°20'36"N/07°08'12"O,
Velbert Marketing,
Telefon 02051/605521,
www.velbert.de

Stellplatz am Panoramabad

Velbert: der ausgewiesene Stellplatz am Panoramabad.

Gebührenfreier Stellplatz für 4 Mobile. Reservierter Bereich auf einem Pkw-Parkplatz mit ebenem, gepflastertem Untergrund. Max. Aufenthaltsdauer: 3 Nächte. Ganzjährig nutzbar. Holiday-Clean-Anlage. Wasser: 1 Euro/100 Ltr.

Standort: OT Neviges,
Wiesenweg 60,
GPS 51°18'18"N/07°05'11"O,
Velbert Marketing,
Telefon 02051/605521,
www.velbert.de

Stellplatz am Schloss Hardenberg

Velbert: der reservierte Stellplatz am Schloss Hardenberg.

Gebührenfreier Stellplatz für 4 Mobile. Reservierter Bereich auf dem geschotterten Pkw-Parkplatz beim Restaurant Zum Parkhaus Seidl. Max. Aufenthaltsdauer: 3 Nächte. Ganzjährig nutzbar.

Standort: OT Neviges,
Bernsaustraße 35,
GPS 51°18'57"N/07°05'12"O,
Velbert Marketing,
Telefon 02051/605521,
www.velbert.de

41751 VIERSEN
Familienbad Ransberg

Gebührenfreier Stellplatz für 9 Mobile, am Parkplatz am Bad markiert. Gepflasterter, ebener Untergrund. Areal beleuchtet. Schatten spendende Büsche und Bäume. Nachts ruhige Lage, tagsüber viel Verkehr auf dem Parkplatz. Ganzjährig. Bodeneinlass. Strom: 1 Euro. Wasser: 50 Cent.

Viersen: Am Familienbad sind Plätze für Mobile reserviert.

Standort: OT Dülken,
Heesstraße 80,
GPS 51°15'03"N/06°21'09"O,
Familienbad Ransberg,
Telefon 02162/101225,
www.viersen.de

42489 WÜLFRATH
Stellplatz der Firma Teboflor

Gebührenfreier Stellplatz für 10 Mobile. Reservierte Fläche. Ebener Untergrund aus Rasenpflaster. Kein Schatten, beleuchtet. Relativ ruhig. Ganzjährig nutzbar.

Standort: Mettmanner Straße,
GPS 51°17'01"N/07°01'56"O,
Stadtverwaltung Wülfrath,
Telefon 02058/180,
www.wuelfrath.de

Tolle Aussicht: Dampferrundfahrt mit Blick auf Rheinufer, Dom und die romanische Kirche Groß St. Martin.

Frohes Leben: Ein Kölsch genießen in der quirligen Altstadt! Rechts Dom und blauer Musical Dome, Kölns größtes Theater direkt am Rhein.

DIE PERFEKTE WOCHE IN KÖLN

RHEINISCHER FROHSINN herrscht vor in der Altstadt von Köln, doch die Stadt bietet einiges mehr: gute Museen etwa, oder eine Fahrt auf dem Rhein.

Leuchtende Zukunft: Der Kultur- und Gewerbekomplex Rheinauhafen mit drei 60 Meter hohen Kranhäusern, die an die alten Lastkräne erinnern.

Er liegt schlicht und ergreifend genial – der Reisemobilhafen Köln ist ein Ausgangspunkt für die Erkundung der Domstadt, wie man ihn sich schöner kaum wünschen kann. Im citynahen Ortsteil Riehl direkt am Rhein erstreckt sich der Stellplatz unter dichten Bäumen neben der Uferpromenade, wer einen Platz in der ersten Reihe ergattert, schläft mit Blick auf den Strom. Die grüne Allee am Fluss kann man wunderbar entlangwandern, -radeln oder -joggen, bis nach rund drei entspannten Kilometern Altstadt und Dom erreicht sind. Wem das zu anstrengend ist, der spaziert vom Stellplatz ein paar Meter zur U-Bahn-Station Boltensternstraße, wo werktags alle zehn Minuten die Linie 18 in Richtung Dom/Hauptbahnhof startet (abends dann etwas seltener) – wenige Augenblicke später ist das Zentrum der quirligen Stadt am Strom auch schon erreicht.

Die Rheinmetropole, mit einer Million Einwohner viertgrößte Stadt Deutschlands, gilt nicht nur als Quelle rheinischen Frohsinns, sondern auch als Kultur- und Shoppingziel ersten Ranges. Ihre Lebensader ist der ruhig dahinströmende Fluss, im Stadtgebiet von sieben Brücken überspannt und nicht nur wichtiger Verkehrsweg zum Rotterdamer Überseehafen, sondern auch ein guter Freund für den Alltag, an dem Einheimische wie Gäste gerne entlang flanieren. Besonders lohnend ist der Fußweg über die Hohenzollernbrücke, die direkt am Hauptbahnhof beginnt und zu Rheinpark und Messegelände (es gibt jährlich rund 70 international bedeutende Ausstellungen) am rechtsrheinischen Ufer führt. Von der Brücke hat man einen erstklassigen Blick auf Kölns Skyline, und für Paare auf Wolke sieben bietet sie noch einen Extra-Gimmick – durch Anbringen eines Liebes-(Vorhänge-)Schlosses am soliden Geländer können sie ihre Zuneigung hier für alle Zeiten verewigen.

Es gibt so vieles zu sehen. Neben Dom und großen Ausstellungen à la Museum Ludwig am Hauptbahnhof (siehe folgende Seiten) locken viele weitere Einrichtungen wie das Deutsche Sport- und Olympiamuseum (mit Exponaten von Boris Becker und Michael Schumacher), großartige Sammlungen wie das Kolumba- oder Wallraf-Richartz-Museum oder wohlriechende Adressen wie das traditionelle 4711- und das Farina-Haus, wo vor 300 Jahren die Erfolgsgeschichte des Eau de Cologne begann. In Kölns Altstadt liegt alles dicht beieinander, im Schatten des Doms sozusagen lassen sich die Highlights leicht zu Fuß erkunden: das historische Rathaus von 1414, der Musical Dome, die opulente Festhalle Gürzenich aus dem 15. Jahrhundert, Schauspielhaus und Oper und, ein Stückchen flussaufwärts, die futuristischen „Kranhäuser" im Rheinauhafen, wo auf alten Kaianlagen ein moderner Kultur- und Gewerbekomplex entstand.

Nach so viel Kunst und Kultur kann man dann auf unterschiedlichste Art und Weise entspannen. In einer der urigen Kölsch-Kneipen zum Beispiel, beim Shopping in der Schildergasse, auf Kuschelliegen des Beach Clubs km 689 mit großem Skyline-Blick – oder man sitzt einfach auf den Stufen des Doms und schaut den Straßenkünstlern zu. Ein paar der wichtigsten Highlights der Stadt haben wir auf den nächsten Seiten zusammengestellt.

Thomas Zwicker

KÖLNS GLANZLICHTER bitte umblättern >>>

KÖLNER KARNEVAL

Kölle Alaaf heißt alljährlich der Schlachtruf der Jecken zum Auftakt der „fünften Jahreszeit". Köln gilt als Hochburg des Karnevals in Deutschland. Pünktlich zum 11.11. beginnt die Saison, mit der Weiberfastnacht Mitte Februar starten dann die sechs närrischen Tage.

Veranstaltungen wie Sternmarsch, Funkenbiwak, Geisterzug, Schull- und Veedelszöch ziehen Heerscharen von Schaulustigen und Feierwütigen an. Höhepunkt des Straßenkarnevals ist Deutschlands größter Rosenmontagszug, der sich wie ein bunter Lindwurm mit rund 10 000 Teilnehmern und 100 Prunk- und Persiflagewagen vor mehr als einer Million Zuschauer kilometerweit durch Kölns Innenstadt zieht. Mit der Verbrennung der Nubbel (einer Strohpuppe, die für alle während des Karnevals begangenen Sünden steht) klingt das Treiben dann langsam aus – und am Aschermittwoch ist alles vorbei.

Stadt der Funkenmariechen: Köln ist die Karnevalhochburg der Republik.

Wagenburg: Der Reisemobilhafen Köln liegt in der Nähe des Zentrums direkt am Rhein.

Für alle Zeiten: Liebesschlösser an der Hohenzollernbrücke.

Für guten Duft: Das 4711-Stammhaus in der Glockengasse verlockt zu Seminaren und zum genüsslichen Einkaufen.

Alles dicht beieinander: Dom, Museum Ludwig – und unterm roten Pflasterstein liegt Kölns berühmte Philharmonie.

DAS DÜRFEN SIE NICHT VERPASSEN

» KÖLNS GLANZLICHTER – DIE BESTEN TIPPS

1 KÖLNER DOM

Direkt neben dem Hauptbahnhof und unmittelbar am Rheinufer, nur einen schönen Fußmarsch oder einige wenige U-Bahn-Minuten vom Stellplatz entfernt, liegt die bekannteste Sehenswürdigkeit unseres Landes. Der Kölner Dom, 1880 fertiggestellt und seit 1996 zum Welterbe der Unesco gehörend, ist in vielerlei Hinsicht einen Besuch wert. Die Aussichtsplattform seines 157,31 Meter hohen Südturms, über 509 Treppenstufen erreichbar, gewährt einen großartigen Blick über die Stadt. Zudem beherbergt die gewaltige gotische Kathedrale eine reiche künstlerische Ausstattung und wertvolle Kunstschätze. Der Dom ist täglich ab 6 Uhr geöffnet. www.koelner-dom.de

Highlight für 20 000 Besucher pro Tag – der Kölner Dom ist das dritthöchste Kirchengebäude der Welt.

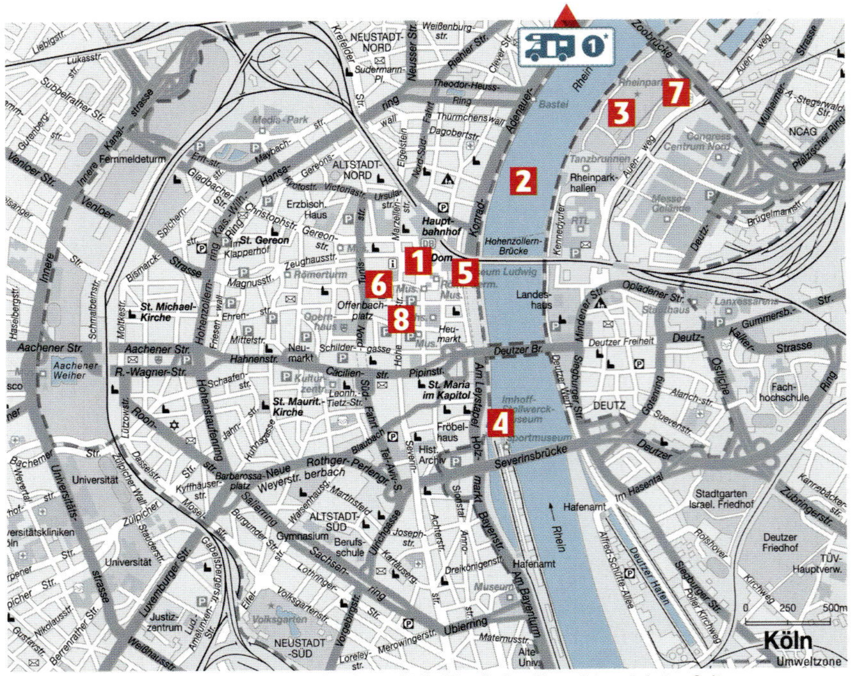

Karte: Hallwag

*Eine detaillierte Beschreibung dieser und weiterer Stellplätze finden Sie auf der nächsten Seite.

Mit Open-Air-Bühne im Rheinpark: der Tanzbrunnen.

2 DAMPFER-RUNDFAHRT

Am Rheinufer unterhalb der Hohenzollernbrücke, ein paar Schritte vom Dom entfernt, reizen die Schiffe verschiedener Reedereien dazu, die Metropole auch mal vom Fluss aus zu bewundern. Die Rundfahrten gehen meist flussaufwärts zum modernen Rheinauhafen und flussabwärts Richtung Zoo/Flora und Mülheim – ein entspannendes Vergnügen. www.koelntourist.net, www.dampfschiffahrt-colonia.de, www.k-d.de

Unter der Hohenzollernbrücke geht's los: per Schiff der Colonia-Reederei Richtung Zoo und Mülheim.

3 RHEINPARK

Eine grüne Oase im Herzen von Köln ist der Rheinpark mit seiner stolzen Fläche von mehr als 40 Hektar. Er zieht sich am rechtsrheinischen Ufer entlang zwischen Hohenzollernbrücke, Mülheimer Hafen und Messe und ist somit auch leicht zu Fuß von Altstadt und Dom aus erreichbar. Im Park kann man wunderbar unter alten, Schatten spendenden Bäumen am Fluss mit tollem Blick auf die City flanieren, im Sommer sorgen Wasserspeier wie der große Tanzbrunnen für Abkühlung. Dann lockt am südlichen Ende der Anlage auch der Beach Club km 689 mit bequemen Liegen auf 1100 Tonnen feinstem Sand, Sonnensegeln und coolen Drinks. Übrigens: Zu seinem 50. Geburtstag wurde der Rheinpark als schönster Park Deutschlands und zweitschönster Europas prämiert!

Zeigt 3000 Jahre süße Kulturgeschichte: das Schokoladenmuseum.

4 SCHOKOLADENMUSEUM

Wie ein Schiff aus Glas und Metall thront das Schokoladenmuseum auf der Rheinau-Halbinsel, leicht zu Fuß von der Altstadt aus erreichbar. Hier erfährt der Besucher alles über die Kulturgeschichte der süßen Leckerei. In der Produktionsanlage kann zudem der Herstellungsprozess verfolgt werden. www.schokoladenmuseum.de

5 MUSEUM LUDWIG

Als Hüter der städtischen Kunstschätze ist das Museum Ludwig eine Institution. Direkt neben Dom und Hauptbahnhof am Rheinufer gelegen, bietet es umfangreiche Einblicke in die Kunst des 20. Jahrhunderts und der Gegenwart. Schlüsselwerke großer Geister wie Salvador Dalí oder Andy Warhol zählen zu den Highlights der Sammlung, für deren Qualität dem Haus kürzlich der Lifetime Achievement Award des New Yorker Guggenheim Museums verliehen wurde. Das zugehörige Café „Ludwig im Museum" ist ein schöner Ort für die kleine Pause – genau darunter spielen übrigens die exzellenten Orchester der Kölner Philharmonie. www.museum-ludwig.de

Nach Entwürfen der Kölner Architekten Busmann + Haberer gebaut: Museum Ludwig.

Groß, voll und laut: Kölsch-Kneipen, hier das Gaffel am Dom nahe Hauptbahnhof.

6 ALTSTADT-KNEIPEN

Rheinischer Frohsinn hat seine Heimat auch und vor allem in den urigen Kölsch-Kneipen der Altstadt. Die heißen Gaffel am Dom, Brauhaus Sion oder Früh am Dom, sind oft riesengroß, laut, meist rappelvoll und servieren ihr eigenes Kölsch, ein helles, obergäriges Vollbier, das unter diesem Namen nur in der Rheinmetropole gebraut werden darf. Der Kellner, „Köbes", bringt es auf langen Brettern (Kölschstangen) und reicht ungefragt nach, bis der Gast kapituliert und als Zeichen einen Bierdeckel aufs leere Glas legt. Bei gutem Wetter serviert Kölns Altstadt-Gastronomie gerne auch draußen, mit Vorliebe deftige Speisen, etwa Schweinshaxen, „Himmel un Ääd" (gebratene Blutwurst, Zwiebeln und Stampfkartoffeln) oder den „Halve Hahn" (Roggenbrötchen mit dickem Goudakäse) – einfach probieren!

7 SEILBAHN

Europas erste Seilbahn über einem Fluss startet nahe beim Reisemobilhafen (U-Bahn-Station Zoo/Flora) und gleitet von dort über den breiten Strom hinüber zum Rheinpark. Die kleinen Vier-Personen-Kabinen benötigen für die 930 Meter lange Strecke rund sechs Minuten, sind dabei 10 km/h schnell, und man hat von dort oben natürlich einen prächtigen Blick über Stadt und Land. Besonders eindrucksvoll ist die Fahrt bei Dunkelheit, erst um 22.45 Uhr macht die Bahn Schluss. Direkt an der rechtsrheinischen Station liegt übrigens die Claudius Therme (www.claudius-therme.de) mit ihrer Heilwasserquelle – eine Wohlfühloase bei schlechtem Wetter! www.koelner-seilbahn.de

In sechs Minuten einmal über den Rhein: Kölns Seilbahn.

Auch mit historischer Kostüm-Führung zu besichtigen: Farina Duft-Museum.

8 FARINA-DUFT-MUSEUM

Als Stadt der schönen Düfte ist Köln weltberühmt. Bereits 1709 schuf der Parfümeur Johann Maria Farina ein Duftwasser, das er zu Ehren seiner Wahlheimat „Eau de Cologne" nannte. Es war der Duft der Höfe des 18. Jahrhunderts, der vielfach kopiert wurde – daraus entstand auch später die konkurrierende Marke 4711. Im alten Haus der Familie Farina befindet sich heute ein wohlriechendes Museum, das stilvoll in die Geschichte des Parfüms und die Welt des Rokoko entführt. www.farina-haus.de

AUSFLÜGE IN DIE UMGEBUNG

» RUND UM KÖLN – SEHENSWERTES UND NATUR

Viel Ruhe und Natur: Die Eifel ist ein lohnendes Ausflugsziel für Wanderer.

EIFEL-WANDERUNG

Weite Wälder, tiefe Seen und jede Menge Wanderwege bietet die grüne Eifel, die nur rund 65 Kilometer von Köln entfernt beginnt. Das bis zu 747 Meter hohe Mittelgebirge ist vulkanischen Ursprungs, bis vor etwa 11 000 Jahren waren hier die Feuerspucker aktiv. Ein Teil der Region steht als Nationalpark Eifel unter besonderem Schutz. Dichte Laub- und Nadelwälder, viele Flüsse und Bäche, die kreisrunden Maare (Vulkanseen) und große Staubecken wie der Rursee bilden den Rahmen fürs ausgedehnte Wegenetz, das auch Teilabschnitte großer Fernwanderwege à la Ardennen-Eifel-Rundweg oder Maas-Rhein-Weg beinhaltet. Romantische Dörfer und Orte locken zur Rast, und wer mehr Abwechslung sucht, der fährt ins Casino von Bad Neuenahr oder zur legendären Rennstrecke Nürburgring. www.eifel-ardennen-wandern.com

Ein ganzer Tag voller Abwechslung: Phantasialand in der Nähe von Köln.

PHANTASIALAND BRÜHL

Zu den größten Freizeitparks der Republik zählt das Phantasialand Brühl bei Köln. Looping-Achterbahn, Wildwasserfahrten, bunte Live-Shows und ein Dampfkarussell für Kinder sorgen für Kurzweil, ebenso Themenbereiche wie „Fantasy" und „Mexiko" oder ein großes 4-D-Kino. www.phantasialand.de

Freilichtmuseum: Ehrt die Arbeit der Ahnen.

FREILICHTMUSEUM LINDLAR

Eine Reise in die Vergangenheit verspricht das Bergische Freilichtmuseum. 30 Kilometer östlich von Köln kann man erleben, wie Menschen auf dem Land einst lebten. Themen sind u. a. Bäuerliche Arbeit und Ökologie. www.freilichtmuseum-lindlar.lvr.de

RHEINSCHIFFFAHRT

Die weißen Dampfer der Köln-Düsseldorfer Rheinschiffahrt AG legen während der Hauptsaison täglich morgens nahe der Hohenzollernbrücke ab und fahren im Liniendienst stromaufwärts über Bonn, Königswinter und Remagen bis Linz (Fahrzeit gut fünf Stunden), von wo aus zwei Stunden später die Rückreise beginnt – eine geruhsame Tour auf der breiten, viel befahrenen Wasserstraße. Natürlich kann man auch unterwegs aussteigen, etwa in Königswinter zu einer Fahrt mit der Drachenfelsbahn, und das Schiff wieder für die Rückreise nach Köln besteigen. Es gibt auch diverse Sonderfahrten und Events. www.k-d.com

Über Bonn und Königswinter bis Linz: Dampferfahrt.

Zählt zum Welterbe der Unesco: Schloss Augustusburg.

SCHLOSS AUGUSTUSBURG

Als Meisterwerk des Rokoko gilt das Schloss Augustusburg, das ein paar Kilometer südwestlich von Köln in Brühl auf Besucher wartet. Die 1768 vollendete Lieblingsresidenz des Kölner Kurfürsten und Erzbischofs Clemens August aus dem Hause Wittelsbach prunkt mit üppigen Innenräumen und prachtvollen Gartenanlagen. Das nahe gelegene Jagdschloss Falkenlust ist ebenfalls einen Besuch wert. www.schlossbruehl.de

STELLPLATZ-TIPPS

Info & Stellplätze

INFORMATION

Das Service-Center von Köln-Tourismus liegt direkt neben dem Dom und liefert zwischen 9 und 20 Uhr (sonn- und feiertags 10–17 Uhr) alle Infos zu Stadtrundfahrten, Sehenswürdigkeiten, Veranstaltungen und mehr.

Kardinal-Höffner-Platz 1,
50667 Köln,
Telefon 0221/22130400,
www.koelntourismus.de

STELLPLÄTZE

50735 KÖLN
Reisemobilhafen Köln 1

Gebührenpflichtiger Stellplatz für 60 Mobile. Direkt am Rhein, am Rand einer Grünanlage, liegt der relativ ebene, asphaltierte Platz. Reservierung nur per E-Mail möglich (mind. 4 Tage vor Anreise, bitte Kennzeichen angeben). Am Platz Info-Tafel mit Stadtplan und aktuellen Programmen. Ganzjährig. Holiday-Clean-Anlage. 8 Euro pro Nacht und Mobil inkl. Entsorgung. Strom (60 Anschl.): 1 Euro/ 8 Std. Wasser: 1 Euro/70 Ltr, 10 Cent/5 Ltr. Parkscheinautomat.

Standort: OT Riehl, An der Schanz,
GPS 50°57'45"N/06°59'08"O,
Elke und Robert Frohn,
Mobil 0178/4674591,
www.reisemobilhafen-koeln.de

Köln-Riehl: Der große Reisemobilhafen liegt direkt am Main.

P+R-Terminals Haus Vorst

Gebührenfreier Stellplatz für 21 Mobile. Angelegtes und durch Grünflächen unterbrochenes Gelände. Nicht ganz ebener, gepflasterter Untergrund. Stellflächen im hinteren Bereich auch für größere Fahrzeuge geeignet. Verkehrslärm hörbar. Max. Aufenthalt: 24 Std., trotzdem stehen Dauerparker auf dem Platz. Ganzjährig. Seijsener-Anlage. Wasser: 50 Cent/100 Ltr. Entsorgung: 2,50 Euro (5 x 50 Cent). Strom (12 Anschlüsse): 1 Euro/12 Std.

Standort: OT Marsdorf,
Emmy-Noether-Straße,
GPS 50°54'57"N/06°50'49"O,
Kölner Verkehrsbetriebe, Telefon 0221/5470,www.kvb-koeln.de

Marsdorf: Der P+R-Platz ist oft von Dauerparkern belegt.

WEITERE STELLPLÄTZE

50126 BERGHEIM
Stellplatz Bergheim-Paffendorf

Gebührenfreier Stellplatz für 8 Mobile. Markierter Bereich auf einem asphaltierten Parkplatz, ruhig gelegen inmitten der Erftauen. Maximaler Aufenthalt: 3 Nächte. Ganzjährig nutzbar.

Standort: OT Paffendorf, Antoniusstraße/Ecke Kastanienallee,
GPS 50°57'50"N/06°36'42"O,
Kreisstadt Bergheim, Telefon 02271/89539,
www.bergheim.de

Bergheim: der Stellplatz in der Nähe des Wasserschlosses.

51469 BERGISCH GLADBACH
Stellplatz am Kombibad Paffrath

Gebührenfreier Stellplatz für 20 Mobile. Ausgewiesene und vom Pkw-Parkplatz abgeteilte Fläche. Untergrund aus Pflaster- oder Rasengittersteinen. Schwimmbad und Waldgebiet in unmittelbarer Nähe. Ganzjährig nutzbar.

Standort: OT Paffrath,
Borngasse 2,
GPS 50°59'56"N/07°05'25"O,
Kombibad Paffrath,
Telefon 02202/53344,
www.kombibad-paffrath.de

Bergisch Gladbach: der Stellplatz am Kombibad Paffrath.

53111 BONN
Stellplatz Auerberg

Bonn: Schilder markieren den parzellierten Stellplatz.

Gebührenfreier Stellplatz für 10 Mobile. Ausgewiesener und parzellierter Bereich neben einem Pkw-Parkplatz. Asphaltierter, nicht ganz ebener Untergrund. Etwas Schatten durch Bäume. Autogeräusche von der Hauptstraße deutlich hörbar. Stadtbahn-Haltestelle am Platz. Supermarkt und Bäcker 300 m. Maximaler Aufenthalt: 3 Tage. Ganzjährig nutzbar.

Standort: OT Auerberg,
An der Josefshöhe,
GPS 50°45'10"N/07°04'53"O,
Telefon 0228/775000,
www.bonn.de

50321 BRÜHL
Stellplatz am Phantasialand

Gebührenpflichtiger Stellplatz für 6 Mobile neben dem Smokey's Digger Camp, direkt gegenüber dem Phantasialand. Hunde sind nicht erlaubt. Frühstück im Camp zu 4,50 Euro pro Person nach Reservierung am Vortag möglich. Brötchenbestellung bis 12 Uhr am Vortag. Saison: April–Oktober. 12,50 Euro pro Nacht und Mobil inkl. Dusche und WC.

Standort: Berggeiststraße 31–41,
GPS 50°47'56"N/06°52'45"O,
Telefon 02232/369894,
www.phantasialand.de

41541 DORMAGEN
Stellplatz Flügeldeich

Gebührenpflichtiger Stellplatz für 3 Mobile, auf einem Parkplatz am Rheinufer gekennzeichnet. Untergrund aus Rasengittersteinen. Mehrere Gaststätten in der Nähe, bis zur Ortsmitte von Zons 400 m. Rheinfähre 200 m. Ganzjährig nutzbar. 5 Euro pro Mobil von 9–20 Uhr, nachts gebührenfrei.

Standort: OT Feste Zons,
Herrenweg,
GPS 51°07'32"N/06°50'58"O,
Telefon 02133/2762815,
www.dormagen.de

51766 ENGELSKIRCHEN
Stellplatz Im Grengel

Gebührenfreier Stellplatz für 2 Mobile. Markierte Fläche auf einem von Büschen und Bäumen eingefassten Parkplatz im Ortszentrum hinter einem Supermarkt. Ganzjährig nutzbar.

Standort: Feckelsberger Weg,
GPS 50°59'16"N/07°24'46"O,
Gemeindeverwaltung
Telefon 02263/83196,
www.engelskirchen.de

»

Fotos: Silke Tokarski, Thomas Zwicker

STELLPLATZ-TIPPS

Stellplatz am Dörrenbergplatz

Gebührenfreier Stellplatz für 2 Mobile. Ausgewiesene Fläche auf einem Pkw-Parkplatz am Ufer der Agger und direkt am Kurpark. Mehrere Restaurants in unmittelbarer Nähe. Ganzjährig nutzbar.

Standort: OT Ründeroth, Kamper Straße, GPS 50°59'49"N/07°27'51"O, Gemeindeverwaltung, Telefon 02263/83196, www.engelskirchen.de

50374 ERFTSTADT
Mobilcamp am Ville-Express

Gebührenpflichtiger Stellplatz für 11 Mobile. Angelegtes Gelände auf Schotterrasen, 2 Plätze mit Überlänge. Info-Tafel am Stellplatz. Nicht ganz ruhige Lage neben viel befahrener Ortsstraße. Daneben liegt das urige Restaurant Ville-Express in einem alten Eisenbahnzug mit Biergarten. Ganzjährig nutzbar. 6 Euro pro Nacht und Mobil. Strom: 50 Cent/kWh. Wasser: 1 Euro.

Standort: OT Liblar, Carl-Schurz-Straße 1a, GPS 50°49'04"N/06°49'11"O, Telefon 02234/999440, www.mobilcamp-erftstadt.de

Erftstadt: Das Mobilcamp hat Platz für 2 große Fahrzeuge.

53773 HENNEF
Stellplatz am Berufskolleg

Gebührenfreier Stellplatz für 2 Mobile, auf einem Pkw-Parkplatz ausgewiesen. Ebener, geschotterter Untergrund, beleuchtet. Einfacher Übernachtungsplatz in Autobahnnähe. Fast-Food-Restaurant nebenan. Etwa 1 km bis zur Innenstadt. Ganzjährig.

Standort: Fritz-Jacobi-Straße, GPS 50°46'43"N/07°16'13"O, Tourist-Info, Telefon 02242/19433, www.hennef.de

50170 KERPEN
Wohnwagen Pollmeier

Gebührenfreier Stellplatz für 2 Mobile auf dem Besucherparkplatz. Ganzjährig.

Standort: OT Sindorf, Hüttenstraße 112, GPS 50°53'49"N/06°39'26"O, Telefon 02273/954090, www.caravan-pollmeier.de

51515 KÜRTEN
Wohnmobilpark Kürten

Gebührenpflichtiger Stellplatz für 20 Mobile direkt am Splashbad und der Bergischen Waldsauna. Untergrund Schotter. Ruhige Lage am Waldrand, in einem Naturschutzgebiet mit markierten Wanderwegen. 2 km bis zum Zentrum. Ganzjährig. 8 Euro pro Nacht und Mobil inklusive Ver- und Entsorgung. Strom: 2 Euro.

Standort: OT Broch, Broch 8, GPS 51°03'21"N/07°17'20"O, Splashbad Kürten, Telefon 02268/90319, www.splash-kuerten.de

Kürten: Der Stellplatz liegt in einem Naturschutzgebiet.

51373 LEVERKUSEN
Stellplatz bei Camping-Caravaning Meier

Gebührenfreier Stellplatz für 10 Mobile. Kundenparkplatz für Pkw und Reisemobile. Ganzjährig nutzbar. Sani-Station gegenüber dem Stellplatz (Mo–Fr 8.30–18 Uhr, Sa 9–13.30 Uhr).

Standort: OT Küppersteg, Adolf-Kaschny-Straße 9, GPS 51°03'09"N/07°00'00"O, Telefon 0214/868270, www.ccmeier.de

51789 LINDLAR
Stellplatz am Freizeitpark

Gebührenfreier Stellplatz für 2 Mobile. Ausgewiesener Bereich auf Rasengittersteinen hinter dem Parkbad, mitten in der Natur des Erholungszentrums. Info-Tafel am Platz. Ortskern mit Geschäften und Gastronomie 500 m. Ganzjährig nutzbar. Strom: 1 Euro/6 Std. Wasser: 1 Euro/10 Min.

Standort: Brionner Straße, GPS 51°00'56"N/07°21'59"O, Lindlar Touristik, Telefon 02266/96407, www.lindlar.de

Lindlar: der kleine, aber feine Stellplatz am Freizeitpark.

Landgasthof Bergische Rhön

Gebührenfreier Stellplatz für 3 Mobile. Einkehr obligatorisch. Parkplatz für Pkw und Reisemobile mit geschottertem Untergrund. Ganzjährig nutzbar. Kostenpflichtig ab der 2. Nacht.

Standort: OT Holz, Holzer Straße 18, GPS 50°59'47"N/07°22'22"O, Harald Heinen, Telefon 02266/8359, www.bergische-rhoen.de

53797 LOHMAR
Campingplatz Meigermühle

Gebührenpflichtiger Stellplatz für 19 Mobile auf dem Wohnmobilhafen vor dem Campinggelände. 2 für Reisemobile reservierte Areale, mit Splitt befestigter Parkplatz unter Bäumen und befestigte Wiese. Café-Restaurant am Platz. Ganzjährig. 8 Euro pro Nacht und Mobil, 4 Euro für Müll, Ver- und Entsorgung, Strom: 50 Cent/kWh. Dusche: 1 Euro.

Standort: Meigermühle 1, GPS 50°51'46"N/07°12'49"O, Familie Hackmann, Telefon 02246/913408, www.meiger-camping.de

51519 ODENTHAL
Deutscher Märchenwald

Gebührenpflichtiger Stellplatz für 10 Mobile auf dem Parkplatz vor dem Waldpark. Eintritt zum Park obligatorisch. Café-Restaurant im Park. Ganzjährig nutzbar. 4 Euro pro Nacht und Mobil.

Standort: OT Altenberg, Märchenwaldweg 15, GPS 51°03'26"N/07°07'55"O, Detlev Kreber, Telefon 02174/40454, www.deutscher-maerchenwald.de

51491 OVERATH
Stellplatz am Freizeitbad Badino

Gebührenpflichtiger Stellplatz für 2 Mobile, auf dem Parkplatz des Freizeitbades ausgewiesen. Gastronomie und Einkaufsmöglichkeiten in unmittelbarer Nähe. Max. Aufenthalt: 3 Tage. Ganzjährig nutzbar. 5 Euro pro Nacht und Mobil, wird bei Badbesuch verrechnet. Strom: 50 Cent/kWh.

Standort: Propsteistraße 25, GPS 50°55'47"N/07°17'01"O, Telefon 02206/867216, www.overath.de

42929 WERMELSKIRCHEN
Stellplatz am Gut Luchtenberg

Gebührenpflichtiger Stellplatz für 7 Mobile. Parkplatz für Pkw und Reisemobile am Reiterhof. Ebene Fläche mit Schotter und Rasen. Ganzjährig nutzbar. 5 Euro pro Nacht und Mobil. Strom (6 Anschlüsse): 2 Euro.

Standort: OT Dabringhausen, Luchtenberg 1, GPS 51°04'53"N/07°09'23"O, Ingrid und Siegfried Börner, Telefon 02193/3558, www.gutluchtenberg.de

DAS BESONDERE ZIEL

TRIER

VERGANGENHEIT UND GEGENWART gehen in diesem romantischen Ort Hand in Hand. In Trier wird Geschichte lebendig – die Römerstadt an der Mosel gilt als Wiege des deutschen Weinanbaus.

Der wunderbare Blick von der Porta Nigra hinunter auf Trier lohnt den Aufstieg – malerisch liegt einem der Ort zu Füßen. Die traditionsreiche Gemeinde hat eine ellenlange Geschichte, wird Trier doch als älteste Stadt Deutschlands benannt. Vor mehr als 2000 Jahren von den Römern gegründet, gehören ihre historischen Bauten wie der Dom – Deutschlands älteste Kirche – und die gotische Liebfrauenkirche seit Mitte der 80er Jahre zum Welterbe der Unesco.

Nur wenige hundert Meter vom Dom entfernt liegt das Kurfürstliche Palais mit angrenzender Konstantinbasilika, die dem römischen Kaiser einst als Thronsaal diente. Doch es gibt noch viel mehr Relikte aus jener Zeit. Im benachbarten Rheinischen Museum etwa kann man den bis dato größten erhaltenen römischen Goldschatz bewundern und einen Eindruck gewinnen von Bedeutung und Einfluss, den die Stadt als Metropole des Weströmischen Reiches im 4. Jahrhundert hatte. Schlendert man weiter Richtung Süden, gelangt man zu den Kaiserthermen, der jüngsten der drei römischen Badeanlagen in Trier. Noch mehr Bedarf an Spuren jener vergangenen großen Zeit? Bitte sehr: Da ist zum Beispiel das Amphitheater am Petrisberg – in alten Tagen war es Schauplatz von blutigen Spielen und Kämpfen und bot Platz für bis zu 20 000 Menschen!

Triers größtes Symbol der Freundschaft steht in der Nähe des Geozentrums der Universität – der „Turm der Träume und Sehnsüchte". Die begehbare Skulptur aus Stahl war ein Geschenk der Stadt Luxemburg anlässlich der Landesgartenschau 2004, sie erinnert an eine mächtige Haifischflosse und soll die Menschen zum Träumen anregen. Der wohl bekannteste

DER BESONDERE TIPP

Wann war der Teufel in Trier? Wo wurden Geheimbünde geschlossen? Wer hat mit wem Intrigen geschmiedet? Und wie sah der Alltag der Gladiatoren aus? Das alles und noch viel mehr erfährt man auf den vier Erlebnistouren zu historischen Plätzen der Stadt – macht enorm viel Spaß! **www.erlebnisfuerungen.de**

Prächtiger Bau: Das Kurfürstliche Palais ist eines der schönsten Rokoko-Gebäude der Welt.

Ein Bild von einer Stadt: Blick von der Porta Nigra in Richtung Dom und Liebfrauenkirche.

Es grünt so grün: In der Mosel-Region wird seit Urzeiten Weinanbau betrieben.

Magisches Licht: Die Porta Nigra wurde etwa 180 n. Chr. aus Sandsteinquadern erbaut.

Sohn der Stadt übrigens ist niemand Geringerer als Karl Marx – in seinem Geburtshaus unweit des Trierer Theaters ehrt ein in Deutschland einmaliges Museum sein Andenken. Absolut sehenswert!

In vino veritas, im Wein liegt die Wahrheit, das wussten schon die alten Römer – entsprechend wird in dieser Mosel-Region seit 2000 Jahren Weinanbau betrieben, und Trier hat eine Menge guter Tropfen zu bieten. Wer mittags oder abends ein paar davon kosten will, hat kein Problem: Vom Stadtkern etwa zum Stellplatz Treviris kommt man gut per Bus oder Fahrrad.

Jessica Mintelowsky

KONTAKT & INFO

Tourist-Information Trier, An der Porta Nigra, 54290 Trier, Telefon 0651/978080, Fax 0651/9780876, info@trier-info.de, www.trier-info.de

STELLPLATZ-TIPPS

54295 TRIER

Reisemobilpark Treviris

Gebührenpflichtiger Stellplatz für 120 Mobile. Reservierte Flächen neben dem Campingplatz am Moselufer. Ebener Untergrund, befestigt mit Pflaster- und Rasengittersteinen. Separates Sanitärgebäude für den Stellplatz. Kiosk mit Brötchenservice. Gasstation, kleiner Zubehör-Shop auf dem benachbarten Campingplatz. Entfernung ins Zentrum: 3 km. Ganzjährig nutzbar. 7 Euro pro Mobil von 18–10 Uhr, jede weitere Stunde 10 Cent. Strom (46 Anschl.): 70 Cent/kWh. Wasser: 1 Euro/100 Ltr. Dusche: 1 Euro/3 Min. WC: 40 Cent. Komplette Abrechnung über Camp-Card am Automat.

Standort: OT Euren, In den Moselauen, GPS 49°44'25"N/06°37'23"O, Helga Haag, Telefon 0651/8200911, www.camping-treviris.de

Trier: die großzügige Flächen auf Rasengittersteinen im Treviris.

Stellplatz Weingut von Nell

Gebührenpflichtiger Stellplatz für 10 Mobile in sehr ruhiger, etwas einsamer Lage am Weinberg. Eben, geschottert. Anmeldung erwünscht. Ganzjährig nutzbar. 10 Euro pro Nacht/Mobil.

Standort: Im Tiergarten 12, GPS 49°44'19"N/06°39'26"O, Familie von Nell, Telefon 0651/32397, www.vonnell.de

Trier: Der Stellplatz beim Weingut von Nell liegt ruhig. »

Fotos: Christian Millen, fotobeam.de/fotolia (2), M. Schuckart/fotolia, LianeM/fotolia

STELLPLATZ-TIPPS

WEITERE STELLPLÄTZE

54472 BURGEN
Stellplatz Weingut Bohn-Leimbrock

Gebührenpflichtiger Stellplatz für 4 Mobile auf einer Wiese hinter dem Weingut, im ruhigen Urstromtal der Mittelmosel. Ruhige Ortsrandlage, an Weingärten angrenzend. Gasthaus im Ort. Ganzjährig. 5 Euro pro Nacht und Mobil, bei Weinkauf kostenlos.

Standort: Lindenstraße 6,
GPS 49°52'48"N/06°59'59"O,
Annette Leimbrock-Debus,
Telefon 06534/383,
www.bohn-leimbrock.de

54411 DEUSELBACH
Stellplatz am Hunsrückhaus

Gebührenpflichtiger Stellplatz für 50 Mobile am Erbeskopf. Ausgewiesener Bereich auf dem Parkplatz am Skilift. Ebener Untergrund, 10 asphaltierte Plätze, 40 Schotterplätze. Telefonische Anmeldung von 10–17 Uhr erbeten (außer montags). Toilettenanlage im Außenbereich. Bistro im Haus. Ganzjährig nutzbar. 4 Euro pro Nacht und Mobil inklusive V+E. Strom (10 Anschl.): 3 Euro.

Standort: OT Erbeskopf, K 130,
GPS 49°44'09"N/07°04'59"O,
Telefon 06504/778,
www.hunsrueckhaus.de

Deuselbach: Vor dem Hunsrückhaus am Skilift ist viel Platz.

54340 ENSCH
Stellplatz An den 2 Pappeln

Gebührenpflichtiger Stellplatz für 40 Mobile. Ausgewiesenes und parzelliertes Gelände unterhalb der Uferstraße, direkt an der Mosel. Ebener Untergrund aus Wiese und Schotter. Info-Tafel, beleuchtet. Ganzjährig. 5 Euro pro Nacht und Mobil. Strom (45 Anschl.): 2 Euro. Wasser: 1 Euro. Nach 6 Übernachtungen ist die 7. frei.

Standort: Am Moselufer,
GPS 49°49'33"N/06°50'10"O,
Bettina und Franz Lentes,
Telefon 06507/3684,
www.anden2pappeln.de

Ensch: Der parzellierte Stellplatz liegt direkt am Moselufer.

54341 FELL
Stellplatz am Besucherbergwerk

Gebührenpflichtiger Stellplatz für 30 Mobile in ruhiger Waldlage am Besucherbergwerk. Befestigter Untergrund. Brötchenservice. Ortskern 2 km. Ganzjährig nutzbar. 4 Euro pro Tag und Mobil. Von Dezember bis März frei.

Standort: Auf den Schiefergruben,
GPS 49°45'17"N/06°47'49"O,
Telefon 06502/988588,
www.besucherbergwerk-fell.de

54427 KELL AM SEE
Stellplatz am Camping Hochwald

Gebührenpflichtiger Stellplatz für 10 Mobile, auf dem Parkplatz vor dem Campinggelände ausgewiesen. Untergrund aus Asphalt. Saison: Mai bis August. 6 Euro pro Nacht und Mobil inklusive V+E. Personen über 14 Jahre: 6 Euro. Kinder: 4 Euro. Eintritt ins Schwimmbad inklusive. Strom: 50 Cent/kWh. Dusche: 50 Cent.

Standort: L 143,
GPS 49°38'17"N/06°48'05"O,
Telefon 06589/1695,
www.kell-am-see.de

54518 KESTEN
Wohnmobilpark Kesten

Gebührenpflichtiger Stellplatz für 48 Mobile am Moselufer. Ruhige Lage abseits der Durchgangsstraße. Ebene Stellplätze auf Wiese und Schotter. Areal für Clubtreffen geeignet. Schatten spendende Bäume. Sat-Empfang über externe Antenne möglich. Brötchenservice, Gasflaschentausch, Info-Tafel. Für Clubtreffen erweiterbar auf 80 Stellplätze. Saison: April bis Oktober. 5 Euro pro Nacht und Mobil. Strom 2 Euro/24 Std. Wasser: 50 Cent/50 Ltr. V+E für Durchreisende: 2,50 Euro.

Standort: K 134,
GPS 49°54'11"N/06°57'45"O,
Erika und Raimund Urmetz,
Telefon 06535/7184,
Mobil 0160/99335905,
www.wohnmobilpark-kesten.de

Kesten: Der schön gelegene Stellplatz liegt an der Mosel.

54524 KLAUSEN
Stellplatz am Zentralparkplatz

Gebührenfreier Stellplatz für 5 Mobile im historischen Ortskern. Geteerter Parkplatz für Pkw und Reisemobile hinter dem Hotel Klausenhof. Dorfladen und Gastronomie im Ort. Ganzjährig.

Standort: Trierer Straße,
GPS 49°54'20"N/06°52'52"O,
Telefon 06578/634,
www.klausen.de

54340 KLÜSSERATH
Reisemobilpark Klüsserath

Gebührenpflichtiger Stellplatz für 400 Mobile. Angelegtes, ebenes Wiesengelände am Fluss. Parzellierung nur im Uferbereich, sonst weitläufige Wiese. Befestigter Rundweg. Kein Schatten. Der Stellplatz liegt im hochwassergefährdeten Bereich. Campingshop auf dem Gelände. Saison: März–November. 6 Euro pro Nacht und Mobil. Strom: 1,50 Euro. Wasser: 1 Euro/100 Ltr.

Standort: Im Moselvorland,
GPS 49°50'34"N/06°51'18"O,
Manfred Hero,
Telefon 06887/1553

Klüsserath: Der Stellplatz im Moselvorland fasst 400 Mobile.

54329 KONZ
Stellplatz an der Saarmündung

Gebührenpflichtiger Stellplatz für 3 Mobile. Der ausgewiesene Platz liegt an der Saarmündung neben dem Sportboothafen, aber auch nahe an einer Eisenbahnbrücke. Wenn der Platz belegt ist, kann man zum gleichen Preis auch auf dem Campingplatz nebenan stehen, der den Reisemobilplatz mit betreut. Saison: März bis Oktober. 8 Euro pro Nacht und Mobil.

Standort: Am Moselufer,
GPS 49°42'16"N/06°34'30"O,
Herr Momper,
Telefon 06501/2577,
www.saar-obermosel.de

Konz: Der ausgewiesene Stellplatz liegt an der Saarmündung.

54340 KÖWERICH
Stellplatz bei Klären-Maringer

Gebührenpflichtiger Stellplatz für 20 Mobile auf einer nicht ganz ebenen, aber festen Wiese, von Hecken eingefasst. In der Nachbarschaft der Straußwirtschaft „Off'm Herach". Ruhige Lage etwa 150 m neben der Mosel. Blick auf die umliegenden Weinberge. Anreise bis 22 Uhr möglich. Ganzjährig. 6 Euro pro Nacht und Mobil inkl. Entsorgung. Strom: 50 Cent/kWh. Wasser: 1 Euro. Dusche: 1 Euro/Person.

Standort: Beethovenstraße 40,
GPS 49°50'29"N/06°51'47"O,
Familie Klären-Maringer,
Telefon 06507/3787

Köwerich: der Stellplatz am Weingut Klären-Maringer.

54340 LEIWEN/MOSEL

Stellplatz Ferienweingut Spieles

Gebührenpflichtige Stellplätze für 4 Mobile inmitten von Rebhängen. Untergrund Schotter. Frühstück, Grillabende und Weinproben sind möglich. Ganzjährig nutzbar. 8 Euro pro Nacht und Mobil inklusive 2 Personen, Strom und Entsorgung. Wasser: 1 Euro. Dusche: 1 Euro. Weitere Person: 2 Euro.

Standort: Schulstraße 20,
GPS 49°49'22"N/06°52'33"O,
Heinz und Marita Spieles,
Telefon 06507/2787,
www.weingut-heinz-spieles.de

54340 LONGUICH

Weingut Longen-Schlöder

Gebührenpflichtiger Stellplatz für 8 Mobile. Separater Reisemobilplatz im Apfelgarten des Weinguts. Eben, geschottert, wenig Schatten. Ruhige Lage an einer Anliegerstraße. Separate Sanitäranlage für Wohnmobilisten. Ganzjährig. 5 Euro pro Nacht und Mobil. Strom: 2 Euro. Wasser: 2 Euro. Dusche: 3 Euro/Person.

Standort: Kirchenweg 9,
GPS 49°48'37"N/06°45'53"O,
Telefon 06502/8345,
www.longen-schloeder.de

Stellplatz am Weingut Feiten

Gebührenpflichtiger Stellplatz für 20 Mobile am Weingut mitten in den Weingärten am Moselufer. Untergrund aus Schotterrasen. Straußwirtschaft, Spielplatz und Grillhütte am Platz. Bäcker und Supermarkt 300 m entfernt. Ganzjährig nutzbar. 5 Euro pro Nacht und Mobil. Strom: 2 Euro. Wasser: 50 Cent. Dusche: 1 Euro.

Standort: Rioler Weg 2,
GPS 49°48'15"N/06°46'45"O,
Familie Feiten,
Telefon 06502/8444,
www.weingut-feiten.de

Longuich: der Schotterrasen-Stellplatz am Weingut Feiten.

54346 MEHRING

Stellplatz am Weingut Zellerhof

Gebührenpflichtiger Stellplatz für 43 Mobile. Angelegtes Gelände mit großzügig bemessenen Parzellen, 7 x 9 m, zwischen Weingut und Mosel. Breite Fahrspuren. Eben, geschottert. Ruhige Lage am Ortsrand. Sanitärbereich, im Winter geschlossen. 5 Euro pro Nacht und Mobil. Strom (43 Anschlüsse): 50 Cent/kWh. Wasser: 50 Cent/70 Ltr. Dusche: 1 Euro.

Standort: Zellerhof 1,
GPS 49°47'39"N/06°49'07"O,
Herbert Kühner,
Telefon 06502/2263

Mehring: der große Uferstellplatz am Weingut Zellerhof.

Stellplatz del Mosel

Gebührenpflichtiger Stellplatz für 72 Mobile am Ortsrand. Befestigtes Wiesengelände mit Schotterrasen direkt am Moselufer. Brötchenservice, Frühstück im Café, geöffnet von 7 bis 22 Uhr. Eigenes Weingut, Reparaturservice. Ganzjährig nutzbar. 5 Euro pro Nacht und Mobil. Strom (60 Anschlüsse): 2 Euro. Wasser: 1 Euro/100 Ltr. Dusche: 1 Euro.

Standort: Moselweinstraße 1,
GPS 49°47'39"N/06°49'04"O,
Regina und Frank Fassian,
Telefon 06502/9969972,
Mobil 0170/7785312,
www.wohnmobilstellplatz-del-mosel.de

Mehring: der Stellplatz del Mosel an der Uferpromenade.

54518 MINHEIM

Reisemobilpark Minheim

Gebührenpflichtiger Stellplatz für 90 Mobile. Separates Gelände direkt an der Mosel. Parzellierte Plätze mit Kiesspur und Rasenabteil, beleuchtet. Kinderspielplatz, Mülleimer und Info-Tafel. Rund 100 m zum Ort, 400 m zur Slipanlage und zum Schiffsanleger. Leichte Lärmbelästigung durch Autoverkehr möglich. Ganzjährig. 6 Euro pro Nacht und Mobil. Strom (90 Anschlüsse): 1,50 Euro, von Dezember bis März 2 Euro. Wasser: 1 Euro/100 Ltr.

Standort: Am Moselufer,
GPS 49°51'56"N/06°56'30"O,
Manfred Hero,
Telefon 06887/1553

Minheim: der große, sehr beliebte Stellplatz am Ufer der Mosel.

Stellplatz Weingut Thielen-Feilen D5

Gebührenpflichtiger Stellplatz für 3 Mobile. Reservierter Bereich eines Parkplatzes. WC vorhanden. Ganzjährig. 6,50 Euro pro Nacht und Mobil. Strom: 2 Euro.

Standort: Moselweinstraße 11,
GPS 49°51'54"N/06°56'21"O,
Herbert Thielen,
Telefon 06507/2972,
www.weingut-thielen-feilen.de

54347 NEUMAGEN-DHRON

Stellplatz Neumagen-Dhron

Gebührenpflichtiger Stellplatz für 100 Mobile. Vier reservierte Bereiche mit befestigten Fahrwegen und ebenen, geschotterten Parzellen mit Grünflächen. Ruhige Lage inmitten von Weinbergen am Ufer des Dhron-Bachs. Imbiss und Speisegaststätte von Ostern bis Mitte November täglich, sonst nur am Wochenende. Grillhütte für Veranstaltungen am Platz. Ganzjährig nutzbar. 6,50 Euro pro Mobil für die 1. Nacht, danach 5,50 Euro inkl. Ver- und Entsorgung. Strom: 50 Cent/kWh. Dusche und WC: 3 Euro/2 Person.

Standort: In der Zeil/
Brückenstraße,
GPS 49°51'49"N/06°54'16"O,
Michael Kettern,
Telefon 06507/2020,
Mobil 0172/6616500 www.
stellplatz-neumagen-dhron.de

Neumagen-Dhron: Der große Stellplatz ist komfortabel.

Stellplatz am Yachthafen

Gebührenpflichtiger Stellplatz für 40 Mobile. Ebene, mit Schotterrasen befestigte Stellflächen und geschotterte Fahrspur. Kein Schatten, beleuchtet. Sanitäranlage mit Waschmaschine und Trockner. Reparatur-Service, »

STELLPLATZ-TIPPS

Zubehör und Gasverkauf. Restaurant mit Terrasse. Saison: März bis Oktober mit Service, ganzjährig nur mit Strom. 6 Euro pro Nacht und Mobil bis 9 m Länge, 8 Euro über 9 m, inklusive V+E. Personen ab 14 Jahre: 2,50 Euro. Kinder: 2 Euro. Strom: 60 Cent/kWh.

Standort: OT Neumagen,
Moselstraße 21,
GPS 49°51'04"N/06°53'35"O,
Telefon 06507/701670,
www.marina-mittelmosel.de

66620 NONNWEILER

Stellplatz am Hallenbad

Gebührenfreier Stellplatz für 5 Mobile, auf dem Pkw-Parkplatz ausgewiesen. Ebener Untergrund aus Rasengittersteinen. Wenig Schatten, beleuchtet. Zentrale Lage. Ganzjährig nutzbar.

Standort: Am Hammerberg,
GPS 49°36'25"N/06°58'20"O,
Tourist-Info,
Telefon 06873/66076,
www.nonnweiler.de

Nonnweiler: Der Stellplatz am Hallenbad liegt sehr zentral.

54518 OSANN-MONZEL

Stellplatz Gasthaus Kelterhaus

Gebührenfreier Stellplatz für 10 Mobile. Parkplatz am Gasthaus Kelterhaus auf dem Weingut Robert Brösch. Einkehr obligatorisch. Ebener, teilweise gepflasterter Untergrund. Grillhütte, Liegewiese, Weinlaube. Ganzjährig.

Standort: Moselstraße 39,
GPS49°55'15"N/06°57'26"O,
Telefon 06535/433,
www.kelterhaus-broesch.de

54439 PALZEM

Stellplatz Weingut Edwin Pauly

Gebührenpflichtiger Stellplatz für 8 Mobile. Täglich Weinprobe (Reservierung erwünscht). Ebener, geschotterter Platz für längere Reisemobile, mit Rasengittersteinen befestigter Platz für weniger große Mobile unterhalb des Weinguts. Kein Schatten. Ruhige Lage abseits der Straße, schöner Blick über die Mosel nach Luxembourg. Toilette. Ganzjährig nutzbar. 7 Euro pro Nacht und Mobil inkl. Strom (5 Anschl.) und Wasser – entfällt bei Weineinkauf von mehr als 50 Euro.

Standort: Obermoselstraße 5,
GPS 49°33'51"N/06°22'32"O,
Familie Pauly,
Telefon 06583/446,
www.paulywein.de

Palzem: aussichtsreiche Lage am Weingut Edwin Pauly.

54498 PIESPORT

Stellplatz Piesporter Goldtröpfchen

Gebührenpflichtiger Stellplatz für 30 Mobile. Ruhige Lage am Moselufer mit Blick auf die Mosel-Loreley. Nicht ganz ebener, geschotterter Untergrund. Jede Parzelle mit eigenem Grünstreifen. Areal beleuchtet. Info-Tafel am Stellplatz. Ortsmitte ca. 400 m entfernt. Wenig Schatten, junge Bäume. Ganzjährig. 6 Euro pro Nacht und Mobil. Strom: 1,50 Euro, Wasser: 1 Euro.

Standort: Moselstraße,
GPS 49°52'22"N/06°55'40"O,
Tourist Information Piesport,
Telefon 06507/2027,
www.piesport.de

Piesport: der Stellplatz mit Blick auf die Mosel-Loreley.

Stellplatz am Weingut St. Joseph

Gebührenpflichtiger Stellplatz für 3 Mobile. Reserviertes Gelände neben dem Rebengarten am Moselufer. Ebener, geschotterter Untergrund. Frühstück oder Brötchenservice und Abendessen möglich. Pavillon und Sitzbänke. Saison: März bis November. 7 Euro pro Nacht und Mobil inkl. 2 Personen und Wasser. Weitere Person: 3,50 Euro. Kinder bis 10 Jahre: 1,50 Euro. Strom: 70 Cent/kWh. Dusche: 2,50 Euro. Beim Kauf von 18 Flaschen Wein eine Übernachtung gratis.

Standort: In der Dur 11,
GPS 49°52'59"N/06°55'40"O,
Familie Spang,
Telefon 06507/5161,
www.weingut-spang.de

Piesport: der kleine Stellplatz beim Weingut St . Joseph.

Stellplatz Loreleyblick

Gebührenpflichtiger Stellplatz für 5 Mobile. Angelegter Reisemobilplatz auf ebenem Schotterboden zwischen den Weinbergen. Ruhige Lage am südlichen Ortsrand mit schönem Blick auf die Mosel-Loreley. Brötchenservice. Ganzjährig nutzbar. 7 Euro pro Nacht und Mobil inkl. Strom (10 Anschlüsse), Ver- und Entsorgung. Dusche: 1 Euro/Person.

Standort: Loreleyblick 20,
GPS 49°52'27"N/06°55'31"O,
Familie Schäfer,
Telefon 06507/5182,
E-Mail weingut.schaefer@
t-online.de

Stellplatz Weingut Heinz Kirsten

Gebührenpflichtiger Stellplatz für 6 Mobile hinter dem Weingut, in idyllischer Lage zwischen Weinreben. Untergrund aus Schotter. Straußwirtschaft am Weingut von Ende Juni bis Oktober geöffnet. Restaurants und Geschäfte in der Nähe. Ganzjährig nutzbar. 6 Euro pro Nacht und Mobil, wird bei Weinkauf angerechnet. Strom: 1 Euro.

Standort: OT Niederemmel,
In der Noo,
GPS 49°52'48"N/06°55'33"O,
Martina Kirsten,
Telefon 06507/2444,
www.kirsten-piesport.de

54439 SAARBURG

Reisemobilpark Saarburg

Gebührenpflichtiger Stellplatz für 70 Mobile am Saarufer. Ebener Untergrund aus Schotterrasen. Zufahrt asphaltiert. Parzellierte Stellflächen, nachts beleuchtet. Toilettengebäude am Stellplatz. Platzwart kommt morgens und abends. Bäckerwagen am Morgen, Wein- und Getränkeverkauf, Außenterrasse am Wochenende geöffnet. Discount-Markt etwa 300 m entfernt. Clubtreffen möglich. Ganzjährig nutzbar. 8 Euro pro Nacht und Mobil inklusive Entsorgung. 3-Tage-Ticket: 21 Euro. Im Winter ohne Service 4 Euro. Strom (70 Anschl.): 50 Cent/kWh. Wasser: 1 Euro/100 Ltr.

Standort: Am Saarufer 18,
GPS 49°36'03"N/06°33'12"O,
Bernd Eilenz,
Mobil 0177/3433111,
Platzwart, Mobil 0151/15802080,
www.reisemobilpark-saarburg.de

Saarburg: Der Reisemobilpark liegt direkt am Saarufer.

Reisemobilplatz Leukbachtal

Gebührenpflichtiger Stellplatz für 20 Mobile im separaten Areal des Campingplatzes. Untergrund aus Rasen und Schotter. Supermarkt nebenan, Hallenbad in 500 m Entfernung. Ganzjährig. 14 Euro pro Nacht und Mobil inklusive 2 Personen, Strom und Dusche. Wasser: 1 Euro.

Standort: Friedensaue,
GPS 49°35'57"N/06°32'29"O,
Familie Märker,
Telefon 06581/2228,
www.campingleukbachtal.de

54340 SCHLEICH
Stellplatz Moselblick

Gebührenpflichtiger Stellplatz für 5 Mobile auf einer Wiese beim Weinbaubetrieb Otto. Ruhige Lage am Moselufer. Ganzjährig nutzbar. 5 Euro pro Nacht und Mobil. Strom: 2 Euro.

Standort: Am Moselufer,
GPS 49°48'48"N/06°50'33"O,
Jörg Otto,
Telefon 06507/3496,
Mobil 0160/96202222

54424 THALFANG
Stellplatz auf dem Festplatz

Gebührenpflichtiger Stellplatz für 50 Mobile auf dem Festplatz neben dem Erholungs- und Gesundheitszentrum mit Barfußpark und Kurpark. Schöne, ruhige Lage. Ebener, geschotterter Untergrund. Bäcker und Supermarkt in der Nähe. Zur Kirmes Ende September gesperrt, sonst ganzjährig. 5 Euro pro Nacht und Mobil inklusive Strom, V+E.

Standort: Talstraße,
GPS 49°45'03"N/06°59'56"O,
Tourist-Info,
Telefon 06504/ 9140141,
www.thalfang.de

Stellplatz Ferienpark Himmelberg

Gebührenpflichtiger Stellplatz für 2 Mobile. Einfacher Parkplatz für Pkw und Reisemobile bei der Minigolfanlage. Ebener, mit Rasengittersteinen befestigter Untergrund. Ganzjährig nutzbar. 10 Euro pro Nacht und Mobil

Standort: Birkenweg 73,
GPS 49°44'54"N/06°59'14"O,
Telefon 06504/9120,
www.himmelberg.de

54349 TRITTENHEIM
Stellplatz im Moselvorland

Gebührenpflichtiger Stellplatz für 40 Mobile. Großzügig angelegter Platz unmittelbar am Fluss. Ebener, gepflasterter Untergrund, asphaltierte Zufahrtsstraße, markierte Stellflächen. Kein Schatten, beleuchtet. Ruhige und landschaftlich reizvolle Lage zwischen Mosel, Rebgärten und dem Weindorf. Etwa 500 m ins Zentrum. Müllcontainer. Saison: 1. April bis 31. Oktober. Achtung: Bei Hochwasser ist der Platz gesperrt! 5 Euro pro Nacht und Mobil. Strom (36 Anschlüsse): 2,50 Euro. Wasser: 50 Cent.

Standort: Moselpromenade,
GPS 49°49'29"N/06°54'10"O,
Alwine Schmitt,
Telefon 06507/5331,
www.trittenheim.de

Trittenheim: der gute Stellplatz für 40 Mobile im Moselvorland.

66709 WEISKIRCHEN
Stellplatz am Kurpark

Gebührenfreier Stellplatz für 6 Mobile. Parkplatz für Pkw und Reisemobile in der Ortsmitte. Stellflächen im Pkw-Format, Untergrund geteert und gepflastert. Ganzjährig nutzbar. Sani-Station. Kurtaxe: 1,40 Euro pro Person (zu bezahlen in der Tourist-Information am Haus des Gastes). Strom: 50 Cent/kWh. Wasser: 50 Cent. Entsorgung: 50 Cent.

Standort: Burgstraße,
GPS 49°33'32"N/06°49'05"O,
Hochwald-Touristik,
Telefon 06876/70937,
www.weiskirchen.de

www.promobil.de/ stellplaetze

DIE PERFEKTE WOCHE

SÜDLICHE WEINSTRASSE

Fotos: Joachim Negwer, Pfalz-Touristik (5)

Beste Voraussetzungen für Genuss mit allen Sinnen: Das mediterrane Klima sorgt nicht nur für sonnige Gemüter, sondern auch für wunderbare Weine.

IN DER SONNENVERWÖHNTEN PFALZ wird die Zeit am Reifegrad der Trauben gemessen, und der Zukunft sieht man ziemlich gelassen entgegen. Eine Fahrt mit dem Reisemobil über die südliche Deutsche Weinstraße.

Riesling, Rivaner oder doch lieber den Grauburgunder? Für besondere Anlässe oder für den Genuss zwischendurch? Bei der Pfälzer Weinvielfalt fällt die Wahl gar nicht so leicht.

In Bad Dürkheim dürfen die Weinfässer auch gern etwas größer sein, hier sogar das größte der Welt.

Es ist immer ein Winzer in der Nähe, bei dem man einen Stellplatz findet – wie hier in St. Martin.

Schöne Kulisse für edle Gewächse im Weinartrium Sebastian Weisbrodt in Weisenheim am Berg.

Die Pfalz ist eine stille Schönheit. Eine Region, die vom Klima verwöhnt ist und in der Esskastanien und Auberginen, Melonen und sogar Feigenbäume wachsen – einfach so.

Wenn der Sommer in Deutschland mal wieder besonders heiß und heftig erscheint, schrecken regelmäßig Horrormeldungen vom drohenden Klimawandel die deutschen Winzer auf: „Globale Erwärmung: Klima bald zu heiß für unseren Wein!“ Wenn das so weitergehe mit dem Wetter, heißt es immer wieder, dann werde es allmählich brenzlig für einige Rebsorten im Land. Die Reaktionen in den deutschen Weinanbaugebieten sind meist dieselben. Unruhe! Nervosität! Hektik überall! Nur nicht in der Pfalz. Zwischen Landau, Bad Dürkheim und Neustadt an der Weinstraße bleibt man gelassen. Was denn auch sonst.

Nicht zufällig wird die Pfalz oft mit der Toskana verglichen. Wer nach einem zünftigen Essen abends im Hof eines Weingutes sitzt und beobachtet, wie sich vor dem violetten Abendhimmel die sanften Hügel Richtung Horizont aneinander reihen, der wird automatisch an Italien erinnert. Und es duftet auch so.

Dass sich die Pfälzer nicht so schnell aus der Ruhe bringen lassen, hat schon Helmut Kohl bewiesen. Und der war da keine Ausnahme. Es muss schon mehr kommen als die Warnung vor noch heißeren Sommern, um den Pfälzer ernsthaft zu beunruhigen. Ehrlich gesagt: Bei dieser Landschaft muss einen das nicht wundern. Die Pfalz ist eine stille Schönheit. Sie hat es kaum auf die Cover der Bildbände gebracht und auf die Titelseiten der Reisemagazine eher selten. Die Pfalz gehört nicht zu den dramatischen Regionen Deutschlands, sie ist keine Zugspitze und kein Mittelrheintal und auch kein Kreidefelsen-Rügen.

Die Pfalz prahlt nicht, und Protzen ist ihr fremd. Stattdessen wartet sie geduldig ab, bis man da ist. Von der Autobahn herunter. Auf den Landstraßen. Die führen tief ins Herz einer Region, die kaum Ecken und Kanten zu kennen scheint und stattdessen wie hingetuscht vor einem liegt. Eine Region, die vom Klima verwöhnt ist und in der Esskastanien und Auberginen, Melonen und sogar Feigenbäume wachsen

Ausschank mit Aussicht auf die Terrasse des Restaurants Schloss Deidesheim.

In den Pfälzer Städtchen gehen die Uhren manchmal etwas anders, wie hier in Freinsheim.

■ EIN SCHLOSS MIT GROSSEM ERBE

Die Wiege der Demokratie. Im Mai 1832 fand in den Ruinen des Hambacher Schlosses mit dem Hambacher Fest eine historisch bedeutende Kundgebung statt, die mit rund 30 000 Menschen schon als Massendemonstration bezeichnet werden darf. Die Bewohner der vom Königreich Bayern verwalteten Pfalz forderten Versammlungsfreiheit, Meinungsfreiheit, ein geeintes Deutschland und eine demokratische Staatsordnung. Damit traten sie in direkte Opposition zu den tatsächlich vorherrschenden Machtverhältnissen. Es war die erste öffentliche Versammlung dieser Größe für Liberalität und Demokratie in Deutschland.

Heute erfahren Besucher hinter den dicken Mauern alles zur deutschen Demokratiebewegung und ihre Ähnlichkeit zu den Idealen der Französischen Revolution. Das Schloss, im 11. Jh. als Burg errichtet, wurde anlässlich des 150. Jahrestags des Hambacher Festes grundlegend saniert. www.hambacher-schloss.de

Weiter Blick über die Rheinebene und geschichtsträchtige Mauern: das Hambacher Schloss.

Fotos: Dieth & Schröder (2), Faber & Partner (1)

– einfach so. In der Fachwerkorte und prächtige Weingüter inmitten eines Rebenmeeres liegen und mittelalterliche Burgen kleine steinerne Ausrufezeichen ins Grün der Wälder setzen. Irgendwann, nach fünf oder neun oder dreißig Kilometern, hat sie einen dann gepackt, die Pfalz. Und sie wird einen so schnell nicht wieder loslassen. Jede Wette: Es fährt niemand (niemand!) an einem sonnigen Spätnachmittag durch Orte wie Freinsheim oder Deidesheim, ohne einen Satz wie „Ach, ist das schön hier!“ zu sagen. Oder, noch wahrscheinlicher: „Hier sollte man mal öfter hinfahren!“

Sollte man. Müsste man. Muss man. Nach Bad Dürkheim zum Beispiel, einem der sonnigsten Orte auf dem deutschen Festland, 1800 Stunden schönes Wetter, jedes Jahr, garantiert. Nach Edenkoben, durch das die Deutsche Weinstraße völlig zu Recht mittendurch führt, keine 7000 Einwohner, aber eine der größten Weinbaugemeinden Deutschlands. Ein paar »

Wie wär's mit einem Bummel durch diese netten Gassen? St. Martin gilt als eines der schönsten Winzerstädtchen in der Pfalz.

Beste Sekte, handgerüttelt: Im Keller von Winzerin Roth in Siebeldingen.

So darf ein Pfalz-Tag ausklingen: beim Abendessen mit einem Glas Riesling.

Typisch für die Pfalz: Reben, so weit das Auge reicht, wie hier bei Frankweiler.

ECHTER SAUMAGEN

Die Füllung ist das Geheimnis beim Pfälzer Saumagen. Ursprünglich galt das Gericht als Resteverwertung, entwickelte sich aber im Laufe der Zeit zu einem echten Renner in der Küche dieser Region. Er wird mit Schweinefleisch, Brät, Kartoffeln oder Esskastanien befüllt und fein gewürzt angebraten. Nach seinem Fan Helmut Kohl wird die Spezialität auch gern als „Kanzlersteak" bezeichnet.

Pfälzer Platte hat's in sich: Saumagen, Wurst, Leberknödel und Sauerkraut.

Kilometer weiter nach Sankt Martin, einer dieser Orte, die wie von der Postkarte gerutscht in einer beinahe unwirklichen Landschafts-Idylle liegen. Oder in das besagte Deidesheim mit seinen herausgeputzten Fachwerkhäusern und Spitzenrestaurants, aus denen man nach Kürbisrisotto mit Petersilienwurzeln oder Perlhuhnbrust mit Maronencannelloni und den jeweils korrespondierenden Weinen nur sehr, sehr schwer wieder wegkommt. Was aber nichts macht, weil die meisten Pfälzer Winzer Stellplätze für Gäste mit Reisemobil haben.

Es waren und sind diese Winzer, denen die Pfalz ihren Ruf als – ja, doch – Genuss-Destination zu verdanken hat. Menschen wie Georg Wiedemann aus Venningen, der Aperitif-Essige aus Früchten, Kräutern und Blüten kredenzt und in alle Welt liefert. Barbara Roth vom Weingut Wilhelmshof in Siebeldingen, dessen Sekt bereits zum besten deutschen Winzersekt gewählt wurde. Oder Werner Knipser aus Laumersheim: Beinahe im Alleingang hat der für das gesorgt, was die Fachwelt das „Deutsche Rotweinwunder" nennt. Knipser importierte schon in den Achtzigern Rebstöcke aus Frankreich, heute keltert er sogar Syrah. Winzern wie ihm ist es zu verdanken, dass es in der Pfalz nicht mehr länger nur Spätburgunder gibt, wenn man heimischen Rotwein bestellt.

PFALZ – SÜDLICHE WEINSTRASSE

Und das Wetter? Ein bisschen Sonne mehr und ein paar Durchschnittsgrad dazu werden dem Pfälzer Wein nichts anhaben können (und den Feigen und Melonen und den Esskastanien erst recht nicht). Vielleicht können sie in der Pfalz ja demnächst sogar kälteempfindlichere Sorten anbauen, solche, die bislang nur in Südeuropa gedeihen. In der Toskana, zum Beispiel. Das würde nicht nur den Pfälzer Winzern gefallen. Ganz bestimmt nicht.

Stefan Nink

SÜD-PFALZ KOMPAKT bitte umblättern >>>

Eine königliche Aussicht von der Villa Ludwigshöhe, dem ehemaligen Sommersitz von Ludwig I.

Sechs sehenswerte Orte ganz nach Pfälzer Art

Von versteigerten Geißböcken, einem Wurstmarkt, auf dem die Wurst die kleinste Rolle spielt, lebenslustigen Pfälzern, die Feste gern rund ums Jahr feiern, mittelalterlichen Burgen und Türmen samt Turmschreiber – und von einem der schönsten Plätze, um einen fast toskanischen Sonnenuntergang zu genießen.

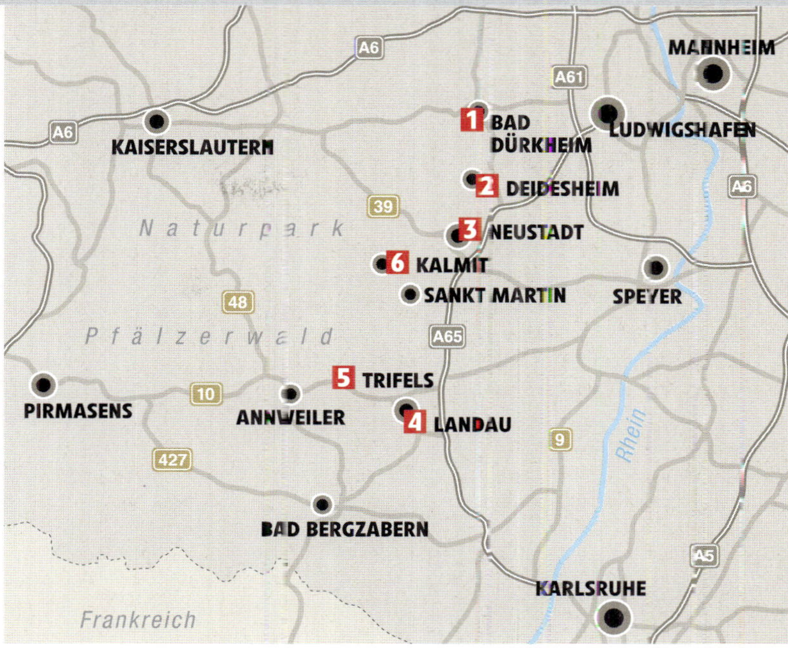

1 BAD DÜRKHEIM Zwischen Pfälzer Wald und Rheinebene dreht sich alles um den Weingenuss: Der alljährlich im September stattfindende Wurstmarkt gilt als größtes Weinfest der Welt, eine weitere Attraktion ist ein 1,7 Millionen Liter fassendes Weinfass. Sehenswert ist auch die 1205 erbaute Hardenburg mit ihren gut erhaltenen Wehrtürmen.

2 DEIDESHEIM Rund 3800 Einwohner zählt der Weinort, umgeben von 540 ha bester Weinlage, bewirtschaftet von den namhaftesten Winzern der Pfalz. Die Stadt wartet mit historischen Bauten wie einer Wasserburg aus dem 13. Jh. inklusive Turmschreiber auf. Eins der beliebtesten Feste ist die historische Geißbockversteigerung zu Pfingsten.

3 NEUSTADT Neun Winzerdörfer gehören zum malerischen Neustadt im Herzen der Pfalz, gefeiert wird die Traube das ganze Jahr – und hier wird die Weinkönigin gewählt. Im Hambacher Schloss erfährt man viel Geschichtliches, und wer es sportlich mag, radelt im Pfälzer Wald, klettert im Hochseilgarten oder badet in den zahlreichen Seen.

4 LANDAU Die 43 000-Einwohner-Stadt gehört mit ihren acht Ortsteilen zu den größten Weinbaugemeinden Deutschlands. Viele Cafés und Läden laden zu Shoppingtouren ein, beliebter Treffpunkt der Universitätsstadt ist der lebhafte Marktplatz mit zahlreichen Restaurants. Schön anzusehen sind die Parks und Bürgerhäuser aus dem 19. Jahrhundert.

5 TRIFELS Die imposante mittelalterliche Reichsburg Trifels bei Annweiler war einst Lieblingsburg des Kaisers Barbarossa und Gefängnis für Richard Löwenherz. Heute lohnt eine Begehung sowie die Besichtigung der nachgebildeten Reichskleinodien für große und kleine Ritter. Der Fels unterhalb der Burg wird gern von Sportkletterern bestiegen.

6 KALMIT Schon der Weg zur höchsten Erhebung der Pfalz führt zwischen Fachwerkhäuschen und Patrizierhöfen hindurch. Auf halber Strecke geparkt, gelangen Sie in etwa 1,5 Stunden nach oben zur Kalmithütte und einem verdienten Schoppen Wein. Empfehlenswert: bei Sonnenuntergang den Panoramablick auf fast 700 m Höhe genießen!

Fotos: Joachim Negwer, KFL/fotolia, Willi Wilhelm/fotolia

SÜD-PFALZ KOMPAKT

Infos | Tipps | Adressen

CAMPING

Knaus Campingpark Bad Dürkheim: Idyllischer, Ecocamping-zertifizierter Platz zwischen Weingärten mit Badesee. Animation für Kinder, Reitschule, Streichelzoo und Indianercamp. Gastronomie und Supermarkt vor Ort, W-LAN. Reisemobilstellplätze vor dem Platz (8 Euro).

Standort: 67098 Bad Dürkheim,
In den Almen 3,
GPS 49°28'25"N/08°11'30"O,
Tel. 06322/61356,
www.knauscamping.de

Bad Dürkheim: 12 Reisemobilstellplätze vor dem Knaus Camping.

RESTAURANTS

Carpaccio vom Saumagen – ein Gedicht im Deidesheimer Hof.

Deidesheimer Hof: Eine der bekanntesten Feinschmecker-Adressen der Pfalz mit 3 Kochmützen im Gault Millau und einem Michelin-Stern. Im Kreuzgewölbe des Restaurants Schwarzer Hahn zaubert Küchenchef Stefan Neugebauer Haute Cuisine mit regionaler Note auf die Teller. Di–Sa ab 18.30 Uhr.

67146 Deidesheim,
Am Marktplatz,
Tel. 06326/96870,
www.deidesheimerhof.de

Il Colosseo: In Bad Dürkheim genießt man authentische italienische Kochkultur, die von Padrone Luigi Cicoria mit viel Hingabe nach den Rezepten seiner Mutter bereitet wird. Ab 18 Uhr, an Sonn- und Feiertagen ab 12 Uhr.

67098 Bad Dürkheim,
Entengasse 12,
Tel. 06322/954910,
www.il-colosseo.com

König Ludwig Keller: Deftige bayerische Spezialitäten vom Holzkohlegrill, ein großzügiger Biergarten mit tollem Ausblick und eine urgemütliche Tafel im Gewölbekeller.

67480 Edenkoben,
Ludwigsplatz 10,
Tel. 06323/7474,
www.koenig-ludwig-keller.de

Ritterhof zur Rose und Weingut Meßmer: Auf einem ehemaligen Gelände des Klosters Heilsbruck gibt es heute das Restaurant Ritterhof zur Rose und ein Weingut. Die Küche ist französisch-mediterran inspiriert, das Ambiente ist großzügig und mit schöner Terrasse. Wer dann noch ein mit Hingabe und Überzeugung geführtes Weingut besichtigen möchte, dem sei ein Besuch bei Familie Meßmer mit Einkehr in der gutseigenen Vinothek empfohlen.

Vinothek und Restaurant: Weingut Meßmer in Burrweiler.

76835 Burrweiler,
Weinstraße 6,
Tel. 06345/407328,
www.ritterhof-zur-rose.de

INFORMATION

Auf der Internetpräsenz der Pfalz-Touristik gibt es zahlreiche Infos zu Ausflugszielen und Unterkünften. Interessante Tipps rund um den Pfälzer Wein und Veranstaltungen entlang der Weinstraße finden Sie auch bei Pfalz-Wein e. V. unter www.pfalz.de

Pfalz-Touristik,
67433 Neustadt,
Martin-Luther-Straße 69,
Tel. 06321/39160,
www.pfalz-touristik.de

FASZINATION TECHNIK

Technikmuseum Speyer. Hier warten auf 200 000 qm Ausstellungsfläche alltägliche und außergewöhnliche technische Errungenschaften darauf, neu entdeckt und bestaunt zu werden: Vom Hausboot mit Tonstudio der Kelly-Family bis zum original „Buran" Spaceshuttle in der größten Raumfahrtausstellung Europas. Außerdem gibt es dort Oldtimer, Feuerwehrautos, Flugzeuge und das U-Boot U 9 der Bundesmarine. Im Imax Dome Filmtheater auf dem Museumsgelände werden die Filme nicht auf eine Leinwand, sondern in 3-D auf eine Kuppel projiziert.
Stellplatz-Tipp: Direkt auf einer Wiese neben dem Technikmuseum gibt es einen Stellplatz für 45 Mobile. 22 Euro pro Nacht, der Musumseintritt ist dafür günstiger. www.technik-museum.de

Klasse Modelle aus den Anfängen des Automobils im Technikmuseum Speyer.

STELLPLÄTZE

76887 BAD BERGZABERN
Stellplatz Schlossgärten

Gebührenpflichtiger Stellplatz für 5 Mobile. Parkplatz für Pkw und Reisemobile in Zentrumsnähe. Gepflasterter, teils fast ebener, meist aber leicht abschüssiger Untergrund. Stellflächen im Pkw-Format. Ruhige Lage. Ganzjährig nutzbar. Holiday-Clean-Anlage. 4 Euro pro Nacht und Mobil, Strom: 1 Euro. Wasser: 1 Euro/80 Ltr.

Standort: Weinbergstraße,
GPS 49°06'11"N/07°59'50"O,
Büro für Tourismus,
Telefon 06343/989660,
www.bad-bergzabern.de

67098 BAD DÜRKHEIM
Stellplatz in der Silz

Gebührenpflichtiger Stellplatz für 170 Mobile. Abgegrenzter Bereich auf einem Großparkplatz am Stadtrand, gegenüber dem Weingut Frey, von Weinbergen umgeben. Untergrund Schotter und Wiese. Ganzjährig nutzbar. 6 Euro pro Nacht und Mobil inklusive Kurtaxe. Während des Dürkheimer Wurstmarktes (2. und 3. Wochenende im September) beträgt die Gebühr 9 Euro.

Standort: L 517,
GPS 49°28'10"N/08°10'03"O,
Tourist-Information,
Telefon 06322/935140,
www.bad-duerkheim.com

Bad Dürkheim: der zentrumsnahe Stellplatz in der Silz.

76835 BURRWEILER
Weingut Hermann Eberle

Gebührenpflichtiger Stellplatz für 3 Mobile. Reservierter Bereich im

Innenhof. Breite Zufahrt, ebener, gepflasterter Untergrund. Ruhige Lage. Ganzjährig. 6 Euro pro Nacht und Mobil.

Standort: Böchinger Straße 3,
GPS 49°14'48"N/08°04'43"O,
Telefon 06345/919245,
www.weingut-eberle.de

67149 DEIDESHEIM
Stellplatz Weinhaus Gießen

Gebührenpflichtiger Stellplatz für 3 Mobile. Parkfläche für Pkw und Reisemobile. Fast ebener, gepflasterter Untergrund im Innenhof oder ebener, geschotterter Untergrund. Ganzjährig. 6,50 Euro pro Nacht/Mobil.

Standort: Weinstraße 3,
GPS 49°24'44"N/08°11'28"O,
Herbert Gießen,
Telefon 06326/391

76889 DÖRRENBACH
Stellplatz Sportanlagen

Gebührenpflichtiger Stellplatz für 10 Mobile. Reservierter Bereich eines Pkw-Parkplatzes. Ebener, befestigter Untergrund. Ruhige Lage. Ganzjährig. 5 Euro pro Nacht und Mobil inklusive Strom (4 Anschlüsse), V+E.

Standort: Übergasse,
GPS 49°05'18"N/07°58'10"O,
Gemeinde Dörrenbach,
Telefon 06343/7686,
www.doerrenbach.de

67480 EDENKOBEN
Stellplatz Kirchberg-Parkplatz

Gebührenpflichtiger Stellplatz für 40 Mobile. Separater Parkplatz zwischen Rebgärten und der Innenstadt. Gepflasterter, leicht abschüssiger Untergrund. Ruhige Lage. Beleuchtet, kein Schatten. Maximale Aufenthaltsdauer: 3 Nächte. Ganzjährig nutzbar. Holiday-Clean-Anlage.4 Euro pro Nacht und Mobil. Strom: 1 Euro/kWh. Wasser: 1 Euro/100 Ltr.

Standort: Bahnhofstraße,
GPS 49°16'56"N/08°07'52"O,
Büro für Tourismus,
Telefon 06323/959222,
www.garten-eden-pfalz.de

67483 EDESHEIM
Stellplatz am Weingut Boos

Gebührenpflichtiger Stellplatz für 6 Mobile. Reservierte, ebene und von Rebstöcken eingerahmte Wiesenfläche. Ruhige Lage im Grünen. Ganzjährig nutzbar. 6 Euro pro Nacht und Mobil inklusive Strom, V+E. Dusche: 5 Euro.

Standort: Ludwigstraße 150,
GPS 49°15'27"N/08°07'03"O,
Telefon 06323/2288,
www.weingut-gaestezimmer-boos.de

Edesheim: der reservierte Wiesenstellplatz am Weingut Boos.

76835 GLEISWEILER
Stellplatz am Weingut Kost

Gebührenfreier Stellplatz für 3 Mobile. Reserviertes Wiesengelände neben dem Haus. Naturbelassener, nicht ganz ebener Untergrund. Ruhige Lage neben dem Weingut im Grünen. Ganzjährig.

Standort: Hainbachtastraße 3,
GPS 49°14'19"N/08°04'02"O,
Telefon 06345/3000,
www.weingut-f-g-kost.de

76889 GLEISZELLEN-GLEISH.
Stellplatz an der Ortseinfahrt

Gebührenfreier Stellplatz für etwa 20 Mobile. Weitläufiges Wiesengelände unterhalb des Dorfs. Naturbelassener, unbefestigter, nicht ganz ebener Untergrund. Kein Schatten, beleuchtet. Ganzjährig.

Standort:
GPS 49°07'48"N/08°00'41"O,
Gemeindeverwaltung,
Telefon 06343/4711,
www.gleiszellen-gleishorbach.de

76889 KAPELLEN-DRUSW.
Weingut Manderschied

Gebührenfreier Stellplatz für 5 Mobile auf einer Wiese am traditionellen Familien-Weingut, das sich seit einigen Jahren auf biologischen Weinbau spezialisiert hat. Ganzjährig nutzbar

Standort: Dorfstraße 4,
GPS 49°06'17"N/08°02'13"O,
Familie Manderschied,
Telefon 06343/2579,
www.weingut-manderschied.de

76829 LANDAU
Stellplatz am Freizeitbad

Gebührenpflichtiger Stellplatz für 5 Mobile am Freizeit- und Erlebnisbad La Ola. Die Stellplätze sind auf dem P 1 ausgewiesen. Ganzjährig. EVA-Anlage von 8–22 Uhr. 10 Euro pro Nacht und Mobil inkl. Strom, Müllabgabe und ein Eintrittsgutschein zum Spaßbad im Wert von 3,60 Euro. Wasser: 2 Euro. Entsorgung: 2 Euro. Chips an der La-Ola-Kasse.

Standort: Horstring 2,
GPS 49°12'07"N/08°08'33"O,
Telefon 06341/139200

Landau: der Stellplatz neben dem Freizeitbad La Ola.

67487 MAIKAMMER
Stellplatz der Kalmit-Sporthalle

Gebührenfreier Stellplatz für 3 Mobile auf dem Pkw-Parkplatz an der Sporthalle am Ortsrand. Gepflasterter Untergrund. Ganzjährig nutzbar.

Standort: An der Steinmühle,
GPS 49°18'09"N/08°08'13"O,
Büro für Tourismus,
Telefon 06321/589917,
www.maikammer.de

67433 NEUSTADT/WEINSTR.
Stellplatz Martin-Luther-Kirche

Gebührenpflichtiger Stellplatz für 30 Mobile. Ausgewiesenes Gelände mit Blumenkästen begrünt, zwischen Hauptschule, Supermarkt und Hausbrauerei. Ebener, befestigter Untergrund, wenig Schatten. Info-Tafel am Platz. Bus-Stopp in Stellplatznähe. Ganzjährig nutzbar. St-SAN-Anlage. 4 Euro pro Nacht und Mobil. Strom: 1 Euro/kWh. Wasser: 1 Euro/Ltr.

Standort: Martin-Luther-Straße,
GPS 49°21'14"N/08°09'09"O,
Telefon 06321/926892,
www.neustadt.pfalz.com

76835 RHODT U. RIETBURG
Stellplatz Weingut Nichterlein

Gebührenpflichtiger Stellplatz für 3 Mobile im Innenhof des Weinguts. Ebener, gepflasterter Untergrund. Ruhige und zentrale Lage zum Ortskern. Toiletten am Platz vorhanden. Ganzjährig nutzbar. 6 Euro pro Nacht und Mobil, Rabatt bei Weineinkauf.

Standort:
GPS 49°16'13"N/08°06'24"O,
Rolf & Jutta Nichterlein,
Telefon 06323/6975,
www.ferienweingut-nichterlein.de

67487 ST. MARTIN
Stellplatz am Weingut Helmut Schreieck

Gebührenpflichtiger Stellplatz für 17 Mobile. Angelegtes, in mehrere Bereiche gegliedertes Gelände hinter dem Haus. Ebener, mit Kunststoff-Rasenwaben befestigter Untergrund, begrünt und beleuchtet. Ruhige Lage mitten im Dorf. Ganzjährig. 8 Euro pro Nacht und Mobil inkl. Kurtaxe, WC sowie Ver- und Entsorgung.

Standort: Friedhofstraße 8,
GPS 49°18'04"N/08°06'20"O,
Telefon 06323/5415,
www.weingut-helmut-schreieck.de

St. Martin: Der Stellplatz zählt zu den Top-Plätzen in der Pfalz.

1 REIZENDE FACHWERKSTÄDTE

Marktplätze, die zum Müßiggang einladen. Zum Beispiel in Mosbach (oben) oder in Michelstadt.

Handwerker und Kaufleute verhalfen einst dem Städtchen Buchen zu beachtlichem Wohlstand, wovon viele schöne Fachwerkhäuser zeugen. Im Torbogen des Stadtturms eingemauert, grüßt etwas respektlos eine Figur, der „Blecker". Er streckt dem Besucher den Allerwertesten entgegen. Dank dieser Gebärde sollte er das Böse von der Stadt fernhalten. Die Basilika Sankt Georg im benachbarten Walldürn ist Jahr für Jahr Ziel zahlloser Gläubiger: Sie kommen wegen des Blutwunders. Um 1330 soll ein Priester hier den Kelch mit Wein umgestoßen haben, worauf sich auf dem Leinentuch darunter blutrot das Bildnis des Gekreuzigten abzeichnete. Sehr viel Interessantes über die letzten Jahrhunderte bis hin zu den 1950er Jahren erfährt man im Odenwälder Freilandmuseum im Ortsteil Gottersdorf.

Kulturelles Zentrum im badischen Odenwald und Bauland ist Mosbach, was auch im beliebten „Mosbacher Sommer" zum Ausdruck kommt: mit Konzerten, Straßentheater und vielem mehr. Aus dem Ensemble schmucker Fachwerkbauten sticht besonders das gut 400 Jahre alte Palmsche Haus hervor (großes Foto).

Zu den Topzielen im hessischen Teil zählt Michelstadt mit seinem malerischen Marktplatz und dem berühmten Rathaus, einem in der Tat außergewöhnlichen Bau mit Arkaden und offener Halle, in der früher Recht gesprochen wurde.

5 GUTE GRÜNDE FÜR DEN

ODENWALD

WIE GESCHAFFEN ZUM AUSSPANNEN: Vielerorts prägen im Odenwald historische Fassaden die mittelalterlichen Marktplätze. Doch schöne alte Häuser im Fachwerk- oder Rokokostil sind nur die eine Seite. Außerhalb der Städte locken Wanderungen in herrlich unberührter Natur.

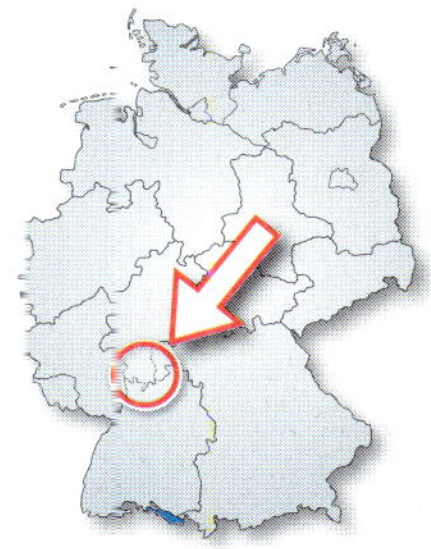

Text und Fotos: Thomas Cernak

2 FRISCHE, WANDERBARE NATUR

Noch immer ist der Odenwald ein Geheimtipp für Naturliebhaber und Wanderer. Fröhlich gurgelnde Bäche, dichte Wälder und weite Flure prägen die Mittelgebirgslandschaft zwischen Neckar und Main. Zur Vielfalt trägt eine geologische Besonderheit bei: Während im Norden und Westen der Buntsandstein vorherrscht, überwiegt im Südosten der Muschelkalk. Zu den größten Naturwundern in der Region zählen das „Felsenmeer" bei Reichenbach im Lautertal oder auch die erst 1971 entdeckte Tropfsteinhöhle in Eberstadt bei Buchen.

Der neu angelegte „Nibelungensteig" beginnt in Zwingenberg an der Bergstraße und führt zum Siegfriedbrunnen bei Grasellenbach. Er hat sofort viele Freunde gefunden. Viele bezeichnen ihn sogar – wegen seiner faszinierenden Ausblicke und Eindrücke – als schönsten deutschen Wanderweg. Erkunden lässt sich der Odenwald natürlich auch mit dem Fahrrad, zum Beispiel auf der „Wanderbahn" bei Mosbach.

DER BESONDERE TIPP

Ein Wanderweg der Extraklasse beginnt in Zwingenberg. Er führt durch die Wolfsschlucht zum Katzenbuckel, dem höchsten Berg im Odenwald (626 Meter). Die wildromantische Schlucht inspirierte einst Carl Maria von Weber zu seiner Oper „Der Freischütz". **www.zwingenberg-neckar.de**

Sonnendurchflutete Höhen und urtümliche Täler wie die Wolfsschlucht (Foto rechts) prägen das kleine Mittelgebirge.

DER BESONDERE TIPP **An den Steilhängen** von Burg Hornberg reifen vorzügliche Weine heran. Genießen kann man sie in heimischen Gaststuben, etwa in der Alten Mühle in Gundelsheim. **www.burg-hornberg.de**

3 TOLLE BURGERLEBNISSE

Die bemerkenswert gut erhaltene Burg Guttenberg ist bereits in der 17. Generation im Besitz der Familie von Gemmingen. Hans von Gemmingen, „der Reiche", kaufte sie im Jahr 1449 für 6000 Rheinische Gulden den Staufern ab. Im Burgmuseum erfährt man unter anderem von den früher üblichen Foltermethoden. Ein ausgesprochener Besuchermagnet ist die burgansässige Greifenwarte mit rund 130 Adlern und Geiern. Die im Sommer täglich stattfindenden Flugvorführungen verfolgen begeistert mehr als 100 000 Besucher im Jahr.

Ein steiler Aufstieg führt zur efeuumrankten Ruine Minneburg in Neckargerach, die angeblich nach der jungen Minna von Horneck von Burg Hornberg benannt wurde. Verzweifelt über eine befohlene Zweckheirat, soll sie sich hierher in eine Höhle geflüchtet haben, wo sie auf ihre heimliche Liebe wartete, den Kreuzritter Edelmut von Ehrenberg. Als der aus dem Heiligen Land zurückkehrte, lag Minna jedoch im Sterben, und Edelmut gelobte den Bau der Burg als Liebesbeweis.

4 SPANNENDE STEINERNE ZEUGEN

Das Mithrasrelief im Römermuseum Osterburken gehört zu den beeindruckendsten seiner Art. Es zeigt den Gott Mithras, der gerade einen Stier mit einem Dolchstoß in den Hals tötet. Die Anhänger des Kultes sahen ihn als kosmischen Erneuerer und setzten ihn mit dem Sonnengott Sol gleich. Das Museum gewährt mit zahlreichen weiteren Funden aus dem Umland einen sehr interessanten Einblick in die facettenreiche römische Glaubenswelt. Das heutige Osterburken war einst bedeutender Grenzort am Limes. Neben einem Kastell gab es ein großes Lagerdorf mit Tempeln und Bädern.

Auf Wanderungen vor allem im östlichen Odenwald, dem sogenannten Madonnenländchen, trifft man in Wald und Flur immer wieder auf Bildstöcke und Wegkreuze. Diese sind oft Hinweis auf ein schlimmes Ereignis, wie es zum Beispiel der Legende nach in Rumpfen geschah. Dort sollen vier Schäferburschen auf dem Nachhauseweg vom Tanz im Streit um ein schönes Mädchen sich gegenseitig umgebracht haben. An überlieferter Stelle steht heute eine recht ungewöhnliche Kleindenkmalgruppe, bestehend aus zwei unterschiedlich behauenen Steinkreuzen und einem Bildstock. Ob sie tatsächlich nach jener Schreckensnacht hier errichtet wurden, weiß allerdings niemand.

Rätselhaftes Ensemble: Bildstock mit Steinkreuzen bei Rumpfen.

Bei Ausgrabungen in Osterburken fand man dieses Mithrasrelief. Eine Kopie davon zeigt das Römermuseum vor Ort.

In Buchen erinnert die Mariensäule an schwere Pestzeiten.

5 SCHÖNE HANDWERKERMÄRKTE

Jeden Sommer findet in Bad Wimpfen am Neckar der traditionelle Zunftmarkt statt, der Groß und Klein gleichermaßen begeistert.

Der Zunftmarkt in Bad Wimpfen – er findet jedes Jahr am letzten Augustwochenende statt – steht in der Tradition des früheren Hafenmarktes, den König Wenzel im Jahr 1391 der Töpferzunft gewährte. Während das Warenangebot ständig vergrößert wurde, haben sich vermutlich die markigen Sprüche der Händler kaum verändert. Daneben präsentieren rund 80 Kunsthandwerker ihre Arbeit.

Ganz der edlen Druckkunst widmet sich hingegen der über die Grenzen der Region bekannte Mosbacher Buchmachermarkt. Die Aussteller zeigen dort auch, wie man beispielsweise altes und neues Papier richtig bindet, faltet oder schneidet.

ODENWALD KOMPAKT

Infos | Tipps | Adressen

ANREISE Schnell erreichbar aus den Ballungsräumen Frankfurt, Mannheim/Ludwigshafen, Stuttgart und Würzburg. Mögliche Autobahnausfahrten je nach Ziel sind: A 81 Osterburken, A 6 Sinsheim oder Heilbronn/Neckarsulm und A 5 Bensheim.

RESTAURANT-TIPPS **Zum Karpfen** Haus mit langer Tradition am alten Marktplatz. Eine Sgraffito-Malerei aus den 1930er Jahren auf der Fassade zeigt die Geschichte der Stadt Eberbach. Am alten Markt 1, 69412 Eberbach, Telefon 06271/806600, www.hotel-karpfen.com

Heidersbacher Mühle Die Küche verwendet nur beste Zutaten aus kontrolliertem Anbau sowie Fleisch von heimischen Weiden und Wäldern. Die Forellen kommen direkt aus einem Frischwasserbecken. Zufahrt von Heidersbach über schmalen, befestigten Waldweg. Montag und Dienstag Ruhetag, Reservierung empfohlen. 74834 Elztal-Rittersbach, Telefon: 06293/368, E-Mail muehle@heidersbacher-muehle.de

Urgemütlich: Gaststube im Landgasthof Heidersbacher Mühle.

Im Hintergrund: historisches Gasthaus „Zum Karpfen" am Marktplatz in Eberbach.

AUSKUNFT Touristikgemeinschaft Odenwald, Scheffelstraße 1, 74821 Mosbach, Telefon 06261/841383, Fax 06261/844750, E-Mail info@tg-odenwald.de, www.tg-odenwald.de

STELLPLATZ-TIPPS

64732 BAD KÖNIG
Stellplatz Odenwaldtherme

Gebührenfreier Stellplatz für 5 Mobile auf dem Parkplatz P 3. Markierter Bereich am Rand eines Großparkplatzes zwischen Eisenbahnlinie und Wohngebiet. Parkflächen im Pkw-Format, für Queraufstellung zu kurz. Asphaltierte Fahrspur, fast ebene, gepflasterte Stellflächen. Zentrale Lage zu Therme, Kurpark und Ortskern. Ganzjährig nutzbar. Wasser am Bauhof erhältlich. Strom nach Verbrauch.

Standort: Am Bahndamm,
GPS 49°44'35"N/ 09°00'11"O
Kurgesellschaft, Telefon 06063/57850, www.badkoenig.de

Bad König: der markierte Stellplatz an der Odenwaldtherme.

64743 BEERFELDEN
Stellplatz am Sportzentrum

Gebührenfreier Stellplatz für 4 Mobile, auf dem Parkplatz bei den Sportplätzen am südlichen Ortsrand ausgewiesen. Ebener Untergrund aus Asphalt. Ganzjährig nutzbar. Holiday-Clean-Anlage. Strom (4 Anschlüsse): 50 Cent/kWh. Wasser: 50 Cent/50 Ltr.

Standort: Seeweg
GPS 49°33'39"N/08°58'29"O,
Telefon 06068/930320,
www.beerfelden.de

64747 BREUBERG
Stellplatz Breuberg-Aue

Gebührenfreier Stellplatz für 4 Mobile. Ebene, asphaltierte Fläche am Stadtrand. Geringe Distanz ins Zentrum. Ganzjährig nutzbar. Sani-Station. Strom (4 Anschl.): 50 Cent/kWh. Wasser: 1 Euro/70 Ltr. Entsorgung: 1 Euro.

Standort: OT Neustadt,
Bahnhofstraße 4,
GPS 49°48'57"N/09°02'28"O,
Stadt Breuberg,
Telefon 06163/7090,
www.breuberg.de

Breuberg: der asphaltierte Stellplatz im OT Neustadt.

74722 BUCHEN/ODENWALD
Wohnmobilhafen Morretal

Gebührenpflichtiger Stellplatz für 12 Mobile auf dem neu angelegten Stellplatz am Waldschwimmbad. Sehr ruhige und

Buchen: Der Stellplatz am Waldschwimmbad liegt im Grünen.

idyllische Lage in einem Landschaftsschutzgebiet am Rand des Odenwalds, am Zusammenfluss von Morre und Hollerbach. 1 km bis zum historischen Stadtzentrum. Ganzjährig nutzbar. Holiday-Clean-Anlage. 8 Euro pro Nacht und Mobil, 20 Euro für 3 Tage (Parkscheinautomat). Strom (12 Anschlüsse): 1 Euro/kWh. Wasser: 1 Euro/100 Ltr. WLAN: 1 Euro/Std.

Standort: Mühltalstraße,
GPS 49°31'43"N/09°18'37"O,
Energie und Dienstleistungen Buchen, Telefon 06281/5350,
www.morretal.de

64711 ERBACH
Stellplatz Alexanderbad

Gebührenfreier Stellplatz für 11 Mobile auf dem Parkplatz am Freizeitbad Alexanderbad. Reservierter Parkstreifen im hinteren Teil des Pkw-Parkplatzes. In den Monaten Mai–November tagsüber durch Besucher des gegenüberliegenden Alexanderbades stark frequentiert. Großzügige Parzellierung. Zur Seite hin leicht abschüssiger, gepflasterter Untergrund. Ganzjährig. Sani-Station. Strom: 50 Cent/kWh. Wasser: 1 Euro/70 Ltr.

Standort: Wiesenweg,
GPS 49°39'48"N/08°59'24"O,
Stadt Erbach,
Telefon 06062/6480,
www.erbach.de

Erbach: Der Stellplatz bietet eine überzeugende Ausstattung.

64646 HEPPENHEIM
Stellplatz Europaplatz

Gebührenfreier Stellplatz für 5 Mobile, auf dem Europaplatz der Messe ausgewiesen. Ebener, gepflasterter Untergrund mit guter Rangiermöglichkeit. 15 Min. Fußweg zur historischen Altstadt. Ganzjährig nutzbar. Strom und Wasser auf Anfrage.

Standort: Lorscher Straße,
GPS 49°38'35"N/08°37'28"O,
Stadtinformation,
Telefon 06252/131149,
www.heppenheim.de

Heppenheim: der gepflasterte Stellplatz an der Messe.

69434 HIRSCHHORN
Stellplatz an der Slipanlage

Gebührenpflichtiger Stellplatz für 10 Mobile. Parkplatz für Pkw und Reisemobile unmittelbar am Neckar. Fast ebener, gepflasterter Untergrund. Kaum Schatten, beleuchtet. Ganzjährig nutzbar. Achtung: Der Parkplatz liegt im hochwassergefährdeten Bereich. 7 Euro pro Nacht und Mobil.

Standort: Jahnstraße,
GPS 49°26'36"N/08°53'55"O,
Tourist-Information,
Telefon 06272/1742,
www.hirschhorn.de

Hirschhorn: der gepflasterte Stellplatz an der Slipanlage.

64686 LAUTERTAL
Gasthof Kuralpe-Kreuzhof

Gebührenpflichtiger Stellplatz für 6 Mobile. Parkplatz für Pkw und Reisemobile, befestigter, gekiester Untergrund. Ganzjährig. 15 Euro pro Nacht und Mobil, davon werden 10 Euro beim Verzehr im Restaurant angerechnet.

Standort: OT Staffel, Kuralpe 2,
GPS 49°44'14"N/08°41'01"O,
Familie Bormuth,
Telefon 06254/95150,
www.kuralpe.de

Lautertal: die Stellplätze am Gasthof Kuralpe-Kreuzhof.

64678 LINDENFELS
Stellplatz Kappstraße

Gebührenfreier Stellplatz für 10 Mobile. Parkplatz für Pkw und Reisemobile, durch Zäune in mehrere Parkstreifen für je 4 bis 5 Mobile gegliedert. Stellflächen mit leicht unebenem Rasenuntergrund. Ruhige Lage am Ende einer Anliegerstraße, schöner Blick auf den Burgberg. Kein Schatten, beleuchtet. Mülleimer vorhanden. Maximale Aufenthaltsdauer: 2 Tage. Ganzjährig nutzbar. Holiday-Clean-Anlage. Strom: 50 Cent/kWh. Wasser: 1 Euro/80 Ltr.

Standort: Kappstraße,
GPS 49°40'48"N/08°46'57"O,
Kur- und Touristikservice,
Telefon 06255/30644,
www.lindenfels.de

Lindenfels: der ruhig gelegene Stellplatz in der Kappstraße.

64653 LORSCH
Stellplatz Lorsch

Gebührenfreier Stellplatz für 8 Mobile. Übergangsplatz auf einer Wiese am Ortsrand, bis Mitte 2012 der neue Reisemobilplatz an der Odenwaldstraße fertig gestellt ist. Öffentliches WC-Haus in Stellplatznähe. Ganzjährig.

Standort: Mittelstraße,
GPS 49°39'13"N/08°34'16"O,
Kulturamt Lorsch,
Telefon 06251/5769501,
E-Mail kultur@lorsch.de,
www.lorsch.de

64720 MICHELSTADT
Stellplatz in der Altstadt

Gebührenfreier Stellplatz für 12 Mobile, auf dem nüchternen Parkplatz für Pkw und Busse ausgewiesen. Ebener Untergrund aus Splitt. Zum historischen Stadtzentrum sind es 500 m. Ganzjährig.

Standort: Wiesenweg,
GPS 49°40'50"N/09°00'04"O,
Tourist-Information,
Telefon 06061/706139,
www.michelstadt.de

74821 MOSBACH
Wasemweg

Gebührenfreier Stellplatz für 10 Mobile am Landesgartenschau-Park. Separates Areal in ruhiger Lage. 10 Min. Fußweg durch den Park entlang der Elz bis in die historische Altstadt. Maximaler Aufenthalt: 3 Nächte. Ganzjährig nutzbar. ST-SAN-Anlage. Strom: 1 Euro/12 Std., Wasser: 1 Euro.

Standort: Wasemweg,
GPS 49°21'41"N/09°08'54"O,
Tourist-Information,
Telefon 06261/918880,
www.mosbach.de

Mosbach: der neu eingerichtete, ruhige Stellplatz am Elzpark.

74867 NEUNKIRCHEN
Stellplatz beim THW

Gebührenfreier Stellplatz für 3 Mobile. Ebener, asphaltierter Parkplatz für Pkw und Reisemobile, ohne Baumbestand. Gegenüber liegt ein Spielplatz und Beachvolleyballfeld. Ganzjährig nutzbar. EVA-Anlage am Autohaus Weishaupt, Industriestraße 7.

Standort: Zwingenberger Str. 1,
GPS 49°23'18"N/09°00'55"O,
Heidrun Weishaupt,
Telefon 06262/2077,
www.autohaus-weishaupt.net

64385 REICHELSHEIM
Stellplatz Reichenbergschule

Gebührenfreier Stellplatz für 20 Mobile. Sehr weitläufiger Großparkplatz für Pkw und Reisemobile. Asphaltierter, im oberen Teil fast ebener Untergrund, weiter unten etwas abschüssig. Kaum Schatten, gut beleuchtet. Info-Tafel, Wetterstation und Hundetoilette vorhanden. Zentrale Lage zum Ortskern sowie zur Reichenberghalle. Ganzjährig nutzbar. Ausnahme: Beim Michelsmarkt im August ist der Stellplatz gesperrt. Holiday-Clean-Anlage. Strom (8 Anschlüsse): 50 Cent/kWh. Wasser: 1 Euro/100 Ltr.

Standort: Beerfurther Straße,
GPS 49°42'53"N/08°50'34"O,
Touristinformation,
Telefon 06164/50826,
www.reichelsheim.de

Reichelsheim: Das Gelände an der Schule liegt im Zentrum.

69483 WALD-MICHELBACH
Stellplatz am Hotel Birkenhof

Gebührenfreier Stellplatz für 8 Mobile in Ortsrandlage am Waldrand. Einkehr obligatorisch. Warme Küche bis 19.30 Uhr, dienstags Ruhetag. Frühstück auf Anmeldung. Ganzjährig nutzbar.

Standort: Stoewerstraße 20,
GPS 49°33'49"N/08°49'53"O,
Hans und Alice Bickel,
Telefon 06207/2297,
www.hotel-birkenhof-waldmichelbach.de

Jetzt klicken >>
>> www.promobil.de/stellplaetze

DIE PERFEKTE WOCHE IM

TAUBERTAL

Quer durchs Rapsfeld zum nächsten Fachwerkstädtchen. **DAS TAUBERTAL** ist ein Stück Deutschland wie aus einem gemalter Bilderbogen – mit Weinbergen, Wäldern und einer Reihe herausragender Kulturschätze.

Fotos: Thomas Cernak

Stolze Festung: Hoch über Wertheim thront eine der größten Steinburgen Deutschlands – heute wird sie auch für kulturelle Veranstaltungen genutzt.

Barockes Schmuckstück: die Klosterkirche Gerlachsheim südlich von Tauberbischofsheim.

Auf dem Wasserspiegel: die Wolken, die Bäume, der Spitze Turm in Wertheim an der Tauber.

Genau so muss sie aussehen: ineinander verschachtelte Altstadtplätze, krumm gewordene Fachwerkhäuschen, Kirchen, Türme, alles malerisch umrundet von einer mittelalterlichen Wehrmauer. Rothenburg ist für Touristen aus aller Welt der Inbegriff einer traditionsreichen deutschen Stadt. Die ersten, die dem Ort am Eingang zum Taubertal zu Weltruhm verhalfen, waren übrigens die Künstler der Romantik. Carl Spitzweg gehörte dazu, der unter anderem den Faulturm, den damaligen Kerker, in Öl malte. Danach kamen Dichter wie Clemens von Brentano in die Region, später folgten Eduard Mörike und Kurt Tucholsky.

Heute ist das Taubertal südwestlich von Würzburg ein beliebtes Urlaubsziel, allein in Rothenburg gibt es zwei zentrumsnahe, gut ausgelastete Reisemobilstellplätze. Das Anhängsel „ob der Tauber" verweist auf die schöne Lage Rothenburgs auf einem Plateau über dem hier noch zaghaft dahinplätschernden jungen Fluss.

VINOTHEK KLOSTER BRONNBACH

Viele Jahrhunderte lang galt die Zisterzienserabtei Bronnbach bei Wertheim als Hohe Schule des Weinbaus an der Tauber. Es waren Mönche des Klosters, die die Steilhänge im waldigen Buntsandstein rodeten und als Weingärten erschlossen. Um die Tradition in Bronnbach wieder aufleben zu lassen, wurde vor kurzem das ehemalige Cellarium aus dem späten 12. Jahrhundert zu einer Vinothek ausgebaut. Sie beherbergt nun Weine von 20 Winzern aus den drei Anbaugebieten des Taubertales: Baden, Württemberg und Franken. Verkostet und gekauft werden können beispielsweise edle Erzeugnisse der Weingüter Engelhardt, Günther, Schlör oder Fürst Löwenstein. Die Vinothek ist von Anfang April bis Ende Oktober täglich geöffnet, Montag bis Samstag von 10 bis 17 Uhr sowie an Sonn- und Feiertagen von 13 bis 17 Uhr. www.kloster-bronnbach.de

Eine große Auswahl an Tauberweinen bietet die Vinothek in Bronnbach.

So sieht die perfekte deutsche Stadt von oben aus: Blick auf das historische Zentrum von Rothenburg.

Wege für Radler: Die klassische Variante des Taubertal-Radwegs führt herrlich durch Felder.

Wahrzeichen: Jeder Ort hat seine Schätze – Grünsfeld hat ein Renaissance-Rathaus.

Wissenswertes: Stadtführung mit Nachtwächter-Original in Tauberbischofsheim.

Die klassische Variante des Taubertal-Radwegs führt über 100 Kilometer – weitgehend eben – am Fluss entlang und eignet sich bestens für Genießer und Familien mit Kindern.

Rothenburg hat viele Kostbarkeiten, aber eine der größten ist wohl der aus honigfarbenem Lindenholz geschnitzte Heilig-Blut-Altar von Tilman Riemenschneider in der Jakobskirche. Riemenschneider, der um 1500 lebte, verstand es, seine Figuren ungewöhnlich lebendig zu gestalten. Weitere Sehenswürdigkeiten in Rothenburg: das Rathaus am Marktplatz – vom Turm aus hat man einen tollen Blick über die Altstadt – und die Bürgerhäuser in der Herrengasse.

Sobald man weiter ins Taubertal hineinfährt, verändert sich das Landschaftsbild: das Schroffe verschwindet und weicht einem harmonischen Wechsel von sanften Hügeln, dichten Wäldern und üppigen Weinhängen, an deren Rändern im Sommer roter Mohn und Kornblumen wachsen. Für gelbe Farbtupfer sorgen im Frühling die Rapsfelder.

Aufgepasst, hier steh ich! Gnomengalerie des Schlosses Weikersheim.

Fast scheint es so, als habe das Taubertal von allem nur das Beste abbekommen: es ist eine perfekte deutsche Ferienregion mit kunstsinnigen, alten Städten, mit Burgen, Schlössern inmitten herrlicher Landschaft und – wie überall dort, wo guter Wein gemacht wird – mit einer tollen Esskultur. Und so muss, wer einkehrt in einem der gemütlichen Gasthöfe nur noch entscheiden, ob es zum Grünkernrisotto mit Spargel ein Müller-Thurgau oder ein Silvaner von der Tauber sein soll. Eine regionale Spezialität sind Rotweine, die aus der Rebsorte Tauberschwarz gekeltert werden – in erster Linie gedeihen an den Hängen aber Weißweine (mehr zum Thema auf Seite 78).

Es gibt im Taubertal übrigens nicht nur Kulturdenkmäler, sondern auch viele bemerkenswerte, manchmal gar etwas skurrile Museen, wie etwa in Creglingen das weltweit einzige Fingerhutmuseum. Helmut Greif, Goldschmied und leidenschaftlicher Sammler, hatte es sich zur Lebensaufgabe gemacht, dem beinahe gänzlich verschwundenen Alltagsgegenstand ein Denkmal zu setzen. Die Sammlung, die seine Erben nun fortführen, umfasst inzwischen mehr als 4000 Ausstellungs- »

Bitte einmal Kaffee und Kuchen! Der großzügige Marktplatz in Weikersheim lädt nicht nur Radler zu einer Verschnaufpause ein.

Bitte einmal nach oben schauen! Den Rittersaal im Schloss Weikersheim ziert eine wertvolle Kassettendecke.

■ ACHTUNG, GLAS!

Perlen, Kelche, Christbaumkugeln, Glasaugen – in Wertheim kann man Glas in allen erdenklichen Varianten bewundern. Erzählt wird im Glasmuseum auch die über 3500-jährige Geschichte des faszinierenden Werkstoffes, von seiner Verwendung im alten Ägypten bis hin zu seiner Herstellung in der Wertheimer Industrie. In der Abteilung „Glas nach Maß" können große und kleine Besucher mit Linsen, Prismen, Spiegeln und Thermometern selbst experimentieren. Außerdem: tägliche Glasbläser-Vorführungen. Glasmuseum Wertheim, Tel. 0 93 42/68 66, www.glasmuseum-wertheim.de

Glasbläser Ralf Marlok zeigt und erklärt Besuchern sein Handwerk.

stücke. Darüber hinaus sollte man sich das Glasmuseum in Wertheim ansehen (siehe Kasten links).

Reizvoll ist das Taubertal auch für Aktivurlauber. Die klassische Variante des Taubertal-Radwegs führt weitgehend eben über gut 100 Kilometer am Wasser entlang und eignet sich daher auch für Genießer und Familien mit Kindern. Die Strecke ist nicht nur bestens ausgeschildert, es finden sich überall am Wegesrand auch Radlerklausen, Gaststuben und Cafés. All diejenigen, die gern richtig in die Pedale treten, wählen die sportive Strecke, die durchs Hügelland ringsum und hinunter bis an den Main führt.

Beide Touren bringen die Radurlauber auch zu den großen Baudenkmälern der Region. Zu den berühmtesten zählen in Grünsfeld-Hausen Sankt Achatius, eine romanische Doppel-Oktogon-Kapelle oder in Gerlachsheim die prächtig ausgestattete Klosterkirche mit ihrem lichtdurchfluteten Innenraum. Weltlichen Glanz strahlt das Hohenloher Renaissance-Schloss in Weikersheim aus, Hauptanziehungspunkt in Wertheim ist die Burgruine, die sich über dem Meer aus roten steilen Giebeldächern erhebt. Die Burgschenke ist zudem ein beliebter Ort, um einen erlebnisreichen Urlaubstag bei einem Vesper ausklingen zu lassen. Wie schön, dass es nach Hause nicht weit ist: das Reisemobil wartet drüben, auf dem Stellplatz „An der Taubermündung", am anderen Ufer des Flusses.

Thomas Cernak

TAUBERTAL KOMPAKT bitte umblättern >>>

Landidyll: Diese Schafe weiden vor der Kulisse von Detwang.

Die schönsten Attraktionen im Taubertal

Von heimeligen Fachwerkgassen, stolzen Schlössern und wertvollen Kunstschätzen: Die Region südwestlich von Würzburg bietet in jedem Ort Sehenswürdigkeiten – die wichtigsten stellt *promobil* hier vor

1 WERTHEIM Imposant überragt die Burg aus dem 12. Jahrhundert die malerische Altstadt mit ihren Fachwerkhäusern. Als herausragendes Baudenkmal gilt das „Haus der vier Gekrönten" in der Rathausgasse. Außerdem sehenswert: die Stiftskirche und der Engelsbrunnen. www.wertheim.de

2 KLOSTER BRONNBACH Ehemalige Zisterzienserabtei. Das romanisch-gotische Kloster hat eine schöne Kirche. Anschauen sollte man auch den Kreuzgang, den Joseph- und Bernhardsaal sowie die Vinothek (siehe Seite 144). Neu sind Rundgänge mit dem Jakobspilger. www.kloster-bronnbach.de

3 TAUBERBISCHOFSHEIM Schmale Gässchen, Kirchen und Kapellen prägen die historische Altstadt. Wahrzeichen sind das Kurmainzische Schloss und der Türmersturm. Weltweit bekannt ist die Stadt als Bundesleistungszentrum und Olympiastützpunkt der Fechter. www.tauberbischofsheim.de

4 BAD MERGENTHEIM Die Kurstadt war einst Sitz des Deutschen Ordens. Ein Höhepunkt ist auch der Kurpark, wo ein Japanischer Garten und ein Klanggarten zur Entspannung einladen. Die salzhaltige Sole des Kurorts hilft gegen Leber- und Gallenleiden. Tipp: der Bade- und Wellnesspark Solymar. www.bad-mergentheim.de

5 SCHLOSS WEIKERSHEIM Aus einer Wasserburg entwickelte sich eine bemerkenswerte Renaissance-Residenz – die Inneneinrichtung ist komplett erhalten. Der Rote Salon (Foto), der Rittersaal und die Leinwandbilder mit Jagdszenen spiegeln den Glanz der Festsäle jener Zeit. Schön ist der Park mit Orangerie. www.schloss-weikersheim.de

6 ROTHENBURG Zu den bedeutenden Sehenswürdigkeiten gehören neben der St.-Jakobs-Kirche auch das Rathaus, die Befestigungsanlagen und der Burggarten. Spannend sind das Kriminal-, das Deutsche Weihnachtsmuseum und das Puppen- und Spielzeugmuseum. www.rothenburg.de

TAUBERTAL KOMPAKT

Infos | Tipps | Adressen

CAMPING

Tauberromantik Teilweise befestigtes Wiesengelände mit alten Bäumen nahe der Altstadt.

91541 Rothenburg, Detwang 39, Telefon 09861/6191, www.camping-tauberromantik.de

Schattenplätze auf dem Camping Tauberromantik.

RESTAURANTS

Reicholzheim Chefkoch Klaus Oetzel vom Restaurant Martha ist Verfechter einer gesunden, bodenständigen Küche ohne Firlefanz. Aber hin und wieder wagt er auch gern mal etwas Neues.

97877 Reicholzheim, Am Felder 11, Tel. 09342/7896, www.hotel-restaurant-martha.de

Gebratenes Kronfleisch auf Wirsing im Restaurant Martha.

Bad Mergentheim Hotel Victoria. Die beiden Restaurants unter der Leitung von Küchenchef Hubert Retzbach bieten ausgesuchte regionale Hohenloher Spezialitäten, für die er und seine Küche schon viele Auszeichnungen erhielten. Mit einem großem Weinkeller.

97980 Bad Mergentheim, Poststr. 2–4, Telefon 07931/5930, www.victoria-hotel.de

Wertheim Anfang 2011 übernahm die frühere „Ochsenwirtin" Renate Gaßmann die Gaststätte im wieder erbauten Baunachshof. Gute Auswahl an tauberfränkischen Weinen. Täglich geöffnet, außer mittwochs.

97959 Wertheim, Friedleinsgasse 2, Telefon 09342/9345714, www.baunachshof-wertheim.de

Külsheim-Steinfurt Spezialitäten im Landgasthof Grüner Baum sind unter anderem knuspriges Spanferkel aus dem Ofen und Riesensteak vom Glühsteingrill.

97900 Külsheim-Steinfurt, Telefon 09345/211, www.gruenerbaum-steinfurt.de

Einladung zum Essen: Die Küche im Taubertal ist bodenständig.

Es werden gute dabei sein: Taubertaler Wein-Sortiment

ANREISE/INFO

Die Ferienregion liegt ausgesprochen verkehrsgünstig südwestlich von Würzburg. Man erreicht sie am besten über die Autobahnen A 3 Frankfurt–Würzburg, A 7 Ulm–Würzburg und A 81 Heilbronn–Würzburg. Die Entfernung zu den Großstädten Frankfurt und Stuttgart beträgt nur 100 beziehungsweise 120 Kilometer.

Informationen:
Touristikgemeinschaft „Liebliches Taubertal" e.V., Gartenstraße 1, 97941 Tauberbischofsheim, Telefon 09341/825806, E-Mail touristik@liebliches-taubertal.de, www.liebliches-taubertal.de

FÜR SCHNÄPPCHENJÄGER

Mit satten Preisnachlässen auf Markenartikel lockt das „Wertheim Village" direkt an der A 3, Ausfahrt Wertheim/Lengfurt. In dem Einkaufszentrum finden Besucher über 100 Mode- und Lifestyle-Marken. Zum Warenangebot zählen Erwachsenen-, Kinder- und Sportbekleidung samt dazugehörigen Accessoires sowie Wohnartikel. Sträßchen, die an noble Boulevards erinnern sollen, laden im Outlet-Center zum Flanieren und Pausieren ein. Es gibt Restaurant, Bistro und Café. Geöffnet ist das Wertheim Village von Montag bis Samstag, 10 bis 20 Uhr. Der kostenlose Stellplatz des Caravaning-Handelsbetriebs Expocamp liegt übrigens gleich nebenan. www.wertheimvillage.com

Im Wertheim Village gibt es Markenartikel günstiger.

STELLPLÄTZE

97980 BAD MERGENTHEIM
Festplatz beim Freibad

Gebührenpflichtiger Stellplatz für 20 Mobile am Kurpark. Reservierter Teil eines Großparkplatzes neben dem Freibad und dem Bade- und Wellnesspark Solymar. Ebener, geschotterter Untergrund. Relativ ruhige Lage. Max. Aufenthaltsdauer: 2 Nächte. Ganzjährig. ST-SAN-Anlage mit Bodeneinlass. 5 Euro pro Nacht und Mobil zzgl. ortsüblicher Kurtaxe, zahlbar im Restaurant beim Tennispark. Strom (16 Anschl.): 1 Euro/16 Std. Wasser: 1 Euro/80 Ltr.

Standort: Erlenbachweg, GPS 49°29'32"N/09°47'31"O, Tourist-Information, Telefon 07931/574815, www.bad-mergentheim.de

Bad Mergentheim: Stellplatz auf dem Festplatz am Stadtrand.

97944 BOXBERG/BADEN
Forellenhof Hagenmühle

Gebührenpflichtiger Stellplatz für 14 Mobile. Untergrund aus Schotterrasen, beleuchtet. Ganzjährig nutzbar. 5 Euro pro Nacht/Mobil. Strom (12 Anschl.): 2,50 Euro.

Standort: OT Uiffingen, Uiffinger Straße 74, GPS 49°29'14"N/09°36'49"O, Familie Jöckel, Tel. 07930/323

91593 BURGBERNHEIM
Stellplatz am Freibad

Gebührenfreier Stellplatz für 12 Mobile unweit des Freibads. Befestigter Untergrund, ruhig und sehr einladend. Ganzjährig. Holiday-Clean-Anlage. Strom (10 Anschlüsse): 1,50 Euro/kWh. Wasser: 50 Cent.

Standort: Im Gründlein,
GPS 49°26'47"N/10°19'07"O,
Tourist-Information,
Telefon 09843/30934,
www.burgbernheim.de

Burgbernheim: der Stellplatz neben der Minigolfanlage.

97896 FREUDENBERG/MAIN
Stellplatz am Mainufer

Gebührenpflichtiger Stellplatz für 10 Mobile in schöner Lage, direkt am Mainufer. Leicht abschüssiges, gepflastertes Areal, speziell für Reisemobile ausgewiesen. Ganzjährig nutzbar. 5 Euro pro Nacht und Mobil. Strom: 1 Euro/6 Std. Wasser: 1 Euro/5 Min.

Standort: Hauptstraße 41,
GPS 49°44'23"N/09°19'06"O,
Stadt Freudenberg,
Telefon 09375/92000,
www.freudenberg-main.de

91608 GESLAU
Stellplatz am Mohrenhof

Gebührenpflichtiger Stellplatz für 10 Mobile am bewirtschafteten Ferien-Bauernhof. Nicht parzellierte Wiese direkt an einem Badesee. Kein Schatten. Saison: Ostern bis Ende Oktober, sonst nach Absprache. 10 Euro für 1 Nacht inkl. aller Personen. Strom: 50 Cent/kWh. Umweltpauschale: 50 Cent/2 Pers. Ab der 2. Nacht reguläre Campinggebühren.

Standort: Lauterbach 3,
GPS 49°20'48"N/10°19'26"O,
Andreas Mohr,
Telefon 09867/94944,
www.mohrencamp.de

74592 KIRCHBERG/JAGST
Stellplatz Kirchberg-Tal

Gebührenfreier Stellplatz für 6 Mobile. Parkplatz für Pkw und Reisemobile. Nicht ganz ebener, geschotterter Untergrund. Ganzjährig nutzbar.

Standort: Hohenloher Straße,
GPS 49°12'14"N/09°59'01"O,
Stadtverwaltung,
Telefon 07954/98010,
www.kirchberg-jagst.de

97900 KÜLSHEIM
Stellplatz am Schloss

Gebührenfreier Stellplatz für 8 Mobile auf einem ausgewiesenen Areal zwischen Schloss und Festhalle. Untergrund aus Rasengittersteinen. Ruhige Lage im Grünen. Ganzjährig nutzbar. Holiday-Cleany-Anlage. Strom: 50 Cent/kWh. Wasser: 50 Cent/40 Ltr.

Standort: Kirchbergweg,
GPS 49°40'17"N/09°31'20"O,
Bürgermeisteramt,
Telefon 09345/6730,
www.kuelsheim.de

97922 LAUDA-KÖNIGSHOFEN
Stellplatz Landhaus Gemmrig

Gebührenfreier Stellplatz für 5 Mobile. Einkehr obligatorisch. Parkplatz für Pkw und Reisemobile. Ganzjährig nutzbar.

Standort: Hauptstraße 68,
GPS 49°32'41"N/09°43'57"O,
Telefon 09343/7051,
www.landhaus-gemmrig.de

91541 ROTHENBURG/TAUBER
Stellplatz auf dem P 2

Gebührenpflichtiger Stellplatz für 70 Mobile. Markierter Teil eines begrünten Großparkplatzes am Rand der Altstadt. Fast ebener, mit Rasengittersteinen befestigter Untergrund. Ganzjährig nutzbar. Holiday-Clean-Anlage.10 Euro pro Nacht und Mobil. Strom: 50 Cent/kWh. Wasser: 1 Euro/50 Ltr.

Standort: Bensenstraße/
Nördlinger Straße,
GPS 49°22'14"N/10°11'00"O,
Tourismus Service,
Telefon 09861/404800,
www.rothenburg.de

97285 RÖTTINGEN
Stellplatz an der Tauber

Gebührenpflichtiger Stellplatz für 20 Mobile auf dem Festplatz direkt an der Tauber, auf einer fast ebenen Schotterwiese. Ruhige Lage am Ortsrand, geringe Distanz zum Zentrum. Etwas Schatten, unbeleuchtet. Saison: April bis Oktober, außer in der 2. Augusthälfte. ST-SAN-Anlage. 5 Euro pro Nacht und Mobil. Strom: 2 Euro/24 Std. Wasser: 1 Euro. Dusche: 1,20 Euro. WC: 20 Cent.

Standort: Neubronner Straße,
GPS 49°30'26"N/09°58'11"O,
Tourist-Information,
Telefon 09338/972855,
www.roettingen.de

97215 SIMMERSHOFEN
Stellplatz Camping Paradies

Gebührenpflichtiger Stellplatz für 5 Mobile. Ausgewiesener Bereich vor dem Campinggelände mit geschottertem Untergrund. Max. Aufenthalt: 1 Nacht von 14–10 Uhr. Ganzjährig nutzbar. 5 Euro pro Nacht und Mobil inklusive Ver- und Entsorgung. Strom (5 Anschlüsse): 50 Cent/kWh. Sanitär: 2 Euro/Person.

Standort: OT Walkershofen,
Walkershofen 40,
GPS 49°31'23"N/10°07'35"O,
Familie Scherer,
Telefon 09848/969633,
www.camping-paradies-franken.de

97941 TAUBERBISCHOFSHEIM
Stellplatz Vitryallee

Gebührenfreier Stellplatz für 3 Mobile am Freibad. Reservierte Fläche auf einem Großparkplatz für Pkw. Gepflasterter, leicht abschüssiger Untergrund. Alternativen auf den benachbarten Parkflächen. Ganzjährig nutzbar. Entsorgung: Kläranlage, Mo bis Mi 7–12, 13–16 Uhr, Do 7–12, 13–17 Uhr, Fr 7–12.30 Uhr, Sa und So 8–9 Uhr.

Tauberbischofsheim: der Stellplatz nahe dem Freibad.

Standort: Vitryallee,
GPS 49°37'21"N/09°39'58"O,
Telefon 09341/80333,
www.tauberbischofsheim.de

97285 TAUBERRETTERSHEIM
Stellplatz Tauberbrücke

Gebührenfreier Stellplatz für 15 Mobile an der Tauber. Ausgewiesenes Wiesengelände. Naturbelassener, teilweise ebener, teilweise leicht abschüssiger Untergrund, durch Büsche zur Straße hin abgetrennt. Kaum Schatten, schwach beleuchtet. Ganzjährig nutzbar.

Standort: Brunnenstraße,
GPS 49°29'47"N/09°56'08"O,
Telefon 09338/1379,
www.tauberrettersheim.de

97990 WEIKERSHEIM
Camping Schwabenmühle

Gebührenpflichtiger Stellplatz für 10 Mobile vor der Schranke des Campingplatzes. Angelegter und parzellierter Bereich auf Schotter. Saison: April bis Oktober. 5 Euro pro Nacht und Mobil. Strom und Wasser nach Verbrauch.

Standort: OT Laudenbach,
Weikersheimer Straße 21,
GPS 49°27'23"N/09°55'32"O,
Telefon 07934/992223,
www.camping-schwabenmuehle.de

97877 WERTHEIM
Stellplatz am Expocamp

Gebührenpflichtiger Stellplatz für 90 Mobile auf einem ausgewiesenen Bereich des Handelsbetriebs. Leicht abschüssiger gepflasterter Untergrund. Beleuchtet, wenig Schatten. Erlebnis-Kinderspielplatz. Ein Bäckerwagen kommt um 8 Uhr zum Platz. Ganzjährig. Holiday-Clean-Anlage. 5 Euro pro Nacht und Mobil inkl. Gutschein für 2 Tassen Kaffee. Strom (56 Anschlüsse): 1 Euro/3 Std. Wasser: 1 Euro/60 Ltr.

Standort: OT Bettingen,
Hymerring 1,
GPS 49°46'23"N/09°34'45"O,
Telefon 09342/93510,
www.expocamp.de

5 GUTE GRÜNDE FÜR STUTTGART

ALS METROPOLE DES AUTOMOBILS ist Stuttgart schon lange bekannt. Doch die Landeshauptstadt am Neckar wird nicht nur von der Industrie und ihren Zulieferern geprägt. Als Erstes fallen die vielen Hügel auf, Reben und Wald rahmen die Kernstadt im Talkessel ein. Kulturelle Glanzpunkte und schwäbische Lebensart genießen einen hohen Stellenwert.

Text: Adam Hiemenz

1 WILHELMA – ZOO UND BOTANISCHER GARTEN

Die Kombination ist einzigartig in ganz Deutschland – und unbedingt sehenswert: Sie vereint den Charme eines historischen Schlossparks mit den Attributen eines hoch angesehenen Zoos und eines großen botanischen Gartens, das Ganze auf einer Fläche von 30 Hektar, mitten in der Stadt gelegen. Ihren Namen verdankt die „Alhambra am Neckar“ König Wilhelm I. von Württemberg, der die Anlage Mitte des 19. Jahrhunderts im Anklang an maurische Architektur für die königliche Familie errichten ließ. Genau 100 Jahre später kam der Tierpark hinzu. Mit über 1000 Arten und 8000 Tieren ist er heute einer der bedeutendsten der Republik, und deshalb gerade am Wochenende meistens sehr stark frequentiert. Wer Zeit hat, weicht aus – die Wilhelma hat an 365 Tagen im Jahr geöffnet. www.wilhelma.de

Artenvielfalt und Blumenpracht: Die historischen Gebäude im maurischen Stil geben der Anlage im Herzen der Stadt einen besonderen Charme.

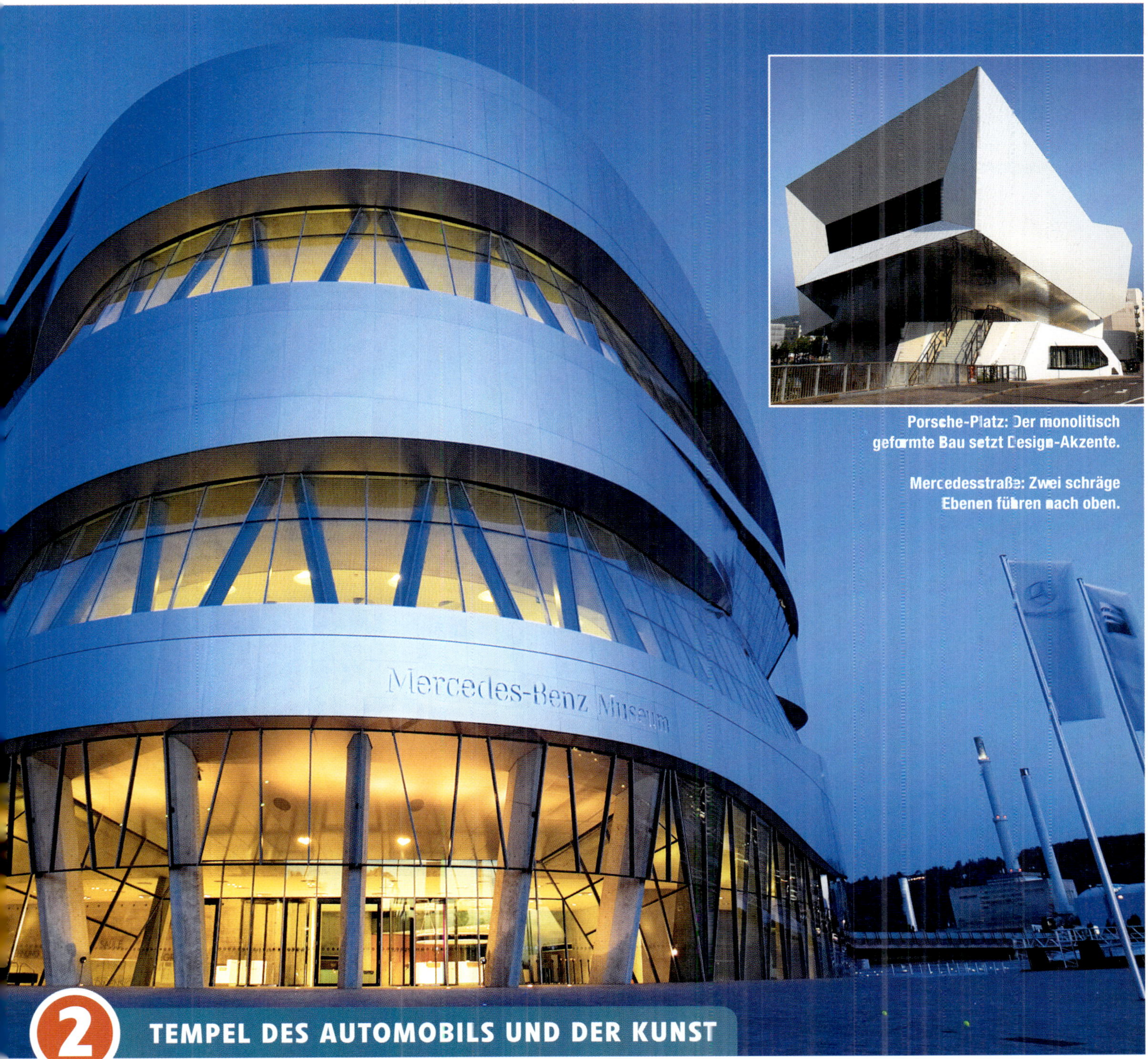

Porsche-Platz: Der monolitisch geformte Bau setzt Design-Akzente.

Mercedesstraße: Zwei schräge Ebenen führen nach oben.

2 TEMPEL DES AUTOMOBILS UND DER KUNST

Zwei gleichermaßen spektakuläre architektonische Glanzpunkte von Stuttgart setzen die Automuseen der beiden heimischen Marken Mercedes und Porsche. Sie stehen in unmittelbarer Nachbarschaft zu ihren Stammwerken – weithin sichtbare Zeichen der großen Bedeutung des Automobilbaus für die Region.

Mindestens zwei Stunden dauert der kilometerlange Weg durch das im Inneren in einer Doppelhelix angeordnete Mercedes-Benz-Museum, das auf einer Fläche von über 16 000 Quadratmetern 160 Fahrzeuge und insgesamt 1500 Exponate präsentiert. Im Mittelpunkt stehen die Zeitreise durch 125 Jahre Automobilgeschichte und der Mythos Silberpfeil.

Die Faszination Technik beherrscht im Stadtteil Zuffenhausen auch den Porsche-Bau, der mit einem Drittel der Ausstellungsfläche des großen Konkurrenten auskommt und 400 Exponate zeigt. Im Mittelpunkt stehen 80 auf Hochglanz polierte Fahrzeuge, darunter viele legendäre Einzelstücke der ruhmreichen Marke.

Wer nach Stuttgart reist, sollte keinesfalls das in einem modernen Glaskubus untergebrachte Kunstmuseum versäumen. Der architektonisch herausragende Bau steht mitten auf der Einkaufsmeile Königstraße und beherbergt unter anderem Werke von Otto Dix. www.automuseum-stuttgart.de, www. porsche.com/museum, www.kunstmuseum-stuttgart.de

Königstraße: Der gläserne Kubus umgibt die herausragenden Werke des Kunstmuseums.

Ganz in Weiß: Das Stadtfest ist eines der schönsten seiner Art.

DER BESONDERE TIPP

Markthalle: Die 1914 eingeweihte Jugendstilhalle ist ein wahres Kleinod mitten im Zentrum. Sie beherbergt unter anderem rund 40 internationale Marktstände unter ihrer Glasdachkonstruktion. **www.markthalle-stuttgart.de**

3 FESTE UND KULINARISCHES

Feste feiern können die Stuttgarter ausgezeichnet – das Programm ist das ganze Jahr über dicht gedrängt und birgt einige Superlative, die viele tausend Gäste anziehen. Neben dem Frühlingsfest (April/Mai) lockt vor allem das Cannstatter Volksfest (Anfang Oktober) mit seinen vielen Fahrgeschäften auf den weitläufigen Wasen. In der Innenstadt sind der Hamburger Fischmarkt auf dem Karlsplatz (im Juli) und das Weindorf (Anfang September) auf dem Marktplatz Höhepunkt im Festkalender. Ein besonderes reizvolles Ambiente verspricht das alljährliche, kulinarisch-attraktive Sommerfest (Anfang August) vor der Kulisse von Neuem Schloss, Staatsoper und Eckensee. Einen romantischen Abschluss garantiert der große Weihnachtsmarkt (Dezember) rund um den Marktplatz. www.stuttgart-tourist.de

4 UNGEWÖHNLICHE AUSSICHTSPUNKTE

Weitsicht: Von den Hügeln rund um Stuttgart hat man eine gute Sicht auf die Weinberge im Neckartal. Den besten Fernblick bietet der Fernsehturm (links).

Rund um den Stuttgarter Talkessel erheben sich mehrere Hügel, die eine hervorragende Sicht auf die Kernstadt und das Neckartal bieten. Deshalb sind die vielen Aussichtspunkte beliebte Stationen bei Wanderungen durch den weitläufigen Grüngürtel, der die Großstadt umgibt.

Der bekannteste Turm der Region ist zweifellos der Fernsehturm, der auch eines der Wahrzeichen Stuttgarts ist. Er wurde Mitte der 50er Jahre fertiggestellt und war weltweit der erste Fernsehturm, der in Stahlbetonbauweise entstand. Er ist 216 Meter hoch und kann besichtigt werden. Der Turmkorb wird seit der Eröffnung auch touristisch genutzt. Weitere Aussichtspunkte sind der Bismarckturm und der Kriegsbergturm im Norden der Stadt sowie der Burgholzhofturm in Bad Cannstatt. Einen besonders schönen Blick hat man auch von den Ausflugslokalen auf der Wangener Höhe. Wer Stuttgarts Hügel zu Fuß erklimmen will, nutzt die „Stäffele", 400 Treppenanlagen, 20 Kilometer lang.

Freier Blick: Die Grabkapelle auf dem Württemberg, hoch über dem Neckar.

5 DIE MUSICAL-HOCHBURG

Leichte Kost: das Musical „Rebecca" (Foto links) und das Stück „Ich war noch niemals in New York".

Stuttgart zählt zu dem halben Dutzend Städten in Deutschland, die aus dem Musical-Kalender nicht mehr wegzudenken sind. Seit Anfang der 90er Jahre liefen hier bereits 15 populäre Programme; gespielt wird sowohl im Apollo- als auch im Palladium-Theater, die beide je rund 1800 Sitzplätze bieten. Aktuell stehen dort die Deutschland-Premiere von „Rebecca" und das Jukebox-Musical „Ich war noch niemals in New York", das die Hits von Udo Jürgens in Szene setzt, auf dem Spielplan.

Wer es anspruchsvoller mag: Die Staatsoper Stuttgart wurde schon vielfach zum Opernhaus des Jahres gewählt, und auch das Stuttgarter Ballett genießt Weltruf. www.stage-entertainment.de, www.oper-stuttgart.de, www.stuttgart-ballet.de

STUTTGART KOMPAKT

ANREISE Von Karlsruhe auf der A 8 bis zum Kreuz Stuttgart, A 831/B 14 nach Stuttgart. Von Heilbronn auf der A 81 bis Zuffenhausen, weiter auf der B 10, von München auf der A 8 bis Degerloch, auf der B 27 in die Innenstadt.

SEHENSWERTES

Stiftskirche Eines der Wahrzeichen von Stuttgart. Der markante, ab 1490 erbaute Hauptturm prägt das Bild der Innenstadt.

Altes Schloss/Neues Schloss Die beiden benachbarten Prunkbauten sind mit dem weitläufigen Schlossplatz und der Jubiläumssäule das repräsentative Herz der City

Fruchtkasten Einst als herrschaftliche Kelter, später als Kornspeicher genutzt, ist der Bau aus dem späten 14. Jahrhundert eines der ältesten erhaltenen Häuser der Stadt. Er steht direkt neben der Stiftskirche am Schillerplatz und beherbergt eine Instrumentensammlung.

AUSKUNFT Stuttgart-Marketing GmbH, Rotebühlplatz 25, 70178 Stuttgart, Telefon 0711/22280, www.stuttgart-tourist.de

STELLPLATZ-TIPPS

70629 STUTTGART
Stellplatz am Messegelände

Stuttgart: die Komfort-Stellplätze auf dem Messegelände.

Gebührenpflichtiger Stellplatz für 39 Mobile vor dem Messegelände. Gepflasterter Untergrund mit Parzellierung. Sanitäranlagen vor Ort. Beleuchtet. Ganzjährig nutzbar. Zur Messe CMT im Januar steht zusätzlich ein Stellplatz innerhalb des Messegeländes für rund 200 Mobile zur Verfügung. 1 Sani-Station und 2 Holiday-Clean-Anlagen. 15 Euro pro Mobil/24 Std. inklusive Strom und 2 Wertmarken für V+E. Während des Messebetriebs 25 Euro.

Standort: Tor 1 an der L 1192n, GPS 48°41'47"N/09°11'01"O, Telefon 0711/185603500, www.messe-stuttgart.de

WEITERE STELLPLÄTZE

71522 BACKNANG
Stellplatz an der Murr

Gebührenfreier Stellplatz für 4 Mobile, auf einem entfernten Parkplatz des Mineralfreibades ausgewiesen. Der Platz liegt mitten im Grünen auf Schotterrasen. Zum Bad sind es 5 Gehminuten, zur Altstadt 1,7 km. Ganzjährig. ST-SAN mit Bodeneinlass. Wasser: 1 Euro/80 Ltr.

Standort: Gartenstraße 220, GPS 48°57'01"N/09°27'10"O, Telefon 07191/8940, www.backnang.de

71726 BENNINGEN
Stellplatz an der Gemeindehalle

Gebührenfreier Stellplatz für 4 Mobile. Parkplatz für Pkw und Reisemobile, direkt an der S-Bahn-Strecke. Ganzjährig nutzbar.

Standort: Max-Eyth-Straße, GPS 48°56'46"N/09°14'15"O, Gemeindeverwaltung, Telefon 07144/9060, www.marbach-bottwartal.de

74321 BIETIGHEIM-BISSINGEN
Stellplatz an der Lama Bar

Gebührenpflichtiger Stellplatz für 9 Mobile auf einem beschrankten Parkplatz. Für Reisemobile reservierter Parkstreifen direkt an der Enz, am Rand eines Großparkplatzes in Hörweite zur Hauptverkehrsstraße. Gepflasterter, leicht abschüssiger Untergrund. 100 m zur Innenstadt, 500 m zum Erlebnisbad. Max. Aufenthalt: 4 Tage. Ganzjährig nutzbar. Holiday-Clean-Anlage. 5 Euro pro Nacht und Mobil. Chip-Karte (20 Euro Pfand) für die Einfahrtsschranke in der Lama Bar. Strom: 50 Cent/kWh. Wasser: 50 Cent.

Standort: OT Bietigheim, Mühlwiesenstraße 10, GPS 48°57'41"N/09°07'58"O, Lama Bar, Telefon 07142/912404, www.lama-camping.de

71032 BÖBLINGEN
Stellplatz am Zimmerschlag

Gebührenfreier Stellplatz für 4 Mobile. Beschilderte Stellfläche auf einem Parkplatz an der Ausflugsstätte Eisenbahnerheim und in der Nähe von Sportanlagen. Untergrund aus Rasengittersteinen. Grüne Lage, aber direkt an der Bahnlinie. 3 km bis zur Innenstadt. Ganzjährig nutzbar. »

Fotos: Ingolf Pompe, Wilhelma Stuttgart, Stage-Entertainment, Märkte Stuttgart GmbH

STELLPLATZ-TIPPS

Standort: Im Zimmerschlag,
GPS 48°40'12"N/09°02'02"O,
Stadtmarketing,
Telefon 07031/6691432, www.stadtmarketing-boeblingen.de

73728 ESSLINGEN/NECKAR

Stellplatz Äußerer Burgplatz

Gebührenfreier Stellplatz für 2 Mobile. Einfacher Parkplatz für Pkw und Reisemobile. Ganzjährig.

Standort: Mülbergerstraße,
GPS 48°44'47"N/09°18'41"O,
Stadtinformation,
Telefon 0711/39693969,
www.esslingen-tourist.de

70794 FILDERSTADT

Stellplatz an der Filharmonie

Gebührenpflichtiger Stellplatz für 8 Mobile auf dem Parkplatz P 2, am Ortseingang beschildert. Ganzjährig nutzbar, außer an 2 Tagen im März (Pferdemarkt). Holiday-Clean-Anlage. 6 Euro pro Nacht und Mobil (Parkscheinautomat). Strom: 50 Cent/kWh. Wasser: 50 Cent/50 Ltr.

Standort: OT Bernhausen,
Tübinger Straße,
GPS 48°40'14"N/09°12'40"O,
Telefon 0711/7089394,
www.filharmoniefilderstadt.de

71404 KORB

Stellplatz Unterm Korber Kopf

Korb: die Stellplätze an der Remstalhalle beim Hallenbad.

Gebührenpflichtiger Stellplatz für 6 Mobile am unteren Parkplatz an der Remstalhalle. In direkter Nachbarschaft befinden sich das Hallenbad und das Restaurant Rebblick. Nicht ganz ebener, gepflasterter Untergrund. Ganzjährig nutzbar. Holiday-Clean-Anlage. 3 Euro pro Nacht und Mobil. Strom (6 Anschl.): 50 Cent/kWh. Wasser: 50 Cent.

Standort: Mansler Straße,
GPS 48°50'48"N/09°21'19"O,
Telefon 07151/93340,
www.korb.de

71229 LEONBERG

Stellplatz Steinstraße

Leonberg: Am Reitstadion sind 5 Stellplätze reserviert.

Gebührenpflichtiger Stellplatz für 5 Mobile am Rand des Reitstadions. Ausgewiesener Teil eines Großparkplatzes. Etwas Schatten durch Bäume und Sträucher. Relativ ruhige Lage in einem Wohngebiet, 500 m bis zum Einkaufscentrum Leo-Center. Ganzjährig nutzbar. Montag bis Freitag 2,50 Euro pro Mobil und 24 Std.

Standort: Steinstraße,
GPS 48°47'49"N/09°01'04"O,
Stadtmarketing,
Telefon 07152/9901408,
www.leonberg.de

71634 LUDWIGSBURG

Stellplatz am Schloss

Gebührenfreier Stellplatz für 3 Mobile in der Stadtmitte, auf einem Parkstreifen entlang der Straße gekennzeichnet. Der Platz grenzt an die Gärten des Blühenden Barocks. Ganzjährig.

Standort: Fasanenstraße,
GPS 48°53'40"N/09°11'53"O,
Tourist Information,
Telefon 07141/9102252,
www.ludwigsburg.de

71672 MARBACH/NECKAR

Stellplatz am Bolzplatz

Marbach: Der Parkstreifen am Bolzplatz liegt recht zentral.

Gebührenpflichtiger Stellplatz für 5 Mobile. Parkstreifen für Pkw und Reisemobile zwischen Bolzplatz und Fußballfeld. Asphaltierte, breite Zufahrtsstraße. Asphaltierter, leicht abschüssiger Untergrund. Für längere Mobile Queraufstellung nicht möglich. Beleuchtet, etwas Schatten. Zentrale Lage zu den Museen auf der Schillerhöhe. Ganzjährig. Holiday-Clean am Klärwerk an der L 1100. 5 Euro pro Nacht und Mobil.

Standort: Poppenweiler Straße,
GPS 48°56'04"N/09°15'37"O,
Stadt Marbach,
Telefon 07144/1020,
www.schillerstadt-marbach.de

73614 SCHORNDORF

Reisemobilplatz Schorndorf

Gebührenpflichtiger Stellplatz für 7 Mobile am Rand des Gewerbegebiets. Ebener Untergrund aus Feinkies. Stadtzentrum 800 m. Ganzjährig nutzbar. 5 Euro pro Nacht und Mobil. Person: 4 Euro. Strom: 50 Cent/kWh. Wasser: 2 Euro. Entsorgung: 2 Euro. Dusche und WC: 2 Euro.

Standort: Gmünder Straße 84/1,
GPS 48°48'19"N/09°32'28"O,
Werner Bartesch, Telefon 07181/254667, Mobil 0172/7822048, E-Mail bartesch.werner@t-online.de

71065 SINDELFINGEN

Stellplatz am Badezentrum

Gebührenfreier Stellplatz für 10 Mobile, auf dem asphaltierten Parkplatz des Badezentrums durch Schilder markiert. Ruhige Lage am Waldrand. Restaurant Kutscherstube in der Nähe, weitere Restaurants in der Innenstadt 2,5 km. Ganzjährig nutzbar.

Standort: Hohenzollernstraße 23,
GPS 48°43'11"N/09°01'04"O,
Telefon 07031/860220,
www.badezentrum.de

71334 WAIBLINGEN

Stellplatz am Hallenbad

Gebührenpflichtiger Stellplatz für 10 Mobile. Markierte Stellflächen auf Schotterrasen. Aufenthalt max. 72 Stunden. Nutzung nur einmal pro Halbjahr. Verlängerung des Aufenthalts kurzfristig möglich. Ganzjährig nutzbar. Holiday-Clean-Anlage. 5 Euro pro Mobil von 9 bis 19 Uhr, 2 Euro von 19 bis 9 Uhr. An Sonn- und Feiertagen frei. Kaution 100 Euro pro Mobil. Nach Ablauf von 72 Stunden 50 Euro pro Stunde, es sei denn, längerer Aufenthalt ist vereinbart. Strom: 1 Euro/8 Std. Wasser: 1 Euro/80 Ltr.

Standort: An der Talaue 10,
GPS 48°49'48"N/09°19'30"O,
Telefon 07151/5001245,
www.waiblingen.de

Waiblingen: Seltsame Regeln beschränken den Aufenthalt.

71263 WEIL DER STADT

Stellplatz am Festplatz

Weil der Stadt: der Stellplatz nahe der alten Stadtmauer.

Gebührenfreier Stellplatz für 4 Mobile. Reservierter Bereich am Rand eines Großparkplatzes. Ebener, asphaltierter Untergrund. Sehr nah zur historischen Altstadt. Hallenbad, Spielplatz, Rad- und Wanderwege in unmittelbarer Nähe. Schatten durch Bäume. Ganzjährig nutzbar. Sani-Station. Strom: 1 Euro/4 Std. Wasser: 1 Euro. Entsorgung: 1 Euro.

Standort: Jahnstraße,
GPS 48°45'09"N/08°52'27"O,
Stadtinformation,
Telefon 07033/5210,
www.weil-der-stadt.de

DAS BESONDERE ZIEL

SCHWARZWALD

ESSEN, KULTUR UND NATUR: Der Schwarzwald bietet viel für jeden Geschmack. Ein toller Ausgangspunkt für Kurz-Trips ist der Kurort Bad Dürrheim mit seinem beliebten Reisemobilhafen.

Die Luft ist mild und glasklar, in der Ferne leuchten schneebedeckte Gipfel. Wanderwege führen durch idyllische Täler, vorbei an einsamen Höfen und urigen Dörfern, die zur Rast bei guter Hausmannskost einladen. Der Schwarzwald, rund 150 mal 50 Kilometer groß, gilt schon lange nicht mehr als „Silva Nigra", als düstere, rückständige Region, wie er sich den alten Römern präsentierte. Vielmehr zählt er zu den romantischsten und am besten erschlossenen Mittelgebirgen unseres Landes – und ist zu Recht eins der beliebtesten deutschen Urlaubsziele.

Ein feiner Ausgangspunkt für die Erkundung der Region per Reisemobil ist der Sole-Kurort Bad Dürrheim. Zum einen wegen seiner Lage: mit 733 Meter über Normal Null das höchstgelegene Solebad Europas, regenarm im Niederschlagsschatten des Schwarzwalds, mit 13 000 Einwohnern von behaglicher Größe. Zudem ist der nette Ort mit einem Stellplatz der Extraklasse gesegnet – der Reisemobilhafen Bad Dürrheim bietet Raum für insgesamt 345 Mobile bei einer guten Ausstattung. Besonderer Clou: direkt nebenan liegt das große Sole-Heilbad Solemar (siehe unten), das die schlimmste Regenperiode in traumhafte Urlaubstage verzaubert.

Außerdem ist es nicht weit zu den spannendsten Attraktionen dieser Ferienwelt. Eine Bootsfahrt im Schatten waldreicher Berge gewünscht? Kein Problem, der nordwestlich gelegene Titisee und der benachbarte Schluchsee sind nur einen Katzensprung entfernt. Urbanes Lebensgefühl und Abwechslung von der Reisemobilküche gefragt? Da lockt etwa Freiburg mit den besten Restaurants der Region und jeder Menge Kultur. Im Raum Furt-

DER BESONDERE TIPP

Solemar heißt die Therme von Bad Dürrheim, direkt neben dem großen Stellplatz für Reisemobile gelegen. Elf Innen- und Außenbecken mit Wassertemperaturen bis 37 Grad, Sole-Dampfgrotte, Sonneninsel, Blockhaus- und finnische Sauna bieten Labsal für Körper und Seele. Info: **www.solemar.de**

Gaumenkitzler: von wegen einfache Hausmannskost – Maultaschen vom Feinsten.

Echte Schwarzwald-Idylle im Süden: Der Oberfallengrundhof bei Gütenbach.

Enge Kurven: Der Höllsteig bei Breitnau ist eine der markantesten Schwarzwaldstraßen.

Schöner Ortskern: Bad Dürrheim gibt sich gerne behaglich und trotzdem modern.

wangen vis-à-vis wurden die Schwarzwälder Uhren erfunden, die Deutsche Uhrenstraße führt heute zu den schönsten Ecken des Mittelgebirges. Fasnet wird mit kunstvollen Masken und Hingabe allerorten gefeiert, und wem bei so viel Folklore der Sinn nach Schifffahrt und Weite steht, der macht vielleicht sogar einen Abstecher rüber zum nahen Bodensee oder einen Tagesausflug in die benachbarte Schweiz.

Zurück in Bad Dürrheim muss übrigens keine Langeweile aufkommen, im Gegenteil. Die findigen Stadtväter haben ihre Gemeinde zum ersten Club-Ort Deutschlands erkoren. Beim Einchecken auf dem Stellplatz erhält der Urlauber eine Club-Karte, mit der einige Vergnügungen kostenlos oder mit Rabatt nutzbar sind, vom Musical über Salsa-Kurse bis hin zum Wellnesswandern. Man kann sogar gut und günstig mit der eigenen Club-Währung bezahlen – der „Silva Nigra" hat sich längst von der rückständigen Region zum Stern am Tourismushimmel gemausert.

Dieter Danziger

TIPPS & INFOS

ANREISE A 81 Stuttgart-Singen bis zum Autobahndreieck Bad Dürrheim, dann auf der A 864 und B 33 Richtung Bad Dürrheim. Dort der Beschilderung zum Reisemobilhafen folgen.

AUSKUNFT Kur und Bäder GmbH Bad Dürrheim, Luisenstraße 4, 78073 Bad Dürrheim, Telefon 07726/666266, E-Mail info@badduerrheim.de, www.badduerrheim.de. Schwarzwald Tourismus, Ludwigstraße 23, 79104 Freiburg, Telefon 0761/896460, E-Mail mail@schwarzwald-tourismus.info, www.schwarzwald-tourismus.info, www.schwarzwald.net

THERME
Solemar: Das Heilbad lockt mit einer Wasserlandschaft von elf Innen- und Außenbecken, Whirlpools, Massagedüsen, Sole-Dampfgrotte, Sonneninsel und Solarienpark. Je nach Becken erreicht die Wassertemperatur 28 bis 37°C, der Solegehalt bewegt sich bei drei bis fünf Frozent. Wärmstens zu

Erholung pur: Lichteffekte in der Totes-Meer-Salzgrotte, Solemar.

empfehlen ist die Schwarzwaldsauna: Auf rund 900 Quadratmetern heizen Mühlsteinsauna und Birkenhäusle mit 95°C, Müllerstube, Backhäusle und Zirbelstube mit 90 oder 80°C ordentlich ein. Täglich geöffnet.

Huberstraße 6, Telefon 07726/666292, www.solemar.de

FREIZEITPARK
Schwarzwaldpark: Der Familienpark in Löffingen ist eine Mischung aus Wild- und Tierpark mit Falknerei und Spaßpark mit Sommerrodelbahn, Wildwasser- und Kartbahn. Auf dem Spielplatz lockt ein Spielhaus zum Klettern und Rutschen. Täglich geöffnet, November–Januar nur Sa–So.

Telefon 07654/808560, www.schwarzwaldpark-loeffingen.de

Fotos: Kur und Bäder GmbH Bad Dürrheim (3)

STELLPLATZ-TIPPS

79677 AITERN
Belchenhotel Jägerstüble

Gebührenfreier Stellplatz für 2 Mobile. Einkehr obligatorisch. Parkplatz für Pkw und Reisemobile, direkt an der Talstation der Belchenseilbahn. Ganzjährig.

Standort: OT Multen, Obermulten 3, GPS 47°49'17"N/07°51'01"O, Thomas Dietsche, Telefon 07673/888180, www.belchenhotel.de

78073 BAD DÜRRHEIM
Reisemobilhafen Bad Dürrheim

Gebührenpflichtige Stellflächen für 346 Reisemobile auf 5 Parkplätzen (P1–5) am Thermalbad Solemar. 8 Euro/Nacht und Mobil samt Kurtaxe für 2 Personen, V+E. Strom: 2 Euro, auf P4: 0,50 Euro/kWh. Ab der 3. Übernachtung einmal freier Eintritt für zwei Personen im Wert von 21 Euro ins Solemar.

Standort: Huberstraße 34, GPS: 48°00'54"N/08°32'01"O, Telefon 0771/12739, www.womo-badduerrheim.de

Bad Dürrheim: der Reisemobilhafen nahe dem Solemar.

79872 BERNAU
Stellplatz Am Spitzenberg

Gebührenpflichtiger Stellplatz für 15 Mobile am Sportzentrum. Reservierter Platz zwischen Sportzentrum und Skilift. Nicht ganz ebener, asphaltierter Untergrund. Ganzjährig nutzbar. Stromanschluss im Winter. Sommer (16. 4. bis 30. 9.): Nur Kurtaxe 1,80 Euro/Person, Kinder von 6–16 Jahre 90 Cent. Winter: 5,50 Euro pro Nacht und Mobil, 3,85 Euro pro Erwachsener, 2,75 Euro pro Kind zzgl. Kurtaxe. Strom: 1,50 Euro Anschlussgebühr plus 40 Cent/kWh.

Standort: Sportplatzstraße 5, GPS 47°48'22"N/08°01'42"O, Tourist-Information, Telefon 07675/160030, www.bernau-schwarzwald.de

78176 BLUMBERG
Stellplatz auf dem Festplatz

Gebührenpflichtiger Stellplatz für 25 Mobile. Fast ebener, geschotterter Untergrund. Geschützte Lage im Grünen. Ganzjährig nutzbar. ST-SAN-Anlage. 1. Mai bis 31. Oktober: 7,50 Euro pro Nacht und Mobil, 1. November bis 30. April: 6,50 Euro. Strom: 1 Euro/1,50 Euro. Wasser: 1 Euro/100 Ltr.

Standort: Oberes Ried, GPS 47°50'21"N/08°32'32"O, Tourist-Information, Telefon 07702/51203, www.stadt-blumberg.de

78166 DONAUESCHINGEN
Stellplatz beim Sportzentrum

Gebührenfreier Stellplatz für 10 Mobile. Naturbelassener Untergrund mit Baumbestand, in unmittelbarer Nähe zur Breg. Maximaler Aufenthalt: 2 Tage. Ganzjährig nutzbar. Holiday-Clean-Anlage am Klärwerk 300 m. Strom (16 Anschl.): 50 Cent/kWh.

Standort: Stadionstraße, GPS 47°57'01"N/08°30'45"O, Tourist-Information, Telefon 0771/857221, www.donaueschingen.de

79871 EISENBACH
Mobilpark Höchstbergstadion

Gebührenpflichtiger Stellplatz für 20 Mobile. Angelegtes Gelände unterhalb der Sportanlagen in ruhiger Waldrandlage. Ebener Untergrund, im vorderen Teil mit Schotter befestigt, dahinter naturbelassene Rasenfläche. Ruhige Lage im Grünen, geringe Entfernung zum Ortszentrum. Ganzjährig nutzbar. Holiday-Clean-Anlage. 8 Euro pro Nacht und Mobil inkl. Strom (18 Anschlüsse). Wasser: 1 Euro/100 Ltr. Kurtaxe: 1,50 Euro/Person. Bei Ankunft bitte in der Clubgaststätte anmelden.

Standort: Am Sportplatz, GPS 47°56'57"N/ 08°15'19"O, Tourist-Information, Telefon 07657/910330, www.eisenbach.de

79877 FRIEDENWEILER
Gasthof Zum Bierhaus

Gebührenfreier Stellplatz für 5 Mobile. Einkehr ist erwünscht. Parkplatz für Pkw und Reisemobile. Ganzjährig nutzbar.

Standort: OT Rötenbach, Hauptstraße 18, GPS 47°53'33"N/08°17'38"O, Werner Englert, Tel. 07654/651, www.zum-bierhaus.de

79862 HÖCHENSCHWAND
Stellplatz Natursportzentrum

Gebührenpflichtiger Stellplatz für 12 Mobile. Mit Schotterrasen befestigter Stellplatz. Die Tourist-Information bittet um Anmeldung in der Sauna & Fitness SPA, nähe Reisemobilstellplatz. Ganzjährig nutzbar. ST-SAN-Anlage am Haus des Gastes. 7 Euro pro Nacht und Mobil inkl. Kurtaxe und Konus-Gästekarte. Strom: 1 Euro/6 Std.

Standort: Natursportzentrum, GPS 47°44'12"N/08°09'36"O, Tourist-Information, Telefon 07672/48180, www.hoechenschwand.de

78132 HORNBERG
Hotel Schöne Aussicht

Gebührenpflichtiger Stellplatz für 4 Mobile. Naturbelassenes Wiesengelände neben dem Haus. Ganzjährig. 8 Euro pro Nacht und Mobil inkl. Strom und Wasser.

Standort: OT Niederwasser, Schöne Aussicht 1, GPS 48°11'38"N/08°11'07"O, Telefon 07833/93690, www.schoeneaussicht.com

78183 HÜFINGEN
Parkplatz Bräunlinger Straße

Gebührenpflichtiger Stellplatz für 22 Mobile. Ausgewiesenes Gelände im hinteren Bereich des Pkw-Parkplatzes am Rand der Altstadt. Sehr ruhige und idyllische Lage am Bregufer unweit des Naturerlebnisspielplatzes Bregaue. Ebener, mit Schotterrasen befestigter Untergrund. Kein Schatten, beleuchtet. Ganzjährig. ST-SAN-Anlage. 5 Euro pro Nacht und Mobil. Strom, Wasser: je 1 Euro.

Standort: Bräunlinger Straße, GPS 47°55'22"N/08°29'11"O, Stadt Hüfingen, Telefon 0771/600924, www.huefingen.de

Hüfingen: der Stellplatz an der Bräunlinger Straße.

79199 KIRCHZARTEN
Gasthaus Zum Wilden Mann

Gebührenfreier Stellplatz für 3 Mobile. Einkehr ist erwünscht. Parkplatz für Pkw und Reisemobile mit geschottertem Untergrund. Max. Aufenthalt: 3 Tage. Ganzjährig nutzbar.

Standort: OT Burg, Höllentalstraße 25, GPS 47°57'55"N/07°58'27"O, Telefon 07661/4481, www.wilder-mann-kirchzarten.de

78126 KÖNIGSFELD
Reisemobilpark Bregnitzhof

Gebührenpflichtiger Stellplatz für 21 Mobile am westlichen Ortsrand, direkt an der Bregnitzhof Saunalandschaft und am angrenzenden 18-Loch-Golfplatz. Großzügig parzellierte Stellplätze, jeweils mit eigenem Grünstreifen. Geschotterter, fast ebener Untergrund. Info-Tafel am Stellplatz. Grillplatz mit Sitzgelegenheiten. Sat-Empfang möglich. Anmeldung an der Rezeption der Bregnitzhof-Sauna. Dort ist der Gasflaschentausch sowie der Bezug von Holzkohle möglich. Brötchenservice, außer sonntags. Ganzjährig. 8 Euro pro Nacht und Mobil inklusive Kurtaxe. Strom: 1 Euro/8 Std. Wasser: 50 Cent/2 Min.

Standort: Buchenberger Straße 34, GPS 48°08'26"N/08°24'20"O, Matthias und Elke Weisser, Telefon 07725/3191, www. reisemobilpark-bregnitzhof.de

Königsfeld: die parzellierten Stellplätze am Bregnitzhof.

79843 LÖFFINGEN
Stellplatz am Waldbad

Gebührenpflichtiger Stellplatz für 7 Mobile. Reservierter Teil eines Pkw-Parkplatzes. Nicht ganz ebener, befestigter Untergrund, ruhige Lage im Grünen. Das Waldbad öffnet von Mitte Mai bis Ende September. Bitte an der Kasse melden. Ganzjährig nutzbar. Nur während der Saison. 8 Euro pro Nacht und Mobil inkl. Strom, Wasser und Kurtaxe. Dusche: 50 Cent/Person. Badeintritt: 2 Euro/Person. Gebühr und Dusche nur während der Waldbad-Saison, sonst kostenfrei.

Standort: Am Waldfriedhof, GPS 47°53'59"N/08°19'59"O, Tourist-Information, Telefon 07654/400, www.loeffingen.de

Löffingen: der ruhig gelegene Stellplatz am Waldbad.

78136 SCHONACH
Reisemobil-Stellplatz Obertal

Gebührenpflichtiger Stellplatz für 10 Mobile auf dem Parkplatz am Sportzentrum. Reservierter Parkstreifen in der Nähe zu einem Skilift. Asphaltierte Zufahrt. Nicht ganz ebener, mit Rasengittersteinen befestigter Untergrund. Ruhige Lage am Ortsrand. Max. Aufenthaltsdauer: 3 Nächte. Ganzjährig nutzbar. Sani-Station. 7 Euro pro Nacht und Mobil inkl. Gästekarte. Strom: 1 Euro/8 Std. Wasser: 1 Euro/50 Ltr. WC-Entsorgung: 1 Euro.

Standort: Obertalstraße, GPS 48°08'47"N/08°11'23"O, Tourist-Information, Telefon 07722/964810, www.schonach.de

Schonach: Der Stellplatz ist ein Teil der Sportanlagen.

79677 SCHÖNAU
Buchenbrandparkplatz

Gebührenfreier Stellplatz für 5 Mobile auf einem öffentlichen, asphaltierten Parkplatz. Keine Markierung für Reisemobile. Mehrere Restaurants in unmittelbarer Nähe. Maximaler Aufenthalt: 1 Nacht. Ganzjährig nutzbar.

Standort: Friedrichstraße, GPS 47°47'22"N/07°53'53"O, Tourist-Information, Telefon 07673/918130, www.schoenau-im-schwarzwald.de

Schönau: der asphaltierte Stellplatz an der Straße.

78713 SCHRAMBERG
Stellplatz Fischer-Parkplatz

Gebührenfreier Stellplatz für 2 Mobile. Markierter Teil eines stadtnahen Parkplatzes. Ganzjährig nutzbar. Holiday-Clean-Anlage. Wasser, Entsorgung: je 1 Euro.

Standort: Bahnhofstraße (B 462), GPS 48°13'47"N/08°23'01"O, Tourist-Information, Telefon 07422/29215, www.schramberg.de

79837 ST. BLASIEN
Landgasthof Vogelbacher

Gebührenpflichtiger Stellplatz für 3 Mobile. Parkplatz für Pkw und Reisemobile auf Asphalt. Ganzjährig. 5 Euro pro Nacht und Mobil, wird bei Verzehr angerechnet.

Standort: Familie Weiß, Unterkutterau 2, GPS 47°43'36"N/08°08'18"O, Telefon 07672/2825, www.pensionvogelbacher.de

78112 ST. GEORGEN
Naturfreibad Klosterweiher

Gebührenfreier Stellplatz für 5 Mobile. Ausgewiesener Bereich auf Rasengittersteinen. Der Platz wird bei Schnee nicht geräumt, sonst ganzjährig nutzbar.

Standort: Brigachstraße, GPS 48°07'14"N/08°19'41"O, Tourist-Information Telefon 07724/87194, www.dasferienland.de

79822 TITISEE-NEUSTADT
Camping Bankenhof

Gebührenpflichtiger Stellplatz für 8 Mobile auf dem Reisemobil-Stellplatz vor dem Campinggelände, 600 m vom Westufer des Titisees entfernt. Untergrund: Kies und Sand. Ganzjährig nutzbar. 12 Euro pro Nacht und Mobil inkl. 2 Personen, Wasser und Entsorgung sowie Dusche und WC. Weitere Person: 3 Euro

Standort: OT Bruderhalde, Bruderhalde 31a, GPS 47°53'07"N/08°07'50"O, Telefon 07652/1351, www.camping-bankenhof.de

79682 TODTMOOS
Stellplatz Jägermatt

Gebührenpflichtiger Stellplatz für 20 Mobile. Beschildertes Gelände im Anschluss an einen Pkw-Parkplatz an der Wehratalhalle in Hörweite zur Landstraße. Ebener, befestigter Untergrund. Großzügig bemessener Rangierraum. Beleuchtet, etwas Schatten durch Bäume. Ganzjährig nutzbar. ST-SAN-Anlage. 5 Euro pro Mobil und angefangene 24 Std. inkl. Kurtaxe und Müllabgabe.

Standort: Auf der Jägermatt, GPS 47°44'02"N/08°00'10"O, Tourist-Info, Telefon 07674/90600, www.todtmoos.de

78089 UNTERKIRNACH
Reisemobilhafen Rathaus

Gebührenpflichtiger Stellplatz für 16 Mobile. Sternförmig angelegter Reisemobilhafen mit großzügig bemessenen und durch Grünflächen getrennten Parzellen. Ebener, geschotterter Untergrund. Ruhige Lage. Anmeldung in der Tourist-Information erwünscht. Ganzjährig nutzbar. Ausweichparkplätze: Roggenbachschule (nur an Wochenenden oder in den Ferien) und Schlossbergstuben. Holiday-Clean-Anlage. 9 Euro pro Nacht und Mobil inkl. Strom (18 Anschlüsse), Wasser, Kurtaxe, Gästekarte.

Standort: Rathausplatz 15, GPS 48°04'38"N/08°22'01"O, Tourist-Information, Telefon 07721/800837, www.unterkirnach.de

Unterkirnach: der Reisemobilhafen hinter dem Rathaus.

78052 VILLINGEN-SCHW.
Stellplatz am Messegelände

Gebührenfreier Stellplatz für 5 Mobile. Ausgewiesene, asphaltierte Plätze auf einem Parkstreifen. Ganzjährig außer 25. Mai bis 25. Juni 2012. Holiday-Clean-Anlage.

Standort: OT Schwenninger Messe, GPS 48°02'52"N/08°32'18"O, Ralf Majer, Telefon 07720/97420 www.suedwest-messe-vs.de

Fotos: Joachim Negwer

Sulzburg liegt im Münstertal, ein beschauliches Städtchen, das zum Bummeln einlädt.

Gutedel probiert man beim Winzer oder im Fachgeschäft.

Im Markgräfler Land gibt's gleich drei Thermalbäder – hier die Cassiopeia Therme in Badenweiler.

DIE PERFEKTE WOCHE IM MARKGRÄFLER

FÜR DIE ENTDECKUNGSREISE durchs Markgräfler Land sollten Sie folgende Dinge ins Reisemobil packen: Badesachen, einen ganz besonderen Reiseführer und ein paar schöne Weingläser, dick in Handtücher eingewickelt.

Das Markgräfler Land liegt im äußersten Südwesten Deutschlands, zwischen Freiburg und Basel. Ein Genuss ist der weite Blick übers Rheintal, wie hier bei Ballrechten.

LAND

Badenweiler hat Flair: Das Grandhotel Römerbad liegt direkt am Kurpark, in dem exotische Pflanzen wachsen.

Aah, das tut gut. Das Wasser ist 34 Grad warm, es blubbert, dampft und fühlt sich prima an. Stundenlang könnte man hier liegen, im ruhigen Marmorbad oder im großen Außenbecken der Cassiopeia-Therme in Badenweiler, einfach den Kopf zurücklegen und die Landschaft bewundern. Ein perfekter Augenblick, von denen man im Markgräfler Land viele erleben kann. Die Cassiopeia-Therme ist eine der schönsten Badelandschaften in Süddeutschland und mit tausend Quadratmetern Wasserfläche auch ziemlich üppig bemessen.

Die Lage macht das Markgräfler Land so einzigartig: Im Osten die dunklen Wälder und die allgegenwärtigen Berge des Schwarzwalds. Bei Freiburg der Schauinsland, dann der Belchen mit seinen 1414 Metern Höhe und etwas weiter unten im Süden der Blauen, der Hausberg von Badenweiler, der es immerhin noch auf 1165 Meter bringt. Im Westen, 800 Höhenmeter tiefer, die weite Rheinebene mit Getreide-

KLASSIKER IM VITRA DESIGN-MUSEUM

Eine dreidimensionale Collage aus Türmen, Rampen und Kuben, gebaut vom kalifornischen Architekten Frank O. Gehry, lockt Architektur- und Design-Begeisterte aus aller Welt nach Weil am Rhein. Hier hat der Design-Möbel-Hersteller Vitra ein spektakuläres Museum geschaffen. Es zeigt ständig wechselnde Ausstellungen internationaler Gestalter. Bei der zweistündigen Führung über das Werksgelände sieht man neben dem Feuerwehrhaus von Star-Architektin Zaha Hadid und dem Konferenzpavillon des Japaners Tadao Ando auch die berühmte Stuhlsammlung.

Die Ausstellungen entführen in interessante Sphären des Wohn-Designs. Die Mini-Stuhlmodelle findet man im Shop.

Schön ruhig: Der beliebte Reisemobilstellplatz in Bad Krozingen liegt direkt bei der Vita-Classica-Therme.

Schön alt: Der Weinbau hat Tradition, bei vielen Winzern weisen Schilder an der Tür auf den Verkauf hin.

Schön frisch: Am Straßenrand verkaufen die Bauern, was Bäume, Garten und Weinberg hergeben.

Kaffeepause mit Aussicht: In Staufen laden Restaurants und Cafés zum Draußensitzen ein – mit Blick auf die Ruine der Zähringer Burg auf dem Schlossberg.

feldern und Obstplantagen. Genau dazwischen, im Hügelland, liegen die Weinberge und viele der schönsten Markgräfler Orte, auch Badenweiler.

Schon die alten Römer wussten um die heißen Quellen der Region, wie die 2000 Jahre alten Baderuinen von Badenweiler beweisen, die man heute in einem interessanten Museum besichtigen kann. Dass Bad Krozingen und Bad Bellingen heute Kurorte sind, ist allerdings eher einem Zufall zu verdanken: Als Geologen im Rheintal 1911 bei Krozingen nach Öl bohrten, schoss eine 20 Meter hohe Fontäne in den Himmel. Kein Öl, nur 40 Grad heißes, Kohlensäure-übersättigtes Wasser! Die Bauern haben mächtig geschimpft, als ihnen das Wasser über die Felder lief. Es dauerte ein paar Jahre, bis man den Wert der heißen Quellen zu schätzen wusste. Heute sind beide Orte längst zu veritablen Kurstädtchen geworden, mit Park, Kliniken und schönen Thermalbädern. In beiden gibt es Reisemobilstellplätze, in Bad Krozingen einen großen, ruhig gelegenen Platz, direkt neben dem Thermalbad.

Zum Wachsen braucht der Gutedel einen „heißen Kopf und feuchte Füß" – wie die Weinbauern hier sagen. Das mit dem Kopf ist bei 1700 Sonnenstunden im Jahr kein Problem.

Manchmal sieht es hier aus wie im Schlaraffenland: Wohin das Auge blickt, sind die Kirschbäume über und über mit Früchten behangen. Zwischen den Weinbergen breiten sich Teppiche blühender Sonnenblumen aus, auf den Bänken am Wegesrand genießen Wanderer Panorama und Sonne. Wieder so ein perfekter Augenblick. Und zu jeder Jahreszeit fühlt er sich anders an: Einen ganz besonderen Charme entwickelt diese Gegend auch im Herbst, wenn überall der Wein gelesen wird und in den Straußenwirtschaften der Federweiße auf den Tisch kommt. Im Frühjahr verwandelt sich die Landschaft in eine Oase mit tausenden blühenden Obstbäumen. Wie in anderen Weingegenden findet man auch im Markgräfler Land hervorragende Landgasthöfe, die eine gute Regionalküche pflegen. Etwas versteckter und damit auch schwerer zu finden, sind einfache Bauernwirtschaften, in denen man zum vernünftigen Preis ein gutes Badisches Vesper serviert bekommt. Oder die Straußen-Wirtschaften, einfache Kneipen, die von landwirtschaftlichen Betrieben oder Weingütern betrieben werden. Sie dürfen nur ein paar Monate im Jahr offen haben und nur Selbsterzeugtes anbieten.

Der beste Reiseführer fürs Markgräfler Land ist der von Wolfgang Abel, der diese Gegend kennt wie kein zweiter (Seite 166). Er setzt sich kritisch mit der Gastronomie des Markgräfler Landes auseinander, immer frech nörgelnd, aber mit »

Eine typische Weinlandschaft: zwischen den Reben ein Bammert-Hüsli, in dem früher der Rebenwächter aufpasste, dass nichts passiert.

Ein Ausflug nach Freiburg lohnt sich immer: zum Beispiel wenn Künstlermarkt ist ...

... oder wegen des grandiosen Ausblicks vom Münsterturm auf den Markt am Münsterplatz.

GAUMENGENÜSSE

Ob Kräuterquark mit Brägele (Bratkartoffeln) oder exquisites Vier-Gänge-Menü: Die Liebe zum Markgräfler Land geht durch den Magen. Wo sich die Einflüsse des genussliebenden Elsass und der gehobenen Schweizer Küche mit bodenständigen Schwarzwälder Spezialitäten und feinen Weinen treffen, gehört ein deftiges Vesper in einer Straußenwirtschaft ebenso zur Lebensqualität wie ein gelegentlicher Besuch im Sterne-Restaurant. In der Feinschmecker-Szene zählt der junge Bertram Blauel in Neuenburg zu den Shooting-Stars. Schon lange eines der besten Restaurants der Region, vielfach ausgezeichnet, ist der Hirschen in Sulzburg.

viel Liebe zur Region und den Menschen geschrieben. Und er führt zielsicher zu den besten Adressen etwa in Sulzburg, Britzigen, in Heitersheim und in Freiburg.

Im mittelalterlichen Städtchen Staufen lassen wir uns im Gasthaus Löwen die Legende von Faust und Mephisto erzählen: Der von Goethe verewigte Alchimist soll aus Zimmer Nummer fünf mit einem Knall vom Teufel geholt worden sein. Über allem thront die Ruine der Zähringer-Burg auf dem weinbewachsenen Schlossberg.

Die Markgrafen von Sausenberg haben dieser Ecke zu ihrem Namen verholfen. Doch ansonsten haben die Herren zu ihrer Zeit nicht viel Furore gemacht – keine Skandale, kein Krieg und keine Blutrünstigkeiten, über die wir hier berichten sollten, allein die Burgruine bei Kandern haben sie hinterlassen. Und noch etwas: Sie haben den Gutedel hier eingeführt. Ein leichter, trockener Weißwein, der in Deutschland ausschließlich im Markgräfler Land angebaut wird, und zwar auf etwa 50 Prozent der Fläche. In der Schweiz heißt diese Traube Fendant, in Frankreich Chasselas. Zum Wachsen braucht der Gutedel „einen heißen Kopf und feuchte Füß“, wie die Weinbauern hier sagen. Das mit dem heißen Kopf ist bei mehr als 1700 Sonnenstunden pro Jahr kein Problem. Der Auggener Schäf ist die wohl bekannteste Gutedel-Lage, allein in diesem Örtchen arbeiten mehr als 200 Weinbauern, doch auch in den anderen Orten werden wunderbare Weine gemacht

Da kommt unsere dritte Empfehlung ins Spiel: Am Abend, nach der Rückkehr auf den Stellplatz, holen wir eine Flasche Gutedel aus dem Reisemobil-Kühlschrank, gut gekühlt, so dass die Gläser beschlagen nach dem Einschenken, und stoßen an auf den großartigen Tag. Wieder so ein perfekter Augenblick – von denen es im Markgräfler Land ja viele gibt.

Peter Höri

MARKGRÄFLER LAND KOMPAKT bitte umblättern >>>

Freie Sicht auf Freiburg – und man isst auch noch gut: im Garten des Restaurants „Jesuitenschloss“ in Merzhausen.

Entdeckungen mit den besten Aussichten

Ein mondäner Kurort, ein feines Schloss, ein Dampfzug der Extraklasse, ein Schwarzwaldberg für den Überblick und eine junge Studentenstadt, in der man im Sommer die Füße in den Bächle kühlen kann.

1 BADENWEILER Jugendstilbauten und das großherzogliche Palais am Schlossplatz, die Cassiopeia-Therme mit ihrer markanten Glas-Stahl-Kuppel im Kurpark und das altehrwürdige Grand Hotel Römerbad prägen den Kurort Badenweiler im Herzen des Markgräfler Landes. www.badenweiler.de

2 BELCHEN Mit 1415 Meter Höhe ist der Belchen der dritthöchste Gipfel und einer der schönsten Panorama-Berge im südlichen Schwarzwald. Nach einer Einkehr im Belchenhaus an der Bergstation der Gondel bieten sich im Naturschutzgebiet rund um den Gipfel kleine Wanderungen an. www.belchen-seilbahn.de

3 FREIBURG Die junge Studentenstadt mit großer Tradition und 220 000 Einwohnern ist für ihr sonniges Klima bekannt. Im Sommer können Besucher ihre Füße in den legendären Bächle kühlen – in den in Stein gefassten Wasserläufen, die sich durch die Straßen und Gassen schlängeln. www.freiburg.de

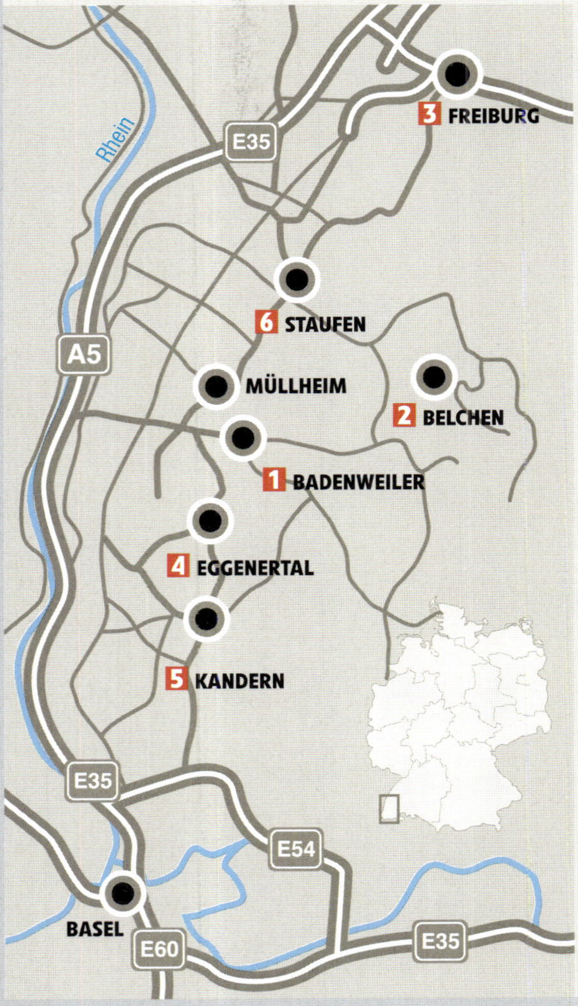

4 EGGENERTAL Kulturinteressierte machen einen Abstecher zum barocken Schloss Bürgeln. Bei einer Führung können Sie Rokokostuck und Fayencen-Kamine bewundern und von der Schlossterrasse bis ins Rheintal, zu den Vogesen und ins Schweizer Jura blicken. www.eggenertal.de, www.schlossbuergeln.de

5 KANDERN August Macke liebte die Töpferstadt. Hier fertigte der Blaue-Reiter-Maler zahlreiche Ölgemälde. Der ihm gewidmete Rundweg ist ebenso sehenswert wie der Blumenplatz im Zentrum, wo ein Töpfermarkt stattfindet. Nicht verpassen: eine Fahrt mit dem denkmalgeschützten Dampfzug. www.kandern.de, www.kandertalbahn.de

6 STAUFEN Wahrzeichen des mittelalterlichen Städtchens ist die Ruine der Burg Staufen auf dem Schlossberg. Wer durch die Weinberge hinaufspaziert, kann auf die Rheinebene und die Ausläufer des Schwarzwalds blicken. Marktplatz und das Rathaus sind frisch renoviert. www.staufen.de

MARKGRÄFLER LAND KOMPAKT

Infos | Tipps | Adressen

CAMPING

Sulzburg: Gebührenpflichtiger Stellplatz im Campingplatz Sulzbachtal. 15 Euro pro Nacht und Mobil (2 Personen inklusive).

Standort: 79295 Sulzburg, Sonnmatt 4, Telefon 07634/592568, www.camping-sulzbachtal.de

Schön zentral und ruhig gelegen: Camping Sulzbachtal.

Camping Belchenblick: netter Platz beim Freibad, etwas außerhalb von Staufen gelegen. Eigenes Hallenbad, geführte Wanderungen und Ausflugsfahrten. Ganzjährig.

79219 Staufen, Münstertäler Straße 43, Telefon 7633/7045, www.camping-belchenblick.de

RESTAURANTS

Einfacher Landgasthof, deftige Küche: Hirschen in Britzingen.

Hirschen in Britzingen: Traditioneller Landgasthof, klassische Markgräfler Hausmannskost, perfekt gemacht: Badische Schäufele zum Beispiel, ordentliche Schnitzel oder auch frische Forellen, dazu hervorragender Kartoffelsalat oder Brägele, knusprig gebratene Bratkartoffeln.

79379 Britzingen, Markgräfler Straße 22, Telefon 07631/5457, Ruhetag Di. und Mi. bis 17 Uhr.

Zur Sonne in Badenweiler: sehr gutes Restaurant mit schönem Innenhof, oberhalb der Cassiopeia-Therme, gehobene italienische Küche, selbst gemachte Pasta und feine Fischgerichte, gut sortierte Weinkarte.

79410 Badenweiler, Moltkestraße 1–4, Telefon 07632/75080, www.zur-sonne.de

Sonnen Straußе in St. Ulrich: Eine der besten Strauß-Wirtschaften, sie liegt idyllisch im Heinehof oberhalb von St. Ulrich bei Bollschweil, hat allerdings nur 4 Monate im Jahr (Früh- und Spätsommer) geöffnet, bringt Produkte vom eigenen Bio-Hof zum günstigen Preis auf den Tisch.

79283 Bollschweil/St. Ulrich, Telefon 07602/281, www.heinehof.de

Es ist ausgesteckt: Bio-Kost vom eigenen Hof in St. Ulrich.

INFORMATION

Lektüre: Der beste Reiseführer für diese Gegend ist das Buch von Wolfgang Abel. Es bietet perfekt, was der Untertitel verspricht: „Mit Biss ausgesuchte Gasthäuser, sonnige Terrassen und Tourenvorschläge zwischen Freiburg und Basel". Sehr empfehlenswert!

„Freiburg, Breisgau, Markgräfler Land", Autor: Wolfgang Abel, Oase-Verlag, 23 Euro.

Allgemeine Auskunft über die Region zwischen Freiburg und Basel bekommt man bei der Werbegemeinschaft Markgräfler Land. Informative Internetseite.

79379 Müllheim, Wilhelmstraße 14, Telefon 07631/801502, www.markgraefler-land.com

STELLPLÄTZE

79415 BAD BELLINGEN
Stellplatz Balinea Thermen

Gebührenpflichtiger Stellplatz für 24 Reisemobile in einem besonderen Bereich des Kurhaus-Parkplatzes. Gepflasterter, ebener Untergrund. WC im Kurhaus. Maximaler Aufenthalt: 5 Tage.Ganzjährig nutzbar. 10 Euro pro Nacht und Mobil. Kurtaxe ab 2 Nächten: 2,25 Euro/Person inklusive Konus Gästekarte. Strom: 1 Euro. Wasser: 1 Euro. Duschen in der Balinea Therme: 1,50 Euro/30 Min.

Standort: Badstraße 14, GPS 47°43'47"N/07°33'07"O, Bade- und Kurverwaltung, Telefon 07635/808220, www.bad-bellingen.de

Bad Bellingen: Der Stellplatz liegt idyllisch am Kurpark.

79189 BAD KROZINGEN
Stellplatz Vita-Classica-Therme

Gebührenpflichtiger Stellplatz für 60 Mobile. Angelegtes, teilweise durch Rasenstreifen parzelliertes Areal vor der Therme. Ebener Untergrund aus Schotter. Ganzjährig nutzbar. Elomat Hygienja-Anlage. 9,50 Euro pro Nacht und Mobil. Strom: 2,50 Euro/4 Ah, 3,50 Euro/16 Ah. Anhänger: 2,50 Euro.

Standort: Thürachstraße, GPS 47°55'02"N/07°41'20"O, Kur- und Bäder GmbH, Telefon 07633/400840, www.bad-krozingen.info

79713 BAD SÄCKINGEN
Stellplatz am Rheinufer

Gebührenpflichtiger Stellplatz für 40 Mobile. Separates, markiertes Areal auf ebenem Untergrund aus Schotter. Öffentliches WC von 8–20 Uhr. Ruhige und zentrale Lage zur Altstadt, zum Schlosspark und Rhein. Ganzjährig nutzbar. Achtung: Jeweils 3 Wochen im März und Oktober geschlossen. Seijsener-Anlage mit Bodeneinlass. 10 Euro pro Mobil/24 Std. inkl. Kurtaxe, Strom und Konus Gästekarte. Wasser: 50 Cent. Entsorgung: 20 Cent.

Standort: Austraße, GPS 47°32'58"N/07°56'50"O, Tourismus GmbH, Telefon 07761/56830, www.bad-saeckingen.de

79206 BREISACH/RHEIN
Stellplatz am Rheinufer

Gebührenpflichtiger Stellplatz für 80 Mobile. Großparkplatz für Pkw und Reisemobile bei der Minigolfanlage unterhalb des Münsterbergs. Ebener, asphaltierter Untergrund, wenig Schatten, keine markierten Stellflächen für Mobile. Ruhige Lage. Müllbehälter in der Nähe. Maximaler Aufenthalt: 3 Tage. Ganzjährig nutzbar. Achtung: Bei Großveranstaltungen ist das Gelände ganz oder teilweise gesperrt. Dann wird ein kostenloser Ausweichplatz in der Rheinuferstraße ausgewiesen. Von 20 bis 8 Uhr: 6 Euro pro Nacht und Mobil, 10 Euro pro Mobil bei 2 Nächten, 13 Euro bei 3 Nächten, zahlbar am Parkscheinautomaten. Im Winter gebührenfrei.

Standort: Josef-Bueb-Straße, GPS 48°01'49"N/07°34'31"O, Breisach-Touristik, Telefon 07667/940155, www.breisach.de

Breisach: Der asphaltierte Stellplatz liegt am Rheinufer.

79312 EMMENDINGEN
Stellplatz am Freibad

Gebührenfreier Stellplatz für 20 Mobile. Asphaltierter Parkplatz für Pkw und Reisemobile. Ruhige Lage am Stadtrand. Ganzjährig nutzbar. Holiday-Clean-Anlage. Wasser: 1 Euro/100 Ltr.

Standort: Am Sportfeld,
GPS 48°07'09"N/07°50'27"O,
Tourist-Information,
Telefon 07641/19433,
www.emmendingen.de

79346 ENDINGEN
Kirschenhof Schmidt

Gebührenpflichtiger Stellplatz für 14 Mobile. Mustergültig angelegtes, durch Rasenstreifen parzelliertes Areal am Obst- und Winzerhof. Jeder Stellplatz verfügt über Strom, V+E. Ganzjährig nutzbar. 4 Elomat-Quattro-Anlagen. 11 Euro pro Nacht und Mobil inkl. 2 Personen, Kurtaxe, Strom, V+E. Weitere Person: 1 Euro. Dusche: 1 Euro.

Standort: OT Königsschaffhausen,
Königsweg 1,
GPS 48°08'34"N/07°39'46"O,
Nicole Schmidt,
Telefon 07642/9282845,
www.kirschenhof-schmidt.de

Königsschaffhausen: der Stellplatz am Kirschenhof.

79111 FREIBURG
Stellplatz am Escholzpark

Gebührenpflichtiger Stellplatz für 60 Mobile. Separater, begrünter Platz. Geteerte Zufahrt, ebene Standflächen auf Wiese und Kies. Relativ ruhige Lage. Gasflaschentausch möglich. Bis zum Stadtzentrum sind es 2 km, Radwege oder Straßenbahn. Max. Aufenthalt: 3 Nächte. Ganzjährig nutzbar. Elomat-Anlage. 7–12 Euro pro 24 Std. und Mobil, je nach Fahrzeuglänge inklusive Entsorgung. Strom: 50 Cent/kWh. Wasser: 1 Euro/100 Ltr. Entsorgung für Durchreisende: 1 Euro. Kurzparken ab 1 Euro. WLAN: 1 Euro/24 Std.

Standort: Bissierstraße,
GPS 47°59'58"N/07°49'32"O,
Eckhard Tigges und Gerhild Nöltge,
Telefon 0761/2025139,
www.stellplatz-freiburg.de

Freiburg: Der Stellplatz am Eschholzpark bietet viel Platz.

79737 HERRISCHRIED
Gasthof Pension Ochsen

Gebührenfreier Stellplatz für 3 Mobile. Einkehr obligatorisch, Anmeldung ist erwünscht. Ganzjährig nutzbar.

Standort: Hauptstraße 4,
GPS 47°39'56"N/08°00'06"O,
Familie Juretschke,
Telefon 07764/9333599,
www.ochsen-herrischried.de

79194 HEUWEILER
Gasthof Grüner Baum

Gebührenfreier Stellplatz für 2 Mobile. Einkehr obligatorisch. Parkplatz für Pkw und Reisemobile am Hotel-Restaurant am Ortsrand. Ganzjährig nutzbar.

Standort: OT Neuhäuser,
Glottertalstraße 3,
GPS 48°03'21"N/07°54'27"O,
Familie Bank,
Telefon 07666/94060,
www.gasthof-gruener-baum.de

Heuweiler: der Stellplatz beim Gasthof Grüner Baum.

79241 IHRINGEN
Stellplatz Weingut Karl Karle

Gebührenfreier Stellplatz für 3 Mobile im Hof des Weinguts. Weineinkauf obligatorisch. Ebener, asphaltierter Untergrund. Ganzjährig nutzbar, während der Weinlese eingeschränkt.

Standort: Am Krebsbach 3,
GPS 48°02'17"N/07°38'31"O,
Gaby und Edgar Karle,
Telefon 07668/5050,
www.weingut-karl-karle.de

Ihringen: die Stellflächen beim Weingut Karl Karle.

79400 KANDERN
Stellplatz am Kreiterhof

Gebührenpflichtiger Stellplatz für 3 Mobile an einem historischen Bauernhof von 1809. Geschotterte, ebene Fläche hinter dem Hof. Weinschenke von Ostern bis Mitte Juni und Ende August bis Anfang November geöffnet. Saison: Ostern bis Anfang November. 7 Euro pro Nacht und Mobil. Strom und Wasser: 3 Euro.

Standort: OT Wollbach-Egerten,
Wollbacherstraße 1,
GPS 47°40'33"N/07°39'56"O,
Armin Kreiter, Telefon 07626/591,
www.kreiterhof.de

79379 MÜLLHEIM
Stellplatz am Gasthof Kreuz

Gebührenfreier Stellplatz für 10 Mobile. Einkehr obligatorisch. Separater Parkplatz für Reisemobile im Hof des Gasthauses. Max. Aufenthaltsdauer: 2 Tage. Ganzjährig.

Standort: Bundesstraße 3,
Haus Nr. 7,
GPS 47°48'33"N/07°36'27"O,
Herr Engel,
Telefon 07631/748290,
www.kreuz-restaurant.de

79361 SASBACH
Stellplatz an Kais Winzerhof

Gebührenfreier Stellplatz für 4 Mobile am Weingut, auf einer Hochfläche mitten in den Weinbergen. Untergrund aus Kies und Rasen. Übernachtung nur nach vorheriger Anmeldung. Ganzjährig nutzbar.

Standort: Eichert 3,
GPS 48°08'00"N/07°36'53"O,
Kai Wiedemann,
Mobil 0172/7646264,
www.kais-winzerhof.de

79295 SULZBURG
Camping Sulzbachtal

Gebührenpflichtiger Stellplatz für 12 Mobile vor dem Campinggelände. Ebene Fläche auf Schotterrasen. Ganzjährig nutzbar. 15 Euro pro Nacht und Mobil (Hauptsaison Juli/August/Ostern), 13,50 Euro (Nebensaison) inklusive 2 Personen und Nutzung der Sanitäreinrichtungen. Strom: 70 Cent/kWh. Kurtaxe: 1,50 Euro/Person.

Standort: Sonnmatt 4,
GPS 47°50'52"N/07°41'54"O,
Familie Grommek,
Telefon 07634/592568,
www.camping-sulzbachtal.de

Sulzburg: die Stellplätze am Campingplatz Sulzbachtal.

79235 VOGTSBURG
Pension Jägerhof

Gebührenpflichtiger Stellplatz für 12 Mobile. Reservierte Flächen auf Asphalt, Rasengittersteinen und Wiese. Ganzjährig nutzbar. 8 Euro pro Nacht und Mobil inklusive 2 Personen, Dusche und WC. Strom: 3 Euro. Wasser: 2 Euro.

Standort: OT Burkheim,
Am Jägerhof 10,
GPS 48°04'48"N/07°35'14"O,
Telefon 07662/6360

DIE PERFEKTE WOCHE AM BODENSEE

IM FRÜHSOMMER, bevor die große Besucherwelle kommt, zeigt der Bodensee seine romantischen Seiten. Bei einer Mini-Kreuzfahrt zum Beispiel oder während Entdeckungstouren im Wollmatinger Ried.

Fotos: Joachim Negwer

Neuer Ausflugsdampfer trifft altes Ausflugsschiff und gut erhaltenes Segelboot: Generationsübergreifende Begegnungen sind auf dem Bodensee nicht selten.

Im Hafen von Lindau (links) wachen Löwe und Leuchtturm über die Einfahrt.

Die Insel Mainau (unten) ist im Sommer ein Blütenmeer in Deutschlands größtem See.

Sie ist eine der schönsten am See: Die Altstadt von Meersburg hat viele idyllische Winkel, hier der „Bären“, ältester Gasthof der Stadt, und das Obertor.

Schöne See-Sicht: Ausblick von der Terrasse des Neuen Schlosses mit der Meersburg im Vordergrund.

Ganz nah am Wasser: ein Logenplatz fürs Reisemobil auf dem Campingplatz in Allensbach-Hegne.

Hoch hinaus: In sechs Minuten fährt die Seilbahn von Bregenz auf den Pfänder (1064 m).

So ist das hier am See: Alles wirkt ein bisschen leichter, ein bisschen heiterer und bunter als sonst auf der Welt. Heute morgen zum Beispiel beim Frühstück in Meersburg, auf einer der Café-Terrassen. Die Sonne scheint, die Brötchen duften frisch, das Wasser schimmert türkis und die Schiffe spiegeln sich darin. So kann der Tag beginnen! Genau genommen ist die Seeterrasse der ideale Ort für alle Genießer. Morgens, mittags und abends. Zum Glück gibt es viele davon rund um den See. Jeden Tag eine andere. Oder zwei. Oder drei.

Die einzig schwierige Entscheidung, die heute zu treffen ist: Nehmen wir das Schiff westwärts und fahren auf die Insel Mainau? Dann weiter zu den Pfahlbauten in Unteruhldingen und zum Nachmittagskaffee nach Überlingen? Oder besser in die andere Richtung, von Meersburg über Hagnau, Immenstaad nach Friedrichshafen, dort ins Zeppelin-Museum und am Nachmittag zum Bummeln nach Lindau?

> Das Wollmatinger Ried ist ein Naturschutzgebiet von Weltrang. Es liegt im Untersee, irgendwo zwischen Konstanz, Allensbach-Hegne und der Insel Reichenau.

Oder doch lieber zuerst in die quirlige Studentenstadt Konstanz und dann weiter über die Reichenau an den Untersee in Richtung Rheinfall und Schaffhausen? Fest steht – jede dieser Möglichkeiten ist großartig und jede ist mindestens einen ganzen Tagesausflug wert. Das Reisemobil bleibt derweil am Stellplatz Allmendweg, nicht weit von Meersburgs Altstadt entfernt – oder an einem der vielen anderen Stellplätze, die es rund um den See gibt.

273 Kilometer lang sind die Ufer des Bodensees. Drei Länder teilen sich ihn, er ist mit 535 Quadratkilometern nach dem Plattensee in Ungarn und dem Genfer See der drittgrößte in Mitteleuropa und außerdem Trinkwasserlieferant für mehr als vier Millionen Menschen. Vor allem aber ist er eine der schönsten Ecken Deutschlands. So eine kleine Kreuzfahrt mit den Schiffen der Weißen Flotte ist die beste Art, einen abwechslungsreichen Urlaubstag zu verbringen. Je nach Lust und Laune kann man das Fahrrad mitnehmen, mal ein Stück auf dem Bodenseeradweg fahren und dann wieder aufs Schiff umsteigen.

Oder doch etwas ganz anderes? Nicht ganz so bequem, aber hoch interessant ist ein Ausflug in die Welt der Flora und Fauna des Bodensees. Ökologisch besonders wertvoll sind viele der Uferzonen. Im Eriskirchner Ried zum Beispiel blüht im Juni die seltene Sibirische Schwertlilie, die Rheinmündung bei Bregenz bildet Europas größtes Süßwasserdelta und die Halb-

Hier ist immer was los: im Hafen von Lindau und in der schönen Altstadt, die übrigens auf einer Insel liegt.

Der Fisch sollte frisch sein, auch wenn beim Schild der Lack ab ist.

■ KUNSTROUTE AM UNTERSEE

Die Halbinsel Höri am westlichen Ende des Bodensees ist seit dem Anfang des 20. Jahrhunderts zu einem Refugium für viele Künstler geworden. Hier haben Hermann Hesse und viele Maler wie Otto Dix, Erich Heckel und Heinrich Lotter gelebt. Wo einst die Staffeleien der Künstler standen, können Gäste heute an den Stationen der Kunstroute die Landschaft mit den Werken der Untersee-Maler vergleichen. 31 große Metalltafeln zeigen Reproduktionen von Kunstwerken, die an diesen Stellen entstanden sind. Durch einen ausgesparten Rahmen ergibt sich ein Durchblick, der den Betrachter die Perspektive des Malers einnehmen lässt. Auf anhängenden Tafeln werden Informationen zum Künstler, zum Werk und seinem momentanen Aufbewahrungsort präsentiert.
Informationen: www.tourismus-untersee.de

Landungssteg in Gaienhofen: Oben echt, unten von Walter Herzger gemalt.

insel Mettnau beherbergt viele Orchideenarten. Das Wollmatinger Ried aber wirkt auf den ersten Blick unscheinbar: Schilf – so weit das Auge reicht. Doch es ist ein Naturschutzgebiet der Weltklasse, das vielen Tieren und Pflanzen idealen Lebensraum bietet. Willkommen im Reich der Flussseeschwalben, der Schwarzhalstaucher, der Krick-, Knäck-, und Schnatterenten.

290 Vogelarten wurden im Ried gezählt, 600 Farn- und Blütenpflanzen, und bei den Insekten ist fast alles da, was hierzulande kreucht und fleucht. Nicht nur Bremsen und selbstbewusste Stechmücken, sondern auch 330 Arten Großschmetterlinge, 50 Libellenarten, 26 Heuschreckenarten, dazu Wildbienen und Solitärwespen. »

Nicht nur der Bau, sondern auch die Lage ist einzigartig: Die Wallfahrtskirche von Birnau blickt vom Nordufer auf den Überlinger See und ist ein Höhepunkt an der Barockstraße.

Fast schon Dschungel: Auf Entdeckungstour im Naturschutzgebiet Wollmatinger Ried.

Nicht verpassen: In der Altstadt von Lindau gibt es nette Gelegenheiten für eine Pause.

ZEPPELIN

Wer einmal einen der majestätischen Riesen über dem Bodensee beobachtet hat und sich mit Informationen versorgen möchte, wird im Zeppelin-Museum in Friedrichshafen fündig, der weltgrößten Sammlung zur Geschichte und Technik der Luftschifffahrt. Herausragendes Ausstellungsstück ist der 33 Meter lange Teil-

Gern gesehener Gast, der die Blicke auf sich zieht: Zeppelin über dem Bodensee.

nachbau der Hindenburg. Eine ruhige, aber auch sehr eindrucksvolle Reisemöglichkeit bietet die Fahrt mit einem Zeppelin über dem Bodensee. Ein einstündiger Flug mit dem Zeppelin „LZ NT 07“ über die Insel Mainau, Meersburg und Konstanz ist ab 355 Euro zu bekommen. Saison ist von Anfang März bis Ende September. Voranmeldung erforderlich. Infos: www.zeppelinflug.de, www.zeppelin-museum.de

Und in den seichten Gewässern finden die Bodenseefische ideale Brutbedingungen.

Auch für Zugvögel ist das Ried attraktiv, im Herbst landen hier bis zu 50 000 auf dem Weg nach Afrika. Sie fressen sich Fettreserven an, damit sie gut über die Alpen kommen. Eine kleine Ausstellung im Naturschutzzentrum im ehemaligen Bahnhof Reichenau zeigt das ganze System, sie ist ein guter Einstieg ins Wollmatinger Ried – zumindest theoretisch.

Das Naturschutzgebiet liegt im Untersee, irgendwo zwischen Konstanz, Allensbach-Hegne und der Insel Reichenau. Und zwar an einer ganz besonderen Stelle. Der Rhein kommt ja bekanntlich bei Bregenz in den Bodensee, durchfließt den See, wird an der Engstelle bei Konstanz kurzfristig wieder zum Fluss und ergießt sich dann in den Untersee. Das Wollmatinger Ried breitet sich direkt an der Mündung des Seerheins aus, also an einem Fluss, der aus einem See stammt und wieder in einen See einmündet. Er bringt Sedimente mit und lagert sie hier ab. Dadurch entsteht das, was die Biologen einen „hochdynamischen Lebensraum“ nennen, in dem viele Tier- und Pflanzenarten ideale Bedingungen vorfinden.

Ins Innerste des Naturschutzgebietes kommt man nur mit einer der vielen Führungen und Vogelbeobachtungen, die das Naturschutzzentrum das ganze Jahr über anbietet.

Und danach findet sich immer eine schöne Seeterrasse für ein Abendessen, auf der Insel Reichenau etwa oder in Konstanz: Wie wär's mit Bodensee-Felchen, Petersilienkartoffeln, dazu ein Glas Weißwein aus Meersburg oder Hagnau – besser kann der Tag nicht enden!

.... ***Michael Adler***

BODENSEE KOMPAKT bitte umblättern >>>

Bade-Anstalt für Seen-Süchtige: das ganz normale Strandleben, hier in Langenargen.

Viel zu entdecken rund um den Bodensee

Von schönen Städten, blühenden Inseln, großartigen Festspielen und der Barockstraße, an der mehr als 100 Kirchen, Klöster und Schlösser liegen.

1 REICHENAU Das Kloster Reichenau besticht durch seine weltberühmte Bibliothek mittelalterlicher Handschriften und einzigartige Buchmalereien. Die vier Museumsgebäude auf der zum Weltkulturerbe zählenden Insel bilden dabei ein anregendes Informationsnetzwerk. www.reichenau.de

2 INSEL MAINAU Die Blumeninsel ist im Sommer von Sonnenaufgang bis Sonnenuntergang geöffnet und erweist sich mit ihrer Blumenpracht als kleines Paradies für Hobbygärtner. Empfehlenswert ist auch der Besuch der Imkerei und der Schnapsbrennerei. Eintritt: 8–14,90 Euro. www.mainau.de

3 KONSTANZ Studenten, nette Kneipen, Konzerte, Theater und ein buntes Nachtleben: Die größte Stadt am Bodensee ist trotz ihrer großen Geschichte jung geblieben. Sehenswert für Familien: das Meeres-Museum Sea-Life. Das Seenachtsfest ist ein Höhepunkt im Veranstaltungskalender. www.konstanz.de

4 BAROCKSTRASSE An der gut 700 Kilometer langen Strecke, die von Ulm über das Allgäu bis nach Bregenz und St. Gallen führt, liegen über 100 Kirchen, Klöster und barocke Schlösser. Besonders sehenswert: die schöne Barockkirche Birnau und das Neue Schloß in Meersburg (Bild). www.barockstrasse.org

5 LINDAU Südwestlichste Stadt Bayerns Auf der Insel ist neben dem schönsten Hafen des Bodensees vor allem die sehr gut erhaltene Altstadt mit den netten Läden und Boutiquen sehenswert. Nicht verpassen: das alte Rathaus im gotischen Stil und die Fresken in der Peterskirche. www.lindau.de

Foto: Bregenzer Festspiele/andereart

6 BREGENZER FESTSPIELE Hauptattraktion der Festspiele ist das einzigartige und oft monumentale Bühnenbild, das alle zwei Jahre neu gestaltet wird. Im Sommer 2012 wird die Oper „André Chénier" von Umberto Giordano aufgeführt, Premiere ist am 19. Juli. www.bregenzerfestspiele.com

BODENSEE KOMPAKT

Infos | Tipps | Adressen

CAMPING

Camping Hegne: Einfacher, aber idyllischer Platz am Rande des Naturschutzgebietes Wollmatinger Ried. Surfen und Aquabiking möglich. Preise: Erwachsene 4,50 Euro, Kinder (6–15) 2 Euro, Stellplatz 5,50–6,50 Euro.

78476 Allensbach-Hegne, Telefon 07533/6384, www.camping-hegne.de

Stellplätze im Kreis: Camping Horn auf der Halbinsel Höri.

Campingdorf Horn: Nach ökologischen Gesichtspunkten konzipierter Platz. Je 12 Stellflächen wagenburgartig zu einem Kreis angeordnet. Preise: Erwachsene 5, Kinder (4–11) 3 Euro, Stellplatz 10 Euro, Wasser/Strom 2,50 Euro.

78343 Gaienhofen-Horn, Strandweg 3–18, Telefon 07735/685, www.campingdorf.de

RESTAURANTS

Essen mit Seeblick: Strandhotel Löchnerhaus auf der Reichenau.

Strandhotel Löchnerhaus: Solides Restaurant, romantische Sonnenuntergänge auf der Seeterrasse. Spezialität sind Bodenseefische, das Gemüse kommt von der Reichenau, gute Auswahl an Bodenseeweinen.

78479 Insel Reichenau, An der Schiffslände 12, Telefon 07534/8030 www.loechnerhaus.de

Seehof: Küchenchef Jürgen Hallerbach setzt auf einheimische Produkte bester Qualität und macht daraus regionale Hausmannskost mit tollen Verfeinerungen. Schöne Seeterrasse. Gehobene Preisklasse, 14 Punkte im Gault Millau.

88090 Immenstaad, Am Yacht hafen, Telefon 07545/9360, www.seehof-hotel.de

Gutsschänke: Beliebtes Restaurant im Staatsweingut hoch über Meersburg mit der schönsten Aussichtssterrasse der Stadt. Einfache Speisen, auch Vesper, gute und günstige Meersburger Weine aus der eigenen Kellerei.

88709 Meersburg, Seminarstr. 4, Telefon 07532/807630, www.gutsschaenke-meersburg.de

Hoch über Meersburg: das leuchtend gelbe Staatsweingut.

INFORMATIONEN

Über die Weiße Flotte informiert man sich am besten im Internet. 70 Schiffe sind auf dem Bodensee unterwegs, Saison ist in der Regel von Anfang April bis Ende Oktober. Vergünstigungen mit der Erlebniskarte (siehe unten).

Info: www.bodenseeschifffahrt.de

Allgemeine Auskunft über den Bodensee bekommt man bei der Internationalen Bodensee Tourismus GmbH, der Verband vertritt alle Anrainerstaaten der Bodensee-Region. Eine Vielzahl von Prospekten und Katalogen, informative Website.

Info: Telefon 07531/909494, www.bodensee-tourismus.com

STELLPLÄTZE

78476 ALLENSBACH
Landgasthaus Mindelsee

Gebührenpflichtiger Stellplatz für 40 Mobile auf dem gemeinsam genutzten Parkplatz vom Wildpark und Landgasthaus Mindelsee. Ruhige Lage im Grünen. Asphaltierter, fast ebener Untergrund oder Wiese. Ganzjährig nutzbar. 8 Euro pro Nacht und Mobil, bei Einkehr im Gasthaus kostenfrei.

Standort: OT Kaltbrunn, Gemeinmärk 2, GPS 47°44'34"N/09°02'38"O, Telefon 07533/931613, www.landgasthaus-mindelsee.de

78351 BODMAN-LUDWIGSH.
Stellplatz Breite

Gebührenpflichtiger Stellplatz für 6 Mobile, auf einem Parkplatz am Ortsrand ausgewiesen. Ebener Schotteruntergrund. Öffentliches WC am Platz. 400 m bis zum Seeufer. Maximaler Aufenthalt: 3 Tage. Ganzjährig nutzbar. 6 Euro/24 Std. von 15. März bis 15. Oktober, im Winter gebührenfrei.

Standort: Kaiserpfalzstraße/Breite, GPS 47°48'12"N/09°01'31"O, Tourist-Information, Telefon 07773/939695, www.bodman-ludwigshafen.de

88046 FRIEDRICHSHAFEN
Reisemobil-Parkplatz

Gebührenpflichtiger Stellplatz für 21 Mobile. Fast ebener, asphaltierter Untergrund. Max. Aufenthaltsdauer: 3 Tage. Ganzjährig. Holiday-Clean-Anlage. 12 Euro pro Mobil und 24 Std. Parkscheinautomat. Kurzaufenthalt auf Stundenbasis: 8–22 Uhr 60 Cent/Std., 22–8 Uhr 1,20 Euro/Std. November bis März gebührenfrei. Wasser: 1 Euro/100 Ltr.

Standort: Lindauer Straße, GPS 47°39'00"N/09°29'45"O, Tourist-Information, Telefon 07541/30010, www.friedrichshafen.info

78462 KONSTANZ
Stellplatz Döbele

Gebührenpflichtiger Stellplatz für 12 Mobile. Für Reisemobile reservierter Parkstreifen. Asphaltierter Untergrund. Kein Schatten, beleuchtet. Max. Aufenthalt: 24 Std. Ganzjährig nutzbar. ST-SAN-Anlage. 1,40 Euro pro Mobil und Std., maximal 14 Euro.

Standort: Döbeleplatz/Grenzbachstraße, GPS 47°39'25"N/09°10'05"O, Tourist Information, Mobil 01805/133030, www.konstanz.de

Konstanz: Mitten im Zentrum bietet sich ein Stellplatz an.

88079 KRESSBRONN
Stellplatz Dorfkrug

Gebührenpflichtiger Stellplatz für 60 Mobile. Wiesengelände mit hohen Bäumen in ruhiger Lage. Ebener, befestigter Untergrund, beleuchtet. Saison: April–Anfang Oktober, im Winter eingeschränkt nutzbar. Sani-Service. 18 Euro in der Hauptsaison, 15 Euro in der Nebensaison pro Nacht und Mobil inkl. Strom, V+E und Verzehrgutschein von 3 Euro. Dusche: 1,50 Euro. Parkscheinautomat.

Standort: OT Tunau, Tunau 4, GPS 47°35'23"N/09°34'28"O, Egon Leute, Telefon 07543/9800, www.dorfkrug.de

Kressbronn: der schöne Reisemobilhafen am Dorfkrug.

88131 LINDAU
Stellplatz Gitzenweiler Hof

Gebührenpflichtiger Stellplatz für 17 Mobile. Reserviertes Areal auf der Parkfläche vor dem Campinggelände. Mit Kunstoffgittern befestigter, teils ebener, teils leicht abschüssiger Untergrund. Max. Aufenthaltsdauer: 1 Nacht von 16 bis 11 Uhr. Ganzjährig. Holiday-Clean-Anlage auf dem Campingplatz. 15 Euro pro Nacht und Mobil von 16–11 Uhr inkl. Strom, Benutzung von Sanitäranlagen und Freibad. Ortsübliche Kurtaxe extra.

Standort: OT Gitzenweiler,
GPS 47°35'06"N/09°42'23"O,
Telefon 08382/94940,
www.gitzenweiler-hof.de

Lindau: Übernachtungsplätze vor dem Gitzenweiler Hof.

88709 MEERSBURG
Stellplatz am Stadtrand

Gebührenpflichtiger Stellplatz für 50 Mobile. Zwei für Reisemobile reservierte Parkplätze. Befestigter, teils ebener, teils auch leicht abschüssiger Untergrund. Pendelbus in den Sommermonaten vom Parkplatz in die Innenstadt (10 bis 18 Uhr). Ganzjährig. Sani-Station. 6/10 Euro pro Mobil und 24. Std., zahlbar mit Münzen. Parkscheinautomat.

Standort: Allmendweg,
GPS 47°42'08"N/09°16'11"O,
Meersburg-Tourismus,
Telefon 07532/440400,
www.meersburg.de

78337 ÖHNINGEN
Landgasthof Schienerberg

Gebührenfreier Stellplatz für 4 Mobile. Einkehr obligatorisch. Parkplatz für Pkw und Reisemobile, sehr ruhig im Grünen gelegen, 1 km vom Ort entfernt. Ebener Untergrund, teilweise geschottert, teilweise Wiesenboden. Ganzjährig nutzbar.

Standort: OT Schienen,
Schienerbergstraße 56,
GPS 47°41'44"N/08°54'25"O,
Familie Zinsmayer,
Telefon 07735/2404,
E-Mail landgasthof.
schienerberg@web.de

78315 RADOLFZELL
Stellplatz auf der Mettnau

Gebührenpflichtiger Stellplatz für 10 Mobile. Reservierter Teil eines Parkplatzes in Seenähe. Ebener, gekiester Untergrund. Kein Schatten, beleuchtet. Müllbehälter vorhanden. Zentrum, Strandbad und Seeufer zu Fuß oder per Rad zu erreichen. Ganzjährig. Holiday-Clean-Anlage. 8 Euro pro Mobil und 24 Std. Strom: 50 Cent/kWh. Wasser: 1 Euro/80 Ltr.

Standort: Strandbadstraße,
GPS 47°44'15"N/08°58'48"O,
Tourist-Information,
Telefon 07732/81500,
www.radolfzell.de

Radolfzell: der Stellplatz auf der Halbinsel Mettnau.

78479 REICHENAU
Stellplatz auf der Reichenau

Gebührenpflichtiger Stellplatz für 12 Mobile. Separates, durch begrünte Erdwälle begrenztes Gelände. Ebener, asphaltierter Untergrund. Kein Schatten. Ruhige Lage am Ende der Insel. Buslinie bis Bahnhof Reichenau und Konstanz. Ganzjährig. Holiday-Clean-Anlage. 8 Euro pro Mobil und 24 Std. Parkscheinautomat.

Standort: OT Niederzell,
Zum Sandseele,
GPS 47°41'58"N/09°02'48"O,
Tourist-Information,
Telefon 07534/92070,
www.reichenau.de

78239 RIELASINGEN-WORBL.
Stellplatz Naturbad Aachtal

Gebührenfreier Stellplatz für 6 Mobile. Angelegtes und durch junge Bäume parzelliertes Areal auf Schotter, zwischen dem Flusslauf der Aach und dem Naturbad. Ruhige Lage. Ganzjährig nutzbar. Strom (6 Anschl.): 50 Cent/kWh. Wasser: 1 Euro/100 Ltr. Duschen nur während der Badesaison gegen Gebühr möglich.

Standort: OT Worblingen,
Herdweg 20,
GPS 47°43'16"N/08°51'48"O,
Gemeinde, Telefon 07731/93210,
www.rielasingen-worblingen.de

Rielasingen-Worblingen: der ruhige Stellplatz am Naturbad.

78224 SINGEN
Stellplatz Schaffhauser Straße

Gebührenfreier Stellplatz für 20 Mobile. Großparkplatz für Pkw und Reisemobile in geschützter und begrünter Lage auf dem ehemaligen Landesgartenschaugelände. Bahnlinie in Hörweite. Fast ebener, geschotterter Untergrund. Gaststätte am Platz. Ganzjährig nutzbar. ST-SAN-Anlage wegen Frostgefahr im Winter außer Betrieb. Strom: 1 Euro/12 Std. Wasser: 1 Euro/100 Ltr.

Standort: Schaffhauser Straße,
GPS 47°45'42"N/08°49'45"O,
Kultur und Tourismus,
Telefon 07731/85514,
www.singen.de

Singen: der begrünte Stellplatz an der Schaffhauser Straße.

88662 ÜBERLINGEN
Reisemobilhafen Überlingen

Gebührenpflichtiger Stellplatz für 30 Mobile. Ausgewiesene und durch Grünanlagen getrennte Parkstreifen auf dem hinteren und ruhigeren Teil eines Großparkplatzes beim Krankenhaus am Stadtrand. Asphaltierte Fahrspuren, Parkspangen für die Längsaufstellung mit befestigtem, nur leicht abschüssigem Untergrund. Ruhige Lage. Ganzjährig nutzbar. 10 Euro pro Mobil und 24 Std. inkl. Kurtaxe und Stadtbus für maximal 5 Personen (Ostern bis Oktober). Im Winterhalbjahr vom 15.10. bis 14.3.: 6 Euro pro Nacht und Mobil. Strom und Wasser gegen Gebühr. Gästekarte mit vielen Vergünstigungen im nahen Kiosk erhältlich.

Standort: Härlenweg/
Aufkircher Straße,
GPS 47°46'33"N/09°09'05"O,
Kur und Touristik,
Telefon 07551/9471522,
www.ueberlingen.de

88690 UHLDINGEN-MÜHLH.
Stellplatz zum See

Gebührenpflichtiger Stellplatz für 21 Mobile. Reservierter Bereich am Rand eines Großparkplatzes auf Rasengittersteinen, etwas Schatten. Leichter Autolärm hörbar. Saison: Osterferien bis Oktober. Sani-Station. Von 8 bis 18 Uhr: 1,20 Euro/Std., max. 6 Euro. Nachtpauschale: 10 Euro. Wasser: 1 Euro. Entsorgung: 1 Euro.

Standort: OT Unteruhldingen,
Ehbachstraße 1,
GPS 47°43'27"N/09°14'10"O,
Tourist-Information,
Telefon 07556/92160,
www.seeferien.com

Uhldingen: reservierte Plätze hinter dem Großparkplatz.

1 BURGEN UND PRUNKVOLLE SCHLÖSSER

Oben im Original Schloss Sigmaringen – darunter die Bachritterburg in Kanzach, eine getreue Nachbildung.

Vom Donauufer aus betrachtet wirkt Schloss Sigmaringen, das erhaben auf einem Felsen thront, wie ein mächtiges Bollwerk. Einen weniger wehrhaften Eindruck vermittelt hingegen die Südseite, wo Türme und Mauern harmonisch mit dem Sigmaringer Stadtbild verschmelzen. Täglich angebotene Führungen gewähren spannende Einblicke in den Sitz des Fürsten von Hohenzollern und in die fast tausendjährige Geschichte des Hauses. Zu bestaunen sind unter anderem prächtige, mit kostbaren Möbeln und Gemälden ausgestattete Residenzsäle. Spezielle Themenführungen – spannend auch für Kinder – lassen das einstige höfische Leben wieder lebendig werden. Indes wartet das nahe Meßkirch mit einem schmucken Renaissanceschloss nach italienischem Vorbild auf. Prunkstück dieser Dreiflügelanlage ist der Festsaal mit seiner bestens erhaltenen Kassettendecke.

Die Heuneburg in Hundersingen hingegen ist die Rekonstruktion eines frühkeltischen Fürstensitzes. Ebenfalls ein Nachbau – und zwar nach neuesten wissenschaftlichen Erkenntnissen: die Bachritterburg in Kanzach. Sie demonstriert, wie eine Holzburg des Niederadels vor etwa 700 Jahren wohl aussah. Regelmäßig finden in ihr im Sommerhalbjahr Feste und Veranstaltungen statt, die den Alltag der Menschen im Mittelalter mit viel Liebe zum Detail aufzeigen.

5 GUTE GRÜNDE FÜR OBERSCHWABEN

GESEGNETER LANDSTRICH: Stolz sind die Oberschwaben auf ihre Heimat. Kein Wunder angesichts der prachtvollen Bauwerke, der bodenständigen Küche und der lieblichen Landschaft. Bedeutende Reisemobilhersteller wie Hymer, Dethleffs oder Carthago sind dort ansässig.

Text und Fotos: Thomas Cernak

2 SPANNENDE HEIMATMUSEEN

Zum richtigen Dorfleben gehörte früher zum Beispiel das Kochen über offenem Feuer oder das Dreschen mit dem Flegel. Dieses und mehr können interessierte Gäste erleben, die das oberschwäbische Museumsdorf Kürnbach an einem der zahlreichen Veranstaltungssonntage besuchen – etwa zum Handwerkertag, Schlachtfest oder Herbstmarkt. Das Museumsdorf besteht aus 32 historischen Gebäuden, die aus verschiedenen Orten zwischen Schwäbischer Alb und Iller zusammengetragen wurden und das Leben und Arbeiten der Menschen aus 500 Jahren widerspiegeln.

Bis in die Frühzeit der Siedlungsgeschichte in Süddeutschland reichen dagegen die Fund- und Ausstellungsstücke im Federseemuseum in Bad Buchau. Auf dem Freigelände etwa sind zwölf rekonstruierte Stein- und Bronzezeithäuser zu bewundern. Alles zur regen römischen Vergangenheit erfährt man im Römermuseum in Mengen-Ennetach, wo auch ein archäologischer Rundwanderweg beginnt.

DER BESONDERE TIPP

160 Krippen – geschaffen von bedeutender internationalen Künstlern – präsentiert das neu gestaltete Krippenmuseum in der historischen Pfarrscheuer in Oberstadion. Geöffnet von Mittwoch bis Sonntag, ganzjährig, November geschlossen. **www.Krippen-Museum.de**

Topfgucker erwünscht! Wie man seinerzeit kochte, ist in Kürnbach zu sehen. Daneben Szene aus dem Krippenmuseum.

DER BESONDERE TIPP

Der Bibliothekssaal im nie vollendeten Neuen Kloster in Bad Schussenried zählt zu den herausragendsten Sehenswürdigkeiten Oberschwabens. **www. schloesser-und-gaerten.de**

3 BAROCKE SCHÄTZE

Sie gilt als eines der großen Meisterwerke des Rokoko: die Wallfahrtskirche in Steinhausen (siehe Foto rechts). Ihr Inneres überrascht durch außerordentliche Eleganz und Lichtfülle, weshalb sie manchen als „die schönste Dorfkirche der Welt" gilt. Planung und Bau (1728 bis 1733) lagen in den Händen von Dominikus Zimmermann. Dessen Bruder Johann Baptist schuf die bedeutenden Deckenfresken. Im Zentrum der Verehrung steht das „Gnadenbild", das stets am Freitag nach Christi Himmelfahrt Tausende Pilger anzieht.

Das Brüderpaar zeichnete zudem für den Innenausbau der Klosterkirche Sankt Markus in Sießen verantwortlich. Ebenfalls zu den barocken Perlen Oberschwabens zählen die Klosterkirche Sankt Georg in der ehemaligen Benediktiner-Reichsabtei in Ochsenhausen und die Basilika Weingarten, Deutschlands größte Barockbasilika. Letztere ist zum einen für die Heilig-Blut-Reliquie, zum anderem für die Gabler-Orgel berühmt, eine der schönsten Barockorgeln in Europa.

4 SCHLEMMEN MIT HEIMISCHEN ZUTATEN

Tafeln wie im Barock: gefüllter Braten, Gemüse, Knödel, dazu ein dunkles Gezapftes aus der Region.

Das Auge isst mit! Darüber hinaus legen Oberschwabens Köche großen Wert auf Frische.

Maultaschen, lecker zubereitet und serviert im renommierten Restaurant Rebstock in Mengen.

Fleisch, Gemüse und Backwaren sollen von den Höfen der Umgebung stammen – das ist für viele Gastwirte in Oberschwaben schon seit Jahren selbstverständlich. Hier in der Region ist der Tisch traditionell reich gedeckt. Die Natur gibt es eben her. Die Ersten jedoch, die sich gutes Essen überhaupt leisten konnten, waren Klerus und Adel. Vor allem an Festtagen wurde geschlemmt. Bis zu drei Stunden dauerte dann das Mittagsmahl. Die Köche des Barock bereiteten beispielsweise Pilzterrinen, gebeiztes Wildbret neben Hühnchen in Stachelbeersauce. Als Beilagen gab es „Knöpf", Schupf- oder Dampfnudeln. Und zum Nachtisch jede Menge „Schmalzküchle". Einige Restaurants bereichern zumindest zeitweise ihre Speisekarte mit diesen ungewöhnlichen Gaumenfreuden. Es lohnt sich allemal nachzufragen.

In kaum einem anderen Landstrich gibt es so viele kleine, zumeist familiengeführte Brauereien. Sie haben sich zu der Vereinigung „Brauer mit Leib und Seele" zusammengeschlossen. „Das Bier soll Zeit zum Reifen haben", lautet ihr Credo. Auf Verfahren zur längeren Haltbarkeit verzichten die meisten Mitglieder ebenfalls. Na dann, Prost! Zu einem oberschwäbischen Essen passt immer ein gutes Bier. Zum Stellplatz sind es sowieso oft nur ein paar Meter (siehe Literatur-Tipp rechts).

5 THERMEN UND AKTIVE FREIZEIT

Foto: Waldsee-Therme

Aus 1800 Meter Tiefe sprudelt das wohltuende Wasser der Waldsee-Therme.

Die oberschwäbischen Kneipp-, Moor- und Thermalbäder genießen auch über Baden-Württemberg hinaus einen ausgezeichneten Ruf. Zu den bekanntesten zählen die Adelindis-, die Sonnenhof- und die Waldsee-Therme. Kräuterstempelmassagen und viele weitere Anwendungen ergänzen die wohltuenden Wassertherapien.

Auch Freizeitradler kommen auf ihre Kosten. Oft kann man direkt am Stellplatz in einen Fahrradweg einbiegen. Die abwechslungsreiche Landschaft zwischen Donau und Bodensee ist für Radler und Wanderer wie geschaffen. Wachsender Beliebtheit erfreuen sich auch Kanutouren auf den Flüssen Donau, Schussen und Iller.

OBERSCHWABEN KOMPAKT

Infos | Tipps | Adressen

RESTAURANT-TIPPS Brunnenstube Sehr beliebt sind die Schlemmerbüfetts und das traditionelle Weinmenü. Mengener Straße 4, 72516 Scheer, Telefon 07572/3692.

Rebstock Chefkoch Otto Linder legt großen Wert auf saisonale Küche. Hauptstraße 93, 88512 Mengen, Telefon 07572/76680.

Zur Linde Eines der ältesten Gasthäuser in der Region (seit 1609). In Steinhausen gegenüber der Wallfahrtskirche, 88427 Bad Schussenried, Telefon 07583/2381.

Fühlt sich wohl hinterm Tresen: Rita Coquelin, Chefin der Brunnenstube in Scheer.

Gäste mit Reisemobil lieben Oberschwaben – sie sind dort sehr willkommen.

LITERATUR-TIPP Genießerrouten Gratisbroschüre, in der über 20 Orte mit Stellplätzen ausführlich beschrieben werden. Herausgegeben von der Tourismus GmbH (siehe unten) mit Unterstützung von *promobil*.

AUSKUNFT Oberschwaben-Tourismus GmbH, Klosterhof 1, 88427 Bad Schussenried, Telefon 07583/331060, Fax 07583/331020, E-Mail info@oberschwaben-tourismus.de, Internet www.oberschwaben-tourismus.de

THERMEN

Waldsee-Therme: Aus fast 1800 Meter Tiefe sprudelt 62,5°C warmes Wasser. Die Therme nutzt das fluorid- und schwefelhaltige Thermalwasser in einer Badelandschaft mit über 720 Quadratmeter Wasserfläche. Eine Schleuse verbindet die Innen- und Außenbecken. Moor ist das bevorzugte Heilmittel im Therapiezentrum bei Bädern und Packungen. Täglich geöffnet.

Info: Bad Waldsee, Badstraße 16, Telefon 07524/941221, www.waldsee-therme.de

Vitalium: Mit drei übersichtlichen Innen- und Außenbecken gehört das Vitalium eher zur kleinen, aber feinen Kategorie der Thermen. Das fluoridhaltige Natrium-Hydrogenkarbonat-Wasser hat Tafelwasserqualität. Das außergewöhnliche Sand-Lichtbad beschert im erwärmten Sand einen orientalischen Sommertag. Drei Saunakabinen und das Wohlfühlhaus bieten eine kleine Entspannungsoase. Täglich geöffnet.

Info: Bad Wurzbach, Karl-Wilhelm-Heck-Straße 8, Telefon 07564/304250, www.vitalium-bad-wurzach.de

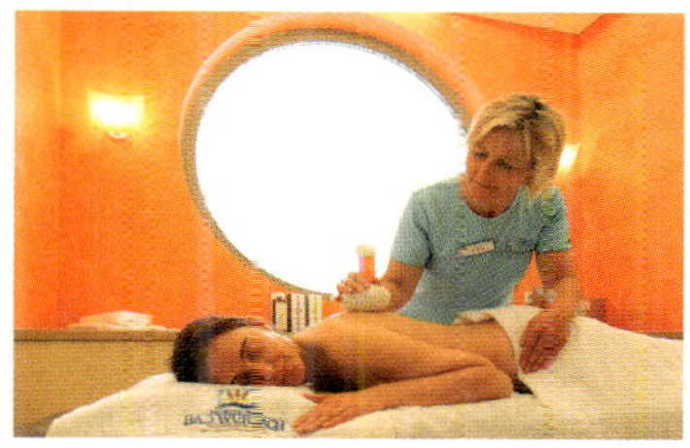

Bad Wurzach: Kräuterstempelmassage im Gesundheitszentrum Vitalium.

Adelindis Therme: Schwefelwasserstoffhaltiges Heilwasser aus der 47°C warmen Adelindis-Quelle wirkt wohltuend auf den gesamten Organismus. Im Therapiebecken, Whirlpool, Entspannungs- und Sportbecken sowie in den beiden Außenbecken wird das Wasser auf 28–38 Grad heruntergekühlt. Wassersprudler, Sprudelliegen, Massagedüsen und Wasserpilz laden zum Verweilen ein. Zu den sechs Saunakabinen mit Temperaturen von 48 bis 105 Grad führt ein beheizter Steg im Außenbereich. Täglich geöffnet (montags ist Damensauna). Kinder ab 6 Jahren haben samstags, sonn- und feiertags Zutritt.

Info: Bad Buchau, Teuchelweg 2, Telefon 07582/8001395, www.adelindistherme.de

STELLPLATZ-TIPPS

88279 AMTZELL
Stellplatz Büchelwiesen

Gebührenpflichtiger Stellplatz für 25 Mobile beim Landgasthof Adler. Sehr gut ausgestatteter Platz auf terrassiertem Gelände. 12 mal 6 m große Parzellen auf Rasengittersteinen, kein Schatten, nachts beleuchtet. Info-Tafel vorhanden. Biergarten am Platz. Ganzjährig nutzbar. Holiday-Clean-Anlage. 9 Euro inkl. Strom und Wasser. Dusche: 1,50 Euro/Person.

Standort: OT Büchel, Büchel 3,
GPS 47°42'31"N/09°45'57"O,
Familie Feiner,
Telefon 07522/3311,
www.landgasthof-adler-amtzell.de

Amtzell: Stellplatz oberhalb des Landgasthofs Adler.

88326 AULENDORF
Stellplatz Schwaben-Therme

Gebührenfreier Stellplatz für 20 Mobile auf den Parkplatzebenen P 2 und P 3 oberhalb der Therme, durch begrünte Erdwälle abgeschirmt. Asphaltierte Fahrspur, geschotterte, leicht abschüssige Stellflächen zu beiden Seiten. Ruhige Lage, kein Schatten, beleuchtet. Ganzjährig nutzbar.

Standort: Ebisweilerstraße 5,
GPS 47°57'26"N/09°38'08"O,
Telefon 07525/9350,
www.schwaben-therme.de

88422 BAD BUCHAU
Stellplatz am Kurpark

Gebührenpflichtiger Stellplatz für 21 Mobile. Angelegter und parzellierter Bereich im hinteren Teil eines Großparkplatzes. Gepflasterter, ebener Untergrund mit asphaltierter Fahrspur. Ruhige Lage am Kurpark, durch Büsche und Bäume abgeschirmt. Beleuchtung, mehrere Sitzgarnituren, Mülleimer, Info-Tafel am Platz. Ganzjährig nutzbar. Sani-Station. 9,50 Euro pro Nacht und Mobil inkl. Kurtaxe. Strom: 50 Cent/kWh. Wasser: 1 Euro/80 Ltr.

Standort: Seegasse 2,
GPS 48°04'07"N/09°36'23"O,
Telefon 07582/93360,
www.badbuchau.de

Bad Buchau: der Stellplatz an der Adelindis-Therme.

88348 BAD SAULGAU
Stellplatz Sonnenhof-Therme

Gebührenpflichtiger Stellplatz für 53 Mobile. Separates, durch Grünanlagen in mehrere Parkstreifen gegliedertes Gelände – ausschließlich für Reisemobile. Vorn nur für mittelgroße Mobile, der hintere Bereich ist auch für Mobile bis 11 m geeignet. Nicht ganz ebener, befestigter Untergrund, schön begrünt. Kein Schatten, beleuchtet. Ruhige Lage im Kurgebiet und in Nachbarschaft zur Therme. Ganzjährig nutzbar. Sani-Station. 11 Euro pro Nacht und Mobil, ab 6. Nacht 10 Euro, Strom inklusive. Kurtaxe: 1,50 Euro/Person. Wasser: 50 Cent/60 Ltr. Kaution bei Reservierung: 30 Euro.

Standort: Am Schönen Moos,
GPS 48°01'00"N/09°29'10"O,
Telefon 07581/48390,
www.sonnenhof-therme.de

88427 BAD SCHUSSENRIED
Stellplatz Bierkrugmuseum

Gebührenfreier Stellplatz für 30 Mobile an der Brauereigaststätte mit Museum. Asphaltierter Parkplatz für Pkw und Reisemobile. Das Museum ist montags, außer in den Sommerferien, geschlossen. Ganzjährig nutzbar. Strom: 5 Euro (inklusive Verzehrgutschein über 3 Euro).

Standort:
Wilhelm-Schussen-Straße 12,
GPS 48°00'12"N/09°39'34"O,
Telefon 07583/40411,
www.schussenrieder.de

88339 BAD WALDSEE
Stellplatz an der Therme

Gebührenpflichtiger Stellplatz für 40 Mobile. Nicht ganz ebener, gepflasterter Untergrund. Relativ ruhige Umgebung im Kurviertel, geringe Distanz zur Waldsee-Therme. Ganzjährig nutzbar. Sani-Station. 5 Euro pro Mobil/24 Std. Parkscheinautomat.

Standort: Unterurbacher Weg,
GPS 47°54'50"N/09°45'38"O,
Tourist-Information,
Telefon 07524/941342,
www.bad-waldsee.de

88410 BAD WURZACH
Stellplatz beim Vitalium

Gebührenpflichtiger Stellplatz für 17 Mobile. Ebener, asphaltierter Untergrund. Kein Schatten, beleuchtet. Info-Tafel, Mülleimer vorhanden. Direkt am Naturschutzgebiet Wurzacher Ried. 300 m zum Vitalium. Ganzjährig. Sani-Station. 5,50 Euro pro Nacht und Mobil. Kurtaxe: 1,50 Euro/Person. Nachlass bei Aufenthalt ab 7 Nächten. Strom: 50 Cent/kWh. Wasser: 50 Cent/70 Ltr. Entsorgung: 50 Cent.

Standort: Riedhalde,
GPS 47°54'53"N/09°54'14"O,
Gesundheitszentrum,
Telefon 07564/304250,
www.bad-wurzach.de

88400 BIBERACH/RISS
Stellplatz Biberach

Gebührenfreier Stellplatz für 20 Mobile. Von November bis März nur für 10 Mobile. Relativ ruhige Lage in Bahnhofsnähe. Zirka 500 m bis zur historischen Altstadt. Am Platz informiert eine Info-Tafel mit Prospektfach über die Sehenswürdigkeiten und Ausflugsziele in der Stadt. Maximaler Aufenthalt: 3 Tage. Ganzjährig nutzbar. ST-SAN-Anlage von April–Oktober.

Standort: Rißstraße,
GPS 48°06'09"N/09°47'44"O,
Tourismus & Stadtmarketing,
Telefon 07351/51165,
www.biberach-riss.de

Biberach: Stellplatz auf dem Parkplatz in der Rißstraße.

88693 DEGGENHAUSERTAL
Stellplatz am Hammerhof

Gebührenpflichtiger Stellplatz für 10 Mobile auf einer leicht abschüssigen Fläche, 100 m vor der Hofwirtschaft. Geschotterter Untergrund. Ruhige Lage im Grünen. Ganzjährig nutzbar. 5 Euro pro Nacht und Mobil, bei Einkehr gebührenfrei, Dusche: 50 Cent.

Standort: Harresheim 5,
GPS 47°44'59"N/09°24'23"O,
Andrea Hammer,
Telefon 07555/94727,
www.hammer-hof.de

Deggenhausertal: Der Platz am Hammerhof liegt absolut ruhig.

88521 ERTINGEN
Stellplatz Schwarzachtalsee

Gebührenpflichtiger Stellplatz für 25 Mobile auf einem Parkplatz vor dem Freizeitzentrum Schwarzachtalseen. Für Reisemobile reservierter Platz vor dem Campingbereich. Fast ebener, geschotterter Untergrund. Ruhige Lage im Grünen, geringe Entfernung zu den Badeseen. Mai–September. ST-SAN-Anlage. 12 Euro pro Nacht und Mobil inkl. aller Personen, Strom und Benutzung der Sanitäranlagen und Duschen.

Standort: Schwarzachtalsee,
GPS 48°04'54"N/09°27'39"O,
Telefon 0700/88200300,
www.schwarzachtalseen.de

88633 HEILIGENBERG
Stellplatz Sennerei Schläge

Gebührenpflichtiger Stellplatz für 10 Mobile. Großzügig angelegter und begrünter Parkplatz für Pkw ohne markierten Übernachtungsbereich für Reisemobile. Gepflasterte Zufahrtswege, leicht abschüssige Stellflächen mit Schotterrasen. Mülleimer vorhanden. Relativ ruhig. Ganzjährig. Sani-Station. 5 Euro pro Nacht und Mobil von 16 bis 9 Uhr. Parkscheinautomat.

Standort: Pfullendorfer Straße,
GPS 47°49'18"N/09°18'46"O,
Tourist-Information,
Telefon 07554/998312,
www.heiligenberg.de

88353 KISSLEGG
Stellplatz Strandbad Obersee

Gebührenfreier Stellplatz für 10 Mobile. Reservierter Teil eines Pkw-Parkplatzes. Ebener, geschotterter Untergrund, von Bäumen umgeben. Ganzjährig nutzbar. Wasser und Bodeneinlass am Warmbad. Strom: 1 Euro/kWh. Wasser: 1 Euro/50 Ltr.

Standort: Strandbadweg,
GPS 47°47'45"N/09°52'45"O,
Gäste- und Bürgerbüro,
Telefon 07563/936143,
www.kisslegg.de

88471 LAUPHEIM
Schloss Großlaupheim

Gebührenpflichtiger Stellplatz für 7 Mobile. Für Reisemobile reservierter Parkstreifen unmittelbar neben der Kirche. Fast ebener, befestigter Untergrund. Ruhige, zentrale Lage. Ganzjährig nutzbar. Sani-Station. 8 Euro pro Nacht und Mobil inkl. Strom. Wasser: 50 Cent. Entsorgung: 50 Cent.

Standort:
Klaus-Graf-Stauffenberg-Straße,
GPS 48°13'48"N/09°53'16"O,
Telefon 07392/968000,
www.laupheim.de.

Laupheim: der Stellplatz zwischen Schloss und Kirche.

88512 MENGEN
Stellplatz Zielfinger Seen

Gebührenpflichtiger Stellplatz für 50 Mobile an den Zielfinger Angelseen. Angelegter Reisemobilplatz in unmittelbarer Nähe des Badezentrums. Geschottertes, ebenes und parzelliertes Areal. Wenig Schatten. Ganzjährig nutzbar. Holiday-Clean-Anlage. 9,50 Euro pro Nacht und Mobil inklusive kostenloser Eintritt zum Badesee. Strom (25 Anschlüsse): 50 Cent/kWh. Wasser: 1 Euro/80 Ltr.

Standort: OT Rulfingen,
Uferweg 25,
GPS 48°01'51"N/09°17'00"O,
Telefon 07576/7015,
Mobil 0160/94962645,
www.zielfinger-angelseen.de

88422 OGGELSHAUSEN
Gasthaus Zum Löwen

Gebührenfreier Stellplatz für 4 Mobile. Die Einkehr im historischen Gasthaus aus dem 17. Jahrhundert ist obligatorisch. Reisemobile stehen auf ebenen Rasengittersteinen. Beleuchtet. Ganzjährig nutzbar.

Standort: Biberacher Straße 8,
GPS 48°04'16"N/09°38'57"O,
Reiner Dangel,
Telefon 07582/8163,
www.loewen-oggelshausen.de

88630 PFULLENDORF
Stellplatz Seepark Linzgau

Gebührenpflichtiger Stellplatz für 15 Mobile. Markierter, naturbelassener, fast ebener Parkstreifen am Parkplatz Ost. Ruhige Lage zwischen Seepark und freien Feldern. Kaum Schatten, schwach beleuchtet. Von 9 bis 20 Uhr geöffnet, im Sommer länger. Ganzjährig. 4 Euro pro Nacht und Mobil (Münzautomat). Entsorgung in der Kläranlage in Stellplatznähe, Gebühr: 1 Euro. Wasser: 1 Euro.

Standort: Bannholzerweg 18,
GPS 47°55'52"N/09°14'09"O,
Telefon 07552/251131,
www.seepark-linzgau.de

88212 RAVENSBURG
Stellplatz am Wernerhof

Gebührenpflichtiger Stellplatz für 12 Mobile. Ausgewiesenes Gelände am Rand der Stadt. Im vorderen Bereich ein Parkstreifen mit ebenem, geschottertem Untergrund. Markierte Stellflächen relativ kurz. Im hinteren Teil des Platzes ebene Wiesenflächen. Max. Aufenthaltsdauer: 3 Nächte. Ganzjährig. Holiday-Clean-Anlage. 5 Euro pro Nacht und Mobil.

Standort: Mühlbruckstraße,
GPS 47°46'55"N/09°36'01"O,
Tourist-Information,
Telefon 0751/82800,
www.ravensburg.de

88499 RIEDLINGEN
Stellplatz bei der Stadthalle

Gebührenfreier Stellplatz für 3 Mobile, am Rand eines Pkw-Parkplatzes ausgewiesen. Asphaltierter Untergrund, durch hohe Hecke begrenzt. 300 m bis zur historischen Altstadt mit Fachwerkhäusern, Museen und Gastronomie. Ganzjährig nutzbar. Elomat-Quatro-Anlage. Strom (3 Anschl.): 1 Euro/4 Std. Wasser: 1 Euro/100 Ltr.

Standort: Hindenburgstraße,
GPS 48°09'07"N/09°28'40"O,
Touristinformation
Telefon 07371/1830,
www.riedlingen.de

88430 ROT AN DER ROT
Stellplatz Ferienhof Musch

Gebührenpflichtiger Stellplatz für 3 Mobile. Schotterrasenfläche am Hof. Ganzjährig. 10 Euro pro Nacht und Mobil inkl. 2 Personen, Strom (3 Anschlüsse), Wasser und Nutzung der Sanitäranlage. Weitere Person: 5 Euro. Sauna: 18 Euro für 2 Personen.

Standort: OT Mühlberg,
Unterer Weg 7,
GPS 47°59'07"N/09°59'09"O,
Arthur und Erika Musch,
Telefon 07568/349,
www.ferienhof-musch.de

88444 UMMENDORF
Stellplatz am Bräuhaus

Gebührenfreier Stellplatz für 5 Mobile auf dem Gelände des Brauerei-Gasthofs mit Gartenwirtschaft in der Ortsmitte. Die Einkehr ist erwünscht. Reservierter Platz mit gepflastertem Untergrund. Ruhige Lage. Ganzjährig nutzbar. Strom: 3 Euro. Wasser und Dusche gegen Gebühr.

Standort: Bachstraße 10,
GPS 48°03'47"N/09°49'57"O,
Stefan Dobler,
Telefon 07351/44430,
www.braeuhaus.de

88250 WEINGARTEN
Stellplatz am Festplatz

Gebührenpflichtiger Stellplatz für 8 Mobile, am Rand des Festplatzes ausgewiesen. Auf Schotter angelegter Parkstreifen mit asphaltierter Fahrspur, beleuchtet. 5 Euro pro Nacht und Mobil von 20–8 Uhr, tagsüber gebührenfrei. Strom (12 Anschlüsse): 50 Cent/3,5 kWh. Wasser: 1 Euro/5 Min. Entsorgung: 1 Euro.

Standort: Abt-Hyller-Straße 55,
GPS 47°48'37"N/09°37'50"O,
Stadt Weingarten,
Telefon 0751/405143,
www.weingarten-online.de

88364 WOLFEGG
Stellplatz Hofgarten

Gebührenfreier Stellplatz für 2 Mobile. Gekennzeichnete Plätze an einer Baumreihe, am Rand eines Pkw-Parkplatzes im Ortszentrum. Untergrund Kalksand. Max. Aufenthalt 2 Nächte. Ganzjährig nutzbar.

Standort: Alttanner Straße,
GPS 47°49'15"N/09°47'4[illegible]"O,
Wolfegg-Information,
Telefon 07527/960151,
www.wolfegg.de

BA

Der Heilwassersee ist der Hit der Franken-Therme in Bad Königshofen. Weiter zählen Heil- und Freizeitbad, Breuß-Massagen und ein gepflegter Stellplatz zum Angebot.

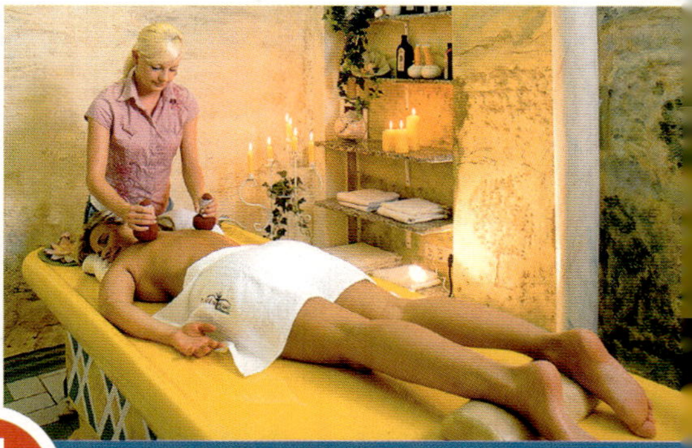

Fotos: Kurbetriebs GmbH Bad Königshofen, Tourismus und Stadtmarketing Bad Neustadt/Saale, Staatl. Kurverwaltung Bad Brückenau, Tschovikov, KissSalis Betriebsgesellschaft mbH

1 BAD KÖNIGSHOFEN

Durch einen gläsernen Tunnel mit der Therme verbunden, dehnt sich eine über 700 Quadratmeter große Wasserfläche aus, die von den Bad Königshöfer Heilquellen gespeist wird: der erste Natur-Heilwassersee Deutschlands; nutzbar ist er von Ostern bis Ende Oktober. Im Stil fränkischer Fachwerkhäuser ist das weitläufige Saunadorf gestaltet. Die moderne Therapieabteilung mit medizinischem Badebetrieb bietet Massagen, Krankengymnastik, Mooranwendungen, Schröpfen, Gua-Sha-Therapie, Dorn-Therapie, Akupressur und mehr. Für Reisemobiltouristen gibt es spezielle Kur- und Fitnesspauschalen sowie eine Reihe von ein- und mehrtägigen Wellnessangeboten.

DER BESONDERE TIPP

Das Archäologische Museum Bad Königshofen zeigt spannende Bodenfunde aus dem nordöstlichen Unterfranken von der Steinzeit bis ins Mittelalter. Auch das Gebäude selbst von 1693 ist interessant: der ehemalige Getreidespeicher eines Klosters. Info und Öffnungszeiten unter **www.dieschranne.de**

5 GUTE GRÜNDE FÜR DIE
YERISCHE RHÖN

WOHLGEFÜHL HOCH FÜNF: Das Bäderland Bayerische Rhön ist das reinste Schlaraffenland für Erholungsbedürftige. Gleich fünf Kurbäder warten mit ihren Spezialitäten auf, die allesamt die Gesundheit und das Wohlbefinden fördern – gleich zu welcher Jahreszeit.

Text: Edda Welffenstein

2 BAD NEUSTADT AN DER SAALE

Lebendig wirkt diese Kurstadt mit ihren winkeligen Gassen, Türmen und Häusern, die sich im Schutz der gut erhaltenen Stadtmauer eng aneinanderschmiegen. Das Hohntor von 1578 und das Alte Amtshaus zählen zu den sehenswerten Zeugen alter Zeiten. Der Marktplatz war schon im Mittelalter ein lebhafter Umschlagplatz an der Handelsstraße Hamburg–Rom.

Als Heilbad verfügt die Kurstadt über eine der vorzüglichsten Solequellen. Auch als Moorbad mit schönen Kuranlagen hat sie einen ausgezeichneten Namen.

Wellness, Spaß und Sport vereint das Triamare. Erlebnis-, Sport- und Kinderbecken gibt es hier innen wie außen, die Röhrenrutsche gewährt eine rasante Fahrt auf 94 Meter Länge. Sauna, Dampfbad, Whirlpool und Massagen verschaffen Entspannung für Körper und Seele. Info: Telefon 09771/6309950, www.triamare.de

Weitere Betätigungsmöglichkeiten bieten ein Nordic-Walking-Zentrum, Hochseilgarten, Golfplatz, geologischer und Gewässerlehrpfad. Info: Telefon 09771/1384, www.tourismus-nes.de

Spaß und Entspannung bietet das Triamare Auch im Winter lockt ein Ausflug auf den Kreuzberg.

Ein weiterer Trumpf ist der Gradierpavillon im Kurpark an der Trink- und Wandelhalle. Er verspricht „Champagnerluft für Ihre Gesundheit“: Das Heilwasser der Urbaniquelle rieselt über Schwarzdornreisig und setzt Mineralsalze frei, die über die Luft eingeatmet werden und die Schleimhäute sowie Atemwege beruhigen und erfrischen sollen.

Von hier aus flaniert man zum historischen Marktplatz und zum Altstadtkern um das Rathaus. Wer gut zu Fuß ist, kann mit dem Nachtwächter zu einer Stadtführung starten oder den Türmer über den Dächern der Stadt besuchen. Info: Franken-Therme, Telefon 09761/91200, www.frankentherme.de.

DER BESONDERE TIPP **Sinntal-Mottgers** liegt nur 20 Fahrminuten von Bad Brückenau entfernt. Dort kann man die Fertigung der Caravan-Premiummarke Tabbert besuchen. Termine unter **Telefon 06664/890.**

3 BAD BRÜCKENAU

Klassisch und modern: „Vital Spa & Garden" mit Außenpool, darüber der freundliche Kurgarten, oben rechts der Kursaal.

Kronprinz Ludwig von Bayern besuchte 1818 zum ersten Mal Bad Brückenau. Als König Ludwig I. ließ er das Bad später umgestalten und prägte es durch rege Bautätigkeit und seine besondere Liebe zu diesem Ort. Heute sind hier Wellness, Erholung und Sport angesagt.

Aber neben dem historischen Staatsbad-Ensemble mit Kurbad und Wellnessangeboten für Kurgäste und Touristen bietet Bad Brückenau noch weitere Attraktionen und Freizeitmöglichkeiten. So zum Beispiel den Hochseilgarten am Volkersberg oder das sehr gut ausgewiesene Wegenetz für Wanderer, Radfahrer und Nordic Walker. Auch das Deutsche Fahrradmuseum mit über 150 Exponaten ist einen Besuch wert.

Das Heilwasser ist so schmackhaft wie vielseitig und wird deshalb sowohl für die moderne Trinkkur als auch im medizinischen Mineralbad und im Freizeitbad Sinnflut und in der Wellnessoase genutzt. Info: Telefon 09741/911255, www.fluti.de

Übrigens verbindet eine kostenlose Bäderbuslinie Bad Brückenau mit Bad Bocklet, Bad Kissingen, Bad Königshofen und Bad Neustadt. Info: Telefon 09741/8020, www.badbrueckenau.com

4 BAD KISSINGEN

Eine Untersuchung aus dem Jahr 2008 hat ergeben, dass sich das bayerische Staatsbad auch weiterhin „Deutschlands bekanntester Kurort" nennen darf. In Bad Kissingen begegnen sich klassische Kurthemen und moderne Gesundbrunnen. Die ziemlich neue, edle KissSalis Therme auf den Höhen der Stadt lockt mit zahlreichen Angeboten aktueller Gesundheits-, Fitness- und Wellnesskunde.

Die Stadt ist immer eine Top-Adresse für ein Wohlfühlwochenende, eine klassische Badekur oder einen Entspannungsurlaub. Kilometerlange Spazier-, Wander- und Radwege führen entlang der Saale und sind an die Wegenetze der Rhön und des Maintals angebunden. Seit 2005 ist Bad Kissingen außerdem zertifiziertes Nordic-Walking-Zentrum mit ausgewiesenen Walking-Strecken.

Aber auch kulturell ist hier viel geboten. Der Kissinger Sommer zum Beispiel hat sich als klassisches Musikfestival von internationalem Rang etabliert; Kissinger Kabarettherbst und Kissinger Winterzauber (www.kissingerwinterzauber.de) mit Musik verschiedenster Art, Literatur und Tanz stehen ihm kaum nach. Info: Telefon 0971/80480, www.badkissingen.de

Seit Mai 2008 existiert der Stellplatz direkt an der topmodernen, freundlichen KissSalis Therme.

5 BAD BOCKLET

Perfekt: der edle Lesesaal, die historische Postkutsche, die Stellplätze

Klein, aber fein: Bad Bocklet liegt mittendrin im Bäderland Bayerische Rhön. Das bayerische Staatsbad mit seinen rund 5000 Einwohnern verfügt über Süßwasser- und mineralische Quellen, die unter anderem bei Herz-Kreislauf- und Gefäßerkrankungen sowie Rheuma Linderung bringen. Beschaulichkeit, Gastlichkeit und aristokratisch-stilvolles Ambiente zeichnen den Kurort aus. Mit ein bisschen Glück begegnet einem hier die historische Postkutsche, die im Sommer regelmäßig von Bad Bocklet nach Bad Kissingen pendelt. Der Stellplatz findet sich direkt gegenüber dem Eingang zum Kurpark. Info: Telefon 09708/707030, www.badbocklet.de

BAYERISCHE RHÖN KOMPAKT

Infos | Tipps | Adressen

ANREISE Die fünf Bäder liegen zentral in Deutschland im Dreieck Fulda–Schweinfurt–Meiningen, dort in der Nähe der Autobahnen A 7 (Kassel–Würzburg) beziehungsweise A 71 (Schweinfurt–Erfurt).

RESTAURANT-TIPPS **Gasthof Körner** Bodenständig fränkische und internationale Küche, gemütliches Ambiente in Wirtsstube, Biergarten, Festsaal und Scheune, Parkplatz auch für Reisemobile geeignet. Montags und dienstags Ruhetag. Iringstraße 5–7, 97688 Bad Kissingen/Arnshausen, Telefon 0971/2809, www.gasthof-koerner.de

Le Jeton Restaurant der Spielbank, gehobene internationale Küche zu fairen Preisen, hohe Räume mit gelungener Kombination aus alten und modernen Gestaltungselementen, schöne Terrasse, parken hinter einer Schranke auch für Reisemobile möglich, Montags Ruhetag. Im Luitpoldpark 1, 97688 Bad Kissingen, Telefon 0971/4081, www.le-jeton.net

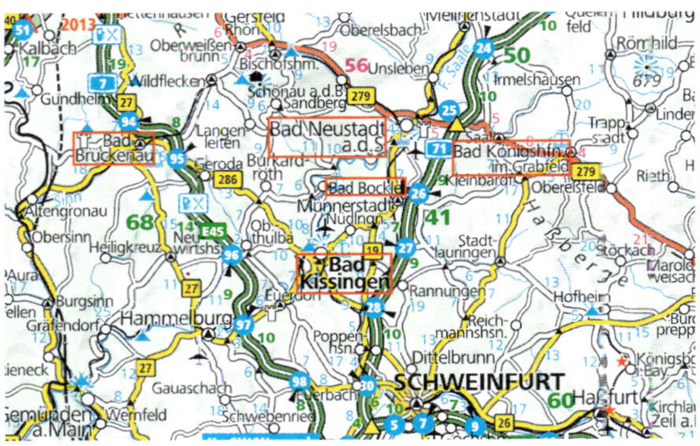

Karte: Hallwag

AUSKUNFT Arbeitsgemeinschaft Bäderland Bayerische Rhön, Telefon 0800/9761600 (kostenfrei aus dem deutschen Festnetz), www.baederland-bayerische-rhoen.de

STELLPLATZ-TIPPS

97708 BAD BOCKLET
Stellplatz am Kurgarten

Gebührenpflichtiger Stellplatz für 13 Mobile. Ebener Untergrund. Ganzjährig. 6 Euro pro Nacht und Mobil inkl. Kurtaxe für 2 Pers., Kurkarte. Strom: 50 Cent/kWh. Wasser: 1 Euro/80 Ltr.

Standort: Aschacher Straße, GPS 50°15'53"N/10°04'30"O, Telefon 09708/707030, www.badbocklet.de

97769 BAD BRÜCKENAU
Stellplatz im Schlosspark

Gebührenpflichtiger Stellplatz für 10 Mobile. Asphalt mit begrünten Flächen. Ganzjährig. 8 Euro pro Mobil und 24 Std. Strom: 50 Cent/kWh. Wasser: 1 Euro/100 Ltr. Kurtaxe: 2,50 Euro/Person inkl. Gastkarte.

Standort: Schlüchterner Straße, GPS 50°18'20"N/09°44'58"O, Telefon 09741/8020, www.badbrueckenau.com

97688 BAD KISSINGEN
Stellplatz KissSalis Therme

Gebührenpflichtiger Stellplatz für 18 Mobile an der Therme. Ganzjährig. 4 Euro pro Nacht und Mobil inkl. Entsorgung. Kurtaxe: 3,30 Euro/Pers. Strom: 1 Euro/8 Std. Wasser: 1 Euro/10 Min.

Standort: Heiligenfelder Allee 16, GPS 50°11'19"N/10°03'41"O, Telefon 0971/826600, www.kissSalis.de

97631 BAD KÖNIGSHOFEN
Stellplatz Franken Therme

Gebührenpflichtiger Stellplatz für 77 Mobile. Befestigter Untergrund. Ganzjährig. 8,50 (7,50) Euro pro Nacht und Mobil inkl. Kurtaxe (bei Anwendungen). Strom: 50 Cent/kWh.

Standort: Am Kurzentrum 1, GPS 50°18'05"N/10°28'26"O, Telefon 09761/91200, www.frankentherme.de

97616 BAD NEUSTADT
Stellplatz am Kurpark

Gebührenpflichtiger Stellplatz für 50 Mobile. Ebene Schotterwiese. Info-Tafel, Geldautomat. Ganzjährig. 8 Euro pro Nacht und Mobil inkl. Strom. Wasser: 1 Euro/80 Ltr.

Standort: Kurhausstraße, GPS 50°18'59"N/10°13'18"O, Telefon 09771/1384, www.tourismus-nes.de

1 EIN AUSGIEBIGER ALTSTADTBUMMEL

Gut in Form: ganz oben das Stadtpanorama mit Kaiserburg, oben der Henkersteg über die Pegnitz.

Meist kümmert man sich ja erst zum Abschluss eines Stadtspaziergangs um Souvenirs und Spezialitäten – in Nürnberg beginnt man am besten damit. Ganz zentral, am Frauentor unweit des Hauptbahnhofs, liegt nämlich der Handwerkerhof mit seinen Gässchen, Buden und Lädchen. Hier gibt es alles Typische der Stadt konzentriert auf einem Fleck: Nürnberger Lebkuchen, das Rostbratwürstchen-Quartett (traditionell werden stets vier der leckeren Würstchen gereicht), schönes Kunsthandwerk – und viel Atmosphäre zur Einstimmung. Einen top Blick über die Kaiserburg und die vielen Tore, Türme und Altstadthäuser hat man vom Stadtwehr. Auf dem Weg dorthin sollten Besucher sich Zeit für kleine Abstecher in die malerischen Gassen nehmen, die schönste davon ist sicher die Weißgerbergasse. Auch das Albrecht-Dürer-Haus empfiehlt sich als Zwischenstopp, man erfährt viel vom Werk des großen Malers. Weiter geht es ins Sebalder Viertel zum Hauptmarkt mit dem 19 Meter hohen „Schönen Brunnen“ und der Frauenkirche. Hier ist allerdings Pünktlichkeit erforderlich, sonst verpasst man um 12 Uhr das „Männleinlaufen“ an der Kunstuhr der Kirche. Südlich des Hauptmarkts liegt das Heilig-Geist-Spital an der Pegnitz aus dem 14. Jahrhundert. An der Maxbrücke steht der Weinstadel, ein zauberhafter Fachwerkbau von 1448. www.handwerkerhof.de

5 GUTE GRÜNDE FÜR NÜRNBERG

DAS HERZ DES FRANKENLANDS Wer bei Nürnberg an den Christkindlesmarkt und Rostbratwürste denkt, der hat sicher schon einige der Highlights erkannt. Bayerns zweitgrößte Stadt bietet aber noch viel mehr Schönes und Spannendes – ein Wochenendziel vom Feinsten!

Text: Martina Sörensen

2 DIE LEGENDÄRE KAISERBURG

Durch vornehme Räume wandern, in denen einst Kaiser und Könige lebten – das geht in Nürnberg auf der herrschaftlichen Kaiserburg hoch über den Dächern der 500 000-Einwohner-Stadt. Sie zählt zu den bedeutendsten Kaiserpfalzen des Mittelalters, die Herrscher des Heiligen Römischen Reichs haben von hier aus eine Zeit lang die Geschicke des Landes gelenkt. Es ging der Elite nicht schlecht in jenen Tagen, wie die reich ausgestatteten Räume im Palast eindrucksvoll zeigen. Die prächtige Doppelkapelle geht auf die Zeit um 1200 zurück und zählt zu den ältesten Teilen der Anlage. In der Kemenate, der Rekonstruktion eines im Zweiten Weltkrieg zerstörten eindrucksvollen Backsteingebäudes, befindet sich das Kaiserburgmuseum, eine Zweigstelle des Germanischen Museums, mit einer großen mittelalterlichen Waffensammlung. Tipp: Auf der Burg finden auch Klassik-Konzerte statt – bei Kerzenschein im Rittersaal. www.kaiserburg-nuernberg.de

DER BESONDERE TIPP

Die Blaue Nacht In einer Nacht im Mai wird die Altstadt alljährlich zu einem einzigen Kunstspektakel mit Installationen, Performances, Musik und Theater, illuminiert von blauem Licht. Jedes Jahr steht die Veranstaltung unter einem anderen Motto – sehenswert! **www.blauenacht.nuernberg.de**

Nürnbergs schönste Seiten: links das Weinstadel, rechts die Kaiserburg mit Lichtinstallation in der „Blauen Nacht".

Hier wird aufgespielt: Klassik-Open-Air (li.) und Bardentreffen.

3 MUSIK UND FESTIVALS

Musik liegt hier überall in der Luft – rund ums Jahr werden viele Konzert-Highlights geboten. Die Heimat großer Orchester à la Nürnberger Philharmoniker und Symphoniker bietet Klassikfreunden immer wieder exquisiten Hörgenuss. Neben den Stammhäusern Meistersingerhalle und Opernhaus des Staatstheaters Nürnberg gibt es auch Happenings unter freiem Himmel, wie zum Beispiel im Sommer bei Europas größtem Klassik-Open-Air im Luitpoldhain. Global wird es beim alljährlichen Bardentreffen, einem Weltmusikfestival mit rund 200 000 Zuschauern: Drei Tage mit internationalem Programm garantieren Spaß und beste Laune auf und vor sieben Bühnen – und das auch noch kostenfrei. Nürnberg kann zudem richtig rocken, so etwa auf dem „Rock-im-Park“-Festival, wo schon Musikgrößen wie die Rolling Stones, The Who, Santana, die Red Hot Chili Peppers, Green Day oder Van Halen aufspielten. Und dazu kommen Konzerte von Jazz bis Volksmusik vor besonderer Kulisse – in den Ruinen der St.-Katharina-Kirche.

4 ALTE UND NEUE KUNST

Nürnberg steckt derart voller Geschichte und spannender Ausstellungen, dass man allein mit Museumsbesuchen viele Tage zubringen könnte. Das Museum Tucherschloss mit dem Hirsvogelsaal etwa gilt als wahre Renaissance-Perle. Es wurde als Sommerresidenz der Patrizierfamilie Tucher erbaut und liegt inmitten eines Gartens mit Terrassen und Treppen, der sich ideal zum Flanieren anbietet. Lebendig wird die Patrizierzeit beim Museumstheaterstück „Feine Gesellschaft“.

Das Germanische Nationalmuseum ist das größte Museum für deutsche Kunst und Kultur. Hier verläuft auch die 1993 eingeweihte „Straße der Menschenrechte“ – auf ihren steinernen Säulen wurden die Grundrechte der Menschen in verschiedenen Sprachen eingraviert.

Nürnbergs Rolle im Zweiten Weltkrieg lässt sich zum Beispiel im „Memorium Nürnberger Prozesse“ mit Film- und Tondokumenten nachvollziehen. Im Saal 600, dem Originalschauplatz der Prozesse, wird heute noch Recht gesprochen, er ist somit nur an verhandlungsfreien Tagen zu besichtigen. Modern wird es im Neuen Museum, das internationales Design und zeitgenössische Kunst präsentiert – die klaren Linien der Architektur fügen sich vortrefflich ein ins traditionsreiche Umfeld der Altstadt. www.museen.nuernberg.de

Vielfalt: Germanisches Museum mit Straße der Menschenrechte (o.) und Neues Museum.

Höfische Lebenswelten vor schöner Kulisse: das Museum Tucherschloss.

5 DIE UNTERIRDISCHEN FELSENGÄNGE

Mythen, Legenden, Vorratsräume: die Felsengänge unter der Altstadt.

Nürnberg hat auch im Untergrund seine spannenden Seiten. So wurden kilometerlange Keller in den Fels geschlagen, übereinander und verwinkelt wie ein Labyrinth. Schuld daran ist eine Bierverordnung aus dem 14. Jahrhundert, die jedem Bierbrauer einen eigenen Keller befahl. Hier taucht man in 700 Jahre Nürnberger Bierbraugeschichte ein (natürlich mit Kostprobe). Ganz Mutige marschieren beim „Walk in the dark" nur mit Taschenlampe bewaffnet durch den Bauch der Stadt. Beeindruckend ist auch der Kunstbunker aus dem Zweiten Weltkrieg unter der Kaiserburg. Dort überstanden Schätze wie die Kunstuhr der Frauenkirche und die Reichskleinodien die schlimmsten Luftangriffe. www.felsengaenge-nuernberg.de

NÜRNBERG KOMPAKT

ANREISE Von Norden zum Beispiel über die A 7, von Köln über die A 3 und von Berlin aus über die A 9.

SEHENSWERTES

Dokumentationszentrum Reichsparteitagsgelände Eindrucksvolle Darstellung des Bau- und Größenwahns der NSDAP auf elf Quadratkilometern. Die Dauerausstellung „Faszination und Gewalt" beschäftigt sich mit den Ursachen, Zusammenhängen und Folgen der nationalsozialistischen Gewaltherrschaft. www.museen.nuernberg.de

Bratwursthäusle Für die typischen Nürnberger Rostbratwürste empfiehlt sich eine der ältesten Brätereien, das Bratwursthäusle am Rathausplatz – täglich frisch aus der hauseigenen Metzgerei. www.bratwursthaeusle.de

AUSKUNFT Congress- und Tourismus-Zentrale Nürnberg, Verkehrsverein Nürnberg e.V., Frauentorgraben 3/IV, 90443 Nürnberg, Telefon: 0911/23360, E-Mail tourismus@nuernberg.de, www.nuernberg.de

STELLPLATZ-TIPPS

90443 NÜRNBERG

Stellplatz am Dutzendteich

Nürnberg: der Stellplatz am Dutzendteich ist gut besucht.

Gebührenfreier Stellplatz für 8 Mobile, ausgewiesen auf einem Parkplatz im Süden der Stadt, Nähe Congresshotel Mercure. Sicht-/Hörweite zu einer viel befahrenen Straße. Ebener, befestigter Untergrund. Ganzjährig nutzbar. Sani-Station an der Shell-Tankstelle Frankenstraße 224/Ecke Münchener Straße.

Standort: Münchener Straße, GPS 49°25'29"N/11°06'20"O, Tourist-Information, Telefon 0911/23360, www.tourismus.nuernberg.de

Stellplatz am Wöhrder See

Nürnberg: reservierte Flächen am Wöhrder See für 3 Tage.

Gebührenfreier Stellplatz für 8 Mobile am Nordufer des Wöhrder Sees im Osten der Stadt. Für Mobile reservierter Teil eines Parkplatzes am Stadtring neben einer Eisenbahnstrecke. Maximaler Aufenthalt: 3 Tage. Ganzjährig.

Standort: Dr.-Gustav-Heinemann-Straße, GPS 49°27'33"N/11°06'44"O, Tourist-Information, Telefon 0911/23360, www.tourismus.nuernberg.de

Stellplatz Volkspark Marienberg

Gebührenfreier Stellplatz für 8 Mobile auf einem öffentlichen Parkplatz ausgewiesen. Ebener, geschotterter Untergrund. Relativ ruhige und grüne Lage am nördlichen Stadtrand. Maximaler Aufenthalt: 3 Nächte. Ganzjährig.

Standort: Kilianstraße 189, GPS 49°28'29"N/11°05'39"O, Tourist-Information, Telefon 0911/23360, www.tourismus.nuernberg.de

Stellplatz Zum Brez'nwirt

Gebührenfreier Stellplatz für 5 Mobile. Einkehr obligatorisch. Asphaltierter Parkplatz für Pkw und Reisemobile. U-Bahn-Station 150 m. Von 15. Juli bis 15. August ist der Gasthof geschlossen. Strom und Wasser: 2 Euro.

Standort: Ziegelsteinstraße 195, GPS 49°29'17"N/11°06'19"O, Telefon 0911/522020, E-Mail breznwirt@arcor.de

WEITERE STELLPLÄTZE

91083 BAIERSDORF

Stellplatz an der Jahnhalle

Gebührenfreier Stellplatz für 2 Mobile auf dem Parkplatz des Kulturhauses mit Restaurant und Biergarten. Einkehr obligatorisch. Warme Küche bis 21 Uhr, montags Ruhetag. Ganzjährig.

Standort: Jahnstraße 11, GPS 49°39'32"N/11°02'07"O, Telefon 09133/768038, www.kulturzentrum-jahnhalle.de »

STELLPLATZ-TIPPS

90556 CADOLZBURG
Stellplatz Höhbuck

Cadolzburg: die Stellfläche vor der mächtigen Burganlage.

Gebührenfreier Stellplatz für 2 Mobile. Ausgewiesener Teil eines öffentlichen Parkplatzes mit Blick auf die mächtige Burganlage aus dem 13. Jahrhundert. Der Platz ist in der Stadt ausgeschildert. Ganzjährig nutzbar, außer bei Veranstaltungen. Cleanstar-Anlage. Strom (4 Anschlüsse): 50 Cent. Wasser: 50 Cent.

Standort: Am Höhbuck,
GPS 49°27'40"N/10°51'07"O,
Markt Cadolzburg,
Telefon 09103/5090,
www.cadolzburg.de

Gasthof Zu den drei Linden

Gebührenfreier Stellplatz für 10 Mobile auf dem großen Parkplatz für Busse und Reisemobile hinter dem Hotel. Die Einkehr im Gasthaus mit Biergarten wird erwartet. Montags und dienstags Ruhetag. Ganzjährig nutzbar. Strom und Wasser: 5 Euro.

Standort: OT Zautendorf,
Zautendorf 26,
GPS 49°26'26"N/10°49'10"O,
Familie Hofmann,
Telefon 09103/797329,
www.hofmann-zautendorf.de

91058 ERLANGEN
Stellplatz Gasthof Ritter St. Georg

Gebührenfreier Stellplatz für 3 Mobile auf der Parkfläche des Gasthofs, unmittelbar am Fluss Regnitz gelegen. Einkehr und Verzehr obligatorisch. Ebener Untergrund aus Pflaster oder Rasen. Warme Küche durchgehend bis 22 Uhr, an Sonn- und Feiertagen bis 21 Uhr, Frühstücksservice. Stadtzentrum 2 km. Ganzjährig.

Standort: OT Bruck,
Herzogenauracher Damm 11,
GPS 49°34'34"N/10°59'07"O,
Familie Birnbaum,
Telefon 09131/76650,
www.gasthof-ritter-st-georg.de

90537 FEUCHT
Stellplatz am Feuchtasia

Gebührenpflichtiger Stellplatz für 9 Mobile am Freibad Feuchtasia, neben der Tennishalle. Separates, angelegtes Gelände auf Schotterrasen. Ruhige Lage zwischen Ortsrand und Reichswald. Parktickets in der Gastwirtschaft der Tennishalle oder an der Badkasse. Ermäßigter Eintritt ins Freibad. 1 km bis zum Ortszentrum. Ganzjährig. Elomat-Hygienja-Anlage. 7 Euro pro Nacht und Mobil. Strom: 1 Euro/2 kWh. Wasser: 1 Euro/80 Ltr. Dusche gegen Gebühr in der Tennishalle oder im Freibad.

Standort: Chormantelweg,
GPS 49°22'43"N/11°13'31"O,
Feuchter Gemeindewerke,
Telefon 09128/99140,
www.feucht-gw.de

Feucht: Wiesenplatz hinter der V+E-Anlage am Feuchtasia.

91217 HERSBRUCK
Stellplatz der Fackelmann Therme

Gebührenpflichtiger Stellplatz für 6 Mobile auf dem geschotterten Pkw-Parkplatz. Markierte Fläche für Reisemobile. Vergünstigter Eintritt zur Therme. Brötchen- oder Frühstücksservice in der externen Gastronomie auf Vorbestellung. Ganzjährig nutzbar. Silver-S-Anlage. 6 Euro pro Nacht und Mobil. Strom: 1 Euro/8 Std. Wasser: 1 Euro/50 Ltr.

Standort: Badstraße 16,
GPS 49°30'40"N/11°26'34"O,
Telefon 09151/83930,
www.fackelmanntherme.de

Stellplatz Grüner Baum

Gebührenfreier Stellplatz für 2 Mobile auf dem gepflasterten Parkplatz beim Landhotel. Einkehr obligatorisch. Warme Küche bis 21 Uhr. Ganzjährig nutzbar. Strom, Frischwasser: 3 Euro.

Standort: OT Kühnhofen,
Kühnhofen 3,
GPS 49°31'22"N/11°25'31"O,
Familie Eberhard,
Telefon 09151/609560,
www.gruener-baum-kuehnhofen.de

91074 HERZOGENAURACH
Stellplatz am Freizeitbad Atlantis

Herzogenaurach: der Stellplatz am Freizeitbad Atlantis.

Gebührenpflichtiger Stellplatz für 12 Mobile auf einem extra ausgewiesenen Bereich des Parkplatzes am Freizeitbad. Frei- und Hallenbad mit Wasserspielpark. Untergrund leicht abschüssig und geschottert. Beleuchtet. Ganzjährig nutzbar. Holiday-Clean-Anlage. 6 Euro pro Mobil und 24 Std. inklusive Gutschein über 2 Euro für Freizeitbad oder Gastronomie. Strom (12 Anschlüsse, 16 A): 50 Cent/kWh. Wasser: 1 Euro/80 Ltr.

Standort: Würzburger Straße 35,
GPS 49°34'21"N/10°51'58"O,
Telefon 09132/73850,
www.atlantis-bad.de

90552 RÖTHENBACH
Stellplatz bei CMS-Reisemobile

Gebührenpflichtiger Stellplatz für 3 Mobile auf dem Betriebsgelände an der Hauptstraße. 5 Gehminuten zur S-Bahn nach Nürnberg. Ganzjährig nutzbar. Holiday-Clean-Anlage mit Bodeneinlass. 5 Euro pro Nacht und Mobil. Strom: 1,50 Euro. Wasser: 1 Euro.

Standort: Heinrich-Diehl-Straße 2,
GPS 49°28'40"N/11°13'20"O,
Telefon 0911/5407831,
www.cms-reisemobile.de

Röthenbach: der Stellplatz auf dem Gelände von CMS.

90513 ZIRNDORF
Stellplatz am Playmobil FunPark

Zirndorf: beim Playmobil FunPark sind Mobile willkommen.

Gebührenpflichtiger Stellplatz für 40 Mobile, im Parkleitsystem beschildert. Ebener, geschotterter Untergrund oder Wiese. Frühstück im HOB Center, Buchung/Bezahlung an der Rezeption des Aparthotels. Ganzjährig. 3 Euro pro Mobil und 24 Std.

Standort: Brandstätterstraße/
Carl-Benz-Straße,
GPS 49°25'47"N/10°56'13"O,
Info-Hotline 0911/9666-1700,
www.playmobil-funkpark.de

Stellplatz Gasthaus Morgensonne

Gebührenpflichtiger Stellplatz für 10 Mobile. Großer Parkplatz für Reisemobile und Pkw. Die Küche bietet Produkte aus eigener Landwirtschaft. Montags und dienstags Ruhetag. Ganzjährig nutzbar. 5 Euro pro Nacht und Mobil. Strom und Wasser: 2 Euro.

Standort: OT Anwanden,
Schwabacher Straße 409,
GPS 49°24'43"N/10°55'54"O,
Telefon 0911/695060,
www.gasthaus-morgensonne.de

5 GUTE GRÜNDE FÜR DAS ALTMÜHLTAL

NATURPARK MIT HOHEM FREIZEITWERT: Für einen Urlaub im Altmühltal gibt es deutlich mehr als nur fünf gute Gründe. Mittelfranken, Ober- und Niederbayern sowie die Oberpfalz teilen sich diese bestens erschlossene, attraktive Region. Sie eignet sich auch als Zwischenstopp auf der Reise gen Süden.

Text: Edda Welffenstein, Fotos: Naturpark Altmühltal, Archiv

1 LEBENDIGE VERGANGENHEIT ERFORSCHEN

Historie kann staubig sein, wenn sie als reines Bücherwissen daherkommt. Nicht so im Altmühltal: Da gibt es spannend aufbereitete Spuren der Geschichte, besonders aus der Frühzeit, der Römerzeit und dem Mittelalter. Hier, wo vor 140 Millionen Jahren eine Lagune des Jurameers war, wurde der berühmte Urvogel Archäopteryx gefunden. Im Museum Solnhofen sind zwei Originale des Urvogels zu bewundern. Museums- und Steinbruchführungen finden jeden Mittwoch statt. Das Jura-Museum auf der Willibaldsburg in Eichstätt besitzt neben vielem anderen ebenfalls einen Archäopteryx, und in den Steinbrüchen können kleine und große Forscher selbst auf Fossiliensuche gehen.

Seit 80 000 Jahren besiedeln Menschen die Region. Neandertaler, eiszeitliche Jäger, Kelten, Römer und mittelalterliche Ordens- und Rittersleute haben vielfältige Spuren hinterlassen. Der Limes verläuft quer durch den Naturpark. In historischen Festen wird die Römerzeit lebendig, zum Beispiel am dritten August-Wochenende an der Villa Rustica in Möckenlohe.

Spuren aus alten Zeiten: Fossilien sammeln macht Spaß. Auf der Rosenburg gibt's zweimal täglich eine Greifvogelschau.

DER BESONDERE TIPP

Burgen, Kirchen und Klöster besitzt die Region in großer Zahl. Stellvertretend sei Burg Prunn genannt, die erst im Jahr 2010 umfassend renoviert wurde. **www.schloesser-bayern.com.** Sehenswert ist auch die Rosenburg bei Riedenburg und die Greifvogelschau dort (März bis Oktober, 11 und 15 Uhr, außer montags). **www.falkenhof-rosenburg.de**

Auf Schusters Rappen: am Fluss entlang, durch Wald und Heide und über Höhen.

2 GENÜSSLICH WANDERN, WALKEN, RADELN

Gut markierte Wanderwege führen aktive Gäste durch geschichtsträchtige Kultur- und malerische Naturlandschaften mit mächtigen Dolomitfelsen, romantischen Flusstälern, sonniger Wacholderheide und idyllischen Talhängen. Neben dem Altmühltal-Panoramaweg locken zum Beispiel der felsige Wanderpfad durch die Klamm in Einthal oder der Weg durch die Gungoldinger Wacholderheide bei Kipfenberg. Fast alpin wirkt die Wanderung von Kipfenberg zur Arndthöhle.

Aber auch Freunde des Stock-Einsatzes kommen auf ihre Kosten: in den sieben Nordic-Walking-Parks in Treuchtlingen, Wellheim, Eichstätt, Beilngries, Kipfenberg, Neuburg und Riedenburg.

Wer statt Schusters Rappen den Drahtesel bewegen möchte, findet auch dafür ein attraktives Wegenetz vor. Der Klassiker ist der Altmühltal-Radweg, den man sich auch abschnittweise erobern kann. Südöstlich von Treuchtlingen ist er besonders reizvoll. Dort schlängelt er sich am Fluss entlang durch den Fränkischen Jura mit seinen bizarren Felsformationen.

Toll für Radler und Wanderer: Im Naturpark verkehrt während der Sommersaison der „Freizeitbus“: drei Buslinien mit Fahrradanhänger. Damit lässt sich der Aktionsradius bedeutend erweitern. Einen Linienplan gibt es beim Naturpark-Informationszentrum (siehe Seite 195) und zum Download auf dessen Homepage.

Auf dem Rad: Der Altmühltal-Radweg lädt zu genüsslichen Touren ein. Hinten: Burg Prunn.

Geschmackssache: Süßes, zum Beispiel aus der Konditorei Scheck in Riedenburg. Deftige Spezialitäten gibt's bei 30 Hofläden, Fisch in jedem gepflegten Restaurant.

3 LECKERES AUS DER REGION

Essen und trinken hält Leib und Seele zusammen. In diesem Sinne verwöhnt die Region ihre Gäste auch kulinarisch, zum Beispiel mit Gerichten von Altmühltaler Lämmern, die auf den Wacholderwiesen gehalten werden. Deren zahlreiche Kräuter und die artgerechte Haltung der Tiere sollen das Fleisch besonders zart machen.

Von Kässpätzle über Schweinebraten und fränkische Bratwürste bis hin zu frischem Fisch und leichter Gemüseküche findet sich viel Leckeres in der Gastronomie. Wer selber kocht oder ein Mitbringsel sucht, kann bei rund 30 Hofläden regionale Produkte erwerben – Obst, Gemüse, Wurst, Eier, Käse, Schnaps und mehr.

4 BOOTSWANDERN UND SCHIFFSTOUREN

Urlaub ohne Gegenverkehr: Bootstouren auf der Altmühl sind ein beliebtes Familienabenteuer.

Gemächlich fließt die Altmühl auf der 150 Kilometer langen Flussstrecke zwischen Gunzenhausen und Kelheim durch den Naturpark. Wer ein Schlauchboot oder Kanu dabei hat, kann es hier bestens und gefahrlos einsetzen, wer nicht, mietet sich eines bei einem der zahlreichen Bootsverleiher. Die meisten Verleihstationen übernehmen gegen Gebühr auch den An- und Abtransport der Gäste zum Ausgangspunkt der Tour. Greggs Bootsverleih in Dollnstein zum Beispiel verlangt für einen Zweier-Kanadier 27 Euro pro Tag, auch mehrtägige Touren mit Zwischenübernachtung werden angeboten. Info: www.kanuvermietung-altmuehltal.de

Noch gemächlicher geht es auf den Ausflugsschiffen der Weißen Flotte zu, die von April bis Oktober eine 48 Kilometer lange Strecke auf dem Main-Donau-Kanal zwischen Berching und Beilngries sowie zwischen Beilngries, Dietfurt, Riedenburg und Kelheim bedienen – zwischen Beilngries und Dietfurt nur mittwochs.

Aktuelle Infos zur Personenschifffahrt im Naturpark Altmühltal bekommt man bei der „Altmühltal Personenschiffahrt", Tel. 09441/2487, **www.altmuehlperle.de** und der „Personenschifffahrt Altmühltal", Tel. 09441/5858 **www.schiffahrt-kelheim.de.** Neben dem Liniendienst werden unter anderem Schlemmer-, Tanz- und vielerlei Themenfahrten angeboten.

DER BESONDERE TIPP

5 BÄDER, THERMEN UND WELLNESS

Erst jüngst modernisiert und mit vielfältigem Angebot: die Altmühltherme.

An Bademöglichkeiten herrscht in der Altmühltal-Region wahrlich kein Mangel: Badeseen und Freibäder gibt es zu Dutzenden, Familien- und Erlebnisbäder finden sich unter anderem in Gaimersheim, Kelheim, Berching, Greding, Langenaltheim und Mönchsdeggingen. Die Kaiser-Therme in Bad Abbach, die Limes Therme in Bad Gögging (siehe Seite 201), die Mogetissa-Therme in Weißenburg und die Altmühltherme in Treuchtlingen spenden den Erholungsuchenden neue Kräfte. Wegen des vielfältigen, modernen Angebots mit Wellenbad und Salzgrotte und wegen des unmittelbar angegliederten Stellplatzes (siehe Stellplatz-Tipps) verdient letztere eine besondere Empfehlung. Info: www.altmuehltherme.de

ALTMÜHLTAL KOMPAKT

Infos | Tipps | Adressen

ANREISE über die A 9 (Ausfahrt Greding oder Kinding) oder die A 93 (Ausfahrt Abensberg oder Bad Abbach).

RESTAURANT-TIPP Gasthof Stirzer: Der historische Gasthof mit Gewölben und teilweise 120 Jahre alten Eichenholzbänken ist, was seine Räume und auch seine Küche betrifft, für Überraschungen gut. Gekocht werden nach dem Slow-Food-Prinzip regionale Spezialitäten. Bei schönem Wetter empfiehlt sich der Innenhof-Wirtsgarten mit italienischem Touch, erreichbar von der Straße durch einen offenen Zugang. 92345 Dietfurt, Hauptstraße 45, Telefon 08464/8658, www.stirzer.de

AUSKUNFT Informationszentrum Naturpark Altmühltal, Notre Dame 1, 85072 Eichstätt, Telefon 08421/98760, info@naturpark-altmuehltal.de, www.naturpark-altmuehltal.de

STELLPLATZ-TIPPS

85072 EICHSTÄTT
Wohnmobil-Stellplatz Eichstätt

Gebührenpflichtiger Stellplatz für 70 Mobile. Befestigte Wiese. Info-Stand, Grillstelle. Kanuverleih. Brötchenservice. Ganzjährig, letzte August- und 1. September-Woche gesperrt. 7 Euro pro Nacht und Mobil. Strom: 50 Cent/kWh. Wasser: 1 Euro/100 Ltr.

Standort: Schottenau,
GPS 48°53'04"N/11°11'51"O
Telefon 08421/6001400,
www.eichstaett.info

Eichstätt: Der Stellplatz liegt ruhig und idyllisch an der Altmühl.

93339 RIEDENBURG
Volksfestplatz

Gebührenpflichtiger Stellplatz für 50 Mobile. Baumbestandenes, großzügiges Gelände. Ebene Stellflächen, teils Pflaster, teils Schotterrasen, beleuchtet. Ruhige Lage zwischen Stadt und Altmühl, unweit des Schiffsanlegers. Toiletterhaus. Ganzjährig, im August für ein Volksfest gesperrt. 6 Euro/Nacht und Mobil inkl. V+E. Strom (12 Anschlüsse): 1 Euro/8 Std.

Standort: Austraße,
GPS 48°57'52"N/11°40'54"O,
Telefon 09442/905000,
www.riedenburg.de

91757 TREUCHTLINGEN
Reisemobil-Stellplatz am Kurpark

Gebührenpflichtiger Stellplatz für 44 Mobile. Ausgewiesener, ebener Platz auf Betonsteinen und Schotterrasen. Großzügiges Sanitärgebäude mit Duschen, WC und Behinderteneinrichtung. Ganzjährig nutzbar. 9 Euro pro Nacht und Mobil inkl. Kurtaxe, Nutzung der Sanitäranlagen sowie V+E. Strom (44 Anschlüsse): 1 Euro/8 Std.

Standort: Kästleinsmühlerstraße,
GPS 48°57'37"N/10°55'04"O,
Telefon 09142/202180,
www.treuchtlingen.de

DIE PERFEKTE WOCHE

BAYERISCHES THERMENLAND

Fotos: Silke Tokarski, Thomas Zwicker

UNVERBRAUCHTE LANDLUFT, kleine, gemütliche Orte mit großen Thermalbädern, dazu Camping- und Stellplätze von Weltklasseformat – das Bayerische Thermenland ist ideal für eine behagliche Urlaubstour.

Einfach ausspannen: Die Wohlfühl-Therme von Bad Griesbach bietet feinstes Thermal-Mineralwasser und noch viel mehr.

Die Sissi hat goldene Hände. Sie hat allerdings auch harte Unterarme und Ellenbogen, mit denen sie gerade liebevoll, aber kräftig die verspannte Nackenmuskulatur malträtiert. Kerzen geben ein weiches Licht, hawaiianische Musik klingt vom Band wie eine Mischung aus Sirtaki und balinesischem Gamelan, das warme Mandelöl duftet. „Lomi Lomi Nui ist eine alte Tempelmassage aus Hawaii", sagt die Sissi und spricht vor Beginn der 90-minütigen Behandlung ein altes Gebet von den fernen Inseln: „J ka malu – Friede und Harmonie sollen dich erfüllen."

Diese vielleicht wohltuendste aller Massagen wird gerade nicht im fernen Hawaii, sondern im behaglichen Bayerischen Thermenland verabreicht. Genauer gesagt im Therapie- und Wellnesszentrum auf dem Campingplatz Dreiquellenbad in Bad Griesbach, einer First-Class-Anlage vom Allerfeinsten, vom benachbarten Stellplatz problemlos mitzubenutzen. „Ich führe die Anlage wie ein Hotel", sagt Chef Wolfgang Hartl, der tatsächlich ausgebildeter Hotelfachmann ist. Will meinen: Neben viel Platz fürs Reisemobil, Naturbadeweiher, Golf-Übungsgreen und coolen sanitären Anlagen gibt es eine Thermal-Vitaloase samt Sole-Außenbecken, Dampfgrotte, die Arztpraxis, Kosmetiksalon und großem Wellnessbereich, wo bis zu 22 Therapeuten an sechs Tagen pro Woche in 29 Kabinen mit Wärme-, Kälte-, Ultraschall- und Elektrotherapie, Shiatsu, Salzpeeling, Massagen aller Art und mehr für Wohlsein sorgen – egal ob auf Rezept im Rahmen einer Badekur oder einfach nur so zum Auftanken während einer gemütlichen Reisemobil-Tour durchs schöne Niederbayern. Besser kann man's im Urlaub kaum haben.

Gemeinsam mit einigen anderen Kur- und Badeorten bildet Bad Griesbach das Bayerische Thermenland – das gute Heilwasser kommt teilweise aus mehr als 1500 Meter Tiefe.

Eine deftige Mahlzeit mit Radisalat und Obatzda: bayerischer Antipastiteller.

Die größte Thermenlandschaft ganz Deutschlands: Diesen Titel dankt die Region dem wertvollen Nass, das aus bis zu 1522 Meter Tiefe sprudelt. Mit Temperaturen von 30 bis 60 Grad Celsius versorgen fluoridhaltige Natrium-Hydrogenkarbonat-Chlorid-Quellen die benachbarte Bad

Orientalischer Genuss: heißes Wasser, Kräuterdämpfe und Massagen im Hamam der Wohlfühl-Therme.

Feines Ausflugsziel: Die Pfarrkirche Mariä Himmelfahrt in Aldersbach mit altem Zisterzienserkloster.

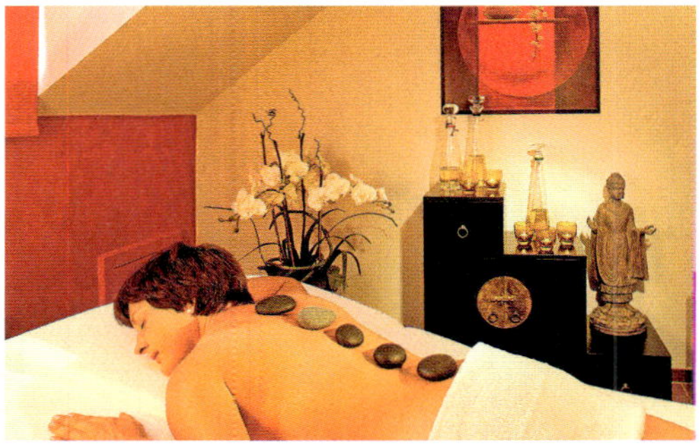

Perfekte Entschleunigung: Anwendungen in der Thermal-Vitaloase, Campingplatz Dreiquellenbad.

Der richtige Abschlag: Bad Griesbach ist ein wahres Dorado für Golfspieler, das Golfodrom gilt als größte Golfschule der Welt.

BURG TRAUSNITZ: KUNST- UND WUNDERKAMMER

Hoch über Landshut mit seinen rund 60 000 Einwohnern thront die mächtige Burg Trausnitz, 1204 durch Herzog Ludwig I. gegründet. Der große Hofgartenparkplatz bietet meist ausreichend Raum auch für Reisemobile, bequem spaziert man von dort hinüber zur Festung. Von außen zeigt sich Burg Trausnitz als markante mittelalterliche Wehranlage mit Türmen, Torbauten und hoch aufragendem Bergfried, der prächtige Innenhof mit seinen Laubengängen versetzt den Besucher dagegen in die Zeit der Renaissance. Besonders sehenswert ist die Kunst- und Wunderkammer, ein Vorläufer der heutigen Museen, wo schon im 16. Jahrhundert Schönes und Seltenes aus aller Welt gesammelt und ausgestellt wurde. Im Vierjahresturnus wird zudem mit der „Landshuter Hochzeit" ein großes Reiterfest gefeiert. www.burg-trausnitz.de

Mächtige Burganlage mit weitem Blick über Landshut: Burg Trausnitz lohnt eine Besichtigung.

Griesbacher Wohlfühl-Therme, in deren XL-Becken ausgiebig schwimmen kann, wem die Vitaloase vor der Reisemobiltür auf Dauer zu klein ist – einen steilen, nachts beleuchteten Pfad zwischen duftenden Feldern am Nordende des Camping- und Stellplatzes hoch, und schon ist man da. Hamam, Kneippbecken und 1001 weitere Anwendungen belohnen den Aufstieg, dazu ein weiter Blick übers Land.

Bestens für eine Reisemobil-Tour eignet sich das „Bayerische Thermenland", zu dem neben Bad Griesbach noch eine Reihe weiterer Kur- und Badeorte zählen (siehe Seite 201). Zum allerorts plätschernden Heilwasser, zu den vielerlei Thermen, Wellness-Bädern und kleinen, feinen Naturkostläden kommen die liebliche Landschaft mit langen Wanderwegen und Nordic-Walking-Strecken, blitzsaubere Luft und eine solide bayerische Küche, die in den Kurorten schon mal etwas feiner sein kann. Auf kleinen, meist ruhigen Straßen reist man kommod zwischen hüge- »

Ein Bett im Kornfeld: Mit dem Reisemobil unterwegs im niederbayerischen Hügelland.

Gutes Open Air: In Passau wird im Sommer gern auch unter freiem Himmel gespeist.

Alle Pracht der Welt: die prunkvolle Asam-Kirche Mariä Himmelfahrt in Aldersbach.

■ PILGERWEG VIA NOVA

Rund 280 Kilometer weit führt der Europäische Pilgerweg Via Nova durch Niederbayern und Oberösterreich. Nicht erst seit Hape Kerkelings Buch „Ich bin dann mal weg" über seine Pilgerreise auf dem Jakobsweg liegt diese Form der Selbsterfahrung im Trend. Eine wichtige Station auf der Via Nova ist die Wallfahrtskirche St. Maria in Sammarei nahe Bad Griesbach, die zu den wichtigsten Wallfahrtsstätten Süddeutschlands zählt. Das monumentale Altarwerk und die Gnadenkapelle in der Mitte des Chores sind absolut sehenswert – und im Wallfahrtszentrum können sich auch Nicht-Pilger erfrischen. www.wallfahrtsland-sammarei.de

Wichtige Etappe auf dem Pilgerweg: Wallfahrtskirche St. Maria, Sammarei.

ligen Feldern, Wäldern und Wiesen einher, begrüßt von verträumten Ortschaften mit markanten Zwiebeltürmen, Burgen und Klöstern – das ganze Land wirkt wie eine einzige Therapie gegen Hektik und Stress.

Neben der Dichte an Thermen und weiteren Top-Campingplätzen wie dem Arterhof der Familie Sigl bei Bad Birnbach hat die Region einen weiteren Superlativ zu bieten: Bad Griesbach ist das Golf-Dorado unseres Landes. Zahlen gefällig? Mit fünf 18-Loch- und drei 9-Loch-Plätzen, teils designt von Profi Bernhard Langer, belegt man Platz eins unter Europas Golf-Resorts, das Golfodrom gilt zudem als größte Golfschule der Welt – ein Angebot, das auch Promis wie Franz Beckenbauer nach Bad Griesbach lockt, die hier beileibe nicht nur eine ruhige Kugel schieben.

Nach so viel Wellness und Sport kann nun aber ein bisschen Urbanität nicht schaden. Das benachbarte Passau ist einen Tagesausflug allemal wert, große Parkplätze gibt es am Ortseingang. Die 50 000-Einwohner-Stadt am Zusammenfluss von Donau und Inn war schon im Mittelalter ein kulturelles Zentrum, wirkt heute mit Residenzplatz, Dom und dem prächtigen Rathaus beinah wie ein lebendiges Museum – wären da nicht die vielen Bistros und Cafés und die Studenten der 1978 eröffneten Universität, die ihre ganz eigene Szene bedingen. Vom alternativen Buchladen bis hin zu coolen Bars ist alles da.

Die Sissi, einst Weltenbummlerin und längst wieder in der Heimat gelandet, streicht derweil noch einmal mit viel Mandelöl über den Rücken, zwickt in die großen Zehen, dann ist die Lomi-Lomi-Massage beendet. In einen Frottee-Bademantel gehüllt, schwebt man wie auf Wolken zurück zum Reisemobil, atmet tief die klare Landluft ein – und weiß, dass man hier so schnell nicht wieder weg will.

Thomas Zwicker

THERMENLAND KOMPAKT bitte umblättern >>>

Ein Bild von einer Stadt: Passau an der Donau mit Schiffsanlegern, Rathaus und Dom.

Hier werden Sie rundum verwöhnt

Das Bayerische Thermenland steht für Qualität in Sachen Urlaub und Wellness. Es gibt viele schöne Kurorte mit Top-Thermen, dazu gute Stell- und Campingplätze – und außerdem lockt stets ein Tagesausflug ins quirlige Passau.

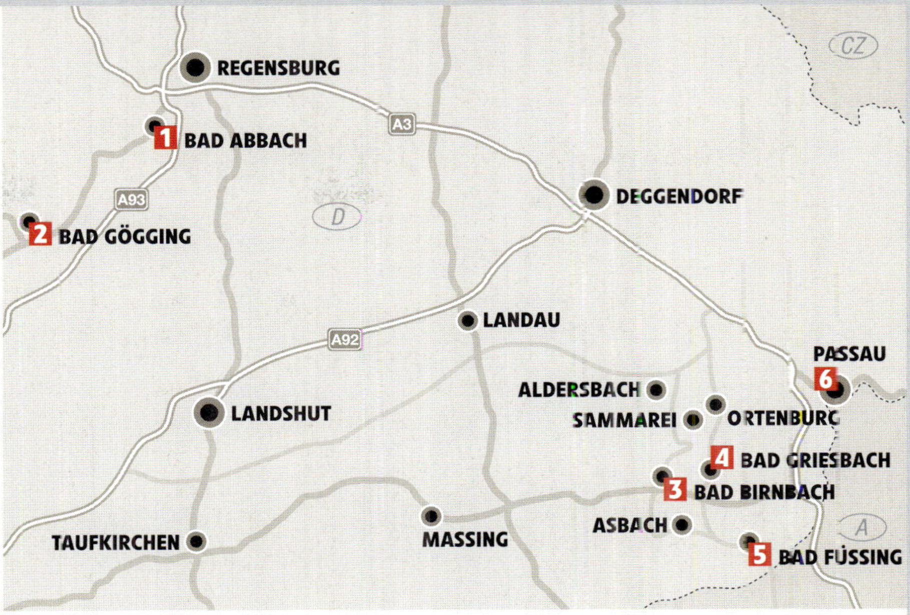

1 BAD ABBACH Mit ihrer großzügigen Saunalandschaft, Dampfbad, Strömungskanal und einem großen Garten ist die Kaiser-Therme in Bad Abbach ein perfekter Ort zum Entspannen. Die Thermal-Schwefel-Moor-Heilquellen der kleinen Kurstadt mit rund 12 000 Einwohnern wurden schon von den Römern geschätzt. www.bad-abbach.de

2 BAD GÖGGING Der 12 800-Einwohner-Ort liegt am Rand der Donau-Auen. Die örtliche Limes-Therme bietet ihren Gästen gleich drei Naturheilmittel aus eigenem Vorkommen: eine Schwefelquelle, Naturmoor und zwei Mineral-Thermalquellen, deren Heilwasser in schönen Innen- und Außenbecken wohltuend wirkt. www.bad-goegging.de

3 BAD BIRNBACH Inmitten sanfter Hügellandschaft lockt das 7200 Einwohner große Städtchen Bad Birnbach. Die lokale Konradsquelle, mit bis zu 70 °C eine der heißesten Quellen Mitteleuropas, speist die 30 Badeinseln der Rottal-Therme. Im angeschlossenen Vitarium verwöhnen Saunen, Solebad und mehr. www.badbirnbach.de

4 BAD GRIESBACH Der feine Luftkurort (rund 8500 Einwohner) liegt hoch über dem Tal der Rott und punktet mit drei heißen Thermal-Mineralquellen. Sie versorgen die 13 Einzelbecken der Wohlfühl-Therme mit Heilwasser, das zudem auch als Trinkkur etwa bei Osteoporose heilend wirkt. Berühmt sind die örtlichen Golfplätze. www.badgriesbach.de

5 BAD FÜSSING Das 6500-Seelen-Städtchen Bad Füssing im Inntal hat schöne Campingplätze und große Wellness-Tempel. Die Europa-Therme etwa sorgt mit einer Top-Saunalandschaft samt Meersalzgrotte für Wohlbehagen, im Johannesbad werden neben Vulkanbad auch alte chinesische Heilmethoden angeboten. www.badfuessing.de

6 PASSAU Dank ihrer strategisch günstigen Lage am Zusammenfluss von Donau und Inn war die alte Bischofsstadt seit jeher ein Zentrum für Kultur und Handel. Prunkbauten wie zum Beispiel die größte Barockkirche Deutschlands oder der Residenzplatz mit Wittelsbacherbrunnen von 1903 locken Urlauber aus aller Welt an. www.passau.de

Fotos: Tourismusverband Kelheim, Tourist-Info Bad Gögging, Kurverwaltungen Bad Birnbach, Bad Griesbach und Bad Füssing, Thomas Zwicker

BAYERISCHES THERMENLAND KOMPAKT

Infos | Tipps | Adressen

CAMPING

Kur- und Feriencamping Dreiquellenbad: 5-Sterne-Platz mit modernsten Sanitäranlagen, große Thermal-Vitaloase, Kosmetiksalon, Wirtshaus, Gäste-Tenne, Kneipp-Parcours und vieles mehr.

Standort: 94086 Bad Griesbach, Singham 40,
GPS 48°25'13"N, 13°11'29"O,
Telefon 08532/96130,
www.camping-bad-griesbach.de

Campingplatz Dreiquellenbad: Top-Anlage bei Bad Griesbach.

RESTAURANTS

Altes Bräuhaus: Die urige Traditionswirtschaft von 1333 in Passau steht unweit der Donau. Täglich von 11 bis 23.30 Uhr wird im historischen Gewölbe und Biergarten Deftiges serviert.

94032 Passau, Bräugasse 5,
Info: Telefon 0851/4905252,
www.altes-braeuhaus.de

Familien-Sache: Das Lebzelter ist fest in Damenhand.

Lebzelter: Seit über 340 Jahren ist die Gaststube Lebzelter in Familienbesitz, heute führen die Damen Irmi und Ingrid souverän Regiment. Feinste Mehlspeisen, Garten mit Weinlaube.

94086 Bad Griesbach, Sparkassenstr., Info: Telefon 08532/96220,
www.altstadthotel-griesbach.de

SEHENSWERTES

Kloster Asbach: Das ehemalige Benediktinerkloster im Ortsteil Asbach wurde anno 1091 gegründet, die Klosterkirche mit sehenswerten Deckengemälden und Altarbildern entstand 1771. Zudem beherbergt die Anlage unter anderem ein beachtliches Zweigmuseum des bayerischen Nationalmuseums, das von Anfang März bis Ende Oktober täglich außer montags öffnet.

94094 Asbach, Rotthalmünster,
Info: Telefon 08533/2300,
www.kloster-asbach.de

Brauerei und Kloster Aldersbach: Im Schatten der barocken Asam-Kirche Mariä Himmelfahrt liegen Kloster und Brauerei

Bayerisches Nationalmuseum in alten Mauern: Kloster Asbach.

Aldersbach samt Museum und einem schönen Shop. Im Innenhof des Klosters speist man Rustikales wunderbar ruhig unter Bäumen, zudem gibt es interessante Führungen mit Filmvortrag.

94501 Aldersbach, Klosterladen,
Info: Telefon 08543/960433,
www.aldersbacher.de

Guter Wein, Bücher, Kerzen und Tee: Klosterladen Aldersbach.

INFORMATION

Anfahrt und Auskunft: Anfahrt über die A 92 aus Richtung München bzw. A 3 von Frankfurt und Nürnberg. Informationen gibt's zum Beispiel bei der

Kurverwaltung Bad Griesbach,
94086 Bad Griesbach, Stadtpl. 1,
Telefon 08532/79240,
www.badgriesbach.de

FREILICHTMUSEUM MASSING

Ein großes Außengelände, original rekonstruierte Bauernhöfe und viele Veranstaltungen: Das Freilichtmuseum von Massing bei Landshut lohnt einen Besuch. Parkprobleme gibt's keine, der Eintritt ist akzeptabel (Erwachsene 4 Euro, Familienkarte 8,50 Euro). Mit dem Schusteröderhof wurde 1969 begonnen, alte Bauernhäuser an diesen neuen, geschützten Ort umzusiedeln. Wohn- und Wirtschaftsräume, Alltags- und Arbeitsgerät präsentieren sich wie in alten Tagen. Ringsum gibt es reichlich Spazierwege, Schaf- und Rinderweiden, Hohlwege und Alleen, die ganze bäuerliche Umwelt mit Tausenden von Pflanzen. Brauchtumfeste, Vorführungen von Handwerkern, Märkte und Erlebnistage sorgen für Abwechslung. www.freilichtmuseum.de

Wie die Altvorderen wohnten: Bauernstube im Freilichtmuseum Massing.

STELLPLÄTZE

84503 ALTÖTTING
Stellplatz Griesstraße

Gebührenfreier Stellplatz für 8 Mobile in der Innenstadt. Separater Bereich auf einem Bus- und Pkw-Parkplatz. Ebener Untergrund aus Rasenpflaster, durch Baumreihen unterteilt. Max. Aufenthalt: 3 Tage. Ganzjährig nutzbar. ST-SAN-Anlage mit Bodeneinlass. Strom (8 Anschlüsse): 1 Euro/8 Std. Wasser: 1 Euro.

Standort: Griesstraße,
GPS 48°13'47"N/12°40'29"O,
Verkehrsbüro,
Telefon 08671/506219,
www.altoetting.de

Altötting: die separaten Stellplätze in der Griesstraße.

84364 BAD BIRNBACH
Stellplatz Arterhof

Gebührenpflichtiger Stellplatz für 10 Mobile direkt vor dem Freizeitpark Innatura. 10 Euro pro Mobil und Nacht inkl. Sanitäranlage, V+E. Max. Aufenthalt: 1 Tag. Ganzjährig nutzbar.

Standort: OT Lengham,
Hauptstraße 3,
GPS 48°26'06"N/13°06'33"O,
Familie Sigl, Tel. 08563/96130,
www.arterhof.de

94072 BAD FÜSSING
Stellplatz am Holmernhof

Gebührenpflichtiger Stellplatz für 9 Mobile auf der Kurzparkzone vor der Einfahrt zum Campingplatz. Am Platz befindet sich die Europa-Therme. 9,10 Euro pro Nacht und Mobil. Strom (8 Anschlüsse): 50 Cent/kWh. Wasser:

1 Euro/100 ltr. Max. Aufenthalt 3 Tage. Ganzjährig nutzbar.

Standort: Am Tennispark 10,
GPS 48°21'28"N/13°18'24"O,
Telefon 08531/24740,
www.holmernhof.de

94086 BAD GRIESBACH
Stellplatz am Dreiquellenbad

Gebührenpflichtiger Stellplatz für 29 Mobile gegenüber dem Campingplatz. 16 Euro pro Nacht und Mobil für 2 Personen, inkl. Kurtaxe und Thermal-Vitaloase. Max. Aufenthalt 3 Tage. Ganzjährig.

Standort: Singham 40,
GPS 48°25'13"N/13°11'30"O,
Telefon 08532/96130,
www.camping-bad-griesbach.de

Bad Griesbach: Reisemobilhafen mit Thermal-Vitaloase vis-à-vis.

84307 EGGENFELDEN
Stellplatz am Tennisclub

Gebührenfreier Stellplatz für 5 Mobile. Parkplatz für Pkw und Reisemobile. Ebener, befestigter Untergrund. Max. Aufenthalt: 3 Tage. Ganzjährig nutzbar. ST-SAN-Anlage an der Tankstelle Breintner, OT Tiefstadt, an der B 20 Richtung Burghausen/Altötting.

Standort: OT Gern, Birkenallee 11,
GPS 48°24'02"N/12°45'55"O,
Tourist-Information,
Telefon 08721/70835,
www.eggenfelden.de

94081 FÜRSTENZELL
Stellplatz Waldschänke

Gebührenpflichtiger Stellplatz für 15 Mobile. Parkplatz für Pkw und Reisemobile in ruhiger Lage, abseits der Durchgangsstraße. Ebener, geschotterter Untergrund. Ganzjährig (Dezember bis März kein Wasser). 6 Euro pro Nacht und Mobil. Strom: 1,50 Euro.

Standort: OT Altenmarkt,
Altenmarkt 1,
GPS 48°33'06"N/13°20'19"O,
Karl-Heinz Steuerer,
Telefon 08502/922779 oder 3568, www.waldschaenke.de

94148 KIRCHHAM
Stellplatz am Haslinger Hof

Kirchham: Am Erlebnispark Haslinger Hof ist viel Platz.

Gebührenpflichtiger Stellplatz für 12 Mobile, gekennzeichnet auf dem geschotterten Parkplatz vor der weitläufigen Erlebnishof-Anlage. Ganzjährig nutzbar. Holiday-Clean-Anlage. 17 Euro pro Nacht und Mobil inkl. Verzehrgutschein von 9 Euro. Tagsüber gebührenfrei. Wasser: 1 Euro/100 Ltr.

Standort: Ed 1,
GPS 48°20'57"N/13°17'24"O,
Familie Haslinger,
Telefon 08531/2950,
www.haslinger-hof.de

94405 LANDAU/ISAR
Stellplatz am Festplatz

Gebührenfreier Stellplatz für 8 Mobile, hinter einem Großparkplatz ausgewiesen. Untergrund aus Schotterrasen. Ganzjährig nutzbar, außer von Mitte Juni bis Anfang Juli wegen Volksfest. Ersatzplatz ohne V+E ausgewiesen. Holiday-Clean-Anlage. Strom (6 Anschlüsse): 50 Cent/kWh. Wasser: 50 Cent/100 Ltr.

Standort: Harburger Straße,
GPS 48°40'38"N/12°41'00"O,
Stadt Landau a.d. Isar,
Telefon 09951/941115,
www.landau-isar.de

84533 MARKTL/INN
Stellplatz Marktler Badesee

Gebührenpflichtiger Stellplatz für 5 Mobile auf dem Übernachtungsplatz vor dem Campinggelände an einem Badesee. Angelegte Wiesenparzellen. Einmaliger Aufenthalt von 16–10 Uhr. Ganzjährig. 13 Euro pro Nacht und Mobil inklusive 2 Personen, Sanitärbenutzung, V+E. Weitere Person ab 15 Jahre: 4 Euro. Kinder: 3 Euro. Strom: 40 Cent/kWh.

Standort: Queng 3,
GPS 48°16'02'N/12°49'53"O,
Anton Harlander, Tel. 08678/1786,
www.campingplatz-marktl.de

84323 MASSING/ROTTAL
Stellplatz Freilichtmuseum

Gebührenfreier Stellplatz für 10 Mobile. Parkplatz für Pkw und Reisemobile. In mehrere Terrassen gegliedertes Gelände. Nicht ganz ebener, befestigter Untergrund. Markierte Stellflächen, zum Großteil im Pkw-Format. Ganzjährig nutzbar. Saison im Museum: Mitte März bis Oktober.

Standort: Steinbüchl 5,
GPS 48°23'44"N/12°36'02"O,
Telefon 08724/96030,
www.freilichtmuseum.de

94152 NEUHAUS AM INN
Reisemobil-Vermietung Mertl

Gebührenpflichtiger Stellplatz für 18 Mobile. Separates Areal auf dem Betriebsgelände. Ebener Untergrund aus Rasengittersteinen und Schotter. Aufenthaltsraum, Internetzugang. Ganzjährig nutzbar. 12 Euro pro Nacht und Mobil inklusive V+E, WC und Dusche. Ab der 2. Nacht: 10 Euro pro Nacht und Mobil. Strom: 2 Euro.

Standort: Straßfeld 7,
GPS 48°27'45"N/13°24'26"O,
Werner Mertl, Tel. 08503/8118,
www.mertl-neuhaus.de

94032 PASSAU
Stellplatz am Winterhafen

Gebührenfreier Stellplatz für 30 Mobile am Hafengelände. Ebener, geschotterter Untergrund. Unbegrünter Platz direkt an der Donau. Reisemobilbereich durch Holzbohlen vom Pkw-Parkplatz getrennt. Max. Aufenthalt: 24 Std. Ganzjährig nutzbar, außer bei Hochwasser.

Standort: Racklau,
GPS 48°34'26"N/13°25'38"O,
Tourist-Information, Telefon 0851/955980, www.passau.de

84347 PFARRKIRCHEN
Stellplatz an der Stadthalle

Gebührenfreier Stellplatz für 6 Mobile, auf gepflasterten Stellflächen an der Südseite des Pkw-Parkplatzes ausgewiesen. Mobile über 5,50 m Länge können nur längs über mehrere Plätze parken. Zentrale Lage in der Nähe Bahnhofs. Max. Aufenthalt: 3 Nächte. Ganzjährig nutzbar. Entsorgung auf der Kläranlage, OT Höckberg ca. 2 km.

Standort: Dr. Bachl-Str.
GPS 48°25'49"N/12°56'04"O,
Stadtverwaltung,
Telefon 08561/30615,
www.pfarrkirchen.de

94060 POCKING
Stellplatz am Seecamp Rottal

Gebührenpflichtiger Stellplatz für 27 Mobile an der Ferienanlage am Badesee. Fester Untergrund aus Schotter und Kies, durch Grünstreifen und Bäume aufgelockert. Nachts beleuchtet. Ganzjährig. 10 Euro pro Nacht und Mobil inklusive V+E. Strom (13 Anschlüsse): 50 Cent/kWh.

Standort: Haid 4a,
GPS 48°23'02"N/13°18'13"O,
Telefon 08531/900090,
Mobil 0176/19779012,
www.seecamp-rottal.de

94099 RUHSTORF/ROTT
Stellplatz Kroneckerhof

Gebührenpflichtiger Stellplatz für 3 Mobile. Ruhige Einzellage. Ebener Pflaster- oder Rasenuntergrund, steile Anfahrt. Ganzjährig nutzbar. 3 Euro pro Nacht und Mobil inklusive Ver- und Entsorgung. Strom: 50 Cent/kWh.

Standort: OT Kroneck bei Schmiedham, Kroneck 1,
GPS 48°29'54"N/13°14'17"O,
Familie Killer, Telefon 08506/349

DIE PERFEKTE WOCHE IN

MÜNCHEN

ITALIENISCHSTE STADT DEUTSCHLANDS wird München gerne genannt, und zu aller Lebensfreude und -qualität kommen weitere ganz handfeste Vorzüge dazu – willkommen in der Gute-Laune-Metropole der Republik.

Schöner Klang: Straßenmusiker sorgen für Stimmung in der bayerischen Metropole.

Schöne Straßen: per Reisemobil über die Luitpoldbrücke, von Ferne grüßt der Friedensengel.

Schönes Bild: ein Open-Air-Künstler in der Shoppingmeile Neuhauser Straße.

Opulenter Anblick: Marienplatz und Neues Rathaus, dessen Glockenspiel mit Solarstrom betrieben wird.

Lauschiges Ufer auch im Stadtgebiet: Dank umfassender Renaturierung erhält die Isar ihre ökologischen Funktionen zurück.

Ein sonniger Vormittag im Glockenbachviertel. Es ist warm, Vögel zwitschern, und über den breiten Radweg, der parallel zur Isar quer durch die Stadt führt, flitzen jede Menge Radfahrer hinweg. Nicht weit von der Corneliusbrücke räkeln sich die Sonnenjünger im Isarkies. Zwei Ampeln weiter südlich ist vor dem Café Italia am Röcklplatz kein einziger Tisch mehr frei. Der Kellner schleppt Tabletts mit Latte macchiatos heran, während stilvoll zerknitterte Kreative durch das Feuilleton der Süddeutschen Zeitung blättern und eine flotte Yoga-Mutter nach dem iPhone in ihrer Handtasche angelt. Heitere Ferienstimmung liegt über dem Viertel.

Ein typischer Münchner Sonntag? Nein, es ist ein Münchner Dienstagvormittag. Und während in anderen deutschen Städten hart gearbeitet wird, genießen die Münchner, wie es scheint, das dolce far niente. Nicht nur in szenigen Stadtteilen wie dem Glockenbachviertel, der Au oder Haidhausen, wo viele Freiberufler leben, die nicht an klassische Bürozeiten gebunden sind, auch anderswo hat man in Deutschlands heimlicher Hauptstadt oft das Gefühl, die Einheimischen hätten alle gerade frei. Sie füllen gemütlich bummelnd die großen Fußgängerzonen um den Marienplatz, sitzen im Schatten ausladender Kastanien bei einer frischen Maß im Biergarten, sie joggen durch den Englischen Garten oder haben es sich auf der Wiese im Hofgarten bequem gemacht.

Den meisten Besuchern der Stadt fällt schnell auf, dass sich die Münchner des Lebens gern freuen. Ebenso, dass das Nichtstun offenbar nichts mit fehlenden Arbeitsplätzen zu tun hat. Denn der mit 1,3 Millionen Einwohnern drittgrößten Stadt Deutschlands geht es sichtbar hervorragend. Bei deutschen Städte-Rankings landet München regelmäßig auf Platz Nummer 1, was niedrige Arbeitslosigkeit und hohen Wohlstand betrifft. Gearbeitet wird in „sauberen“, fortschrittlichen Sektoren wie IT, Medien, Dienstleistung. Und was Lebensqualität betrifft, besetzt München europaweit einen Spitzenplatz. Hier steht eben nicht nur ein Hofbräuhaus!

Jede Menge Grünflächen zwischen Isar und Englischem Garten, ein hohes Kulturangebot, das von Underground-Konzerten bis hin zu den sommerlichen Opernfestspielen reicht, dazu ein nahezu perfekt ausgebautes Nahverkehrssystem, wenig Kriminalität, saubere Straßen und in der nächsten Umgebung Badeseen und Skipisten – kein Wunder, dass selbst diejenigen Deutschen, die nicht in München leben, dort gerne zu Hause wären. Und über allem schwebt die Lebensfreude. Ob sie dem mediterranen Einfluss zu verdanken ist? Denn dass München als „italienischste Stadt Deutschlands“ bezeichnet wird, ist nicht nur auf die vielen Trattorien und Gelaterien zurückzuführen und auch nicht auf den römisch wirkenden Odeonsplatz. Der Grund ist eher in einer südlich inspirierten Geisteshaltung zu finden, die von der Nähe zu Italien ebenso gefördert wird wie von einer katholisch-barocken Genießerstimmung. Die bei Föhn, dem berüchtigten Südwind, über die Alpen weht – und dazu führt, dass man sich auch dienstagvormittags ohne schlechtes Gewissen einfach mal so an den Strand legen kann. Den Isarstrand, versteht sich.

Annette Rübesamen

MÜNCHENS GLANZLICHTER bitte umblättern >>>

MÜNCHEN KULINARISCH: DIE WEISSWURST

Im Wirtshaus kann es passieren, dass man am Nachmittag keine mehr bekommt, obgleich sie auf der Karte stehen. Denn die Tradition will es, dass die Münchner Weißwurst „das Zwölfeläuten nicht hören“ darf. Sprich: Sie muss vor der Mittagsstunde verzehrt werden. Eine Regel, die aus Prä-Kühlschrank-Zeiten stammt, in manch alteingesessenem Münchner Lokal aber noch immer beherzigt wird. Tragisch ist das insofern nicht, als ein paar Weißwürste zusammen mit ihren klassischen Beigaben – süßem Senf, einer reschen Brezn und einem Weißbier – einen guten Grund abgeben, schon vormittags einzukehren. Mit ihrer leichten Rezeptur (die Weißwurst besteht aus mindestens 51 % feinem Kalbsbrät) ist sie ein relativ leichter Imbiss – zumal sie nicht gebraten, sondern in heißem Wasser gegart wird.

Ein leichter Imbiss schon am Vormittag: Weißwurst mit süßem Senf und Brezn.

Kühles Eckchen: Blick von der Pfarrkirche St. Peter auf den Fischbrunnen am Marienplatz.

Friedensengel: Nike des Paionios auf einer 38 Meter hohen Säule.

Gaudi für Hunderttausende: Das Oktoberfest auf den Wiesn zieht alljährlich Besucher aus aller Welt an.

Zentraler Platz: der „Stachus" mit Springbrunnen und Karlstor, darunter liegen ein Einkaufszentrum samt U- und S-Bahnhof.

DAS DÜRFEN SIE NICHT VERPASSEN

» MÜNCHENS GLANZLICHTER – DIE BESTEN TIPPS

1 OKTOBERFEST

Das größte Volksfest der Welt ist mehr als nur Bier – an 16 Tagen in September/Oktober ist es vielmehr ein Fest für alle Sinne. Während in den geschmückten Zelten gegessen, gesungen, geschunkelt und getanzt wird, vergnügen sich Zehntausende weitere Gäste in Geisterbahnen, Kettenkarussells und sonstigen Fahrgeschäften. In der Luft liegt die unnachahmliche Mischung aus gebrannten Mandeln und Pferdeäpfeln; die Ohren rauschen vom Mix aus Karussellmusik und den schrillen Angstschreien der Achterbahn-Fahrer. Die Besucher verputzen dabei zwischen sieben und acht Millionen Maß (Liter) Bier – denn das gehört natürlich auch dazu ... www.oktoberfest.de

Volksfest der Superlative: Bis zu sieben Millionen Besucher feiern alljährlich beim Oktoberfest.

2 ALLIANZ-ARENA

Wie ein Raumschiff sieht sie aus, das sanft in der Fröttmaninger Heide gelandet ist: Die Allianz-Arena ist wohl Deutschlands schönstes Fußballstadion. Das aus 2800 Luftkissen konstruierte Oval lässt sich verschiedenfarbig beleuchten – je nachdem, ob die deutsche Nationalmannschaft (weiß), die Bayern (rot) oder der TSV 1860 München (blau) spielt. Großer Stellplatz außerhalb der Spieltage! www.allianz-arena.de

Allianz-Arena: Auch wenn kein Spiel stattfindet, kann man das Stadion bei Touren besichtigen.

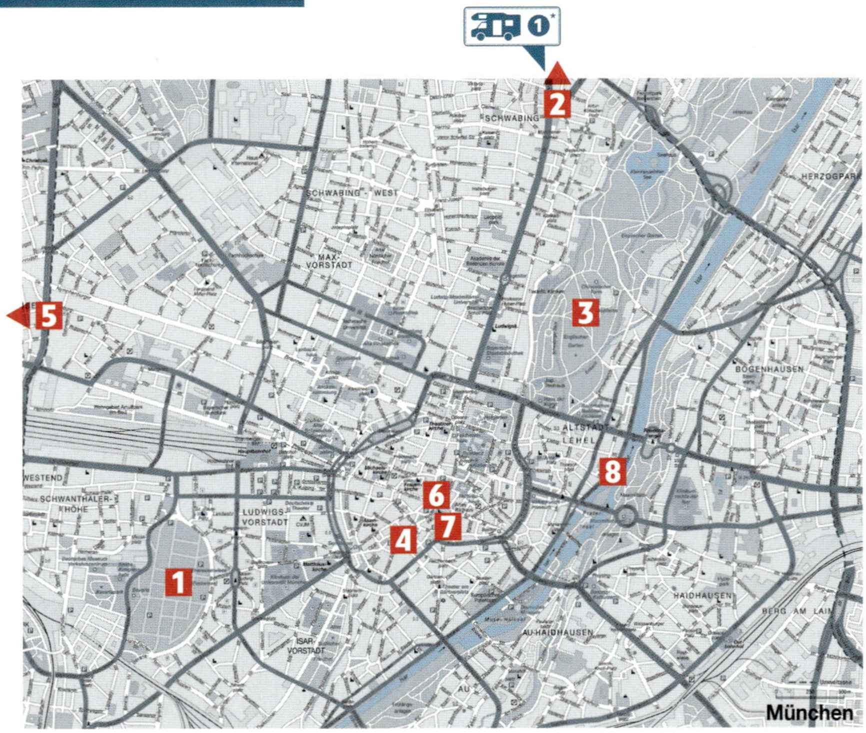

Karte: Hallwag

*Eine detaillierte Beschreibung dieses und weiterer Stellplätze finden Sie auf Seite 123.

Ein Blickfang im Englischen Garten: der Chinesische Turm.

3 ENGLISCHER GARTEN

Fünf Kilometer lang und bis zu einem Kilometer breit – der im 18. Jh. als englischer Landschaftsgarten mitten in der Stadt angelegte Park ist Münchens „grüne Lunge". Beliebt ist er bei Joggern, Lustwandlern, Reitern, Sonnenanbetern und – nicht zuletzt – Biertrinkern, denn zu den charakteristischsten Bauten innerhalb der heiteren, offenen Parkanlage gehört der pagodenförmige Chinesische Turm, der bereits 1790 errichtet wurde. Der „Chinaturm" ist heute auch Synonym für den ihm zu Füßen liegenden Biergarten und damit perfekter Ausklang für jeden Park-Spaziergang. Ein weiterer beliebter Treffpunkt ist der auf einem kleinen Hügel gelegene Monopteros, ein rundes Tempelchen mit schönem Sonnenuntergangs-Blick. www.chinaturm.de

Erinnert an Jerusalems Klagemauer: Wand der Synagoge.

4 JÜDISCHES ZENTRUM

Eine echte Bereicherung für das kulturelle Leben der Stadt ist das neue Jüdische Zentrum auf dem St.-Jakobs-Platz. Es besteht aus dem Jüdischen Museum, dem Gemeindehaus und der Synagoge. Im Museum wird auf drei Etagen die Vielfalt jüdischer Geschichte in München gezeigt. www.juedischeszentrumjakobsplatz.de

5 NYMPHENBURG

Sommerresidenz der Wittelsbacher: Schloss Nymphenburg.

Ihre großzügige Sommerresidenz im Westen der Stadt errichteten die Wittelsbacher im Laufe von zwei Jahrhunderten, besonders eifrig gebaut wurde im absolutistischen 18. Jh. – natürlich im französischen Stil. Highlight der Schlossanlage ist der Steinerne Saal, ein Festsaal im Rokoko-Stil, in dem sich auch die berühmte Schönheits-Galerie von Ludwig I. befindet: 36 Münchnerinnen ließ der Monarch im 19. Jh. dafür porträtieren, darunter die berühmte Tänzerin Lola Montez. Unbedingt besuchen sollte man die englische Parkanlage und die aus dem 18. Jh. stammende Badenburg mit beheizbarem Schwimmbecken. www.schloss-nymphenburg.de

Prunkbau am Marienplatz: Das Neue Rathaus wurde anno 1909 fertiggestellt.

6 MARIENPLATZ

Geschäftiger Mittelpunkt der Stadt, Zentrum der Fußgängerzone, Treffpunkt von Münchnern und Touristen aus aller Welt: Am Marienplatz kommt keiner vorbei – speziell zu den Zeiten des Glockenspiels im Rathausturm, wenn es vor lauter Zuschauern fast kein Durchkommen mehr gibt. Schon in den Tagen der Stadtgründung (1158) wurden hier der Korn- und der Salzmarkt abgehalten; später erließ Ludwig der Bayer das Verbot, die Platzfläche zu bebauen. Heute ist der Marienplatz von Cafés und Lokalen gesäumt; sehenswert sind das Alte und Neue Rathaus, der hübsche Fischbrunnen (in dem am Aschermittwoch seit 600 Jahren die Geldbeutel ausgewaschen werden, was die Zahlungsfähigkeit sicherstellen soll) und natürlich auch das fünfstöckige Einkaufsparadies Ludwig Beck. www.marienplatz.de

7 VIKTUALIENMARKT

Münchens Herz schlägt auf dem Markt, zu Füßen der Peterskirche und des Alten Rathauses gelegen mit einem weißblau-geringelten Maibaum in der Mitte, der den Anspruch auf den Titel „Millionen-Dorf" deutlich unterstreicht. Der Viktualienmarkt ist Münchens berühmtester Lebensmittelmarkt, an seinen Ständen und Buden gibt es nichts, was es nicht gibt: Südtiroler Äpfel und piemontesische Trüffeln, französische Rohmilchkäse und griechische Oliven, frische Chiemsee-Renken und Spreewaldgurken. Im Sommer sitzen „Kräuterweiberl" vor Bergen von Pfifferlingen und Preiselbeeren. Für Touristen ein Tipp – für Münchner ein Muss. www.viktualienmarkt-muenchen.de

Üppig: Viktualienmarkt mit vielen Brunnen und Statuen.

Klarer Fluss mitten in München: Die Isar lockt wieder mit grünen Ufern.

8 ISAR

Ein Stück echte Natur inmitten der Metropole: Seit die Isar in Teilen des Stadtgebiets aufwendig renaturiert wurde, rauscht sie wieder als echter Gebirgsfluss durch München. Befreit von den Verbauungen, in die man sie über Jahrhunderte gezwängt hatte, bahnt sie sich nun wieder eigene Wege, schafft neue Wasserläufe, Kiesbänke, Kaskaden. Herrlich ist es, an ihren Ufern spazieren zu gehen und zu radeln. Sogar „Strandbäder" laden inzwischen zum Sonnen und Baden, denn das Wasser ist sauber genug.

AUSFLÜGE IN DIE UMGEBUNG

» RUND UM MÜNCHEN – SEHENSWERTES UND NATUR

Kleine Kreuzfahrt: unterwegs zur Insel Frauenchiemsee.

CHIEMSEE

Mit seiner hinreißenden Lage vor den Chiemgauer Alpen ist der Chiemsee, auch „Bayerisches Meer" genannt, unbedingt einen Ausflug wert. Seine wahren Schätze liegen mittendrin – es sind die Inseln Herren- und Frauenchiemsee. Auf Herrenchiemsee, der größeren Insel, hat sich König Ludwig II. Ende des 19. Jhs. mit einem Schloss verwirklicht, das ganz nach dem Vorbild von Versailles errichtet wurde: prachtvoll und absolutistisch. Das totale Gegenprogramm wird gleich nebenan auf Frauenchiemsee geboten, einer kleinen Fischerinsel, die zu den malerischsten Orten ganz Oberbayerns gehört. Friede und Stille herrschen rund um das uralte Benediktinerinnenkloster, dessen wuchtiger, achteckiger Kirchturm mit dem Zwiebelturm das viel fotografierte, heimliche Wahrzeichen des Chiemgaus ist. www.chiemsee-alpenland.de

GARMISCH-PARTENKIRCHEN

Am Fuß der Zugspitze liegt Garmisch-Partenkirchen und eignet sich mit seinen geschäftigen Einkaufsstraßen perfekt für einen Bummel. Nicht weit von hier hat „Märchenkönig" Ludwig II. mit Linderhof sein charmantestes Schloss gebaut. Sehr hübsch: die romantische Parkanlage samt Venusgrotte und maurischem Kiosk. www.gapa.de

Bayerisch-gemütliche Architektur, sehr schöne Lage.

DACHAU

Ein schönes Zentrum und Schloss machen Dachau zu einer sehenswerten Stadt. Doch hier haben die Nazis in den 30er Jahren auch ihr erstes Konzentrationslager errichtet. Die auf der ehemaligen Anlage errichtete KZ-Gedenkstätte vermittelt ein Bild der SS-Terrorherrschaft. www.kz-gedenkstaette-dachau.de

Erinnert an eine grausame Zeit: KZ-Gedenkstätte.

STARNBERGER SEE

Eine der schönsten (Seen-) Landschaften ganz Deutschlands entstand aus einer eiszeitlichen Gletscherrinne: Südlich von München streckt sich der Starnberger See sehnsuchtsvoll der Alpenkette entgegen, die seinen würdigen Abschluss bildet. Schon vor 300 Jahren erkannte die Münchner Aristokratie den Reiz des Gewässers und siedelte sich an seinen Ufern an, die prächtigen Villen von Possenhofen, Tutzing und Berg sind allein schon einen Ausflug wert. Hübsch ist auch eine Dampferrundfahrt, etwa von Starnberg aus. Und wer einfach nur baden möchte, dem seien die Strandbäder von Feldafing und Ambach empfohlen. www.starnbergersee-info.de

Klares Wasser, nette Häuser am Ufer: Starnberger See.

Verwöhnt mit eigener Brauerei: Kloster Andechs am Ammersee.

KLOSTER ANDECHS/AMMERSEE

Den Ammersee lieben die Münchner nicht nur als familientaugliches Badeziel (das Wasser erreicht oft im Juni schon 20 Grad) und Segel- und Surfparadies, sondern auch als atmosphärischen Hintergrund für das Kloster Andechs. Zu der romantisch über dem See gelegenen Benediktinerabtei gehört neben der Kirche mit prächtigem Rokoko-Interieur auch der Klostergasthof – mit eigener Brauerei! www.ammersee-region.de

Info & Stellplätze

INFORMATION

Tourismusamt München Viele Prospekte, Urlaubs-Pakete und Reise-Infos gibt es beim Tourismusamt, das außerdem Info-Stellen im Münchner Rathaus und am Hauptbahnhof unterhält.

80331 München, Sendlingerstr. 1,
Telefon 089/23396500,
www.muenchen-tourist.de

STELLPLÄTZE

80331 MÜNCHEN
Stellplatz an der Allianz-Arena 1

Gebührenpflichtiger Stellplatz für 110 Mobile auf dem Busparkplatz Mitte der Allianz-Arena. Ebener Platz auf Schotter oder Schotterrasen. Restaurant und Kiosk ab 10 Uhr geöffnet. U-Bahn-Station „Fröttmaning" in 10 Min. zu Fuß erreichbar. Ganzjährig nutzbar außer an Spieltagen (ab 17 Uhr des Vortages) und während der Oktoberfestzeit. 15 Euro pro Nacht und Mobil. Strom (10 Anschlüsse) gegen Gebühr. Wasser: 20 Cent/20 Ltr. Kassenautomat.

Standort: OT Fröttmaning,
Werner-Heisenberg-Allee 25,
GPS 48°13'18"N/11°37'28"O,
Telefon 089/20050,
www.allianz-arena.de

München: Der große Stellplatz liegt an der Allianz-Arena.

Stellplatz Neue Messe

Gebührenpflichtiger Stellplatz für 1000 Mobile an der Neuen Messe. Sonderfreifläche am Rand des Messeparkplatzes. Geöffnet nur während der Dauer des Oktoberfestes und zu bestimmten Messen. 35 Euro pro Nacht und Mobil inklusive 2 Personen, Strom, Dusche, V+E. Jede weitere Person 15 Euro.

Standort: OT Riem,
De-Gasperi-Bogen,
GPS 48°08'00"N/11°42'36"O,
Telefon 089/94928130,
www.muenchen.de

WEITERE STELLPLÄTZE

85609 ASCHHEIM
Stellplatz am Gasthof Zur Post

Gebührenpflichtiger Stellplatz für 3 Mobile. Gepflasterter Parkplatz für Pkw und Reisemobile am Gasthof. Ganzjährig. 10 Euro pro Nacht/Mobil.

Standort: Ismaninger Straße 11,
GPS 48°10'23"N/11°42'55"O,
Telefon 089/9004800,
www.gasthofpost-aschheim.de

82065 BAIERBRUNN
Stellplatz Waltraud's Homeland

Gebührenpflichtiger Stellplatz für 4 Mobile auf einer privaten Wiese in ruhiger Lage. Restaurant 100 m, S-Bahn nach München 200 m. Saison: Ende März bis Ende November. 18 Euro pro Nacht und Mobil inklusive 4 Personen und Hund. Strom (4 Anschlüsse): 2 Euro. Wasser: 2 Euro.

Standort: Martlbauerweg,
GPS 48°01'14"N/11°29'06"O,
Waltraud Jauß,
Telefon 0175/2909051, E-Mail verpackungskaufmann@gmx.de

85435 ERDING
Wohnmobilpark Erding

Gebührenpflichtiger Stellplatz für 58 Mobile. Angelegtes Areal im Anschluss an die Parkplätze der Therme. Ebener, geschotterter Untergrund mit gepflasterten Fahrspuren. Info-Tafel, Mülltonnen vorhanden. Ganzjährig nutzbar. EVA-Anlage. 10 Euro pro Nacht und Mobil inklusive Gastkarte. Parkscheinautomat. Strom (48 Anschlüsse): 50 Cent/kWh. Wasser: 1 Euro/80 Ltr.

Standort: Thermenallee,
GPS 48°17'31"N/11°53'11"O,
Telefon 08122/9997673,
Mobil 0179/7042455,
www.wohnmobilpark-erding.de

Stellplatz Therme Erding

Gebührenfreier Stellplatz für etwa 20 Mobile, nur für Thermenbesucher. Ausgewiesener Teil im hinteren Bereich des Großparkplatzes an der Therme. Ebener, asphaltierter Untergrund, dahinter geschotterte Flächen. Kein Schatten, beleuchtet. Ganzjährig.

Standort: Thermenallee 1,
GPS 48°17'37"N/11°53'12"O,
Telefon 08122/22700,
www.therme-erding.de

82216 MAISACH
Stellplatz am Freibad

Gebührenfreier Stellplatz für 3 Mobile in ruhiger Ortsrandlage an der Maisach. Wiesenparkplatz am beheizten Freibad. Teils Schatten durch hohe Bäume. Max. Aufenthalt: 3 Tage. Ganzjährig.

Standort: Badweg,
GPS 48°13'19"N/11°15'28"O,
Gemeinde Maisach,
Telefon 08141/9370,
www.maisach.de

85229 MARKT INDERSDORF
Stellplatz bei Sun Mobil Cars

Gebührenfreier Stellplatz für 3 Mobile. Reservierter Teil des Firmengeländes im Gewerbegebiet. Ebener, teils befestigter, teils geschotterter Untergrund. Entfernung ins Zentrum: 10 Min., S-Bahnhof 2 Min. Max. Aufenthalt: 2 Nächte. Ganzjährig nutzbar. Holiday-Clean-Anlage.

Standort: OT Karpfhausen,
Lorenz-Braren-Straße 12,
GPS 48°21'00"N/11°22'26"O,
Telefon 08136/9313330,
www.sunmobilcars.de

82296 SCHÖNGEISING
Stellplatz Sedlmeier

Gebührenpflichtiger Stellplatz für 5 Mobile im geschotterten Hofraum und auf Wiese an einem Wohnhaus. Ruhige Ortsrandlage. Max. Aufenthalt: 4 Tage. Saison: Ostern–Oktober. 3 Euro pro Nacht und Mobil. Person über 12 Jahre: 2 Euro. Kind ab 6 Jahre: 1,50 Euro. Strom: 1,50 Euro/5 kWh. Wasser: 1 Euro/80 Ltr. Entsorgung 1,50 Euro. WC-Entsorgung: 1,50 Euro. Hund: 1 Euro.

Standort: Enterbruck 3,
GPS 48°08'06"N/11°12'32"O,
Georg Sedlmeier,
Telefon 08141/21576

85254 SULZEMOOS
Caravaningzentrum Der Freistaat

Gebührenfreier Stellplatz für 25 Mobile. Reservierter, großzügig dimensionierter Teil des Kundenparkplatzes. Breite und asphaltierte Fahrwege. Fast ebener, mit Schotterrasen befestigter Untergrund. WC-Container und Bistro am Platz. Wenig Schatten, beleuchtet. Nachts durch Wachdienst geschützt. Ganzjährig nutzbar. Holiday-Clean-Anlage

Standort: Ohmstraße 8–22,
GPS 48°16'53"N/11°15'43"O,
Telefon 08135/937100,
www.derfreistaat.de

82024 TAUFKIRCHEN
Stellplatz am Dulipphof

Gebührenpflichtiger Stellplatz für 8 Mobile. Ferienhof in Einzellage mit freiem Blick auf die Berge. Wiesenfläche mit Standspuren aus Rasengittersteinen. Brötchenservice und gute Betreuung mit Ausflugstipps. Ganzjährig. 10 Euro pro Nacht/Mobil. Strom Anhänger: je 2 Euro

Standort: Hochstraße 11,
GPS 48°02'22"N/11°37'16"O,
Familie Maier,
Telefon 089/6121266,
www.dulipphof.de

Fotos: Joachim Negwer, Michael Nagy/Presseamt München, Fotolia/HLPhoto

DIE PERFEKTE WOCHE

OBERBAYERN

SCHE SEEN

Fotos: Joachim Negwer

VON KUNST UND NATUR: Diese Mobil-Tour führt Sie zum Ammersee, zum Pilsen-, Staffel-, Kochel- und zum Starnberger See. Sie zeigt Oberbayern von seiner schönsten Seite – eine Landschaft, die schon viele große Maler inspiriert hat.

Herbstliche Abendstimmung mit Gänsen: Pilsensee mit Blick auf die Alpen.

Dießen am Ammersee: Wenn der Schaufelrad-Dampfer anlegt, herrscht auf dem Steg großer Andrang.

Wunderbar, so ein Tag im Herbst in Dießen: Wenn sich die ersten Sonnenstrahlen zeigen, zieht es alle wieder raus an den See. Jogger drehen ihre Runden, ein Vater bringt dem Sohn das Angeln bei, ein Pärchen macht ein Picknick auf dem Steg vor dem Bootshaus.

Als der Schaufelraddampfer „Diessen" am Steg fest macht, herrscht plötzlich Aufregung: 30, 40 Menschen steigen aus, mindestens doppelt so viele wollen wieder an Bord. „Achtung – alle Zusteiger aufgepasst!", quäkt der Seemann in sein Mikrophon, „dieses Schiff fährt über Herrsching nach Stegen – es gibt keine Rückfahr-Möglichkeit". „Ja das stimmt", sagt der ältere Herr. Er steigt gerade mit seiner Frau samt Fahrrädern aus dem Schiff. Die beiden kennen sich aus, waren schon öfter hier.

Sie haben ihr Reisemobil heute morgen schon früh auf dem Park-and-ride-Platz am Bahnhof von Dießen abgestellt. Mit den Rädern sind sie dann eine Runde um den See gefahren: „Der perfekte Tag",

DIE SPUREN VOM BLAUEN REITER

Intensive Farben voller Leuchtkraft und Symbolik – wichtige Kennzeichen des Expressionismus. Das Künstlerpaar Wassily Kandinsky und Gabriele Münter gilt als Wegbereiter dieser Kunstrichtung in Deutschland. Die beiden gründeten mit anderen Malern die Künstlergemeinschaft „Der Blaue Reiter". In Oberbayern sind die Maler dieser Zeit gleich durch vier Museen vertreten: das neue Franz-Marc-Museum in Kochel am See, das Münter-Haus in Murnau am Staffelsee, das Buchheim Museum am Starnberger See, sowie das Schlossmuseum Murnau. Dort werden geführte Wanderungen auf den Spuren des Blauen Reiters angeboten.

www.franz-marc-museum.de, www.murnau.de, www.buchheimmuseum.de, www.schlossmuseum-murnau.de

Hier waren große Maler zuhause: das Münterhaus in Murnau am Staffelsee.

Wie zu Großmutters Zeiten: Der Laden im Bauernhof-Museum Glentleiten hat Kaffee und leckeren Kuchen.

Ein Traum, wenn der Wind bläst: Segelschüler auf dem Ammersee zwischen Herrsching und Dießen.

Typisch oberbayrisch: Auf der Glentleiten stehen 60 alte Häuser – Bauernhöfe, Mühlen und Ställe.

Herrsching am Ammersee: Die Scheuermann-Villa im Kurpark am Ufer ist heute Sitz der Volkshochschule und Galerie für wechselnde Ausstellungen.

sagen beide und sie wirken sehr zufrieden. Überhaupt hat ihr Urlaub enormes Glückspotential: Sie fahren mit dem Reisemobil von See zu See. Heute Ammersee, morgen Pilsensee, dann Kochel-, Staffel- und Starnberger See. Fünf haben sie sich vorgenommen, jeder ist anders, jeder hat ein paar Besonderheiten. Man könnte diese Tour lässig zur Zehn-Seen-Runde ausbauen, denn Rieg-, Walchen- Tegern-, Schlier- und Chiemsee sind nicht weit.

Aber bleiben wir noch ein bisschen am Ammersee. Dießen ist ein Städtchen mit Charakter. Im Zentrum gibt es Cafés und Restaurants in großer Zahl. Urige, wie den Gasthof „Unterbräu“, der in einem lüftlbemalten Haus bayrische Kost serviert, oder originelle, wie das Cafe „Kleine Haie“, in dem es nicht nur Tee und Bio-Kuchen gibt, sondern auch Crêpes und Kunsthandwerk. Im Pavillon am See stellt die „Arbeitsgemeinschaft Dießener Kunst“ Objekte der örtlichen Bildhauer, Töpfer, Glasmaler aus. Es gibt hier viele schöne Stücke – und viele interessante (Lebens-)Künstler. Genauso wie auf der anderen Seite des Ammersees, in Herrsching, übrigens der südlichste Punkt des Münchner S-Bahnnetzes. Von hier fährt die S 5 in knapp einer Stunde zum Münchner Hauptbahnhof. Wenn Sie also nach der vielen Seeluft eine Prise Stadtluft brauchen – hier wäre ein guter Einstieg. Als Ausgangspunkt für die Entdeckungstour durch Herrsching bietet sich der Parkplatz Rieder Straße an, er ist groß genug für Reisemobile und liegt direkt am Ufer. Von hier aus kann man sehr gut auf der Promenade bis zum Schiffanleger gehen und dort dem Schaufelraddampfer beim Anlegen zusehen oder im Biergarten Zwetschgendatschi essen.

Bier gibt's in großen Krügen, das Essen ist deftig. In Andechs kann es sein, dass Sie mit erwartungsfrohen Menschen aus Japan, Amerika, Polen oder Hamburg in der Schlange stehen.

Der größte Anziehungspunkt der Region ist aber unbestritten das Benediktinerkloster Andechs, einer der wichtigsten Wallfahrtsorte Bayerns mit berühmtem Rokoko-Altar. Die meisten der Besucher – es sind mehr als eine Million pro Jahr – kommen aber wegen etwas ganz anderem: Zum Kloster gehört die Brauerei, in der sieben Biersorten gebraut werden, unter anderem auch das weltberühmte „Andechser Doppelbock dunkel“. Deshalb kann es sein, dass Sie am Tresen in der Schlange stehen mit erwartungsfrohen Menschen aus Japan, Amerika, Polen oder Hamburg. Bier gibt's in großen Krügen und das Essen ist deftig: Schweinshaxe mit Sauerkraut, Wammerl (Schweinebauch! Vollfett!) mit Kartoffelsalat, dazu noch eine ganze Menge mehr, was Kalorienzähler leicht in den Wahnsinn treiben kann. Das Beruhigende für Reisemobilfahrer: Es gibt auch »

Benediktinerkloster Andechs: Einer der wichtigsten Wallfahrtsorte Bayerns – Attraktion in der Klosterkirche ist der berühmte Rokoko-Altar.

Durchblick zum Ammersee: an der Uferpromenade in Herrsching.

Bier und deftiges Essen: Terrasse des Klostergasthofs Andechs.

Murnau am Staffelsee: schönes Städtchen im „Blauen Land".

EHER HERZHAFT

Deftig und gut, das sind die Markenzeichen der oberbayrischen Küche. Weißwurst, Leberkäse, Schweinebraten mit Knödeln und natürlich die Brezn – die Spezialitäten des Freistaates sind vielfältig, reichhaltig und vor allem lecker. Ein mitgebrachtes Picknick kann man wunderbar in einem der zahlreichen klassischen Biergärten genießen. Denn dort ist es dem Besucher aufgrund des Bayrischen Biergartengesetzes gestattet, die eigene Verpflegung mitzubringen. Einzig die Getränke müssen an Ort und Stelle erworben werden.

So ist's recht: Schweinsbraten, Brezn und ein Andechser Schwarzbier.

Wasser und Apfelsaft. Fahren muss man nämlich in jedem Fall noch, denn auf dem Parkplatz ist Übernachten nicht erlaubt.

Ganz locker könnte man aus dieser Reise auch eine Tour zu den großen Malern des frühen 20. Jahrhunderts machen. Viele von ihnen hat diese Natur inspiriert, was man in einigen interessanten Mussen anschauen kann. Zum Beispiel im Buchheim Museum in Bernried, das direkt am Starnberger See liegt und die Sammlungen des Romanautors Lothar-Günther Buchheim zeigt.

Schon seit vielen Jahren pflegt Murnau am Staffelsee liebevoll das Andenken an Gabriele Münter und Wassily Kandinsky. Das Paar lebte vor dem Ersten Weltkrieg dort und gründete zusammen mit Franz Marc den Künstlerkreis „Der Blaue Reiter", zu dem später unter anderem auch August Macke und Paul Klee fanden. Das Münterhaus ist heute eine kleines Museum, das Einblicke in die Werke und das Leben der beiden Maler gibt. Franz Marc lebte nur ein paar Kilometer weit entfernt.

Gern genommenes Souvenir: Schnäpse aus dem Kloster.

Inzwischen werden seine Werke im neuen, nach ihm benannten Museum in Kochel ausgestellt. Marc gehörte auch zu den Münchner Expressionisten, die die Malerei ihrer Zeit radikal veränderten und – vereinfacht gesagt – die Welt nicht mehr so darstellten wie sie aussah, sondern so, wie sie sie empfanden. Über Franz Marc wird folgende Anekdote erzählt: Der Künstler zeigte dem Sächsischen König sein berühmtes Bild mit den blauen Pferden. Der König fragte: „Warum sind denn diese Pferde blau?" Marc darauf: „Majestät, ich sehe diese Pferde so!" Und der König: „Ach, und da mussten Sie ausgerechnet Maler werden?"

Wie schön, dass sich Franz Marc und seine Kollegen nicht haben beirren lassen. Das neue Franz-Marc-Museum zeigt seine Bilder und die Wirkung, die der Blaue Reiter auf die folgenden Künstler-Generationen hatte. Und die ist enorm.

Peter Höri

OBERBAYERN KOMPAKT bitte umblättern >>>

Wasser in Sicht: Blick von der Ilka-Höhe, hoch über Tutzing, auf den Starnberger See.

Klare Sicht auf die schönsten Seen

Sissis Kindheitsschloss, hervorragende Angel- und Badeseen, auf den Spuren der Blauen Reiter wandeln oder alte Kulturen kennen lernen, dazu als Gegenpol eine pulsierende Metropole.

1 AMMERSEE Strandbäder, Biergärten, Rad- und Wanderwege – und das alles ohne Motorbootlärm. Der Ammersee ist ruhig und am Ufer warten viele kleine Attraktionen, zum Beispiel in Schondorf die romanische Pilgerkirche St. Jakob und daneben der Biergarten „Seepost“. www.ammersee-region.de

2 PILSENSEE Glasklares Wasser und günstige Windverhältnisse machen den Pilsensee zu einem schönen Surfrevier. Im Schloss Seefeld gibt es Theater, Kabarett, Konzerte und Ausstellungen. Und mit der S-Bahn (S5) kommt man in 45 Minuten zum Münchner Hauptbahnhof. www.fuenfseen.de

3 STARNBERGER SEE Er ist ein ideales Segelrevier, es gibt Tretboote, Wasserskifahrer und selbst Taucher kommen in dem bis zu 128 m tiefen See auf ihre Kosten. Für Sissi-Fans ist das Schloss Possenhofen, in dem die Kaiserin ihre Kindheit verbrachte, Pflichtprogramm für den Urlaub. www.sta5.de

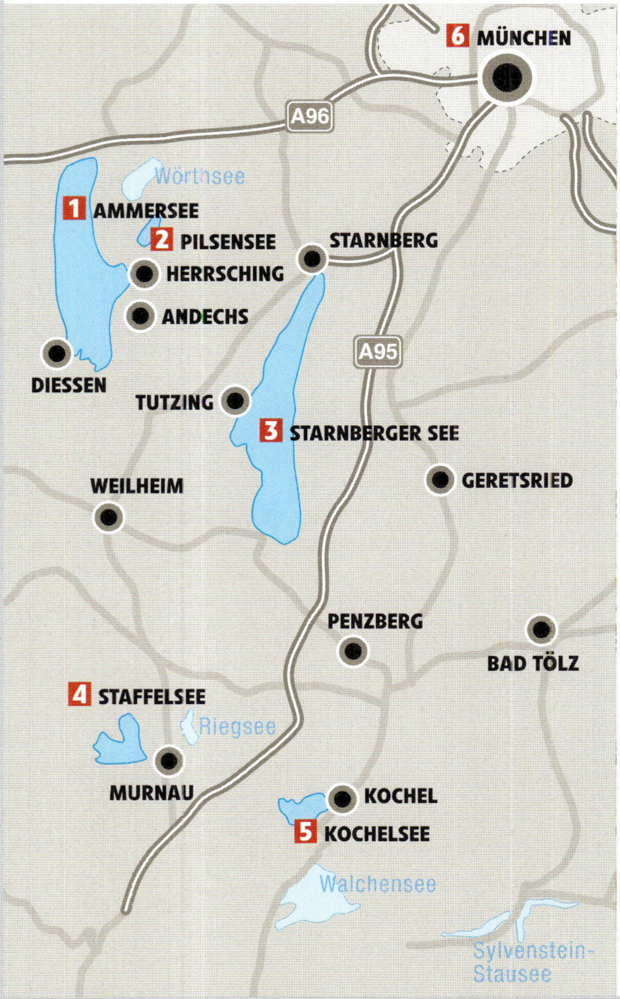

4 STAFFELSEE Der ausgezeichnete Badesee mit heilkräftigem, moorhaltigen Wasser zählt zu den wärmsten der Region. Angler werden sich hier wohlfühlen, das Ruderboot gibt es ab 13 Euro. Auf Wörth, der größten der sieben Inseln, hat ein zum Kloster der Insel gehörender Archäologiepark neu eröffnet. www.dasblaueland.de

5 KOCHELSEE Das neue Franz-Marc-Museum (Foto) und ein Spaziergang durch Kochel gehört zum Pflichtprogramm für den kunstinteressierten Besucher. Das Angebot an Wanderrouten ist erstklassig, lohnend zum Beispiel die 3-stündige Rundtour um den See. Auch empfehlenswert: Eine Ballonfahrt (ab 170 Euro). www.kochel.de

6 MÜNCHEN Die Landeshauptstadt bietet ein abwechslungsreiches Kontrastprogramm zur Seen-Idylle. Weltberühmt ist das Oktoberfest (Foto), weitere Highlights sind unter anderem die halbjährlich stattfindenden Tollwood-Festivals, die Opernfestspiele, der Sommernachtstraum und das Stadtgründungsfest. www.muenchen.de

OBERBAYERN KOMPAKT

Infos | Tipps | Adressen

CAMPING

Camping Burg: Auf einer Halbinsel im Staffelsee gelegener, naturbelassener Platz. Kinderspielplatz und Kiosk vorhanden. Rad- und Wanderwege am Platzrand.

82418 Seehausen, Burgweg 41,
Telefon 08841/9870,
www.camping-staffelsee.de

Camping Strandbad Pilsensee: Schön gelegener Platz mit langer Uferlinie und vielen Bademöglichkeiten. Großes Freizeitangebot, unter anderem Wanderrouten, Wassersport oder der Besuch des Kloster Andechs.

82229 Seefeld, Am Pilsensee 2,
Telefon 08152/7232,
www.toerring-seefeld.de

Stellplätze mit Seeblick: Camping Strandbad Pilsensee.

RESTAURANTS

Mittagessen über dem Staffelsee: Alpenblick in Uffing.

Alpenblick in Uffing: Wunderschön gelegener Traditionsgasthof am Staffelsee. Kreative Küche mit Spezialitäten der Region, schöne Salate. Überdachte Seeterrasse, außerdem netter, günstiger Biergarten, direkt am Staffelsee-Ufer gelegen.

82449 Uffing, Kirchtalstraße 30,
Telefon 08846/9300,
www.alpenblick-uffing.de

Gut angerichtet: Restaurant Fingerprint in Herrsching.

Fingerprint in Herrsching: Junge, wilde und experimentierfreudige Küche auf hohem Niveau (15 Punkte im Gault Millau). Küchenchef Konrad Zacharias Wolfmiller zaubert gerne überraschende Menüs im Chalet am Kiental. Gehobene Preisklasse.

82211 Herrsching, Andechsstraße 4, Telefon 8152/982570,
www.chaletkiental.de

Lido Seeshaupt: Die Lage ist eine Sensation, direkt am Ufer des Starnberger Sees, in Fußentfernung vom Campingplatz Seeshaupt. Riesige Seeterrasse. Die Küche: Italienisch, bayrisch asiatisch und vegetarisch – bunt gemischt und solide.

82402 Seeshaupt, St. Heinricher Straße 113, Telefon 08801/533,
www.seerestaurant-lido.de

Pavillon am See: Dauer-Ausstellung von 30 Künstlern in Dießen.

SEHENSWERTES

Freilichtmuseum Glentleiten: Zwischen Kochel- und Staffelsee stehen insgesamt 60 alte Gebäude: Bauernhöfe, Mühlen, Werkstätten und mehr. Es gibt Programme, in denen spielerisch über altes Handwerk und das einfache Leben der Bauern informiert wird.

82439 Großweil, An der Glentleiten 4, Telefon 08851/1850,
www.glentleiten.de

Gute Informationen bekommt man beim Tourismusverband München-Oberbayern. Auf der Website gibt es auch ein pdf-Dokument über Reisemobilstellplätze zum Herunterladen.

Telefon 089/8292180,
www.oberbayern.de

■ RADELN UM DEN STARNBERGER SEE

Das Sissi-Schloss in Possenhofen, die Votivkapelle in Berg, danach ein Halt an den Sandstränden in Ambach und anschließend noch der Wasserpark in Starnberg. Der Klassiker unter den Radtouren dieser Region reicht einmal um den Starnberger See. Die 50 Kilometer lange Route führt die meiste Zeit auf gut ausgebauten Radwegen direkt am Ufer entlang. Und wer sich durch die vielen Biergärten, die Attraktionen am Wegesrand doch in der Zeit vertan hat, kann auch mit einem der Ausflugsschiffe nach Starnberg zurückfahren. Fahrräder zur Tour können in Starnberg geliehen werden. www.bayregio-starnberger-see.de

Kleiner Stopp am Radweg: Blick auf die Roseninsel im Starnberger See bei Feldafing.

STELLPLÄTZE

82435 BAD BAYERSOIEN
Reismobilhafen Bad Bayersoien

Gebührenpflichtiger Stellplatz für 8 Mobile. Ausgewiesener Platz am Ortsrand, Wiesen und Felder angrenzend. Ebener, geschotterter Untergrund. Ganzjährig. EVA-Anlage. 9 Euro pro Nacht und Mobil. Strom (12 Anschlüsse): 1 Euro/ 2 kWh. Wasser: 1 Euro/80 Ltr.

Standort: Am Bauhof 7,
GPS 47°41'15"N/10°59'50"O,
Christof Echtler,
Telefon 08867/1500,
www.camping-rottenbuch.de

82433 BAD KOHLGRUB
Stellplatz am Hotel Waldruh

Gebührenpflichtiger Stellplatz für 16 Mobile auf dem Gelände am Hotel und Kur-Camping Waldruh. Untergrund geschottert und eben. Saison: März bis November. Ab 10,40 Euro pro Nacht und Mobil. Personen ab 6 Jahre: 2,50 Euro. Hund: 1 Euro.

Standort: Sonnen 93,
GPS 47°39'31"N/11°02'37"O,
Johann Reindl,
Telefon 08845/74100,
www.hotelwaldruh.de

Bad Kohlgrub: Stellplätze vor dem Kur-Camping Waldruh.

83646 BAD TÖLZ
Stellplatz Bad Tölz

Gebührenpflichtiger Stellplatz für 30 Mobile. Geschotterter, ebener Untergrund. Ruhige Lage hinter einem Pkw-Parkplatz. Nur durch einen Grünstreifen von der Isar getrennt. Max. Aufenthalt: 48 Stunden. Ganzjährig nutzbar. Holiday-Clean-Anlage. 8 Euro pro Mobil und 24 Std. inklusive Kurbeitrag. Wasser: 1 Euro/50 Ltr.

Standort: Bürgermeister-Stollreither-Promenade,
GPS 47°45'47"N/11°32'59"O,
Tourist-Information, Telefon 08041/78670, www.bad-toelz.de

Bad Tölz: Der Stellplatz liegt ruhig und im Grünen.

83707 BAD WIESSEE

Stellplatz am Strandbad

Gebührenpflichtiger Stellplatz für 10 Mobile, vom Pkw-Parkplatz abgeteilt. Geschotterter Untergrund, von hohen Bäumen eingerahmt. Ruhige Lage am Ufer des Tegernsees und unweit des Hafens. Max. Aufenthalt: 3 Tage. Ganzjährig nutzbar. ST-SAN-Anlage. 10 Euro pro Nacht und Mobil (Parkautomat). Strom: 1 Euro/6 Std. Wasser: 1 Euro/50 Ltr.

Standort: Am Strandbad,
GPS 47°43'16"N/11°43'35"O,
Gemeinde Bad Wiessee,
Telefon 08022/860228,
www.rathaus-bad-wiessee.de

83671 BENEDIKTBEUERN

Stellplatz am Sportzentrum

Gebührenpflichtiger Stellplatz für 16 Mobile, auf dem Hartplatz am Sportzentrum angelegt und ausgewiesen. Ruhige, grüne Lage am Lainbach. 1 km vom Ort entfernt. Max. Aufenthalt: 3 Nächte. Saison: Frühjahr bis Herbst. Silver-C-Anlage. 7 Euro pro Nacht und Mobil inklusive Ver- und Entsorgung. Strom (12 Anschlüsse): 2 Euro/12 Stunden.

Standort: OT Gschwendt,
Schwimmbadstraße 37,
GPS 47°41'55"N/11°24'57"O,
Gästeinformation,
Telefon 08857/248,
www.benediktbeuern.de

82438 ESCHENLOHE

Stellplatz am Tonihof

Gebührenfreier Stellplatz für 2 Mobile. Einkehr obligatorisch. Asphaltierter Untergrund auf dem Parkplatz des Hotel-Restaurants. Ganzjährig nutzbar.

Standort: Walchenseestraße 42,
GPS 47°35'51"N/11°11'40"O,
Heidemarie Otto,
Telefon 08824/92930,
www.tonihof-eschenlohe.de

82439 GROSSWEIL

Stellplatz an der Kreut-Alm

Gebührenfreier Stellplatz für 40 Mobile. Einkehr obligatorisch. Die Fahrzeuge stehen auf dem asphaltierten Parkplatz beim Traditionsgasthof mit schönem Biergarten. Saison: März bis November. Strom: 5 Euro.

Standort: Kreut 1,
GPS 47°39'43"N/11°16'58"O,
Familie Mayr, Telefon 08841/5822,
www.kreutalm.de

86978 HOHENFURCH

Stellplatz am Gasthof Negele

Gebührenpflichtiger Stellplatz für 8 Mobile. Ganzjährig nutzbar. 9 Euro pro Nacht und Mobil inkl. Wasser und Sanitäreinrichtung.

Standort: Hauptplatz 2,
GPS 47°50'54"N/10°53'48"O,
Familie Perlinger,
Telefon 08861/908000,
www.gasthof-negele.de

Hohenfurch: die öffentlichen Stellplätze am Gasthof Negele.

86899 LANDSBERG/LECH

Stellplatz Waitzinger Wiese

Gebührenpflichtiger Stellplatz für 8 Mobile, auf einem öffentlichen Parkplatz für Pkw und Busse ausgewiesen. Untergrund gepflastert. Der Platz liegt sehr ruhig in einer Sackgasse, 100 m vom Lechufer entfernt. Ganzjährig nutzbar. 1 Euro pro Mobil/24 Std. Schrankenanlage. Strom (8 Anschlüsse) und Wasser gegen Gebühr.

Standort: Gottesackerangerweg,
GPS 48°03'19"N/10°52'25"O,
Stadtwerke, Telefon 08191/947827,
www.landsberg.de

82418 MURNAU

Stellplatz am Bahnhof

Gebührenpflichtiger Stellplatz für 4 Mobile auf dem Parkplatz am Bahnhof ausgewiesen. Untergrund aus Asphalt, nachts beleuchtet. Geringe Distanz zum Staffelsee. Maximaler Aufenthalt 3 Tage. Ganzjährig nutzbar. 1 Euro pro Mobil und Tag. Strom: 1 Euro/2 kWh. Wasser: 1 Euro/100 Ltr.

Standort: Am Bahnhof,
GPS 47°40'46"N/11°11'44"O,
Tourist-Information,
Telefon 08841/6141,
www.murnau.de

86923 OBERFINNING

Stellplatz Zum Staudenwirt

Gebührenfreier Stellplatz für 3 Mobile, Einkehr in den Gasthof Staudenwirt obligatorisch. Ebener, geschotterter Untergrund. Ganzjährig nutzbar.

Standort: Staudenwirt 6,
GPS 48°00'59"N/11°01'10"O,
Telefon 08806/92000,
www.staudenwirt.de

Oberfinning: Platz für drei Reisemobile beim Staudenwirt.

82380 PEISSENBERG

Stellplatz am Freizeitgelände

Gebührenfreier Stellplatz für 10 Mobile in der Ortsmitte. Parkplatz für Pkw und Reisemobile. Ebener, geteerter Untergrund. Maximale Aufenthaltsdauer: 24 Stunden. Ganzjährig nutzbar. V+E an der Kläranlage in Peißenberg

Standort: Moosleite,
GPS 47°47'52"N/11°03'43"O,
Telefon 08803/9699,
www.gvw-peissenberg.de

82447 SPATZENHAUSEN

Stellplatz Brugger am See

Gebührenpflichtiger Stellplatz für 15 Mobile. Vom Campingplatz abgetrenntes Wiesengelände direkt am Seeufer. Ganzjährig. Hauptsaison 16 Euro pro Nacht und Mobil für 2 Personen, in der Nebensaison 12 Euro. Strom 2,50 Euro, Dusche 50 Cent, Hund 2,50 Euro.

Standort: OT Hofheim, Seestraße 1,
GPS 47°42'26"N/11°13'07"O,
Telefon 08847/728,
www.camping-brugger.de

82432 WALCHENSEE

Stellplatz am Walchensee

Gebührenpflichtiger Stellplatz für 80 Mobile im Landschaftsschutzgebiet am südlichen Ende des Walchensees. Parkplatz in Einzellage neben der Bundesstraße. Gastronomie im Ort. Maximaler Aufenthalt: 3 Nächte. Ganzjährig nutzbar, wird aber im Winter nicht geräumt. 5 Euro pro Nacht und Mobil bis 11 Uhr des Folgetages. Strom: 1 Euro/1,25 kWh. Wasser: 1 Euro/70 Ltr.

Standort: OT Einsiedl, B 11
GPS 47°34'16"N/11°18'18"O,
Telefon 08858/929168,
www.nachtparkplatz-einsiedl.de

82362 WEILHEIM/OBERBAY.

Stellplatz an der Ammer

Gebührenpflichtiger Stellplatz für 8 Mobile. Markiertes Gelände im Anschluss an einen Großparkplatz. Eben, asphaltiert. Ruhige Lage. Kein Schatten, beleuchtet. Ganzjährig nutzbar. 4 Euro pro Nacht und Mobil. Strom: 50 Cent/kWh. Wasser: 50 Cent/50 Ltr.

Standort: Lohgasse 17,
GPS 47°50'24"N/11°08'10"O,
Telefon 0881/682532,
www.weilheim.de

SERVICE-MAGAZIN

RICHTIG PARKEN

Reisemobil fahren macht Spaß, das Abstellen des Fahrzeugs nicht immer. Gerade zu Beginn der Reisesaison rätseln viele: Wo darf man **LEGAL PARKEN** und wo lauern Ärger und Strafzettel?

Rasten oder ausrasten? Von Lkw zugeparkte Raststätten, unvermutete Höhenbeschränkungen vor Pkw-Flächen, allgegenwärtige Verbotsschilder und schmerzhafte Gebühren – in der Urlaubszeit bringt die Pause auf der Reisemobiltour mitunter Stress statt Erholung. Gerade am Rande der großen Reiserouten oder nahe touristischer Attraktionen fragen sich Reisemobilfahrer immer häufiger, wo man überhaupt noch ungehindert parken darf.

Prinzipiell ist das Parken in Deutschland klar geregelt. Wo das weiße P auf blauem Grund strahlt, dürfen Reisemobile stehen. Sobald aber ein Zusatzzeichen darunter montiert ist, heißt es genauer hinsehen. Leicht verständlich: das Reisemobilschild mit dem stilisierten Alkovenmobil. Allerdings trifft man an Autobahnen und in Städten noch realtiv selten auf dieses Zusatzzeichen. Meist weist es allerdings Übernachtungsplätze aus, nicht unbedingt eine Fläche für die Rast zwischendurch (siehe auch Kasten rechts).

Das ungleich weiter verbreitete Pkw-Symbol bedeutet dagegen ein klares Verbot für Fahrzeuge mit einem Eintrag als „Sonstiges Kfz Wohnmobil" in den Fahrzeugpapieren und schließt damit praktisch alle Reisemobile aus. Ein Lkw-Symbol wiederum erlaubt das Parken für Fahrzeuge über 3,5 Tonnen Gesamtgewicht. Darin eingeschlossen: die Reisemobile dieser Gewichtsklasse. Soweit die Theorie.

Kein Vergnügen: Größere Reisemobile müssen an Raststätten auf die ohnehin knappen Lkw-Plätze. Nicht immer zur Freude gestresster Brummifahrer.

Vergebliche Suche: Selbst neue detaillierte Schilder an Autobahnen ignorieren Reisemobile oft völlig.

Links die Lkw, rechts die Pkw – so regeln die Zeichen oft den sogenannten ruhenden Verkehr an Autobahnparkplätzen und Raststätten. Reisemobilfahrer fühlen sich hier wie das fünfte Rad am Wagen. Ihnen bleibt nur ein ratloser Blick auf die Schilder, um sich dann einfach einen freien und ausreichend großen Platz zu suchen.

> Viele Autohöfe haben gerade die Reisemobilisten als gern gesehene Kundschaft entdeckt

Kein Problem an ruhigen Tagen, aber eine echte Herausforderung in der Urlaubszeit. Die Rechtslage ist – wie oben erwähnt – nur für Reisemobile über 3,5 Tonnen Gesamtgewicht eindeutig. Sie sollen auf die Lkw-Flächen. Eine Regelung, die in der Praxis kaum einzuhalten ist. Nachts müssten manche Brummiplätze eigentlich wegen Überfüllung geschlossen werden. Falls die Sattelzüge bereits in den Fahrgassen stehen, fährt man lieber weiter.

Die Profis am Steuer sind gezwungen, die vorgeschriebenen Ruhezeiten einzuhalten. Das sollten Reisemobilfahrer vor allem dann berücksichtigen, wenn sie am späten Nachmittag eintreffen. Kurze Zeit später kann es eng werden. Auf Abstand bedachte Reisemobiltouristen ziehen sich unweigerlich den Zorn der Brummifahrer zu. Besser also kompakt parken und die Lkw-Spur mit anderen Reisemobilen oder Caravan-Gespannen teilen.

Wer einmal versucht hat, zwischen dröhnenden Lkw-Motoren und rappelnden Kühlaggregaten Schlaf zu finden, wird sich für längere Ruhezeiten ohnehin einen besseren Platz suchen. So betrachtet haben es Fahrer leichter Reisemobile einfacher. Niemand zwingt sie auf Lkw-Plätze. Doch übliche Pkw-Flächen fallen für 3,5-Tonner oft zu klein aus. Dazu kommt die ungeklärte Rechtslage. Reisemobile der leichteren Gewichtsklasse werden auf den Lkw- und Pkw-Plätzen an den Autobahnen letztlich nur geduldet.

Gegenüber *promobil* beruhigt Verkehrsminister Peter Ramsauer: „Mein Haus hat die Länder gebeten, den sogenannten Opportunitätsgrundsatz anzuwenden: Wenn ein kleineres Wohnmobil auf einem Lkw-Platz steht, soll das von der Polizei nicht verfolgt werden. Was Pkw-Parkplätze angeht: Kein Fahrer verhält sich falsch, wenn er dort parkt, wo Parkplätze in Schrägaufstellung markiert sind. Hier reicht der Platz für Wohnmobile bis sechs Meter Länge."

Warum überhaupt die komplizierte Situation? Raststättenbetreiber verweisen auf die Behörden: Für Parkvorschriften und unterschiedliche Fahrzeugsymbole ist das Verkehrsministerium zuständig, für das Aufstellen der Schilder wiederum die Bundesländer.

Ein einfacher Ausweg: die privat betriebenen Autohöfe, die man immer häufiger und gut beschildert an Autobahnaus- »

■ PARKPLATZ ODER STELLPLATZ?

Die Grenzen zwischen Parkplatz und Reisemobilstellplatz verlaufen nicht immer ganz trennscharf. Denn auch bei vielen Stellplätzen handelt es sich streng genommen um Parkplätze. Oft entscheidender Unterschied: Auf einem Parkplatz ohne besondere Zusatzzeichen darf man lediglich eine Nacht zur Wiederherstellung der Fahrtüchtigkeit im Fahrzeug schlafen. Die Aufenthaltsdauer auf spezieller Reisemobilstellplätzen kann jedoch ebenfalls befristet sein, dann aber meist auf mehrere Tage. Umgekehrt eignen sich ausgewiesene Stellplätze nicht immer zum Parken oder Rasten. Da spielt die Lage eine Rolle, oft aber Gebühren, die pro Tag erhoben werden. Eine weitere feine Differenzierung zwischen Stellplatz und Parkplatz: Während die Klappsessel unter der Markise auf Reisemobilstellplätzen zum vertrauten Bild gehören, wird derlei auf Parkplätzen meist nicht geduldet.

Befristetes Parken: gängige Regel auf kommunalen Stellplätzen.

Gezieltes Hindernis: Höhenbegrenzungen sorgen oft für Ärger, zumal sie selten frühzeitig ausgeschildert sind.

Fotos: Fotolia, Karin Jähne/Pixelio, Kohstall

Kurzgehalten: Die markierten Pkw-Parkbuchten an Autobahnparkplätzen reichen nur für Reisemobile bis etwa sechs Meter Länge.

fahrten findet. Ursprünglich vor allem für Lkw-Fahrer gedacht, haben viele Autohöfe die Reisemobilfahrer als Kundschaft entdeckt. So gibt es teilweise separate Flächen für Freizeitfahrzeuge und Entsorgungsstationen. Auch Gastronomie und Einkaufsmöglichkeiten stehen klassischen Raststätten nicht nach. Anders als auf den öffentlichen Flächen direkt an der Autobahn kann die ruhigere Übernachtung allerdings ein paar Euro kosten.

Für die nächtliche Pause bietet sich ebenso der Blick in den beliebten Stellplatz-Atlas von *promobil* an. Viele reisemobilfreundliche Gemeinden liegen entlang der Hauptrouten. Gegenüber Autobahnrastplätzen übernachtet man hier im doppelten Sinne ruhiger. Berichte von Übergriffen auf schlafende Reisemobil- und Lkw-Fahrer beginnen fast immer mit unübersichtlichen Situationen auf überfüllten Rastplätzen zur Hauptreisezeit.

Die erwähnte Großzügigkeit der Behörden gegenüber falsch geparkten Reisemobilen gilt nur für Autobahnparkplätze und, vor allem, in der Urlaubszeit. Am Ziel der Reise sieht die Lage ganz anders aus. Gerade während der Schulferien wird es in klassischen Touristenregionen eng – und die Parküberwachung aktiv. Das müssen Reisemobilfahrer immer wieder auf finanziell schmerzhafte Weise erleben.

Wie genau es die Ortspolizei am Bodensee nimmt, erfuhr zuletzt auch ein Anwohner in Konstanz. Er hatte seinen ausgebauten VW-Bus auf einem für Pkw gekennzeichneten Parkplatz abgestellt. Die Konsequenz: eine Verwarnung in Höhe von 15 Euro. Seiner Argumentation, dass der als Wohnmobil zugelassene VW in diesem Fall wie ein Pkw verwendet wurde und keinerlei Übernachtungsabsicht bestand, konnte das zuständige Bürgeramt nicht folgen. Nur ein Verfahrensfehler verhinderte, dass der Fall vor Gericht ging – mit ungewissen Chancen für den VW-Bus-Fahrer. Von vergleichbaren Fällen berichten Reisemobilfahrer, die entlang der Ostseeküste unterwegs waren.

Speziell an touristisch attraktiven Orten legen Behörden größten Wert darauf, dass jeder auf seinem Platz parkt. Im Fall der Reisemobile handelt es sich dabei meist um vergleichsweise teure Flächen. Als kostenfreie Ausweichmöglichkeiten haben findige Reisemobilfahrer längst Supermarktparkplätze ausgemacht. Offiziell ist auf dem privaten Gelände aber nur das Parken während des Einkaufs gestattet. Bei offenkundigem Missbrauch droht eine Abschleppaktion.

So mag man sich noch so sehr über Verbote und Vorschriften ärgern: Wer genau auf die Beschilderung achtet, sich an die Spielregeln hält, fährt stressfreier und günstiger. In den touristischen Hochburgen bleibt außerdem die Erkenntnis, dass auch Hotelurlauber in aller Regel nicht kostenfrei direkt am Strand parken können.

Eher sind es praxisfremde Gebührenordnungen, die Reisemobiltouristen offenbar als besondere Spezies der Goldesel ausgemacht haben: Nicht jeder, der sein Freizeitfahrzeug für einen Stadt- oder Strandbummel abstellt, will gleich den kompletten 24-Stunden-Tarif für eine einzige Übernachtung bezahlen.

SAISONALE UNTERSCHIEDE

Die genannten Parkregeln gelten nur für zugelassene Fahrzeuge. Abgemeldete Reisemobile haben im öffentlichen Verkehrsraum nichts zu suchen. Weiterer Sonderfall sind die beliebten Saisonkennzeichen: In den Ruhemonaten darf ein saisonal angemeldetes Fahrzeug ebenfalls nur auf privatem Grund parken. Wer das ignoriert, muss mit einem Bußgeld von 40 Euro und drei Punkten in der Verkehrssünderkartei rechnen. Reisemobile mit Saisonkennzeichen parkt man im Winter am besten auf einem gesicherten Gelände. In diesem Fall genießt das Fahrzeug in gewissem Umfang den Schutz durch Kasko- und Haftpflichtversicherung, die dann beitragsfrei als sogenannte Ruheversicherung weiterläuft. Solange das Fahrzeug verschlossen wurde, bleibt es gegen Brand und Diebstahl versichert. Wie die Parkmöglichkeit genau beschaffen sein sollte, klärt man besser vorher mit seinem Versicherer.

Privat pausieren: Im Winter darf dieses Mobil nicht auf einer öffentlichen Straße stehen.

Sonderfall Campingbus: Ob die Kompakten beim Parken als Pkw zählen, hängt von der Eintragung in den Fahrzeugpapieren ab.

Klare Beschränkung: Bei dieser Beschilderung müssen Reisemobile draußen bleiben.

Mit der Rückkehr von der großen Tour lösen sich die Parksorgen freilich nicht in Luft auf. Nur wer sein Fahrzeug auf Privatgrund abstellt, braucht sich um Vorschriften kaum noch Gedanken zu machen: Selbst wenn der geparkte Luxusliner die Tomatenplantage des Nachbarn dauerhaft in den Schatten stellt, wird wohl eher der Gemüsegarten als das Reisemobil den Platz wechseln müssen.

Gehwege sind für größere Mobile auch dann tabu, wenn dort das P-Zeichen prankt

Anders beim Parken auf öffentlichem Gelände: Immer wieder müssen sich Anwälte mit ruhenden Freizeitfahrzeugen beschäftigen. Allerdings gibt es nur wenige Regelungen, die Abstellmöglichkeiten für Reisemobile unmissverständlich klar eingrenzen. So sind Gehwege auch dann tabu, wenn dort das P-Zeichen prangt. Einzige Ausnahme: Leichte Campingbusse unter 2,8 Tonnen Gesamtgewicht.

Modelle über 3,5 Tonnen müssen auch innerhalb geschlossener Ortschaften beim Halt während der Dunkelheit durch Standlicht oder eine Warntafel gesichert sein. Mehr noch als mit dem Pkw sollte man als Reisemobilfahrer außerdem darauf achten, dass Ein- und Ausfahrten zugänglich bleiben und das Fahrzeug innerhalb vorhandener Parkmarkierungen steht.

Echte Streitfälle lauern vor allem dort, wo sich Nachbarn oder andere Verkehrsteilnehmer durch ein parkendes Reisemobil belästigt fühlen. Gut wenn man dann die Rechtslage kennt. Es ist zwar korrekt, dass abgekoppelte Caravans höchstens zwei Wochen im öffentlichen Verkehrsraum stehen dürfen. Für Reisemobile gelten aber glücklicherweise keine vergleichbaren Einschränkungen.

Eine Grenze sieht *promobil*-Rechtsexperte Rüdiger Zipper lediglich bei einer „Übersteigerung des Gemeingebrauchs" der Straße. Das kann der Fall sein, wenn ein Reisemobil offenkundig auf der Straße überwintert, nicht aber wenn jemand das Fahrzeug zwar nur selten, aber im Rahmen des Üblichen nutzt.

Ein weiterer Knackpunkt: sehr enge Straßen. Völlig unabhängig vom Fahrzeugtyp müssen grundsätzlich drei Meter Durchfahrtsbreite frei bleiben. Auf schmalen Fahrbahnen darf außerdem nicht gegenüber Grundstückseinfahrten geparkt werden. Rechtsanwalt Zipper leitet daraus aber keinen Freibrief für die Grundstücksinhaber ab, das Parken gegenüber ihrer Einfahrt generell zu verbieten: „Es kann durchaus zumutbar sein, beim Aus- und Einfahren ein wenig zu rangieren."

Noch häufiger droht Nachbarschaftsstreit wegen eines durch Reisemobile eingeschränkten Ausblicks. Für Juristen jedoch kein Ansatzpunkt zum Abschleppen. Rüdiger Zipper: „Es gibt kein Grundrecht auf eine freie Aussicht. Der Blick könnte auch durch eine neue Häuserzeile versperrt werden." Wenn das Reisemobil ansonsten legal geparkt wurde, darf es also dort stehen bleiben.

Nur in besonderen Fällen stößt auch diese Freiheit an ihre Grenzen. Etwa wenn ein Reisemobil über lange Zeit ein Schaufenster verdeckt. Experte Rüdiger Zipper gibt zu bedenken, dass man das geparkte Fahrzeug als rechtswidrigen Eingriff in den Gewerbebetrieb des Ladeninhabers interpretieren kann. Ein Fall, den man Gerichten überlassen müsste.

Besser ist, man lässt es nicht so weit kommen. Ein wenig Rücksichtnahme und wenn nötig ein klärendes Gespräch kann bei Parkproblemen wahre Wunder wirken. Das erspart Stress mit ruhesuchenden Lkw-Fahrern ebenso wie Strafzettel in Touristenhochburgen. Und dann klappt's bestimmt auch mit den Nachbarn.

Ulrich Kohstall

ZUHAUSE PARKEN

Parkende Reisemobile sorgen auch auf den Flächen von Wohneigentümergemeinschaften für Spannungen. Was dort erlaubt ist, kommt im Einzelfall auf die Verträge an. Zählt die Parkfläche zum Eigentum eines einzelnen, so kann ihm niemand verbieten, dort sein Reisemobil abzustellen. Anders sieht die Lage aus, wenn die Stellflächen zum Gemeinschaftseigentum gehören und lediglich ein Sondernutzungsrecht für bestimmte Eigentümer zugewiesen wurde. In diesem Fall kann die Gemeinschaft mit einer Zweidrittelmehrheit bestimmen, wie die Nutzung aussehen soll. Auf diese Weise ist ein Parkverbot für Reisemobile ebenso wie für Anhänger möglich. Auch in einer von der Gemeinschaft beschlossenen Hausordnung kann ein Verbot für Freizeitfahrzeuge festgeschrieben sein. Am besten informiert man sich vor dem Wohnungskauf über die jeweiligen Abstellmöglichkeiten.

UMWELTZONEN

VIELE STÄDTE verschärfen die Bedingungen für die Durchfahrt. Im Gegenzug wird die Nachrüstung von Rußpartikelfiltern gefördert. Was bringen die neuen Regeln für Reisemobilisten?

Umweltzonen sorgen unter Reisemobilfahrern für hitzige Diskussionen, denn gerade für Besitzer älterer Modelle schränken sie die Bewegungsfreiheit in deutschen Städten zusehends ein. Die rettende grüne Umweltplakette ist längst nicht für alle Reisemobile erreichbar. Ein nachgerüsteter Partikelfilter, sofern überhaupt verfügbar, bedeutet nicht automatisch grünes Licht.

Vielen Reisemobilbesitzern erscheint ohnehin der finanzielle Aufwand zu groß, um die kostspieligen Systeme installieren zu lassen. Zwar wird der Einbau eines Partikelfilters seit 2012 wieder staatlich gefördert. Freilich decken die pauschalen 330 Euro nur einen Teil der Nachrüstkosten ab.

Für welche Fälle lohnt sich die Anschaffung dennoch? Worauf müssen Sie bei Steuern, Maut und Kraftstoffverbrauch achten? Und wo wird jetzt welche Plakette benötigt?

? *Wann darf man auch ohne Plakette in eine Umweltzonen einfahren?*

Fahren Sie mit der falschen oder gar ohne Plakette in eine Umweltzone, so müssen Sie mit einem Bußgeld von 40 Euro und einem Punkt in der Verkehrssünderkartei in Flensburg rechnen. Es gibt jedoch

Ausnahmen. So sind beispielsweise Oldtimer (30 Jahre und älter) von der Plakettenpflicht ausgenommen. Das gilt selbstverständlich auch für Reisemobile mit H-Kennzeichen.

Ebenfalls ohne Plakette in alle Umweltzonen einfahren dürfen Menschen mit beeinträchtigter Bewegungsfreiheit. Die Voraussetzung dafür: sie führen in ihrem Schwerbehindertenausweis das Merkzeichen aG, H oder Bl.

Eine Sondergenehmigung gibt es unter bestimmten Voraussetzungen für die Bewohner von Umweltzonen, deren Fahrzeuge nicht umgerüstet werden können. Die Modalitäten sind dabei von Stadt zu Stadt unterschiedlich. Generell kann man lediglich feststellen, dass jede Genehmigung separat beantragt werden muss und mit einer Gebühr von bis zu 120 Euro recht teuer ist. Außerdem ist solch eine Erlaubnis immer nur für einen begrenzten Zeitraum gültig.

In Stuttgart werden ab 2013 etwa keine Ausnahmegenehmigungen für Fahrzeuge ohne oder mit roter Plakette mehr erteilt. Prinzipiell handeln die Behörden nach dem Grundsatz: Die Nachrüstung ist einer Sondergenehmigung vorzuziehen. Für alle Reisemobiltouristen ist die Einzelfallerlaubnis grundsätzlich nicht vorgesehen.

Vorteil: Besitzer von Oldtimern dürfen auch ohne Plakette in die Umweltzonen fahren.

? Was bringt der nachträgliche Einbau eines Rußpartikelfilters?

Viele ältere Dieselfahrzeuge gelangen erst durch die Nachrüstung eines Rußfilters in eine höhere Partikelminderungsklasse und erhalten somit eine rote, gelbe oder grüne Umweltplakette. Diese ist für das Befahren einer Umweltzone unumgänglich. Zum Jahresbeginn 2012 haben einige Städte die nächste Stufe der Umweltzonen eingeläutet. Welche Plakette Sie in welcher Zone benötigen, fasst die Tabelle auf der folgenden Seite zusammen.

Fahrzeuge mit Partikelfilter belasten die Umwelt weniger, da ein Großteil der Rußemissionen zurückgehalten wird. Geschlossene Systeme sind dabei effektiver als offene, schlagen dafür aber auch mit einem deutlich höheren Regelungsaufwand und höheren Anschaffungskosten zu Buche.

? Lassen sich alle Basisfahrzeuge für Reisemobile nachrüsten?

Nein. Nicht für alle Basisfahrzeuge gibt es einen passenden Partikelfilter. Tatsächlich muss hier im Einzelfall von einer Werkstatt anhand der Motornummer, der Abgasnorm und der Emissionsschlüsselnummer geprüft werden, ob eine Nachrüstung möglich ist. Das ist auch der Grund, weshalb es unmöglich ist, eine Liste mit sämtlichen nachrüstbaren Basisfahrzeugen zu veröffentlichen. Prinzipiell lässt sich nur sagen, dass sich die Filterhersteller auf besonders gängige Basisfahrzeuge wie den Fiat Ducato konzentrieren. Doch selbst in solchen Fällen hat man es in der Praxis mit zahllosen unterschiedlichen Ausführungen zu tun.

? Wird die Nachrüstung eines Rußfilters finanziell vom Staat gefördert?

Wer sein Reisemobil im Jahr 2012 mit einem Rußfilter nachrüstet, erhält vom Staat eine Förderung in Höhe von 330 Euro. Die Geldspritze ist allerdings nur für Fahrzeuge bis zu einem zulässigen Gesamtgewicht von 3,5 Tonnen vorgesehen. Auch muss die Erstzulassung des Fahrzeugs vor dem 16. Dezember 2009 stattgefunden haben. Beim Bundesamt für Wirtschaft und Ausfuhrkontrolle kann man die entsprechenden Formulare herunterladen (www.bafa.de). Haben Sie Ihr Reisemobil 2011 nachgerüstet, bekommen Sie kein Geld, denn eine nachträgliche Förderung ist nicht möglich. Ob die Nachrüstung eines Filters auch 2013 finanziell unterstützt wird, ist noch ungewiss.

Jüngere Gebrauchtmobile kommen mit vertretbarem Nachrüstaufwand zu einer grünen Umweltplakette.

? Ändern sich Euro-Norm und Schadstoffklasse durch den Filter-Einbau?

Nein. Es ist ein weitverbreiteter Irrglaube, dass sich durch den Einbau eines Dieselpartikelfilters die Schadstoffklasse verbessern würde. Durch den Einbau eines Filters ändert »

■ AUSNAHMEREGELUNGEN

Rot, gelb oder grün? Die richtige Plakette ist die Eintrittskarte in die Umweltzone. Wer sie nicht hat, muss auf Ausnahmeregelungen hoffen. Die bringen manchmal Erleichterung, sind jedoch von Stadt zu Stadt unterschiedlich. Nordrhein-Westfalen ist eine löbliche Ausnahme, hier gilt die Sonderregelung landesweit. Für die Strecke vom Wohnort bis zur nächsten Autobahnauffahrt können sich Besitzer von Reisemobilen in NRW auf Antrag von der Plakettenpflicht befreien lassen. Voraussetzung: Das Reisemobil wurde vor dem 1. Januar 2008 auf den Fahrzeughalter zugelassen und die Nachrüstung eines Partikelfilters ist technisch nicht möglich oder kostet mehr als 4500 Euro. Das muss ein amtlich anerkannter Sachverständiger bescheinigen. Diese Regelung wurde übrigens auf Anregung des Reisemobilfahrers Michael Fode aus Essen auf den Weg gebracht.

Ein weiteres Beispiel für eine Ausnahmeregelung ist Bremen: Hier ist die Fahrt von oder zum Stellplatz „Am Kuhhirten“ für alle Reisemobile ohne Plakette gestattet. Auskunft über weitere Ausnahmen erteilen die jeweiligen Städte in ihren Internetauftritten.

Fotos: Archiv, Pirelli, Krieger

sich ausschließlich die Einstufung in die Partikelminderungsklasse. Sie ist für die Plakettenvergabe maßgeblich.

? Beeinflusst der Einbau Kfz-Steuer oder Maut-Gebühren im Ausland?

Nein. Ausschlaggebend für die Kraftfahrzeugsteuer eines Reisemobils ist allein das Gesamtgewicht des Fahrzeugs und die Schadstoffklasse, nicht die Umweltplakette. In manchen Ländern wie etwa Österreich berechnen sich Mautgebühren nach der Euro-Norm des Fahrzeugs. Da sich diese durch den Filtereinbau nicht verändert, sollten Sie Ihre Go-Box (über 3,5 Tonnen) auch keinesfalls auf eine höhere Euro-Norm umprogrammieren, denn sonst drohen Ihnen empfindliche Nachzahlungen und Geldbußen durch die Asfinag.

? Wie wirkt sich ein Partikelfilter auf den Dieselverbrauch aus?

Der Verbrauch eines Fahrzeugs ist mit nachgerüstetem Partikelfilter tendenziell höher als ohne. Auch wenn einige Filterhersteller das verneinen, ist nach Leser- und Redaktionserfahrungen mit einem Mehrverbrauch von ein bis drei Litern zu rechnen. Der Grund dafür ist der höhere Abgasgegendruck, den ein Rußpartikelfilter erzeugt. Der Motor muss gegen diesen Druck arbeiten, was zusätzliche Leistung erfordert. Um die Partikel in den Filterelementen geregelter Systeme abzubrennen, wird ebenfalls Kraftstoff direkt in den Abgastrakt eingespritzt.

? Mit welchen Kosten muss man bei der Nachrüstung rechnen?

Seit Anfang 2012 gilt vielerorts die nächste Stufe der Umweltzone.

UMWELTZONEN: DIESE PLAKETTE BRAUCHEN SIE

Alle deutschen Städte mit Umweltzonen sind hier aufgeführt. Die drei Tabellen zeigen in der ersten Spalte jeweils den Stand Anfang 2012, geplante Verschärfungen der Plakettenpflicht stehen dahinter. Die größte Umweltzone mit 850 Quadratkilometern und 13 Städten befindet sich in Nordrhein-Westfalen. Dort kann man 2012 noch mit einer roten Plakette fahren, eine gelbe braucht man hingegen in vielen südwestdeutschen Umweltzonen. Eine grüne Plakette benötigen Sie zur Zeit in sieben deutschen Großstädten. Recherchestand ist der 17. Januar 2012.

Einfahrt mit Rot, Gelb und Grün

Städte mit der Stufe 1	Stufe 2 ab	Stufe 3 ab
Bochum*	01.01.2013	01.07.2014
Bonn	vorauss. 2012	noch unklar
Bottrop*	01.01.2013	01.07.2014
Castrop-Rauxel*	01.01.2013	01.07.2014
Dortmund	01.01.2013	01.07.2014
Duisburg*	01.01.2013	01.07.2014
Essen*	01.01.2013	01.07.2014
Gelsenkirchen*	01.01.2013	01.07.2014
Gladbeck*	01.01.2013	01.07.2014
Hagen	01.01.2013	01.07.2014
Herne*	01.01.2013	01.07.2014
Herten*	01.01.2013	01.07.2014
Köln**	01.01.2013	01.07.2014
Mülheim*	01.01.2013	01.07.2014
Neu-Ulm	noch unklar	nicht geplant
Oberhausen*	01.01.2013	01.07.2014
Recklinghausen*	01.01.2013	01.07.2014

* Städte gehören ab Januar 2012 zur Umweltzone Ruhrgebiet
** Räumliche Ausweitung der Zone ab 1.4.2012 geplant

Einfahrt nur mit Grün

Städte mit der Stufe 3
Berlin
Bremen
Frankfurt/Main
Hannover
Leipzig
Osnabrück
Stuttgart

Einfahrt mit Gelb und Grün

Städte mit der Stufe 2	Stufe 3 ab
Augsburg	01.01.2013
Dinslaken	noch unklar
Dortmund (Brakeler Straße)	01.01.2013
Düsseldorf	noch unklar
Freiburg	01.01.2013
Halle	01.01.2013
Heidelberg	01.01.2013
Heidenheim	01.01.2013
Heilbronn	01.01.2013
Herrenberg	01.01.2013
Ilsfeld	01.01.2013
Karlsruhe	01.01.2013
Krefeld	noch unklar
Leonberg	01.01.2013
Ludwigshafen	01.01.2013
Magdeburg	01.01.2013
Mannheim	01.01.2013
Markgröningen	01.01.2013
Mühlacker	01.01.2013
München	01.10.2012
Münster	noch unklar
Neuss	noch unklar
Pfinztal	01.01.2013
Pforzheim	01.01.2013
Pleidelsheim-Ingersheim-Freiberg	01.01.2013
Reutlingen	01.01.2013
Schwäbisch-Gmünd	01.01.2013
Tübingen	01.01.2013
Ulm	01.01.2013
Urbach	01.01.2013
Wuppertal	noch unklar

Quelle: ADAC

Ein Rußfilter kann sich auch an der Zapfsäule auswirken. Mit Mehrverbrauch ist zu rechnen.

ANBIETER

HJS
Telefon 02373/9870,
www.hjs.com

Oberland Mangold
Telefon 08824/9290,
www.oberland-mangold.de

Pirelli
Telefon 06163/710,
www.pneumobil.de

Puritech
Telefon 07741/966820,
www.puritech.de

SMV
Telefon 0041/7144 00488,
www.smv.ag

Twintec
Telefon 02244/918040,
www.twintec.de

Vitkus
Telefon 0461/9403510,
www.russfilter.info

Mit der gelben Plakette stehen nicht mehr alle Städte offen.

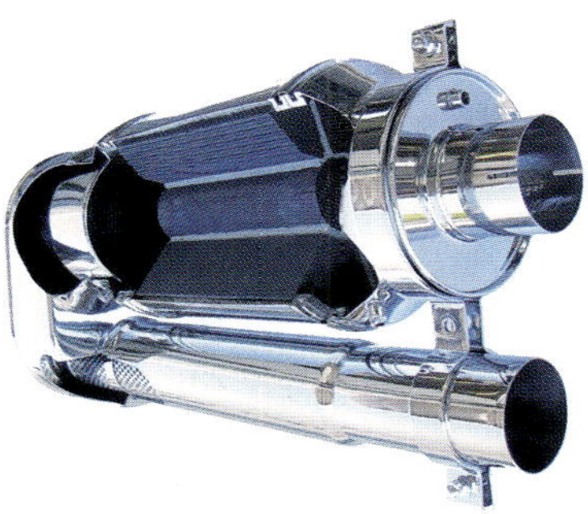

Aufwendig und effizient sind geschlossene Filtersysteme.

Für modernere Basisfahrzeuge genügt oft ein günstigerer Filter.

Bei älteren Reisemobilen muss ein höherer Aufwand betrieben werden, um die Abgase zu reinigen. Bei neueren Fahrzeugen ist das entsprechend einfacher, oft reicht hier ein offenes System, um den Sprung von der gelben zur grünen Plakette zu schaffen. Ein offenes Filtersystem gibt es ab rund 1000 Euro, geschlossene Systeme sind weitaus aufwendiger in der Regelung. Mit Kosten ab 3500 Euro inklusive Einbau müssen Sie dabei rechnen.

? Für wen lohnt sich der Einbau eines Partikelfilters überhaupt?

Bei älteren Reisemobilen, die im Originalzustand keine Plakette bekommen, kann sich der Einbau eines Partikelfilters lohnen. Allerdings nur unter der Voraussetzung, dass der Besitzer in einer Umweltzone lebt oder aber regelmäßige Besuche in eine solche plant. Wer auf Städtetrips verzichten kann, braucht keinen Filter. Bedenken muss man jedoch, dass der Wiederverkaufswert eines Reisemobils sinkt, wenn es keine oder nur eine rote Plakette aufweisen kann. Aktuelle Basisfahrzeuge verfügen üblicherweise über Partikelfilter, um die seit Jahresbeginn für Neuzulassungen geltende Abgasnorm Euro 5 zu erfüllen. Die meisten nach Euro 4 eingestuften Reisemobile bekommen bereits eine grüne Plakette. Sie muss man nicht nachrüsten.

? Wie sinnvoll sind die Umweltzonen tatsächlich für die Umwelt?

Am Sinn oder Unsinn von Umweltzonen scheiden sich die Geister. Sie sind im Zuge der Erfüllung einer europäischen Luftreinhalte-Norm eingeführt worden. Der Ausstoß von Schadstoffen wird durch diese Maßnahme zwar verringert, doch wirkt sich das in den Umweltzonen kaum aus. Wind und Wetter verwehen die Partikel, deren Größe sich im Tausendstel-Millimeter-Bereich bewegt, über hunderte Kilometer.

Messungen konnten noch keine Verringerung des Feinstaubs in Umweltzonen belegen. Dazu kommt, dass Dieselfahrzeuge in den Städten nicht die Hauptverursacher von Feinstaub sind. Weitaus größere Mengen werden von der Industrie und von Wohnungsheizungen freigesetzt und sind witterungsbedingt.

.. ***Anne Mandel***

KOMMENTAR

UMWELTZONEN-WAHN

Anne Mandel

Umweltzonen, deren Nutzen mehr als fraglich ist, ein immenser bürokratischer Aufwand und ein Sammelsurium von lokal und zeitlich begrenzten Sonderregelungen: Wohldurchdacht kann man das alles nicht nennen. Zu Recht fühlen sich Besitzer älterer Reisemobile gegängelt und mit unverhältnismäßig hohen Kosten für eine Nachrüstung oder Ausnahmegenehmigung konfrontiert. Absolut unverständlich ist auch, weshalb der Einbau eines Filters nur bei Reisemobilen bis 3,5 Tonnen gefördert wird. Eine Förderung für alle Reisemobile sowie eine bundesweit einheitliche Sonderregelung für ältere Modelle ist längst überfällig.

SPAREFFEKT: Autogas – Alternative zum Diesel?
iPad
4:20 AM
32 %
3
März 2012
Deutschland € 3,70
Sicherheit: Perfekter Schutz vor Einbruch und Diebstahl
www.promobil.de
pro mobil
Europas größtes Reisemobil-Magazin
Umweltzonen
Rußfilter: Das bringt die neue Förderung
JETZT GÜNSTIG KAUFEN
Mit Sondermodellen bis 12 000 Euro sparen: Große Kaufberatung.
Alternative zu Pössl und Co.
DETHLEFFS EVAN
KOMPAKT UND FLEXIBEL
Neuer Integrierter im Campingbus-Format: Das Reisemobil der Zukunft?
Großer Reinfall
Wechselkennzeichen: Kaum Nutzen für Reisemobilfahrer
ADRIA GEGEN HOBBY: Günstige T-Modelle auf Fiat und Ford
CHIEMGAU: Bayerische Seen, Berge und ein Hauch von Süden
RICHTIG BUCHEN: Alles über die Fährlinien im Mittelmeer